# 《中华民国临时约法》的
## 新理想与旧思维

沈桥林 ◎ 著

厦门大学出版社 国家一级出版社
XIAMEN UNIVERSITY PRESS 全国百佳图书出版单位

**图书在版编目(CIP)数据**

《中华民国临时约法》的新理想与旧思维/沈桥林著.—厦门:厦门大学出版社,
2019.6
ISBN 978-7-5615-7253-5

Ⅰ.①中…　Ⅱ.①沈…　Ⅲ.①宪法－研究－中国－民国　Ⅳ.①D929.6

中国版本图书馆 CIP 数据核字(2018)第 277365 号

| | |
|---|---|
| **出 版 人** | 郑文礼 |
| **责任编辑** | 甘世恒 |

| | |
|---|---|
| **出版发行** | 厦门大学出版社 |
| **社　　址** | 厦门市软件园二期望海路 39 号 |
| **邮政编码** | 361008 |
| **总 编 办** | 0592-2182177　0592-2181406(传真) |
| **营销中心** | 0592-2184458　0592-2181365 |
| **网　　址** | http://www.xmupress.com |
| **邮　　箱** | xmup@xmupress.com |
| **印　　刷** | 厦门市万美兴印刷设计有限公司 |

| | |
|---|---|
| **开本** | 720 mm×1 000 mm　1/16 |
| **印张** | 20.25 |
| **字数** | 332 千字 |
| **插页** | 2 |
| **版次** | 2019 年 6 月第 1 版 |
| **印次** | 2019 年 6 月第 1 次印刷 |
| **定价** | 70.00 元 |

厦门大学出版社
微信二维码

厦门大学出版社
微博二维码

# 前　言

《中华民国临时约法》是中国历史上第一部立宪主义意义上的宪法。该法承载了革命党人民主共和的政治理想和社会转型的远大抱负，从1912年公布施行到1928年北伐结束、国民党通过《训政纲领》，断断续续施行了十几年。期间，虽几经沉浮，数度被北洋军阀宣判死刑，却始终占据着道德高地，具有最强的合法性。

遗憾的是，这样一部高扬理想风帆的法律，却没能摆脱旧思维的悄然影响，前门高扬着民主共和的时代理想，后窗却钻进了专制人治的传统思维，并终因其理想与思维之内在矛盾，不仅没有能够引领当时的中国社会实现全新转型，反而加剧了新旧两种思想代表围绕该法的长时期斗争。

辛亥革命后，革命党人制定这样一部法律的目的在于，以此推动并实现中国社会的根本转型，促使中国从封建专制的人治社会转变为民主共和的法治社会。然而，结果却是事与愿违。该法不仅没有帮助中国顺利实现社会转型，反而在一定程度上加剧了南北两大政治力量的对立，刺激了袁世凯集权的欲望。个中原因虽然很多，但是重要的一点则是因为该法不知不觉地反映了传统文化的巨大惯性和顽强的生命力，蕴含了许许多多传统文化因素，特别是反映了传统政治领域的斗争哲学，忽视了宪法本应具有的统合功能与和合精神。正是这些传统文化因素的本能作用，导致该法颁布实施后，不仅没有将中国社会引向真正的法治，反而加剧了社会对立，使各种封建统治手段得以延续，甚至变本加厉，对法治造成了巨大的伤害，也动摇了人们对法治的信任和信念，同时还会让人们对法治产生厌恶和抵触。事实上，近代国人的这种厌恶和抵触也的确比比皆是。

　　应当说,《中华民国临时约法》及循此构建的民主法治的失败,有袁世凯为首的北洋军阀的责任,也有革命党人的责任。袁世凯断不了封建皇帝梦,冒天下之大不韪复辟称帝,开历史倒车,终至身败名裂,的确为人所不齿。但抛开这个不说,袁世凯曾经也是主张过共和立宪的,特别是他在与清政府讨价还价、对清政府阳奉阴违时,经常以民主共和为武器。就任大总统之后,他还聘请过外国宪法顾问。在民族利益方面,袁世凯也还是有过贡献的。袁世凯曾极力维护中华民族这个大家庭。在继承清政府时代的国家版图、营造当时称之为"五族共和"方面,袁世凯还是做了不少工作的。在蒙古问题上,袁世凯曾有过一系列的交涉,对待蒙古王公义正词严,与俄国交涉据理力争。在中日关系上,袁世凯也不是沉醉于出卖国家利益,而是尽其所能地维护民族利益、争取民族气节。在朝鲜半岛问题上,袁世凯敢于同日本人斗争,没有让日本占到什么便宜,以至于袁世凯成为让日本最头痛的人物之一。

　　袁世凯死前,曾为自己作过一副对联。联云:为日本去一大敌,看中国再造共和。这副对联既有袁世凯对自己的肯定,也表达了他的反省和悔悟。既反映了他对外不失民族气节,也体现了他对内独裁专制,以及他对自己未能真心拥护共和的反省,寄望后人能够再造共和。袁世凯死后,段祺瑞感念故主,为其风风光光地操办了丧事,墓地选择在河南安阳。如今去袁世凯的墓地参观,游客还可以看到他1914年题写的一幅文字:不文不武,忽朝忽野;今已老大,壮志何如? 袁世凯题写这些文字,究竟是要向世人表明什么? 是说明自己的无奈? 还是自问? 抑或自嘲? 不得而知。事实是,在认识到自己称帝铸成大错后,袁世凯又亲自宣布取消了帝制,恢复中华民国。

　　所有这些都说明,当时的国人依然还在传统与现代、专制与民主、人治与法治之间徘徊。时而心向民主法治,时而贪恋集权专制。理性追求近代民主法治,感性又习惯性地回归人治传统。

　　在此,我们不是要为谁表功,也不是要责谁之过,而是力图寻找《中华民国临时约法》中蕴含的传统文化元素及其影响,并尝试说明这样一种观点,即:正是《中华民国临时约法》中蕴含的中国传统文化元素导致了该法及其追求的西式民主法治的失败。因为,在国家管理或社会治理方面,中国传统文化与西方法治是完全不同的两种途径,我们分别称之为"用心而治"和"依法而治"。中国传统文化是"用心而治"的文化,这种文化特别注重治术的应用,尤其是心术、权术,统治者往往城府很深、心机十足,经常让人捉摸不透。西方法治文化则恰恰相反,主张规则之治,强调公开透明。这样两种截然不同的治道,前者对后者的消磨作用可想而知。故不抛弃"用心而治"就很难实现"依法而治"。换句话说,不放弃传统的治术就树立不了法律的权威。

需要说明的是,由于我们这里研究的是近代宪法,站在近代立宪主义立场上,可能更多看到的是中国传统文化与民主法治不兼容的一面。但这绝不意味着作者对中国传统文化持全盘否定的态度。恰恰相反,作者认为,中国传统文化博大精深、立意高远,不仅具有浓厚的民族精神和民族特色,同时具有宏大的人类情怀。中国传统文化重在执两用中、相生相克、刚柔相济,崇尚天人合一、天下大同。只是这样一种立意深远、用心良苦的文化理想,在社会治理方面,跨越了人类发展的历史阶段,超越了民主法治的必经环节,越过了人性中一些私恶的东西,直接进入了理想的"圣主之治",未免有些过于理想和浪漫。拿梁漱溟先生在《中国文化要义》一书中的话来说就是,中国文化早熟。这种早熟文化在法治技术方面自然是落后于西方的。故要实行法治,就必须改变长期以来形成的习惯观念,去除人治土壤,淡化心术的作用。尤其是要警惕在法治建设过程中,不知不觉地应用传统人治所必需的权术和心术。

中西文化是两种截然不同的文化,二者的理念、方法、途径各不相同,立意和着眼点也不一样,可以说是大异其趣,各有优劣。总体而言,西方文化更在乎当下,中国文化更在乎长远。西方文化有利于快速解决现实问题,中国文化有利于缔造人的精神和谐。

具体到法治问题上,中国长期以来是不追求法治的,西方则具有悠久的法治传统。如果既要追求法治,又要抱定全部的传统文化观念,那就会带来很多的纠结,当然也很难实现法治。只有调整文化,更新观念,法治建设才可能取得长足的进步。正如有的学者所说的,"中国要完成社会转型和现代化的历史任务,关键在观念转变。观念一变,地广天宽"①。

---

① 袁伟时:《昨天的中国》,浙江大学出版社 2012 年版,自序第 1 页。

# 目　　录

# 导 论

# 西学东渐与西名东实

近代宪法对于中国而言,是十足的舶来品,但在中国,谈论这个舶来品,无论如何也绕不开本土文化。在一定程度上,我们甚至可以说,整个中国近代史,就是外来宪法文化与本土治术文化斗争的历史,或者也可以说,是延续专制统治与实行民主法治的斗争历史。

## 一、中西两种文明的正面碰撞

鸦片战争以后,我们这个东方大国经受了前所未有的严峻挑战。昔日的强大帝国忽然间就到了生死存亡的紧要关头,救亡图存成了国人必须面对的首要问题。于是,宪法和法治便成为积贫积弱的中国自主自强的道路设计。鸦片战争失败后,林则徐被贬充军,便开始思索如何通过文治的办法救国救民,当途遇老友魏源之时,毅然将自己多年收集编撰的《四洲志》相赠,并嘱其继续收集和编撰各国国情,务求打开国人视野,启迪民智,开发民力。魏源不负重托,持续扩编《海国图志》,详细介绍各国国情、地理历史、政治制度、社会状况,并提出了一个响亮的口号——"师夷长技以制夷"。

就这样,西方的政治和科技开始在中国传播开来。起初,国人想到的,是寄望于通过学习西方的制造技术实现富国强兵,拥有坚船利炮。于是就有了后来持续多年的洋务运动。

及至甲午战争失败,国人痛定思痛,几乎一致认为日本之所以能够在短时间内一跃成为亚洲强国,应当归功于明治维新。于是就有了中国的戊戌变法和百日维新。戊戌变法虽然以失败而告终,但是由此而开启的变法图强之路却一发不可收拾。迫于时势,原来对变法百般阻挠、恣意镇压的慈禧太后也不得不于 1901 年下诏变法。1905 年,大清王朝又派出五大臣出洋考察各国宪政。翌年,即发布"预备立宪"上谕,并编定逐年完成的筹备事宜清单,清朝政府仿行宪政由此上路。然而,清政府仿行宪政的决心如何?用意何在?不少人心生疑问。特别是革命党人,认为清政府派员出洋考察是骗人的把戏,目的无非就是虚晃一枪、拖延时间,玩弄维护清王朝统治的伎俩。为破坏这一行动,革命党人吴樾在北京车站实施暗杀,试图用炸弹炸死出洋考察的大臣。对自己的行动,吴樾曾作如此说明:"立宪之声,嚣然遍于天下以误国民者,实保皇会人之倡,宗旨暧昧,手段卑劣。进则不能为祖国洗涤仇耻,退亦不得满洲信任,祷张为幻,迷乱后生。彼族黠者,遂因以增重汉人之义务,以巩固其万世不替之皇基,于是考求政治,钦定宪法之谬说,伛偻于朝野闻……综诸种之原因,可逆断将来立宪之效果。地方自治,彼必不甘,三权分立决不成就,满汉权利必不平等。如是立宪,于汉何利?且不徒无利而又害之。假宪政名义加重吾族纳税之义务,以供其奴隶陆军,爪牙警察,为镇压家贼之用耳。而彼族固自拥其君主神圣之不可侵犯之权利,吾族仰望其立宪利害如此。"①

　　这一时期,中西两种不同治道的争论也在中国政治舞台上公开上演,由此衍生出两条不同的救国救民道路。保皇党人试图维护封建帝制,延续中国传统和大清皇帝的统治,他们的思路是实行渐进式改良,最终走向君主立宪,确保中国传统文化不会发生根本性改变。革命党人的思路则与此针锋相对,他们主张用革命手段推翻清朝的统治,引进西方宪法,效仿西方国家政治制度,建立全新的民主共和国家。

　　1911 年 10 月,未及清政府预备立宪准备就绪,辛亥革命已经在武昌胜利爆发。此后,革命的风潮席卷南国大地,风雨飘摇的大清王朝不久便在革命党人与袁世凯等北洋军阀的双重压力下寿终正寝。

　　1912 年 1 月 1 日,中华民国临时政府在南京宣告成立,由南方革命党人开启的民主共和国家正式登上了中国历史的舞台。此后,南北议和达成,袁世凯承诺接受共和,革命党人则让出总统大位。不过,革命党人在让出总统大位的同时,也奉送给了袁世凯一部《中华民国临时约法》。

────────

① 张枬、王忍之:《辛亥革命前十年间时论选集》(第二卷上),生活·读书·新知三联书店 1977 年版,第 391～395 页。

随即，两条不同道路的斗争围绕《中华民国临时约法》(以下简称《临时约法》)继续展开。南方革命党人极力维护《临时约法》，严防总统集权专权，并试图引入西方的政党政治。以袁世凯为首的北洋军阀则千方百计破坏《临时约法》，力图挣脱该法对自己的束缚，幻想着能够像历朝历代的封建皇帝那样，君临天下，一统江山。

南北双方的斗争，表面上看是因为《临时约法》的斗争，实质上则是两种治道、两种文明之间的斗争，其中蕴含的是中西不同文化和理念。

革命党人的用意是，让出总统大位后，又通过法律对总统职权釜底抽薪，以此来制约甚至架空袁世凯，从而确保袁世凯走向民主共和，实现革命党人的治国理念，把中国带上近代民主法治道路。

袁世凯对革命党人的用意自然是心知肚明，但在他心里，只要自己登上了总统大位，手上又掌握有强大的北洋武装，何愁控制不了局面？革命党人在战场上得不到的东西，居然指望着能够通过一纸法律就轻易得到，简直就是天真。在袁世凯眼里，只要有武力在手，就能够一统天下，使所有人臣服。对袁世凯来说，重要的是把总统大位抓到手中，至于法律，在他看来，只不过是一张纸而已，可以不必当真，不妨先表示接受再说。正是基于这种思考，在南北议和及宣誓就任临时大总统之时，他口头均表示接受《临时约法》，心中却早已另有一番盘算。

有人认为，如果没有辛亥革命，中国的封建统治者也有可能自觉走上法治道路，特别是英国式君主立宪的法治道路，他们认为，晚清政府"立宪派的种种行动和清廷解散皇族内阁的让步在当时的中国营造了一种制定英国式议会君主制宪法，实行议会君主制的可能性"[1]。笔者认为，如果没有辛亥革命，中国也不可能走上英国的君主立宪道路。上述学者的观点是没有考虑到中国传统文化的巨大惯性所致。历史上，清廷解散皇族内阁也是在战事失利、内外交困的情况下不得已而为之的事情，其目的也还是要维护自己的统治地位。同理，袁世凯当上内阁总理大臣之后，如果能够牢牢掌握实权，也必然会架空皇室，此后，便只有两种可能：一是学曹操挟天子以令诸侯，让清帝当傀儡，自己掌实权；二是干脆取清帝而代之，自己过把皇帝瘾。总之，清帝不会，袁世凯也肯定不会主动搞英国式的虚君共和。

事实上，有了辛亥革命之鉴，袁世凯依然还做起了自己的皇帝梦。如若

---

① 卞修全：《近代中国宪法文本的历史解读》，知识产权出版社 2006 年版，第 57 页。

没有辛亥革命，他还有可能不想做皇帝吗？千百年来，中国人太想做"老大"了。这就是根深蒂固的中国传统文化！难怪有的学者在研究中国百年民主宪政运动后写道："尽管欧美各国和日本实行民主宪政制度显示出巨大的优越性，但百年来我国的历代统治者除个别人（如光绪）比较开明外，几乎都对这种制度抱抵触和敌视态度，而赞成高度集权的专制制度。由于建立专制制度符合统治者的利益，可以满足统治者个人权力和地位的欲望，以及其家族和小集团的私利，使他们世世代代享受荣华富贵，因而这些统治者只要有可能，都主张建立并竭力维护大权独揽的专制制度。"①

# 二、西学东渐到中体西用再到西名东实

近代中国民主共和之路大致经历了一个"民族危机、西学东渐——迫于时势、仿行宪政——中学为体、西学为用——中体西用、西名东实"的发展过程。

国门洞开、西学东渐之后，中西文化和政治体制的碰撞，必然引发人们对二者关系的思考，于是，摆在国人面前的一个重要问题就是如何处理外来文化与既有传统文化的关系。

经过认真持续的思考，不少人对中西文化关系问题的结论是，中学为体、西学为用，简称中体西用。

中体西用论最早可见于魏源，他的"师夷长技以制夷"，就包含有中体西用的意思成分，既要师夷之技，但更不能忘记师夷的目的在于制夷。正式提出"中体西用"主张的，学界大多数都认为是冯桂芬。1861年，冯桂芬便正式提出"以中国之伦常名教为原本，辅以诸国富强之术"②。其意简单说来，就是以中学为体，以西学为用。此后，李鸿章在其奏折中也认为，"顾经国之略，有全体，有偏端，有本有末"③。这也就是说，文化有本末之分，应当肯定中学的本体地位，然后辅之以西学之艺。及至张之洞，更是在《劝学篇》中对

---

① 姜平：《中国百年民主宪政运动》，甘肃人民出版社1998年版，第394页。

② 冯桂芬：《采西学议》，载中国史学会：《戊戌变法》，上海人民出版社1953年版，第28页。

③ 顾廷龙、戴逸：《李鸿章全集》，安徽教育出版社2007年版，第323页。

中体西用论作了系统的阐发。1898年,张之洞在《劝学篇》中说:"中学为内学,西学为外学;中学治身心,西学应世事。"[1]他还说:"内篇务本,以正人心;外篇务通,以开风气。"[2]在这里,"本"即是伦理纲常,"通"即是工商、教育等各方面的具体事务。在张之洞看来,"夫不可变者伦纪也,非法制也;圣道也,非器械也;心术也,非工艺也"[3]。"今欲强中国,存中学,则不得不讲西学。然不先以中学固其根柢,端其识趣,则强者为乱首,弱者为人奴,其祸更烈于不通西学者矣。"[4]

"中体西用"论在处理中西文化关系上,着重强调二者是"体"与"用""本"与"末""主"与"辅"的关系,也就是强调,在引进西方先进技术和制度文明的时候,必须坚持以传统中国的伦理纲常为本,不能本末倒置,更不能舍本求末。

到十九世纪末,中体西用论在中国已经广为接受。在这一思想的指导下,近代西方宪法和法治也作为"治之具"在中国提上了议事日程。在这里,作为"治之具"的宪法,从传入中国之日起,便深深打上了中国传统文化的烙印。

康有为是当时著名的君主立宪论者,特别主张在中国引进宪法,走渐进式的改良道路。他认为,管理国家没有法律不行,"聚大众则不能无律法以治之……国有法,天之理也"[5]。同时,他又认为,尽管法律十分重要,但缺少道德的法律还是不能达到理想的效果。"夫今各国以法律为治,虽免而无耻,非制治清浊之源也,而当铁道贯通、治具繁张之时,非法不能为治也。"[6]在这里,康有为实际上就是主张道德教化为本,法律管理为用,是不折不扣的"中体西用"思想之运用。

梁启超也极力主张君主立宪,他较早认识到政治改良对中国的重要性,因而对君主立宪情有独钟。但他认为,在当时的中国,即使是广大知识分子,对宪法也是一知半解,普通国民就更是没有达到共和国家国民所需要的素质,因而还不具备实行西方那种共和法治的条件。1906年,梁启超在他

① 张之洞:《劝学篇》,吉林出版集团有限责任公司2010年版,第10页。
② 张之洞:《劝学篇》,吉林出版集团有限责任公司2010年版,第12页。
③ 张之洞:《劝学篇》,吉林出版集团有限责任公司2010年版,第15页。
④ 张之洞:《劝学篇》,吉林出版集团有限责任公司2010年版,第18页。
⑤ 赵明:《康有为与中国法文化的近代化》,载《现代法学》1996年第5期。
⑥ 《中华救国论》(1912年),载《康有为政论集》(下册),中华书局1981年版。

的《开明专制论》中说:"凡国民有可以行议院政治之能力者,即其有可以为共和国民之资格者也……以吾今日之中国而欲行议院政治乎,吾固言之矣,非顽固之老辈,则一知半解之新进也,此非吾敢为轻薄之言,实则平心论之,其程度不过如此也。"①"故今日中国国民,非有可以成为共和国民之资格者也;今日中国政治,非可采用共和立宪者也。"②

梁启超认为长期实行专制统治的中国,不可能一下子就进入民主共和,更不应采取暴力革命等激进手段推翻当朝统治,而应允许有一个开明君主专制时期。他还认为,引进西方制度不能生搬硬套,而必须结合自己的国情,考虑本国国民的实际情况。他说:"政治者,人类之产物也,而一国之政治者,又一国国民之产物也。凡人类有普通性,故政治大体之良恶,其标准固不甚相远。凡一国国民有特别性,故政治细目之适否,其裁择必因乎所宜。"③

正是基于这样的考虑,梁启超放弃了西方立宪主义宪法的自由主义精神。他说:"自由云者,团结之自由,而非个人之自由也。文明时代,团结之自由强,而个人之自由减。"④所谓"团结之自由",无非就是强调"国民团结如一人",在行动中个人利益要服从国家利益,奉行集体主义,而不是个人主义。"当梁启超对西方思想的认识随着与西方著作接触的增多而不断深化的时候,他对群体凝聚力和国家统一的关注不久便导致他感觉到自由权利学说的危险性,并最终从这种自由主义的思想立场上退却下来。"⑤因为在梁启超看来,自由主义容易导致一盘散沙,无法集中民力实现富国强兵之目的,只有团结一致,才能形成坚强的力量,让国家早日走向富强。

就这样,宪法作为富国强兵的手段之一,从着手引进之日起,就有了中国自己的意蕴。在中国,宪法是统治者为了自立自强的需要而引进的,也是为了巩固自己的统治地位而引进的。这里面已经埋下了传统工具主义法律观的种子,同时也埋下了失败的隐患。因为统治者试图通过宪法来巩固或

---

① 梁启超:《开明专制论》,载《饮冰室文集》(第十七册),中华书局 1988 年版,第 66 页。

② 梁启超:《开明专制论》,载《饮冰室文集》(第十七册),中华书局 1988 年版,第 67 页。

③ 《梁启超全集》(第四册),北京出版社 1999 年版,第 2108 页。

④ 梁启超:《饮冰室合集专集之四》,中华书局 1989 年版,第 45 页。

⑤ 张灏:《梁启超与中国思想的过渡》,江苏人民出版社 1995 年版,第 137 页。

者是建立自己的一统江山,确立自己之一元化统治,而不是建立真正的共和,不是整合社会各阶级、凝聚共识,架构一个各阶级、各部分都能融入其中、和衷共济的制度框架,社会便不能真正和谐,较小的、未能在宪法上体现应有地位的阶级或阶层便只能在体制外积蓄力量、搞小山头、搞小团体,由此便会导致社会不团结,或者说是一盘散沙,甚至触发社会革命。在西方,关于宪法,美国开国先贤潘恩曾这样说道:"宪法是一样先于政府的东西,而政府只是宪法的产物,一国的宪法不是政府的决议,而是建立起政府的人民的决议……宪法对政府的关系犹如政府后来制定的各项法律对法院的关系,法院并不制定法律,也不能更改法律,他只能按已制定的法律办事,政府也以同样的方式受宪法的约束。"①在这种语境下,宪法是先于政府且高于政府的,而不可能被政府用来为自己服务。同时,宪法也是国内各阶级和阶层的最大公约数,是不同部分整合的共识,而不是一部分人用来对付另一部分人的工具。

对比中西宪法观可知,二者相去甚远,就连宪法上的机关,也是各有不同的理解。例如议会,在西方是民意机关,具有最高权威,但在中国,当时的国人不是把议会视作集中民智、发现民意的最高决策机关,而是把议会当作咨询性质的机构或者是舆情收集机构,议员的意见往往只供决策参考。1895年,康有为在《上清帝第四书》中讲到议会时,就曾认为,"西方设议院是为了听取众议,通达下情,以使民之疾苦上闻,君之德意下达,以去'权奸'之私,杜'中饱'之弊,办好'筹响'等最难之事"②。

可见,近代中国引进宪法,就是要借助西方的形式,谋求国富民强,进而延续东方之精神。如此一来,西学东渐、中体西用的结果,必然就是"西名东实",这是事物发展的内在逻辑决定了的。在中体西用思想的指导下,西方法治的实质内涵难以张显,传统人治的所有治术,几乎都能在法治的名义下延续。加之中国人天生聪明,懂得怎样用中国传统悄然置换西方法治。如果置换的只是一些次要的、细枝末节的东西倒也无妨,设若置换的是法治的根本要素或精神实质,那么,法治就只能剩下一个名分而已。

---

① [美]潘恩著:《潘恩选集》,马清槐等译,商务印书馆1982年版,第146页。
② 《康有为政论集》(上册),中华书局1981年版,第150页。

# 三、法治名义下悄然延续传统治术

　　辛亥革命推翻封建专制统治后,民主共和成了中国政治的压倒性选择,即使是北洋军阀,口头上也不得不表示拥护宪法,实行法治。

　　但是,由于国人传统思维和习惯心理作祟,就连革命党人,包括一些革命党人的高层领导,对法治的精神、法治的原则也有许多认识上的偏差。这种认识偏差在革命党人的行动和《中华民国临时约法》中都有不少体现。正因为如此,有学者认为:"《中华民国临时约法》总体体现的是人治思想,与法治之'法'相去甚远,其表现之处颇多,如因人立法等。"①

　　不可否认,《中华民国临时约法》确实蕴含了许多中国传统的治理理念,革命党人制定这样一部法律奉送给袁世凯,要求袁世凯宣誓遵守,就是要拿自己的法律来管理他人,这就是传统人治思想的近代翻版,也是传统工具主义法律观的体现。在传统工具主义法律观里,法律都是统治者制定出来管理被统治者的,至于统治者自己,则可以不受法律之约束,至少也可以在法律面前有所变通。殊不知,中国历史上就有曹操割发代首的故事。而在西方,则是苏格拉底选择执行很多人看来属于不正义的判决,毅然决定以身殉法,维护法律的普遍效力。在西方法治观里,人们强调的是,受法律治理,唯独受法律治理,任何人概莫能外。

　　民国初期,革命党人特别在乎用法律来管理国家、约束别人,但对法律的精神、法治的要旨等依然领会不深,或者是无暇顾及。这一时期的法治,徒有法治之名,未见法治之实,纷纷扰扰闹了十几年,法治却依然在原地打转,只是徒有虚名而已。这样的法治,不仅不能赢得人们的信任,反而会导致人们的反感,给法治建设带来负面影响。张东荪就曾说道:"断不能说已实行了十二年,却一年不如一年,等到满了五六十年,忽然大放其光明来了……总之,说现在中国是假共和,是无论何人都一致承认的。"②

　　受传统文化的影响,革命党人没有完全领会到法治的要义,袁世凯就更

---

① 王书成:《立宪共和之民初启蒙及反思》,载《法学研究》2011 年第 5 期。
② 张东荪:《中国政制问题》,载《东方杂志》第 21 卷第 1 号,1924 年 1 月 10 日。

是根据自己的需要对法律肆意取舍了。袁世凯为了当上临时大总统，口头上承诺接受《中华民国临时约法》，当上临时大总统之后，行动上却对法律百般破坏，想方设法挣脱该法对自己的约束。在他心里，向往的是封建皇帝说一不二的权力，想要做的是皇帝般的总统。这一点，从他自己的文告中可见一斑。1914 年 5 月 1 日，袁世凯悍然废除《中华民国临时约法》，用自己的"袁记法约"取而代之。在为此而发布的长篇文告中，袁世凯对《中华民国临时约法》没有遵循中国传统大加指责，批评该法照搬西方法律，对总统权力限制太多。他说："制定国法，要与一国之历史地理风俗习惯相符合，而不能与他国求勉强一致。从历史上说，中国几千年都是封建帝国，今虽易帝国为民国，然一般人民心理，仍责望于政府者独重，而责望于议会者尚轻，使为国之元首而无权，即有权而不能完全无缺，则政权无由集中，群情因之涣散，恐为大乱所由生。"①

不仅袁世凯这样，大多数国民也都是这样的。正如陈独秀所说："我们中国多数国民口里虽然是不反对共和，脑子里实在装满了帝制时代的旧思想，欧、美社会国家的文明制度，连影儿也没有。所以口一张、手一伸，不知不觉都带君主专制的臭味……袁世凯要做皇帝，也不是妄想。他实在见得多数民意相信帝制，不相信共和，就是反对帝制的人，大半是反对袁世凯做皇帝，不是真心从根本上反对帝制。数年以来，创造共和再造共和的人物，也算不少。说良心话，真心知道共和是什么、脑子里不装着帝制时代旧思想的，能有几人？"②

近代中国，经济基础依然是自给自足的小农经济，社会结构依然是宗法等级秩序，人们对公共事物的态度依然是事不关己、高高挂起。要在这样一幅文化图景上面，嫁接好成长于西方文化环境的法治，谈何容易？就某种程度而言，文化就是生活方式本身，渗透到了每个人日常生活的方方面面，无时无刻不在影响着人们的思想和言行。制度只是文化生活的一部分，甚至是很小一部分。新的制度要想发挥作用，一定要有一种新的文化。

"从社会文化心理状态来看，任何一场社会革命都必须争得广大下层民众的支持才有可能成功，任何一个宪法性文件都必须得到广大民众的认同

---

① 白蕉：《袁世凯与中华民国》，中华书局 2007 年版，第 121 页。
② 陈独秀：《旧思想与国体问题》，载张忠栋等主编：《民主·宪政·法治》（上），唐山出版社 2001 年版，第 4 页。

和遵守才可能实现。"① 由于当时国人普遍缺乏对宪法和法治精神的深刻理解和把握，又由于《中华民国临时约法》没有能够得到广大国民的理解和支持，结果"不独宪法乃一纸空文，无永久厉行之保障，且宪法上自由之权利，人民将视为不足轻重之物，而不以生命拥护之；则立宪政治之精神已完全丧失矣。"②

综观二十世纪初期的宪法和法治，《中华民国临时约法》及其之后的几部军阀宪法，包括《临时约法》实施过程中的曲曲折折，死而复生，生而又死，乃至于往后国民党的训政纲领等等，都是在西方宪法和法治的名义下实行中国传统的统治方式，这就好比是在传统中式服装外面套了一件西装。那个时期的宪法，表面上看是模仿西方宪法的三权分立，把立法权、行政权、司法权分而设之，实质上，政治运行过程中实行的都是传统的集权统治。当时的大人物，只要有一点可能，就会不懈追求自己的权力一统。他们切切实实追求的，不是中国社会的民主大转型，不是通过法律引领中国社会走向民主法治，而是自己的集权统治和大统地位。

说到这一时期的法治，让人不由得想起蒋介石的第一张西装照片。据说，该照片是蒋的第一张西装照，也是蒋难得一见的西装照。"蒋介石一生只有三次西装照，第一次是辛亥革命时期，第二次是与宋美龄的婚礼，第三次是受菲律宾总统之邀入乡随俗。在蒋的第一张西装照里，他的西装与普通西装有两点明显不同之处，一是西装下面有褶子、下摆也比较肥大，表明他对西装进行了中式改造，二是他在西装里面穿的是一件典型的中式服装，而不是西装里面常见的衬衣领带。"③ 这两点，说明西装对蒋介石只是一个姿态、一个装饰，或者说只是一个摆设，在西装外套的表面下，里面是不折不扣的中式传统服装。蒋介石的这第一张西装照，似乎可以恰到好处地映射当时的《中华民国临时约法》。《中华民国临时约法》就是这样一部法律，表面上已经对美国宪法作了许多中式改造，实质上更是潜藏了不少中国传统文化元素。《中华民国临时约法》的这两点，与蒋介石西装照的两个特征，恰好一一对应。

---

① 刘旺洪：《〈中华民国临时约法〉的文化透视》，载《江苏社会科学》1991 年第 4 期。

② 陈独秀：《吾人最后之觉悟》，载《陈独秀文章选编》（上册），生活·读书·新知三联书店 1984 年版。

③ 潇凝：《台媒体解密蒋介石档案：穿西装的镜头只有三次》，载中国台湾网，http://news.sohu.com/20050406/n225048792.shtml，下载日期：2015 年 6 月 8 日。

# 第一章

# 《中华民国临时政府组织大纲》
# 之历史遗风

　　《中华民国临时约法》的前身是《中华民国临时政府组织大纲》。由于辛亥革命事起仓促，革命胜利后制定的《中华民国临时政府组织大纲》存在诸多先天不足，必须修订，又由于修订后的法律已不再仅仅只是政府组织法，故改名为《中华人民共和国临时约法》。

　　《中华民国临时约法》与《中华民国临时政府组织大纲》之间存在诸多关联，具有相当程度的连续性，二者都反映了革命党人的价值和理念，在内容上也有诸多相同和相似之处。鉴此，在考察《中华民国临时约法》之传统文化元素之前，有必要先对《中华民国临时政府组织大纲》（以下简称《临时政府组织大纲》）及其中蕴含的中国传统文化元素作一通览。

## 一、《临时政府组织大纲》的制定

　　1911 年 10 月 10 日，武昌起义爆发。次日上午，枪声逐渐停息。经过一夜激战的革命党人陆续聚集到当时的湖北咨议局，商讨筹组新政府。经过商讨，达成了三个方面的一致意见：一是通电全国，争取支持和响应；二是告示安民，稳定社会秩序；三是推举一位德高望重之人出来主持局面。这时，同盟会的主要领导人孙中山、黄兴、宋教仁等都不在武昌，湖北革命团体的主要领导人孙武、刘公等亦未能及时联络上。起义临时指挥官吴兆麟等人经简单商议，便决定与湖北省咨议局合作，以便能够让革命事业早日取得胜利。于是有人提议请湖北省咨议局局长汤化龙出任都督，汤自己举棋不定，但他的亲家认为形势尚不明朗，坚决反对，于是汤以"此时正是军事时代,兄弟非军人,不知用兵"为由婉拒。随后又有人提议改推黎元洪,主张用黎元洪的名义发表通电。黎本是旧军人,起初也意欲镇压革命,但当起义士兵将他搜出并带至楚望台,让他做都督时,虽然开始有些担惊受怕,但是后来竟也半推半就地默然接受了。"黎元洪任都督之初,心存疑惧,态度暧昧,不苟言笑似'泥(黎)菩萨'。随后,武汉三镇光复,革命风潮席卷全国,胜利在望。到 10 月 13 日,黎元洪才表示,'自此以后,我即为军政府之人,不计成败利钝,与诸君共生死'。"①

黎元洪嘴上虽然这么说,似乎打算从此以后全身心地投入革命事业,但是事实上却难免首鼠两端,加上他毕竟是从旧官僚脱胎而来的,长时间的生活阅历,使得其在思维、品性和行为等方面都不可能与过去切割清楚。故黎元洪任湖北都督后,自觉或不自觉地都会保持其习惯思维和作风,也会保持与旧官僚的各种联系,从而客观上难免会削弱、甚至分化革命阵营,将旧官僚作风带进革命之后成立的新政府。同时,黎担任都督之后,在他的周边肯定会聚集一群旧官僚、旧政客。这样一来,新政府内部两种思想、两种路线、甚至是两种革命前途的斗争便不可避免。

据载,湖北军政府仓促成立之初,"凌乱无纪,无法令可守"②。都督黎元洪对诸多革命有功之人也难于掌控。这些自恃有功之人"没有组织规程","七嘴八舌,莫衷一是"。③ 黎元洪拿他们也没有办法,以至于汤化龙认为:"黎公之为都督,傀儡尔。一切大权,操之党人手中。"④这种政治上的混乱局面,也给了旧官僚可乘之机。由于革命党人缺乏政治、社会管理等方面的经验,为人为事没有旧官僚圆滑老道,旧官僚们以恢复社会秩序为名,乘机攫取了不少权力。10 月 13 日,汤化龙、胡瑞霖、黄中恺等旧官僚秘密商议,认为不应与革命党人合作,而要发挥他们自己的作用,致力于文人治理。继而,这些旧官僚相约前往拜见黎元洪。黎表示:"余以武人素不习民事,革

---

①　邱远猷、张希波:《中华民国开国法制史》,首都师范大学出版社 1997 年版,第 72 页。

②　中国人民政治协商会议湖北省委员会:《辛亥首义回忆录》(第一辑),第 106 页。

③　邱远猷、张希波:《中华民国开国法制史》,首都师范大学出版社 1997 年版,第 74 页。

④　邱远猷、张希波:《中华民国开国法制史》,首都师范大学出版社 1997 年版,第 74 页。

命又起仓促,其中多非余所素识,公等皆乡中优秀分子,务望出而相助。"①
于是汤化龙等便着手起草相关条例,帮助扩大黎元洪的权力。为使条例能
够得到通过,汤化龙在获知谭人凤、居正等人于 10 月 14 日从上海来到了武
汉后,便找到居正,请居正出面做工作。居正刚到武汉之时,发现诸事漫无
秩序,也有意加以整顿,两人便产生共鸣。10 月 16 日,居正谎称条例是孙
中山先生在海外起草好了的,以此劝说革命党人接受。在居正的主持下,由
旧官僚汤化龙等人主持起草的《中华民国鄂军政府暂行条例》得以通过。

依据该暂行条例,湖北军政府各部人选共 19 人,其中,旧官僚和立宪派
及与之亲近的人有 15 人,革命党人仅有 4 人,军政府的军政大权基本落到
了黎元洪和汤化龙手中。这种状况很快激起了革命党人的不满。10 月 25
日,在孙武、刘公、张振武等人的提议下,重新召开会议,制定《中华民国鄂军
政府改订暂行条例》,取代了原《中华民国鄂军政府暂行条例》。

此后,为巩固和发展革命政权,加强法制建设,湖北军政府还在同盟会
三民主义政纲原则的指导下,仿照美国等资本主义国家的宪法,尝试制定了
《中华民国鄂州约法》,简称《鄂州约法》。该法由宋教仁起草,由居正、张知
本、汤化龙、胡瑞霖等共同审议。宋教仁于 1911 年 10 月 28 日到武汉后,即
着手起草《鄂州临时约法草案》。起草完毕后,为慎重起见,湖北军政府还于
1911 年 11 月 14 日发布了《关于议决鄂州临时约法草案及官制草案的特别
通告》,征求各界人士对草案的意见。《鄂州约法》共有总纲、人民、都督、政
务委员、议会、司法、补则 7 章,计 60 条。《鄂州约法》与此前的《中华民国鄂
军政府暂行条例》及《中华民国鄂军政府改订暂行条例》的最大不同在于,将
原来的都督集权改成了三权分立。虽然《鄂州约法》也有"都督代表鄂州政
府,总揽政务"的规定,但是约法中的都督不再集权,而是实行政务委员制
度。在《鄂州约法》中,政务委员可以分散、缩小都督的权力,还可以利用副
署权牵制都督。尤其难能可贵的是,《鄂州约法》还规定了人民的权利和义
务,确立了"人民一律平等"原则。

随着革命形势的发展,南方各省相继宣布独立,纷纷成立新的军政府,

---

① 邱远猷、张希波:《中华民国开国法制史》,首都师范大学出版社 1997 年版,第 75
页。

"不逾一月,民军遂有天下大半"①。不过,各省军政府成立之初,也存在各自为战、各自为政的局面。在施政方面,政策和法律不尽一致;在经济方面,新政府财政困难拮据;在军事方面,各省的武装力量也难以协调指挥。此外,在外交方面,也无法与外国政府及驻华机构顺利交往,不利于争取外国政府的承认。所有这一切,都要求尽快成立统一的临时中央政府,统一领导推翻清政府的斗争,发展经济、稳定社会。

在海外的孙中山先生也认为当时的首要任务是尽快成立一个统一的中央政府。武昌起义当时,孙中山先生尚在美国科罗拉多。当他从报纸上获悉武昌起义胜利的消息时,欣喜有加,很快便决定亲自到各国活动,从外交方面着力,配合国内革命。10 月 13 日,孙中山先生在芝加哥还提议召开了预祝中华民国成立大会,并代表中国同盟会芝加哥分会拟草《布告》,号召各界侨胞"踊跃齐临庆祝,以壮声威"。

在当时的形势下,必须尽快成立临时政府,统一协调各种事务,是大家的共识,但由于存在旧官僚和革命党人两种不同政治力量,围绕成立临时中央政府问题,随即形成了两个中心,出现了两股力量的角力:一是以黎元洪为首的武昌集团;一是以陈其美、程德全为代表的上海集团。武昌是首义之区,自居功勋卓著,且在一定程度上已经形成对其他各地的指挥和号召能力,各地革命人士和力量也纷纷向武昌集结,故黎元洪等人认为应当以他们为中心成立临时中央政府。上海是南方的经济中心,武昌起义之后,江苏、浙江、安徽、江西等省纷纷独立,已经连成一片。而且江浙联军战斗力强,革命党人、立宪派人士、旧官僚的不少头面人物都汇集上海,上海的一举一动都会对全国产生重大影响。故上海都督陈其美、江苏都督程德全等人频繁活动,试图建立以他们为中心的临时中央政府,争取最高领导权。

1911 年 11 月 7 日,武昌起义尚未满月,黎元洪便以湖北军政府都督的名义,致电独立各省,征求对组建临时中央政府的意见。电文中说:"现在义军四应,大局略定,惟未建设政府,各国不能承认为交战团体,敝处再四筹度,如已起义各省共同组织政府,势近于偏安,且尚多阻滞之处。若各省分建政府,外国断不能于一国之内,承认无数交战团。兹事关全局甚大,如何

---

① 吴宗慈:《中华民国临时政府组织大纲及其缘起》,载胡春惠:《中国现代史史料选辑:民主宪政运动》,台湾正中书局 1978 年版,第 23 页。

之处？乞贵军政府会议赐教。立盼电复。"①11月9日，黎元洪再次致电独立各省，请他们提名各部部长名单，并速派代表到武昌开会，商议筹建临时中央政府。

11月11日，江苏都督程德全、浙江都督汤寿潜联名致电上海都督陈其美，提议在上海设立临时会议机关，商讨对内、对外政策。

其电文内容为："自武汉起义，各省响应，共和政治，已为全国舆论所公认。然事必有所取，则攻乃易于观成。美利坚合众国之制，当为吾国他日之模范；美之建国，其初各部颇起争论，外揭合众之帜，内伏涣散之机。其所以苦战八年，收最后之成功者，赖十三州会议总机关，有统一进行，维持秩序之力也。考其第一次、第二次会议，均仅以襄助各州会议为宗旨，至第三次会议，始能确定国会，长治久安，是亦历史上必经之阶段。吾国上海一埠，为中外耳目所寄，又为交通便利，不受兵祸之地，急宜仿照美国第一次会议方法，于上海设立临时会议机关，磋商对内对外妥善方法，以期保疆土之统一，复人之和平。务请各省举代表迅即莅沪集议。"②

"其集议方法及提议大纲并列如下：各省旧咨议局各举代表一人。各省现时都督府各派代表一人，均常驻上海。以江苏教育总会为招待所。两省以上代表到会即行开议，续到者随到随与议。提议大纲三条：（一）公认外交代表；（二）对于军事进行之联络方法；（三）对于清室之处置。"③

由于当时武昌正受清军攻击，战事局面尚不明朗，故除临近的湖南、江西等少数省份代表赴武昌之外，多数省份的都督代表都来到了上海。11月15日，先期到达上海的上海、江苏、福建等省代表召开了第一次代表会议，议决本次会议定名为"各省都督府代表联合会"。

对此，湖北方面十分恼火，于是连发函电，催促在上海的各省代表速赴武昌，并坚持认为，武昌是首义之地，临时中央政府理当设在武昌。11月20日，上海会议议决"承认武昌为民国中央军政府，以鄂军都督执行中央政务"，但认为代表会议"会所仍在上海为宜"。武昌方面继而认为，自己通电在先，且不少代表已到武昌，"既认湖北为中央军政府，则代表会自应在政府

① 邱远猷、张希波：《中华民国开国法制史》，首都师范大学出版社1997年版，第280页。

② 李剑农：《中国近百年政治史》，复旦大学出版社2002年版，第284页。

③ 李剑农：《中国近百年政治史》，复旦大学出版社2002年版，第284页。

所在地。府、会地隔数千里,办事实多迟滞,非常时期,恐失机宜。"①除回电力争之外,湖北方面还派居正、陶凤集等人赴上海争取。11 月 23 日,上海代表议决共赴武昌讨论组织临时中央政府事宜。25 日,又议决,各省代表赴鄂时,宜各留一人在上海,赴鄂者讨论临时政府组织事宜,留沪者为联络通信机关,"以为鄂会后援"。

11 月下旬,各省代表陆续抵达武昌。也正是这个时候,汉阳失守,武昌处于北洋军队的炮火威胁之下。11 月 30 日,各省代表前往汉口英租界的顺昌洋行继续开会,参加会议的有来自湖北、湖南、福建、山东、江苏、安徽、广西、直隶、河南、浙江、四川等 11 个省的 23 位代表。谭人凤被推举为临时议长,主持会议。12 月 3 日,会议正式通过了由雷奋、马君武、王正延三人草拟的《中华民国临时政府组织大纲》。12 月 14 日奉天、山西、江西及广东四省代表签名追认。

《中华民国临时政府组织大纲》公布施行以后,由于形势的发展,又对其内容进行了四次修改。

1911 年 12 月 2 日苏浙联军攻克南京,武昌和上海两地代表不约而同地决定将未来的临时政府设于南京,并将各省都督府代表联合会移到南京继续召开。12 月 12 日,上海、武汉两地代表及后来一些省份陆续派出的代表相继抵达南京,会议继续召开。12 月 15 日,决定在第一章"临时大总统"里增加一条,即"大总统未举定以前,其职权由大元帅暂任之"②。

《中华民国临时政府组织大纲》第二次修改是在大元帅初步举定之后。各省都督府代表联合会推举黄兴为大元帅、黎元洪为副元帅之后,受到拥戴黎元洪的势力反对,黄兴也坚辞不就,并推举黎元洪。代表会于是不得不改变此前的选举结果,重新选举黎元洪为大元帅、黄兴为副元帅。同时又于 12 月 16 日,在改选黎元洪为大元帅、黄兴为副元帅前夕决定,增加一条,即"大元帅不能在临时政府所在地时,以副元帅代行其职权"③。

1911 年 12 月 15 日,孙中山先生回国。12 月 29 日,直隶、奉天、山东、山西、河南、陕西、湖北、湖南、江西、安徽、江苏、浙江、福建、广东、广西、云

---

① 张难先:《中华民国政府成立》,载中国史学会编:《辛亥革命》(第八册),第 12 页。

② 刘星楠:《辛亥各省代表会议日志》,载全国政协文史资料研究委员会编:《辛亥革命回忆录》(第六集),中华书局 1963 年版,第 250 页。

③ 刘星楠:《辛亥各省代表会议日志》,载全国政协文史资料研究委员会编:《辛亥革命回忆录》(第六集),中华书局 1963 年版,第 250 页。

南、四川等 17 省代表正式选举临时大总统,孙中山先生获得 16 票,当选为中华民国第一任临时大总统。孙中山先生当选临时大总统之后,主持开会讨论如何组织政府问题,必然涉及对《中华民国临时政府组织大纲》的修改,但由于讨论议题多,许多问题未及议定,故这次修改主要针对该法明显不切实际之处:一是该法采总统制,却未设副总统之职;二是该法设外交、内政、财政、军务、交通五部,有违当时实际。因而此次修改内容有二:一是增设临时副总统;二是大总统制定官制官规不必经参议院同意。

《中华民国临时政府组织大纲》第四次修改是在中华民国临时政府成立的第二天,也就是 1912 年 1 月 2 日。根据《中华民国临时政府组织大纲》第 16 条的规定,参议院未成立以前,暂由各省都督府代表会代行其职权。1 月 2 日,各省代表会议决,在参议院成立以前,由本会代行其职权。于是,各省都督府代表联合会就成了代理参议院。在代理参议院会议上,不少代表又提出了对政府组织大纲的修改建议,经议决达成了三条修改意见。主要内容是为照顾各界头面人物,增设了行政部门,并规定了该法的施行期限等。

这次修改以后,代表们认为,作为政府组织法这么一个根本性的法律,轻易频繁修订,既不严肃,也不利于政府稳定,随之,通过了对《中华民国临时政府组织大纲》修订的三条程序规定。此后,《中华民国临时政府组织大纲》便再也没有修改,直到《中华民国临时约法》出台。

《中华民国临时政府组织大纲》是辛亥革命胜利后各省都督府代表会议通过的关于筹建中华民国临时政府的纲领性文件,它虽然是一部政府组织法,但是起到了临时宪法的作用,因为它确定了中华民国的基本政治体制。所以我们可以说,《中华民国临时政府组织大纲》是我国第一部资产阶级共和性质的宪法文件,其形式虽不十分完备,但它第一次以法律的形式确认了共和政体,废除了家天下,宣告了封建专制制度的灭亡,因而具有划时代的意义,并成为以后制定《中华民国临时约法》的基础。


# 二、《临时政府组织大纲》的内容


《中华民国临时政府组织大纲》是在仓促之中制定的,当时的形势可谓是内外交困,内部有沪、鄂权力中心之争,外部则面临清政府军队的直接威胁。在这种形势下，12月2日，代表联合会推举雷奋、马君武、王正延三人为组织大纲起草员，次日即匆匆议决政府组织大纲。该组织大纲基本制度设计以美国的政治体制为蓝本，但又与美国的政治体制有很大的差距。

《中华民国临时政府组织大纲》分为4章，共21条。

第一章为"临时大总统、副总统"。内容为中华民国临时大总统、副总统的产生办法及其职权。根据规定，临时大总统、副总统由各省代表选举产生，以得票满投票数2/3以上者为当选，代表投票权每省以1票为限。

临时大总统的职权有：统治全国之权；统率海陆军之权；得参议院之同意，有宣战、媾和及缔结条约之权；制定官制、官规兼任免文武官员，但制定官制及任免国务各员、外交专使须参议院之同意；得参议院之同意，有设立临时中央审判所之权。

临时副总统于大总统因故去职时，得升任之；但于大总统有故障不能视事时，得受大总统之委托，代行其职权。

第二章为"参议院"。内容为参议院的组成、议员的产生及参议院的职权。根据规定，参议院以各省都督府所派之参议员组成；每省以3人为限，派遣方法由各省都督府规定；参议院开会时，各参议员有一票表决权；参议院议长由参议员记名选举产生，以得票满投票总数之半者为当选。

参议院的职权有：议决暂行法律、预算、出纳、税法、币制、发行公债、临时大总统交议事项；议决同意临时大总统行使宣战、媾和及缔结条约、设立中央临时审判所；承认临时大总统制定官制、任免国务各员、外交专使；答复临时大总统咨询事件。

关于参议院职权的行使，根据规定：议决事项，由议长具报，经临时大总统盖印，发交行政各部执行；临时大总统对参议院议决的事项，如不以为然，得于呈报后10天内声明理由，交令复议；参议院对于复议事项，如有到会议员2/3以上仍执前议，应照原办理，发交各部执行；参议院成立之前，暂由各省都督府代表联合会代行其职权，表决权以每省1票为限。

第三章为"行政各部"。规定：在临时大总统下面设立行政各部，各部设部长1人，总理本部事务；部长经参议院同意，由临时大总统任免；各部所属职员编制及权限由部长规定，呈临时大总统核准。

第四章为"附则"。附则中规定了《中华民国临时政府组织大纲》的施行期限。根据规定，临时政府成立后6个月内由临时大总统召集国民会议，召集方法由参议院议决；本临时政府组织大纲施行期限至中华民国宪法成立之日止。

《中华民国临时政府组织大纲》规定了政府的组织机构和职权划分原则。临时大总统由各省代表选举产生，拥有统治全国、统率海陆军、经参议院同意宣战媾和、缔约、任免官员及设立临时中央裁判所等权力；行政各部设部长一人，辅佐临时大总统办理各部事务；参议院为立法机关，由各省都督所派之参议员组成，其职权为议决暂行法律、政府预算、税法及币制等。

《中华民国临时政府组织大纲》是中国历史上第一部"政府组织法"，破天荒地实现了通过法律组织政府。该法宣告了政府应该是人民的政府，应该依法产生并依法运行。该法同时也以法律的形式宣告了在中国绵延数千年的封建帝制寿终正寝，我们这个大国正式走上了民主共和的道路。它不仅是南京临时政府成立的法律依据，而且影响到以后的《中华民国临时约法》及其他法律法规的制定实施。

# 三、《临时政府组织大纲》的特点

《中华民国临时政府组织大纲》的制定和实施开启了中国亘古未有之大变局。此前，清政府迫于形势，虽然也曾先后颁布《钦定宪法大纲》和《宪法重大信条十九条》，但是无非都是为了确保"大清皇帝统治大清帝国，万世一系，永永尊戴"、"大清帝国皇统万世不易"云云。

在中国历史上，秦汉以前，有过王位禅让制，秦汉以后，帝位要么是和平继承，要么是武力夺取，但无论什么形式，都不存在依据制定法组建国家政府、又通过选举产生政府公职人员之先例。《中华民国临时政府组织大纲》是中国历史上亘古未有之政府组织法，开了中国依法组织国家政府之先河，在中国历史上可谓是开天辟地，影响深远。

也正是因为这是一项前无古人的事业，政府依据制定法组建并依法运行，在国内没有经验可以借鉴，国外的实践经验又由于国情和历史文化相去甚远，而难以采取拿来主义，故该法不可避免地存在诸多不妥之处。当然，与此同时，我们也必须承认，该法也有自己的过人之处和鲜明特点。粗略说来，《中华民国临时政府组织大纲》的明显特征至少有以下一些方面。

## （一）总体上借鉴美国的总统制

大纲主要借鉴美国宪法的有关精神，在政权组织形式上总体采用总统制，其重要表现就是总统集国家元首和政府首长于一身。根据《中华民国临时政府组织大纲》，总统有统治全国之权，有统率海陆军之权，有制定官制官规之权。各部设部长一人，总理本部事务，各部所属职权之编制及其权限，由部长规定，经临时大总统核准施行。各部部长之上不设国务总理，国务员与总统的关系为"辅佐大总统办理本部事务"。在这种政权组织形式下，总统对选民负责而不是对议会负责，议会与行政各自行使法定职权，互不隶属，相互独立。行政各部受制于总统，而不是议会。

组织大纲借鉴美国政制还表现在，总统对外宣战缔约均需参议院之同意，总统对参议院议决之事项有权要求复议。就连总统选举办法也是每省1票，与当年美国13个州的代表会议相同，总统对参议院议决的事项，在10日内享有1次否决权也与美国相同。根据组织大纲的有关规定，临时大总统以每省1票的方法由各省都督府代表选举产生，得票达投票数2/3以上者当选。总统不需对参议院负责，仅在行使某些职权时得参议院同意，同时，总统可以对参议院的议决案发还复议。

《中华民国临时政府组织大纲》采用总统制的主要原因大概是因为当时的革命形势需要。在当时，新成立的中华民国临时政府内政外交困难重重，财政危机极其严重，而且，清政府还存在于北方，并掌握有强大的北洋军队。为此，需要以一位深孚众望的人为中心，建立起一个具有强大执行力的政府，集中力量解决各种问题。如若采用内阁制或其他政治体制，可能束缚政府首长的手脚，于时不利。正如孙中山先生自己所说："内阁制乃平时不使元首当政治之冲。故以总理对国会负责，断非此非常时期所宜。吾人不能对于惟一贯信推举之人而复设防制之法度……以误革命之大计。"①

## （二）没有效法美国宪法"均衡政制"原则

《中华民国临时政府组织大纲》尽管在总体上是借鉴了美国的总统制，但该法并没有遵循美国宪法的均衡政制原则。美国宪法制定之时，制宪者们首先关心的是要防止政府专权，为此，他们在前人理论的基础上设计出了

---

① 章开沅等：《辛亥革命史》（下），人民出版社1981年版，第302页。

一种均衡政制,这种政治体制首先实行三权分立,将国家权力分为立法、行政、司法三大部分,每一个部分都保持完全独立而不至于依赖另一个权力,同时又让每一个权力都有制约另外两个权力的手段,以此保证任何一个权力都能够充分独立地行使,同时又保证了任何一个权力都不可能独断专行。

之所以这样做的原因,美国制宪者们讲得很清楚。在《联邦党人文集》第51篇里,联邦党人写道,在美国的复合共和国里,人民交出的权力首先分给两个不同的政府(即州政府和联邦政府,笔者注),然后把各政府分得的那部分权力再分给几个分立的部门。因此,人民的权利就有了双重保障。两种政府将相互控制,同时各政府又自己控制自己。为此,美国实行立法、行政、司法三权分立,同时,宪法又在三权之间精心构筑了彼此的平衡。他们认为,"在共和政体中,立法权必然处于支配地位。补救这个不便的方法是把立法机关分为不同单位,并且用不同的选举方式和不同的行动原则使它们在共同作用的性质以及对社会的共同依赖方面所容许的范围内彼此尽可能少发生联系"①。对于司法权,联邦党人认为,因司法部门的软弱必然招致其他两方的侵犯、威胁与影响,是故除使司法人员任职固定以外,别无他法以增强其坚定性与独立性,而且,最有助于维护法官独立者,除使法官职务固定外,莫过于使其薪俸固定。因此,美国宪法规定,法官任职终身,非因法定事由不被解职,其工资待遇由法律直接给予保障,以此实现对司法权的加固。在解释为什么要这么做的时候,联邦党人将之归结为人性,并说:"如果人都是天使,就不需要任何政府了。如果是天使统治人,就不需要对政府有任何外来的或内存的控制了。"这句话的目的就是要向美国人民解释,为什么宪法一方面要构建一个强有力的联邦政府,另一方面又要将政府权力拆分给不同的部门,并赋予各部门以抵制其他部门的必要手段。

临时政府组织大纲借鉴了美国的三权分立制度,却没有实行均衡政制。在组织大纲的框架下,体现了独立的立法、行政、司法机关,但三个部门的权力和地位并不均衡,且缺少彼此之间相互制约的手段。尤其是司法机关的地位令人生疑。

## (三)司法权的内容极为单薄

如上所述,《中华民国临时政府组织大纲》总体上采用的是美国的总统

---

① [美]汉密尔顿等著:《联邦党人文集》,程逢如等译,商务印书馆1980年版,第265页。

制政体,但又没有照搬美国宪法的政体设计,尤其是没有采纳美国宪法的均衡政制原则。在国家权力的分配与规范方面,该法中,关于立法权和行政权都有比较详尽的规定。其中,第一章为临时大总统,共有七条,规定了总统的产生办法和总统职权。此外,第三章行政各部又对行政部门的职权及隶属关系作了明确的规定。第二章为参议院,共十条,对参议院的性质、产生办法、职权、开会及表决等均有规定,并规定,参议院未成立以前,暂由各省都督府代表会代行其职权,表决权每省以一票为限。

但在该法中,关于司法权的规定却少得可怜,仅在第一章临时大总统的职权内规定,临时大总统得参议院之同意,有设立临时中央审判所之权。关于司法权的性质、地位、保障及司法机关的设置等内容均是空白。不仅如此,在立法结构上,将司法权置于临时大总统职权项下,也有失妥当,似乎有让司法权隶属于总统之嫌。这是传统文化中,司法隶属行政的反映,说明在临时政府组织大纲制定的过程中,革命党人对司法权还缺乏足够的认识,思想中还保留有深厚的传统文化影响。

可见,《中华民国临时政府组织大纲》对司法权尚没有清楚的认识。在该法中,司法权的内容十分单薄,司法机关的地位也处于从属性质。这一点,与辛亥革命所追求的建设近代民主法治共和国家所需要的司法权尚有不少的差距。

## (四)缺少公民基本权利内容

近现代宪法的基本内容,甚至是首要内容就是公民的基本权利,宪法对国家权力的设定和约束,其根本目的也在于保护公民的基本权利。由此,民主共和国家的政府组织大法,理应具有政府保障公民基本权利的内容。但在《中华民国临时政府组织大纲》中,通篇缺乏公民基本权利的内容,也没有保障公民基本权利的原则规定。该法共4章,分别为临时大总统、参议院、行政各部、附则,共21条,没有一条是规定公民基本权利的。这一点,甚至还不如此前的《鄂州约法》。在《鄂州约法》中,尚且规定了人民的权利和义务,确立了"人民一律平等"这一根本原则。当然,如果考虑到《中华民国临时政府组织大纲》仅仅只是一部政府组织法,而不是国家宪法或临时宪法的话,不规定公民的基本权利,似乎又是无可厚非的。而且,在当时的情况下,当务之急是先组织起一个统一的临时政府,统一号令,恢复秩序。至于公民权利的保护,可以留待此后的《中华民国临时约法》来完成。

# 四、《临时政府组织大纲》的传统文化考察

什么是文化？杨宪邦先生认为，广义说来，文化是在社会实践中人类的一切创造活动及其创造的一切物质财富、精神财富和社会制度的发展程度及质量的系统整体。狭义说来，文化是指精神财富或意识形态以及与之相适应的制度。[①] 而且，"文化对于置身于其中的个体的生存具有决定性的制约作用，从深层制约着社会的经济、政治和其他领域的发展，它的变迁或转型是人的世界最深刻的变革"[②]。

文化既是有形的，又是无形的，它潜藏在人们心里，悄然影响着人们的思想和行动。生活在一个时代、一个社会的人，都会自觉不自觉地受到当时当地文化的影响。中国传统文化，作为具有悠久历史和深厚底蕴的文化，当然就更会融入本民族每一个人的血液，对本民族的每一个人产生深刻的影响。

不管当时南方革命党人是否承认或者是否意识到，有一点是肯定的，这就是，虽然他们都强烈主张革命，建立一个与以往完全不同的新型的中华民国，但是他们的思维和行动却不知不觉地受到传统文化的诸多影响，他们的所作所为不少都可以从传统文化中得到解释，蕴含了许多传统文化元素。加之不少立宪党人在革命形势大好的背景下，转而表示支持革命，加强了与革命党人的联系，这对扩大革命阵营的影响、进一步孤立晚清政府具有积极的意义，但同时，"由于他们的着眼点是使整个社会秩序不发生更大的动荡，由于他们同各种旧社会势力之间有着千丝万缕的联系，又由于他们一向有着较高的社会地位和声望，所以当他们转到革命阵营以后，就大大增强了使革命中途走向妥协的力量"[③]。这些立宪党人思想中的传统文化因素对日后成立的政府、制定的法律也不可能不产生影响。更有甚者，一部分旧官

---

① 程京生：《文化研究与哲学研究——杨宪邦先生答问录》，载《东南文化》1990 年 Z1 期。

② 衣俊卿：《文化哲学十五讲》，北京大学出版社 2004 年版，第 19 页。

③ 金冲及：《辛亥革命的前前后后》，人民出版社、上海辞书出版社 2011 年版，第 206～207 页。

僚、旧军阀直接进入了革命以后成立的新政权机关,影响甚至决定着新政权、新法律的运行。所有这些,都在客观上使得革命成功后制定的法律不可能不受传统文化的影响、包含诸多传统文化的元素。

从《中华民国临时政府组织大纲》来看,该法本是革命党人革命成功之后建立新型国家的蓝图,但这一法律无论是从表层来看还是从更深层次来看,都留有许多传统文化的痕迹,反映了革命党人思维中依然存在的传统文化元素,当然也反映了立宪党人、旧官僚、旧军阀的影响。

## (一)从表层来看

### 1.制定过程体现了传统文化的影响

从《中华民国临时政府组织大纲》的制定和修改过程来看,不少地方都体现了中国传统文化的影响,粗略看来,大致有以下几个方面。

首先,旧官僚的权谋。武昌起义胜利后,由于同盟会的主要领导人及湖北革命团体的主要领导人均未能及时联络到,为稳定武昌形势,起义临时指挥官吴兆麟等人决定求助于当时的湖北省咨议局,与咨议局合作,并请咨议局局长汤化龙出来主持局面,但汤及其身边亲友认为局势尚不明朗,故而婉拒。后来,黎元洪出任都督后,汤化龙等人又密谋与黎合作,把控局面,架空革命党人。为使他们主持起草的《中华民国鄂军政府暂行条例》能够得以通过,汤化龙玩弄花招,请居正出面劝说革命党人接受。在居正的主持下,由旧官僚主持起草的《中华民国鄂军政府暂行条例》得以通过。

依据该暂行条例,湖北军政府基本由旧官僚和立宪派及与之亲近的人掌控。革命党人发现上当后,又重新召开会议,制定《中华民国鄂军政府改订暂行条例》,废止了由汤化龙等人主导制定的《中华民国鄂军政府暂行条例》。

以汤化龙为代表的旧官僚,在革命形势尚不明朗时拒绝与革命党人合作,待到革命形势一片大好,又趁乱窃取革命成果,意欲通过自己主导的《中华民国鄂军政府暂行条例》来执掌局面,所有这些过程,充分展现了旧官僚的官场权谋与政治狡诈,是完完全全的传统文化性格。

其次,为争夺首善之地暗自较劲。在革命形势开局良好的背景下,成立临时中央政府统一协调各省革命行动是大家的共识,但围绕会议召集地、特别是中央政府所在地问题,随即出现了两种势力暗自较劲。以黎元洪为首的武昌集团认为武昌乃首义之地，功勋卓著，理应享此殊荣，集会商议筹组政府，非武汉莫属，各地人等应朝武汉集中。以陈其美、程德全为代表的上海集团认为，上海是南方的经济中心，且江苏、浙江、安徽、江西等省已经连成一片，江浙联军的战斗力又是最强的，上海的一举一动都会对全国产生重大的影响，故上海应是最有实力发言的地方，应以上海为中心成立临时中央政府。

上述会议召集地之争表面上看来是在哪里开会商议成立临时中央政府事宜，实质上两种势力之间展开角力的目的则是，由谁来主导立法并组织中央政府，其背后反映的至少有两点：一是在新的法律和政府组织中谁居主导，随之而来的就是更多地反映谁的意志和利益；二是谁向谁靠拢，即谁为主、谁为次，亦即主次之争。若上海向武汉靠拢，则表明武汉为主、上海为次，反之，则表明上海为主、武汉为次。这是典型的中国传统思维，反映的是传统思维中的地位和权势之争，也是典型的名分之争。

再次，因人修法。《中华民国临时政府组织大纲》制定后，共进行了四次修改，这四次修改有的本来毫无必要，可以说完全是因人废事，因人修法。

1911 年 12 月 15 日，因中华民国临时大总统尚未选定，为填补权力真空，对临时政府组织法第一章"临时大总统"作了修改，增加一条，规定，"大总统未举定以前，其职权由大元帅暂任之"[1]。后来，各省都督府代表联合会打算推举黄兴为大元帅、黎元洪为副元帅。因受到拥戴黎元洪的势力反对，加上黄兴本人坚辞不就，改为推举黎元洪为大元帅、黄兴为副元帅。但与此同时，又在改选黎元洪为大元帅、黄兴为副元帅前夕，于 12 月 16 日决定在法律中增加一条，即"大元帅不能在临时政府所在地时，以副元帅代行其职权"[2]。这次修订几乎完全是因为大元帅与副元帅易位而起。因为黎元洪不愿离开武汉赴南京就任，为让黄兴能够实际行使权力，特修改法律，将实权交给了黄兴。这样一来，黎元洪仅赚得了一个大元帅的名头，大元帅的实权依然落到了名为副元帅的黄兴手中，由黄兴执掌元帅大权，坐镇南京。

此外，《中华民国临时政府组织大纲》第四次修改也是因为人事安排的

---

① 刘星楠：《辛亥各省代表会议日志》，载全国政协文史资料研究委员会编：《辛亥革命回忆录》（第六集），中华书局 1963 年版。

② 刘星楠：《辛亥各省代表会议日志》，载全国政协文史资料研究委员会编：《辛亥革命回忆录》（第六集），中华书局 1963 年版。

方便。为平衡各方力量,照顾各界头面人物,给他们一个恰当的安排,特意修改法律,增设了行政部门。所有这些都是中国传统文化的反映,是让法律围绕人转,而不是树立法律的权威,这种行为离现代法治的要求相去甚远,甚至可以说是与现代法治背道而驰。

### 2.法律结构体现了传统文化的影响

《中华民国临时政府组织大纲》分为四章,共二十一条。第一章为临时大总统,第二章为参议院,第三章为行政各部,第四章为附则。仅从该法的结构来看,其蕴含的中国传统文化元素就很明显。

首先,第一章为临时大总统,将大总统摆在首要位置,而且放在立法机关或者说是民意机关之前,意味着大总统在国内享有至高无上的地位,甚至是唯我独尊的地位,同时也意味着是大总统领导人民,而不是大总统臣服于人民。这就是过去长期形成的为人主、为人君的文化反映。在这种法律结构设计中,大总统不是受命于参议院,也不需要对参议院负责,更不是西方国家三权分立架构中的行政权,而是位居参议院之前,作为一个国家的代表和象征,其地位类似于中国传统的"大统"地位,大有唯我独尊、九五之尊之意。

其次,《中华民国临时政府组织大纲》司法权的内容不足,也没有设置独立的司法机关。这正是中国传统的反映。传统中国,法律文化的一个鲜明特征就是"司法与行政合一",或者说司法从属于行政,受命于行政。在中国统治者眼里,法律就是他们维护统治的诸多工具中的一种,什么时候需要就拿出来用上一用,什么时候不需要就将它束之高阁,抛到九霄云外,当然自己也不可能像现代法治所要求的那样,严格遵守法律,并在法律的轨道之内行使手中的权力。这样一来,更不可能设置独立的司法机关来审查自己权力行使的合法与否。在传统中国,司法和法律的功能最多只是定纷止争,解决社会纠纷而已,这样的司法机关当然可以不需要独立的地位,当然可以依附于行政,因为行政机关也肩负着解决社会矛盾、维护社会稳定的责任,甚至是解决社会矛盾、维护社会稳定的第一责任主体。在法治状态下,之所以要给司法机关必要的独立地位,就是因为司法机关肩负的职责远不只是普通的定纷止争那么简单,而是需要监督政府、保证行政机关的依法行政。要保证司法机关能够有效地监督政府,确保依法行政,就必须保证司法机关免受行政机关的干预,能够独立审查行政机关的行政行为,纠正行政机关的不法行政。而在当时，由各省都督指派的代表显然不可能有这种思维，于是，《中华民国临时政府组织大纲》中缺少司法机关的位置就不难理解了。当然，在辛亥革命之后，由追求民主共和的革命党人建立起来的共和政府中，依然缺少在民主共和国家政府中十分重要且无法替代的独立司法机关，就有点说不过去了。依据《中华民国临时政府组织大纲》组织起来的一个没有独立司法机关的政府，这个政府是否是法治的政府，这个政府是否是共和的政府，会不会是传统官府的某种翻版？都不能不在人们心里打上大大的问号。

再次，在第三章专门辟出一章规定行政各部，说明行政各部与第一章的大总统在性质上可能是不一样的。在《中华民国临时政府组织大纲》中，行政各部不像很多法治国家的行政部门那样，属于作为行政首长的总统领导之下的行政部门。虽然在该法中，也有行政各部部长辅佐临时大总统办理各部事务的规定，但是依据这种法律结构，临时大总统与行政各部不是同一性质的国家机关，否则就没有必要将行政各部单列，更不应该将同一性质的机关拆分为两章，而是应该在行政机关一章中首先规定总统总揽行政事务，同时规定行政各部的机构设置。在《中华民国临时政府组织大纲》的法律结构中，总统不仅仅是行政机关首长，而更像是中国历史上的"大统"，统一执掌国家权力，至于行政各部，也不只是行政权的各个部门，而是总统之下的各工作机构。

复次，在《中华民国临时政府组织大纲》中，通篇没有人权的内容，找不到人权保护的影子。这一点，如果从该法仅仅只是一部政府组织法，而不是一部真正宪法性质的法律来看，当然可以理解。但换一个角度来看，也不能不说是受传统文化影响的结果。否则，即使不对人权内容作具体的规定，也完全可以在组织政府的法律里面概括性地规定政府应当尊重和保护人权，将人权作为政府行为的道德目标和行动底线，加以原则性规定。在中国传统文化里，从来没有过人权的概念。中国历史上的民权、民本、爱民、惜民等概念与现代宪法中的人权概念的含义相去甚远。在中国传统里，也有政府应当保境安民之说。但这里的保境安民只是说政府应当维持社会秩序，保障人民群众的安定生活。至于政府本身的行为准则，政府是否以人权保障为使命，是否会侵犯人权，侵犯人权之后又该如何承担责任等等内容，则是传统文化里所没有的。而在现代宪法中，人权的首要含义是抵御和防止政府公权力的侵犯，人权的义务主体首先指向的是政府而不是其他社会主体。

因为在众多可能侵犯人权的主体中,政府的侵犯显然具有最大危害而且不是社会主体能够凭自身力量防范得了的。如果政府立志保障人权,切实担负保障人权的职责,其他社会主体对人权的侵犯便不足为虑了。

### 3.法律内容体现了传统文化的影响

《中华民国临时政府组织大纲》的内容虽然简单,条款也不算多,但就是在这么一部大纲性质的法律里面,传统文化的痕迹随处可见,下面略作列举并简要论述。

首先,总统类似于传统的"人主"。《中华民国临时政府组织大纲》第2条规定,临时大总统有统治全国之权。这一规定反映了传统文化中一国要有一君、一省一县需有一长之思想。而且,这里的用词是"统治"。总统"统治"全国,不能不让人产生总统便是一国之主的联想,是传统文化中"人主"思维的延续,与现代民主共和国家中公务员乃人民"公仆"的思想明显不符。

在《中华民国临时政府组织大纲》里,总统并不是三权分立中的行政权那么简单,也不是简单的行政首长。相反,在该法中,总统俨然就是一国之主,至于行政权,则是由行政各部具体执掌之,当然,行政各部毫无疑问是需要对总统负责的。根据该法第5条的规定,临时大总统有制定官制、官规之权,并有权任免文武官员,这样的总统,既能确保行政各部对自己负责,又绝不只是肩负国家行政权的行政首长。而且,根据该法第6条的规定,司法机关也由总统产生。由此可见,《中华民国临时政府组织大纲》中的总统不是美国总统制下的总统,而是传统中国的国家主人,是"人主"。

《中华民国临时政府组织大纲》虽然参照借鉴了美国宪法,并在总体上采行美国的总统制,但是该法中的总统与美国宪法中的总统却相去甚远。根据《美国宪法》第2条第1款的规定,行政权属于美利坚合众国总统,美国总统仅仅是执掌国家行政权,立法权和司法权则是独立于行政权之外。立法权、行政权、司法权三者之间相互独立、相互制衡,是美国宪法均衡政制的基本特征。

其次,拒绝权力制约原则。在《中华民国临时政府组织大纲》和后来的《中华民国临时约法》制定的过程中,究竟采行总统制还是内阁制,一直是争论的焦点。其中,反对总统制的一个重要理由就是,担心总统制会导致集权和专制,可能让大权在握的总统联想到中国历史上的皇帝。章士钊于1912年2月发表在《民立报》上的《复朱君德裳书》即说道,朱德裳认为,中国历史上有帝王思想,无总统思想,若"大总统亲揽政权,总理一切,渐积所趋,即无异帝制自为"①。

应当说,时人如此担心不无道理。当时的法律采行总统制确有扩大总统权力,让总统能够便宜行事的考量。孙中山先生自己就曾坚决主张实行总统制,并希望总统能够方便决策、便宜行事。1911 年 12 月 25 日,孙中山先生抵达上海后,第二天即召开同盟会高层会议,会上,孙中山先生说道:"内阁制乃平时不使元首当政治之冲,故以总理对国会负责,断非此非常时代所宜。吾人不能对于惟一置信推举之人,而复设防制之法度。"②

《中华民国临时政府组织大纲》一方面采行美国的总统制,另一方面又对美国宪法基本原则之一的均衡政制弃而不用,同时也放弃美国宪法的权力制约精神,转而规定"临时大总统有统治全国之权",不能不说有中国传统文化的影响,体现了传统中国的政治集权。

再次,选举脱离民意表达。《中华民国临时政府组织大纲》第 1 条规定,临时大总统、副总统由各省都督府代表选举之。由各省都督府委派代表选举大总统、副总统,看似体现了民主,比历朝历代的封建专制统治也的确是更为先进、更为民主,但仔细分析,这里的民主依然不是真正的民主,这里的选举也不是近代以来的民主的选举,甚至可以说是传统封建统治的延续。因为各省都督在当时的情况下,大都手握兵权,以军阀居多,而且有些本身就是从旧官僚转化而来的,这些都督委派的代表显然是代表都督的利益,反映都督的意志,与民众的意志和利益相去甚远,甚至可能背道而驰。如此选举,无非是打着选举的旗号,集中各地都督的意志,践行都督统治,延续封建思维和权力模式。这样的选举,离人民大众的意志表达还有很远的路要走。

除总统、副总统选举之外,民意代表选举也是如此。《中华民国临时政府组织大纲》第 8 条规定,参议院以各省都督府所派之参议员组织之;第 9条规定,参议员每省以三人为限,其遣派方法,由各省都督府自定之。根据这些规定,作为民意机关的参议院根本就不是什么民意代表机关,而只是都督府的代表机关。这种民主顶多也只能说是精英民主,而不是大众民主,也不是人民民主。这些精英民主人士大多为传统社会的上层士绅,深受传统文化洗礼,必然带有浓厚的传统思维。在新兴的民主宪政建设中,这些社会

---

① 《复朱君德裳书》,载《章士钊全集》(第 2 卷),文汇出版社 2000 年版。
② 《胡汉民先生文集》(第 2 册),台湾"中央文物供应社"1978 年版,第 61 页。

上层人士必然会自觉不自觉地夹带许多传统因素,流露出许多传统社会治理的特征。

《中华民国临时政府组织大纲》及其前前后后的选举事例都可以很好地说明这一点。此前,依据汤化龙等人主持起草的《中华民国鄂军政府暂行条例》选举产生的湖北军政府基本由旧官僚及与之亲近的人把控。此后,依据《中华民国临时政府组织大纲》,经过反复,最终改为推举黎元洪为大元帅、黄兴为副元帅,都是这种选举的很好注脚。

最后,司法从属于行政。《中华民国临时政府组织大纲》第 6 条规定,临时大总统得参议院之同意,有设立临时中央审判所之权。这是该法关于司法权的全部规定。在《中华民国临时政府组织大纲》中,司法权的内容置于大总统一章,而且是作为大总统的职权来规定的。这种安排显然是传统"司法与行政合一"的反映,与中国历史上任何时期一样,司法被淹没在行政当中。在传统中国,中央政府虽然也划分为各个不同的部门,但所有部门都无一例外的隶属于皇帝,是作为皇帝的工作机构而存在的,司法权也是如此。在地方,司法权与行政权则是高度重合的,司法权长期以来都是依附于行政权,并置于行政权之中的。这种情况,在《中华民国临时政府组织大纲》中也有体现。在该法中,司法权的性质和命运都取决于总统和参议院,尤其是总统。

## (二)从更深层面来看

辛亥革命的成功,几乎是一夜之间改变了大半个中国,荡涤了大清帝国的暮气,开启了一个崭新的时代。但是,一夜之间可以成立中华民国,也可以制定出一部政府组织法,但是,一夜之间却无论如何也改变不了当时社会的深厚背景及国民的性格和思维习惯。即使是革命党人根据自己的理想信念制定的《中华民国临时政府组织大纲》,字里行间也不难读出中国的传统习惯思维。

### 1.打天下坐天下

江浙联军光复南京之时,上海都督陈其美、江苏都督程德全、浙江都督汤寿潜三人出面,联合邀请各省留沪代表及上海各界知名人士,于 12 月 4 日在上海召开代表会议,以军队分散、亟需统一为由,选举黄兴为"暂定大元帅"、黎元洪为"暂定副元帅"。由于各种原因,12 月 17 日又重新选举黎元洪为大元帅、黄兴为副元帅。12 月 16 日,在改选黎元洪为大元帅、黄兴为副元帅前夕又决定,在《中华民国临时政府组织大纲》中增加一条,即"大元帅不能在临时政府所在地时,以副元帅代行其职权"。

江浙革命党人如此行为,目的很明显,就是要掌握权力、争取主动,让黄兴作为革命主帅,由革命党人享受胜利成果,而不能让革命胜利果实落入黎元洪这样的旧官僚手中。应该说,从中国传统思维的角度来看,陈其美等人的做法也可以理解,其目的似乎无可厚非,无非是觉得革命的成果应该掌握在革命党人手中,这在中国历史上似乎是天经地义的。只是这样一来,权力斗争或者说是争权夺利的思想也充分显现出来,"打天下坐天下"的思想在这里已是初露端倪。尤其是在改选黎元洪为大元帅之前突击修法,让黄兴代行大元帅职权,仅给黎元洪一个空头虚名,很难不让人诟病。因为这一条明显是为黄兴服务的,至少能给人这种联想。由于各种原因,此前选举黄兴为大元帅的愿望落空,以至于将此前设想的大元帅和副元帅调了个位置,但大元帅黎元洪忙于武昌方面的事务,无法抽身赴任,也未必乐意到异地赴任。这是可想而知的事情,而且,对于革命党人的态度,黎元洪应该也是心知肚明的,即使他赴南京就大元帅之职,也未必能够对革命军有效调度,于是,聪明的黎元洪只能知趣地识时务,赚个名誉和头衔,将实际工作和权力交予黄兴操办和行使。实际结果也的确是这样的,黎元洪没有离开武汉到南京就任暂定大元帅,而只是致电各省都督代表会,表示接受大元帅名分,并委托黄兴代行大元帅职权。

这样的安排,既遂了陈其美等人的愿,让黄兴行使大元帅职权,又让各方均无话可说。但这种制度安排与其说是制度安排,不如说是因人设制,甚至是因人立法、因人废法,是传统"法为我用""朕即法律"的体现,与真正的现代法治有本质的差别。这种做法,至多也只是通过法律游戏抚平了各方的过激情绪而已,对真正的共和法治不仅无益,反而有害。

革命党人之所以如此,在本人看来,就是打天下坐天下的传统思想在作怪。在革命党人心里,自己置身家性命于不顾换来了革命的胜利,那么,革命之后的局势就理应把握在自己手里,中国未来的发展走向乃至中国的社会事务都应该由自己说了算,岂能任由一个手无寸功的旧官僚摇身一变、执掌革命胜利之后的大权?

革命党人的这种传统思维与西方法治文明的文化背景存在着巨大的反差。回想美国开国之初,情况似乎完全不是这样的。众所周知,美国独立战争结束之后，也陷入了一个严重的危机，若处理不当，北美可能重新走向分裂，甚至爆发内部战争。为解决问题，将北美带向开国先贤们此前期望的未来，独立各州派代表到费城召开会议，讨论修改《邦联条例》，结果却意外产生了一部《美利坚合众国宪法》，这次会议理所当然的演变成了后来人们所说的制宪会议。在制宪会议上，各州代表似乎都没有一定要压倒对方，由自己来主导宪法制定、置他人意志于不顾。即使是当时大州与小州之间存在的激烈矛盾，也是通过闭门讨论或者争论来解决的。尤其是华盛顿先生，在独立战争中立下了盖世之功，却没有半点居功的表现。在制宪会议上，他没有为宪法设定一个方向、一个主义，而是对所有问题持开放态度，将所有问题交大家讨论解决。为了避免影响他人，作为会议的主持者，他只主持会议，不发表观点，甚至很少讲话，创造了一个自由民主的开放环境，树立了一个通过讨论解决问题的典范。也正是因为这样，有学者认为，"今天我们看到的这个美国是 1787 年立宪那个时候'谈'出来的，而不是像我们这样总是'打'出来的。要换成中国，一旦各方意见出现重大分歧，恐怕早就各自回家招兵买马，准备战场上见了。我们的立宪谈判似乎还没有谈成过，无论是清末的保守派、改良派、革命派，还是民初的国民党和袁世凯，或是抗战之后的国共谈判，每次都是功亏一篑，最后从谈判桌走向战场，用枪杆子解决本来应该用选票解决的问题"①。

因为美国宪法是"谈"出来的，反映了不同主体的意志、表达了不同主体的利益、凝聚了方方面面的共识，所以才能够得到很好的坚持与执行。如果当初美国制宪之时，各方代表也抱定"不是东风压倒西风，便是西风压倒东风"的态度，结局肯定就不会是现在大家看到的这个样子。

《中华民国临时政府组织大纲》因改选黎元洪为大元帅、黄兴为副元帅而增加一条，"大元帅不能在临时政府所在地时，以副元帅代行其职权"，开了"因人立法"的先河。后来的《中华民国临时约法》被大多数人指责是因人立法，也许可以从这里找到实践起点，其思想源头似乎应该是中国传统的"打天下坐天下"思维。正是因为这样，辛亥革命胜利了，后来的战争却远未结束，因为中国传统思维习惯于战场上见高下，通过武力解决问题。

---

① 张千帆：《美国立宪启示之二——国家是谈出来的》，载北大公法网，http://www.publiclaw.cn/article/Details.asp? NewsId＝4489&Classid＝7&ClassName＝法政时评，下载日期：2013 年 8 月 29 日。

袁世凯就任临时大总统前后，革命党人的一系列举动，包括要求定都南京、袁世凯必须到南京就职、制定《临时约法》，甚至后来宋教仁改组同盟会、希望把持国会、组织内阁等，都可以说是这种"打天下坐天下"思维的反映。因为所有这些行动的目的只有一个，就是要控制袁世凯，架空袁世凯，使时局朝着自己设定的轨道前进。但袁世凯乃当时之枭雄，手中又握有当时最有战斗力的北洋军队，岂能俯首听命？由此，日后连绵不断的斗争乃至战争，也就可想而知、在所难免了。

### 2.万事定于一尊

中国人特别看重"一尊""一长"之象征和地位。一国需有一君，乃九五之尊，几乎神圣化。一省一县需有一长，均以省县主人自居，甚至以"为民做主"为职责所在、荣誉所托，如若不能为民做主，则被斥之为"不如回家卖红薯"。这种"一尊""一长"之思想根深蒂固，弥漫于整个社会的每个角落，以至于几乎所有大大小小的团体中，"勇争第一"现象普遍，为了这个第一，甚至可以不择手段、不计后果。

这种思想表现在政治革命中，就是缺乏妥协和包容精神，各种势力都希冀能够在斗争中击败对方、最好是置对方于死地，以便让自己的思想和主义一统天下，处于"独尊"的地位。辛亥革命前，中国的立宪派和革命党人之间曾有过一场"要不要革命"的大论战，论战的焦点是，应该用武装的手段来推翻清政府？还是维护清政府的存在，同时迫其改良，实行君主立宪？在当时，为了救亡图存，为了民族兴旺，多少爱国仁人志士经历了无数的不眠之夜，经过了痛苦的思想斗争，正是通过反复的思想斗争，不少革命党人才毅然走上了革命道路，决定武力推翻清朝政府。这当然是一个极端的选择，是一个不得不为之的最后办法。正如有的学者所说："官逼民反，到了民对官的仇恨心态，民起而革之，此时已无妥协之愿望，只有革命的决绝。"①

就立宪党人而言，尽管在对待清政府这一问题上，显示出了足够的包容和妥协，可在对待革命党人时，却又完全是另外一种态度。梁启超在给康有为的一封密信中就曾说道："革党现在东京占极大势力，万余学生从之者过半。""东京各省人皆有。彼播种于此间，而蔓延于内地，真心腹之大患，万不

---

① 曹全来：《国际化与本土化：中国近代法律体系的形成》，北京大学出版社2005年版，第76页。

能轻视之也。近顷江西、湖南、山东、直隶到处乱机蜂起,皆彼党所为。"说到此,梁启超甚至说:"今者我党与政府死战,犹是第二义;与革党死战,乃是第一义。有彼则无我,有我则无彼。"①在这里,梁启超将立宪党人与清政府的矛盾放到了第二位,将与革命党人的矛盾放到了第一位,甚至表明"有彼无我,有我无彼",不能不说是另一种冲动与极端,是"一尊"传统思想的反映,梁在此追求的就是一个主义、一种思想,而不是百花齐放、百家争鸣。

梁启超先生是这样想,革命党人也是这样想的。在经过要不要革命的大论争之后,痛下决心,坚持革命,本身就是革命党人决心与清政府一决高下的行动见证。当革命初成,南方连成一片之后,立即着手在南京成立临时中央政府,是革命党人不与清政府妥协的进一步证明。如果说这些方面还只是体现了革命党人在与清政府斗争中的不妥协精神的话,那么,在《中华民国临时政府组织大纲》制定和修改过程中的表现,则体现了革命党人在内部也奉行了"万事定于一尊"的思维。《中华民国临时政府组织大纲》开篇第一条即是总统的产生,第二条旋即规定,临时大总统有"统治"全国之权。先不说该法在结构上特别强调和突出总统,仅从文字表述方面即可体现总统的"大统"地位。总统"统治全国",不是"大统"还能是什么?

关于这一点,在后来的《中华民国临时约法》中,就有了根本的改变。由于临时约法是为袁世凯制定的,革命党人在向袁世凯"奉送"该法时,就对法律结构和总统的性质及地位作了重大调整。《中华民国临时约法》第一章为总纲,第二章为人民,第三章为参议院,第四章才是临时大总统、副总统。这种安排显然更加符合民主和法治精神,体现了革命党人民主共和的追求。只可惜,革命党人在自己人当总统和其他人当总统时,采取了两种完全不同的态度,也难怪后来的袁世凯会绞尽脑汁挣脱革命党人戴在自己身上的枷锁,以至于在往后的日子里,南北双方势力争得鸡犬不宁,致使国无宁日。

3.视"人"为"民"

《中华民国临时政府组织大纲》没有现代人权的内容。在该法中,依然是不见"人",只有"民",反映出该法依然将国民看作是传统的"民",而不是现代的"人"。中国历史上也讲究"民"、看重"民",但这里的"民"与从近代西

---

① 金冲及:《辛亥革命的前前后后》,人民出版社、上海辞书出版社 2011 年版,第 96 页。

方文明中发展出来的"人"相去甚远。传统中国,与民字结合在一起使用的经常是"小民""草民""臣民",甚至"刁民"等,这里的"民"既缺乏自觉自主的主体意识,也不具有足够的社会地位,更不是社会和国家的主人。在中国历史中,从来就是君"主"而非民"主",民众不能自主,而要由君为其作主,包括君主派往各地的地方官员,作为君主在地方的各级代理人,都是为民作主的角色。所谓"当官不为民作主,不如回家卖红薯"。在民众,遇事则往往求助于官府,寄望于官府的大人、老爷"替小民作主、为小民讨回公道"。

尽管中国传统文化里也有爱民、恤民的内容,还有"水能载舟、亦能覆舟"之说,但即使这些,也不是现代人权的内容。现代人权最根本的一点就是强调人的主体性、将人作为主体而不是客体。在中国传统的"民"里,几乎没有一点"主体"的体现。中国传统的"民"奴性十足,"民"是"君"役使的对象,所谓"民可使由之,不可使知之"。中国传统文化里的爱民、恤民,也只是一种上对下的慈爱或关爱,说得准确一点应该只是怜爱,这与现代宪法上的人权内容大相径庭,中国古代君对民的这种爱,说得具体一点,就像是现代家庭的主人讲究好好相待保姆,好好相待保姆的内涵无非是要对保姆好点,以便让保姆更尽心尽力地帮助主人、为主人服务,特别是要注意不能激起保姆对主人的反抗。这里的善待保姆,绝不是强调保姆的主体地位,更不是强调保姆与主人的家庭地位平等。爱民、恤民,在这里似乎是主人对仆人的恩惠和施舍,丝毫改变不了民在君面前的从属地位,也无法动摇君对民的主宰。"水能载舟、亦能覆舟"也只是中国传统文化"中庸"的反映,强调的是不要走极端,不要把民众惹急了,别逼民众造反等。如果君主竭泽而渔,暴戾的统治一定会重伤民气、易生民怨,从而导致民力衰竭、国家社稷衰败。当然,在近代中国追求民族独立富强的过程中,随着资产阶级人权观念的传入,传统中国对"民"的认识也发生了深刻的变化。比较有说服力的例子就是梁启超先生的《新民说》和《中国积贫积弱溯源论》,以及孙中山先生的三民主义。

中国传统社会根本就没有西方那种人权的概念,故《中华民国临时政府组织大纲》在制定时,立法者首先考虑的不是如何保障人权,维护人的尊严。在制定该法时,立法者考虑的只是如何组织政府,至于如何保障人权,根本就没有提上议事日程,当然也就没有在法律中得到体现。而在西方国家的宪法里,人权保障恰恰是首要内容,成立政府的目的首先就是保障人权。换句话说,人权是政府的目的,政府只是人权保障的机构设计。故在西方有

"无人权即无宪法"之说，也有"宪法是人权保障书"之说等等。

不过，若从"政府组织法"这一角度来看，因该法仅仅是一部组织法，其功能和目的就是组织政府，而不是其他，因此缺少人权的内容也属正常，完全可以理解。但换一个角度来看，《中华民国临时政府组织法》不同于一般的组织法，他是一部开天辟地的法律，是中国有史以来第一部组织法，迎来的是一个全新的时代，肩负这样一个历史重任的法律不对人民的地位和权力作一个交代，无论如何都不能不说是一种遗憾，或者说中华民国的这个开局就不够令人理想。试想一下，此前的《鄂州约法》尚且规定了人民的权利和义务，确立了"人民一律平等"原则，作为中华民国的开国法律，为什么不能够在这方面给人民一个交代呢？而且，如前所说，在现代民主法治国家里，人权就是政府的目的，在成立政府时，对政府目的缺少一个交待，难道可以是不需要反思的吗？

因为有《中华民国临时政府组织大纲》的这些先天不足，由《中华民国临时政府组织大纲》修订而来的《中华民国临时约法》中也就难免渗杂诸多与现代民主法治不相协调的传统文化元素。而且，由于《中华民国临时约法》的目的性、功利性、迫切性等诸方面较《中华民国临时政府组织大纲》更为强烈，故其在自觉不自觉的因循传统文化方面比前者更甚。

# 第二章

# 《中华民国临时约法》之文化概析

　　《中华民国临时约法》(简作《临时约法》)是继《中华民国临时政府组织大纲》之后,民国政府第二部宪法性质的法律。该法几经沉浮,时而废止,时而恢复,皆因当权者的好恶而定。各路军阀你方唱罢我登场,时而对《临时约法》恭敬有加,时而对《临时约法》弃之如敝屣,无非就是看其是否需要《临时约法》这样一个护身符。在他们眼里,法律的神圣性和至上性压根就不曾存在。尽管如此,在中华民国成立之后直到国民党制定新法取而代之,该法一直具有最高的道德权威,成为不少人内心的坚守。当然,不可否认的是,由于历史局限及其他多方面原因,《中华民国临时约法》自身依然存在诸多不足,尤其需要指出的是,革命党人在追求近代民主共和的过程中,也不知不觉地夹带着传统的人治思维,这种新理想与旧思维的矛盾,在《中华民国临时约法》中随处可见。也许,正是存在于该法之中的这种先天矛盾,导致了该法后天的起伏沉浮,直到最后失败。

　　在此,本章对该法先作一个总体的文化概览,待后面各章再对该法蕴含的传统文化元素较为细致的梳理和分析。

## 一、《临时约法》的产生

　　《中华民国临时约法》是在《中华民国临时政府组织大纲》的基础上修改而来的。由于《中华民国临时政府组织大纲》规定在六个月内召集国会,当时的情势已经是不可能了,加上临时政府组织法又没有规定人权的内容,这于国家根本法而言是无法解释的缺漏,故不得不尽快对之修改,同时,修改后的法律已不再是单纯的政府组织法,而是完整意义上的国家根本大法,故名字上也不宜再称作政府组织法,因此,修改后的《中华民国临时政府组织法》,便改名为《中华民国临时约法》。

《中华民国临时约法》从起草到出台先后经过了两个阶段。第一个阶段是1912年1月5日至1912年2月27日,各省都督府代表联合会代理参议院提出了法律草案并开始审查。第二个阶段是1912年2月28日至1912年3月8日,由南京参议院继续审议并通过。

1912年1月5日,各省都督府代表联合会代理参议院,推举景耀月、马君武、王有兰、张一鹏、吕志伊5人为起草员,负责对《中华民国临时政府组织大纲》进行修改,提出《中华民国临时约法》草案;又推举林森等9人为审查员,负责对起草员提出的草案进行审查。

1912年1月28日,南京参议院正式成立。2月1日、2日,《申报》连续刊登起草员景耀月等5人起草的《中华民国临时约法草案》。2月6日至3月8日,参议院连续召开会议审议草案,经一读会、二读会、三读会,南京参议院于3月8日通过《中华民国临时约法》,并咨请临时大总统公布。3月11日,孙中山先生在《临时政府公报》第35号上予以公布。布文称:兹准参议院咨送议决临时约法前来,合行公布。《中华民国临时约法》就这样正式诞生了,并于公布之日起生效施行。

# 二、《临时约法》的内容

《中华民国临时约法》共有7章,依次是总纲、人民、参议院、临时大总统副总统、国务员、法院、附则,共56条。

从该法的文本渊源来看,主要有二:一是《临时政府组织大纲》;二是《鄂州约法》。

《临时政府组织大纲》是辛亥革命胜利后,为了满足建立全国性统一政权的现实需要而制定的,该法在政府组织方面的内容成为《临时约法》的重要渊源。比较二者可以发现,《临时约法》和《临时政府组织大纲》关于立法权、行政权的诸多规定如出一辙,如在参议院组成方面,两者并无二致,另如临时大总统的选举、任免权、提案权、复议权,以及军事、外交等方面的权限也基本没有什么差别。

《鄂州约法》是中华民国临时政府成立以前,湖北军政府在同盟会三民主义政纲原则的指导下,仿照美国等资本主义国家的宪法,由宋教仁主笔起草的,共分为总纲、人民、都督、政务委员、议会、司法、补则7章,计60条。其特点主要有:第一,宣布建立资产阶级民主共和性质的国家,强调应由人民组织自己的政府,体现了人民主权原则。第二,按照三权分立原则建立政府机构,确立了以都督和政务委员为行政机关,议会为立法机关,法院为司法机关的国家政权体系。第三,规定了人民的权利与义务,确定了"人民一律平等"的原则,并详细列举了人民享有的各项权利,包括:言论、出版、著作、刊行、集会、结社、秘密通讯、宗教信仰、迁徙自由、人身自由、家宅自由、司法救济、参政、议政等各方面的权利。第四,确立了资本主义的经济原则,如保护私有财产等。《临时约法》在很大程度上延续了《鄂州约法》的法律精神。

# 三、《临时约法》的特点

《中华民国临时约法》是在《临时政府组织大纲》和《鄂州约法》两部法律的基础上推陈出新,补充完善,形成的一个比较完备的宪法文本。概括起来,其特点主要有以下几个方面。

## (一)明确了中华民国的性质是资产阶级民主共和国

《中华民国临时约法》开篇即明确宣告中华民国是人民的国家,主权属于全体国民。这也就是说,中华民国对在中国延续了两千多年的封建专制的彻底否定,是对"朕即国家"和"主权在君"的否定,这在中国历史上具有开天辟地的历史意义。同时,在当时的历史背景下,中华民国所要建立的人民的国家,不可能是社会主义的民主共和国,而只能是资本主义的民主共和国。在中华民国里,居于领导地位的只能是民族资产阶级,中华民国的政权也一定是资产阶级的政权。

为保证资产阶级的领导地位,保护私有财产,《中华民国临时约法》第6条还特别规定了保护私有财产和营业自由。该条第3项明确规定,中华民国的人民有保有财产及营业之自由。在当时的中国,封建主义生产关系尚占主导地位,民族资本主义还只是处于发展初期,《临时约法》的这一规定,对于发展近代资本主义生产关系,促进民族工商业的发展具有重要的意义,有利于打破清王朝实行的"官办""官督商办"的桎梏,从根本上动摇封建生产关系。

## (二)确立了人民主权原则,规定了人民的权利义务

《中华民国临时约法》第1条规定,中华民国由中华人民组织之。第2条又接着规定,中华民国之主权,属于国民全体。在这里,该法明确宣告了中华民国奉行人民主权原则。这一规定,反映了近代世界的发展趋势,符合世界发展潮流,体现了中华民国及《中华民国临时约法》的先进性。

在此以前,封建社会时期的中国是典型的"朕即国家"。清末钦定宪法大纲中也是规定主权在君,国家统治权由君主牢牢掌握。所谓"大清皇帝统治大清帝国,万世一系,永永尊戴"。1913年,康有为还提出过"主权在国"的主张,认为国家统治权应当完全掌握在国家元首手里,在当时也就是要交由临时大总统袁世凯。《中华民国临时约法》肯定人民主权,对当时其他各种主权观点是一个极大的超越。

为更好地体现和实现人民主权,《中华民国临时约法》在第5条中还明确宣称"中华民国人民一律平等,无种族阶级宗教之区别",紧接着,又在第6条至第12条,用7个条款规定了人民享有的广泛权利。根据该法的规定:"人民之身体,非依法律,不得逮捕、拘禁、审问、处罚。""人民之家宅,非依法律不得侵入或搜索。""人民有保有财产及营业之自由。""人民有言论、著作、刊行及集会、结社之自由。""人民有书信秘密之自由。""人民有居住、迁徙之自由。""人民有信教之自由。""人民有请愿于议会之权。""人民有陈诉于行政官署之权。""人民有诉讼于法院,受其审判之权。""人民对于官吏违法损害权利之行为,有陈诉于平政院之权。""人民有应任官考试之权。""人民有选举及被选举之权。"等等。所有这些规定,既有原则规定,又有具体权利列举,在立法技术上也是比较先进的,即使在今天,不少地方也值得肯定。

## (三)形成了"三权分立"的国家政权机构体系

《中华民国临时约法》在总纲部分,第4条规定,中华民国以参议院、临

时大总统、国务员、法院,行使其统治权。这也就是说,中华民国的国家政权分别掌握在上述机关手里,而不是由某一个机关统一掌握。在后面的相关条款里,《中华民国临时约法》对各项国家权力的具体归属又作了比较详细的规定。根据第 16 条的规定,中华民国之立法权,以参议院行之。根据第 30 条和第 44 条的规定,中华民国之行政权,由大总统总揽,国务员辅佐临时大总统,负其责任。根据第 51 条的规定,中华民国之司法权由法院行使之,法官独立审判,不受上级官厅之干涉。而且,在第 52 条中,又模仿美国宪法,对法官的独立地位予以加固,解除了法官的后顾之忧。根据这一条,法官在任中,不得减俸或转职,非依法律受刑罚宣告,或应免职之惩戒处分,不得解职。并进而规定,法官之惩戒条规,以法律定之。从而排除了有关机关对法官惩戒之随意和专断。

从以上这些规定可以看出,《中华民国临时约法》显然是从美国宪法那里学习借鉴了国家政权的三权分立架构。除对三权分立作了原则性规定之外,《中华民国临时约法》还对立法权、行政权、司法权分别作了具体的规定。其中,第三章参议院即是立法机关之规定,第四章临时大总统副总统和第五章国务员,即是对行政权的规定,第六章法院即是对司法机关的规定。

在第三章中,《中华民国临时约法》对参议院的组成、内设机构、职权、议事程序等都作了规定。根据规定,参议院参议员每行省、内蒙古、外蒙古、西藏各选派五人,青海选派一人,选派方法,由各地方自定之。参议院会议时,每参议员有一表决权。参议院自行集会、开会、闭会,不受干涉。参议院议长由参议员用记名投票方法选举产生,得票过半者为当选。参议院之会议,须公开之,但有国务员之要求,或出席参议员过半数之可决者,可秘密之。参议院议决的事项,由临时大总统公布施行。临时大总统对于参议院议决的事项如有不同意见,可在十日内提请参议院复议,若参议院出席议员三分之二以上仍执前议,临时大总统应当公布施行。参议院内设三个方面的委员会,分别是全院委员会、常任委员会和特别委员会。全院委员会负责审议重要问题,常任委员会分设法制、财政、庶政、请愿、惩罚五部,特别委员会议决特别事件。参议院之职权包括:议决一切法律案;议决临时政府之预算决算;议决全国之税法、币制及度量衡之准则;议决公债之募集及国库有负担之契约;答覆临时政府咨询;受理人民之请愿;向政府提出关于法律及其他事件之意见建议;质询国务员;咨请临时政府查办官吏纳贿违法事件;认为临时大总统有谋叛行为时,得以总员五分之四以上之出席,出席员四分之三以上之决定弹劾之；认为国务员失职或违法时，得以总员四分之三之出席，出席员三分之二以上之决定弹劾之。此外，临时大总统任命国务员及外交大使公使、宣战媾和及缔结条约、宣告大赦，须经参议院之同意。

在第四章、第五章中，《中华民国临时约法》对临时大总统副总统、国务员的产生、职权等都作了明确的规定。根据规定，临时大总统副总统由参议院选举之，以总员四分之三以上出席，得票满投票总数三分之二以上者为当选。国务员由大总统提名，参议院同意。临时大总统代表临时政府，总揽政务，公布法律。临时大总统的职权为：为执行法律，或基于法律之委任，发布命令；统帅全国海陆军队；制定官制、官规；任免文武职员；经参议院之同意，宣战媾和及缔结条约；依法宣告戒严；代表国家接受外国大使公使；向参议院提出法律案；颁给勋章并其他荣典；宣告大赦、特赦、减刑、复权，但大赦须经参议院之同意。临时副总统于临时大总统因故去职，或不能视事时，得代行其职权。国务员辅佐临时大总统，负其责任。国务员于临时大总统提出法律案、公布法律及发布命令时，须副署之。

在第六章中，《中华民国临时约法》对法院和法官的产生和职权等作了规定。根据规定，法院以临时大总统及司法总长分别任命之法官组织之。法院之编制及法官之资格，以法律规定。法院依法审判民事诉讼及刑事诉讼，但关于行政诉讼及其他特别诉讼，别以法律定之。法院之审判，须公开之，但有认为有妨害安宁秩序者，得秘密。同时规定，法官独立审判，不受上级官厅之干涉。法官在任中，不得减俸或转职，非依法律受刑罚宣告，或应免职之惩戒处分，不得解职。法官惩戒以法律定之。

## (四)设计了别具一格的内阁制政体

《中华民国临时约法》在临时大总统副总统之后，又专门规定了国务员一章。根据规定，中华民国临时政府设国务院，由国务总理和各部总长组成。国务总理及各部总长，均称为国务员。并规定，国务员辅佐临时大总统，负其责任。国务员于临时大总统提出法律案、公布法律及发布命令时，须副署之。国务员及其委员得于参议院出席及发言。根据这些规定，中华民国的行政大权由临时大总统和国务员共同行使，这一点，与此前的《中华民国临时政府组织大纲》大为不同。前者为总统制的政体设计，后者吸收了诸多内阁制因素，希冀以此来牵制总统。关于该法的政体设计，后文还会详加论述。

《临时约法》之所以如此,与当时的大背景密切相关。在当时,南北议和的形势渐趋明朗,非袁不能统一局面的声音在国内外都有相当的市场,同盟会中也有不少人持这种观点。为早日结束乱局,达成南北统一,南方革命党人不惜以临时大总统的职位为筹码,让袁世凯下决定迫使清帝退位,赞成民主共和。最后,协议虽然达成了,但是袁世凯的为人却始终不能让革命党人放心。革命党人的这种心态,正如一位议员所说:"现在清朝君主专制虽然推翻,但是我们把建设的事业,委托他们官僚,他们能够厉行我们党的主义,替人民谋幸福吗?这种希望,我不免有些怀疑。尤其是就袁世凯的历史来说,戊戌变法,以至于今日,南下作战与进行议和的过程,所有的行动,都是骑着两头马的行动。一旦大权在握,其野心可想而知。本席的意见,原是反对议和,主张革命彻底,只因民军的组织太不健强,同志们的意见又不一致。为保全国家的元气,减少民众的牺牲起见,不能不迁就议和。今天改选总统,把革命大业让渡于一个老奸巨猾的官僚,这是我很心痛的事,也是我很不放心的事。临时约法,这时还在讨论中。我们要防总统的独裁,必须赶紧将约法完成。并且照法国宪法,规定责任内阁制,要他于就职之时,宣誓遵守约法。"①就这样,革命党人在达成议和之后,同时也给袁世凯奉送了一部《临时约法》和内阁制政体。

## (五)规定了中华民国是一个多民族统一国家

《中华民国临时约法》总纲第 3 条明确宣告,中华民国领土范围为 22 个行省、内外蒙古、西藏、青海。在这里,该法对中国的领土范围,采用列举的方法进行规定,具有现实性和针对性。众所周知,1840 年鸦片战争以后,中国逐渐沦为半殖民地半封建国家,西方资本主义国家与中国的封建势力内外勾结,妄图瓜分中国。辛亥革命爆发后,一些帝国主义国家更是趁中国内战之机,疯狂进行侵略和瓜分中国的活动。沙俄策动外蒙独立,英国蓄谋分裂西藏。1912 年 1 月 18 日《民立报》在《俄人之经营蒙古》一文中报道:"北京函云,俄公使现已与清外务部开始正式交涉。声称蒙古归俄国保护,其词甚强硬,不易对待云。"中华民国元年(1912 年)4 月 1 日的《东方杂志》中《录大共和日报译日本朝日录》云:"顷以支那本部扰乱,藩属各部遂思乘隙以脱

---

① 张国福:《民国宪法史》,华文出版社 1991 年版,第 55 页。

中央政府之羁绊。"①

在这种背景下,《临时约法》用列举的方法,向全世界明确宣告,中华民国是一个多民族国家,蒙古族和藏族等少数民族同胞都是中华民族大家庭的成员,内外蒙古、西藏、青海都是中国的神圣领土,不容帝国主义进行分裂活动,在当时具有很强的现实意义。关于这一点,该法起草人之一马君武曾说:"现在所以要采取列举主义,最大的理由就是要晓得中华民国不仅是二十二行省而已,内外蒙古、青海、西藏亦在其内,因为外人从前看中国国土极不明了了,现在列举出来使其晓然于吾国国土乃由二十二行省及内外蒙古、西藏、青海等组织而成为中华民国。还有一层理由,在从前历史上中国受莫大之损失者,即是中国人对于国土观点尚不明了之故。""既然中国人对于国土观念非常薄弱,所以国土规定即非表明出来不可,使人民知道,中华民国是二十二行省、内外蒙古、青海、西藏等部分组织而成。"②

## (六)规定了《临时约法》的最高效力和修改程序

为了巩固辛亥革命的成果,保证中华民国在民主共和的轨道上前进,约束袁世凯的专制野心,《临时约法》在附则中特别规定了本法具有与宪法等同的最高法律效力,并规定了严格的修改程序。该法第 54 条规定,中华民国之宪法由国会制定。宪法未施行以前,本约法之效力与宪法等同。第 55 条规定,本约法由参议院参议员 2/3 以上,或临时大总统之提议,经参议员 4/5 以上之出席,出席员 3/4 之可决,得增修之。根据这一规定,要想修改约法,必须有全体参议员 4/5 以上出席会议,出席会议议员 3/4 以上同意,方可修改。这一规定为修改法律设置了较高的门槛,其目的就是要保证约法的稳定性,避免约法日后遭到袁世凯的破坏。

---

① 张学仁、陈宁生:《二十世纪之中国宪政》,武汉大学出版社 2002 年版,第 63 页。
② 吴宗慈:《中华民国宪法史(附编)》,北京东方时报馆 1924 年版,第 6 页。

# 四、《临时约法》的传统文化概析

## (一)中西文化的不同理路及社会治理之道

古希腊亚里士多德曾言,人天然就是政治的动物。中国先秦时期荀子也曾认为,人之所以能够无畏于虎豹豺狼的利爪,乃因为"人能群,彼不能群也"。可见,有组织的社会生活是人类的必然选择。那么,如何组织社会生活? 又如何进行社会治理,维持社会稳定和发展呢? 中西文化有着不同的立意和各自的设计。

早期人类社会,基于人类的共同理性,社会发展及治理之道并无太大的不同。那个时期的思想都是基于自然理性,没有那么多的实证和研究方法。甚至在人性方面,中国的先贤们也曾认为人性是自私的,如荀子、韩非子等就是如此。这与现在公认的西方文化以"理性经济人"为基点,有很大的相同之处。

中西文化分殊鲜明,各行其道,大概始于古希腊和春秋战国时期。华裔美国律师、加州大学法学博士周天玮先生著有《苏格拉底与孟子的虚拟对话:建构法治理想国》一书,作者在该书中就曾提出过一个问题:苏格拉底与孟子大致属于同一个时代,为什么经历这个时代之后,中西文明开始分道扬镳,出现明显分野? 假如他们两人来一场对话,情况会是怎么样呢?

中国的春秋战国时期和西方的古希腊时期,中西先贤们对社会治理之道开展了各自的思考和探索。他们的探索和思考影响了迄今为止的人类社会,并将在相当长的历史时期内继续发挥着巨大的影响。古希腊和春秋战国以后,西方文明以其简单直白的特性走向了法治,中国文明则因其用心颇深而走向了人治。之所以如此,乃因为各自的立意和着眼点不一样。

众所周知,中国几千年的传统文化就是以儒家文化为代表的。从汉朝罢黜百家、独尊儒术起,儒家文化一统天下的局面就大体形成。关于西方文化,"西方哲学家怀特海曾说道,一部西方思想史其实就是柏拉图著作的注释史"①。基于此,下面就从儒家文化和古希腊的柏拉图开始分析。

西方文明简单直白,直面现实。文明设计者明白每个人都会追求自己的利益,这是天性,同时,设计者也认为,作为有理性的社会人,每个人又充分知晓,谁都不可能、也不应该毫无节制的追求私利,否则,不仅每个人的利益不能正常实现,反而有可能在膨胀的私欲面前相互争斗不止,甚至有可能同归于尽。于是,设计者基于"理性经济人"这一事实前提,勾画了其社会治理的基本路线。既然所有人都是自私的,同时所有人又都知道不能无节制地自私,那么,最可取的办法就是大家共同找出一个自私的限度,一个行动的标准,然后,在这个限度和标准范畴内,每个人都自由地追求自我利益和自我实现。只要不超出这个限度和标准,任何人的自由行动都是受到保障的,其他组织和个人均不得干涉。

这个标准和限度就是法律,是大家共同的规则平台。规则平台由人们自己参与、民主制定,一经制定则任何人都必须遵照执行。而且,人们自己参与制定的规则,对自己的意愿和利益也必然有所体现,同时也会反映各种利益的平衡,这样的规则得到自觉执行的概率肯定就会比较高,因为大家都知道规则是如何确立的以及不执行规则的后果,这就是民主立法的好处。这种法律与契约具有许多共同的属性,更能得到人们的理解和认同。也正是因为如此,西方有学者声称,"公法是所有人的协议,相反,私的协议则是立约人的法律"②。

当然,不守法的情况总是会有的,社会纠纷也必然无法完全避免,社会公共事务也需要有人来管理,于是必然要求设计一个公权组织来管理社会,解决纷争,这就是政府。同时,由于人都是世俗的,具有逐利的本能,政府公职人员也不例外。于是,追逐利益的私心便只有用现实利益的办法来解决,或者说野心必须用野心来对抗。接下来,便有分权制衡的制度设计。由于将公权赋予任何一个人或任何一个部门都不能排除专制和滥用,都不可能得到完全的信任,便只能将权力划分成若干部分,交由不同的人和部门行使,让他们之间相互监督和制约,使得每个人和每个部门都不具备专断的条件。对于这种设计,联邦党人曾说:"防止把某些权力逐渐集中于同一部门的最可靠办法,就是给予各部门的主管人抵制其他部门侵犯的必要法定手

① 陈少明:《经典解释与哲学研究》,载《学术月刊》2007年第1期。
② [美]C.H.麦基文:《宪政古今》,翟小波译,贵州人民出版社2004年版,第41页。

段和个人的主动。"尽管"用这种方法来控制政府的弊病,可能是对人性的一种耻辱。但是政府本身若不是对人性的最大耻辱,又是什么呢? 如果人都是天使,就不需要任何政府了。如果是天使统治人,就不需要对政府有任何外来的或内存的控制了"①。

西方文明的这种设计也是经过长期探索才奠定下来的。古希腊时期,从苏格拉底到柏拉图再到亚里士多德,这师徒三人接力,将社会应当如何治理,究竟是法治好还是人治好,法治与人治各有哪些优缺点,探讨得清清楚楚。其结论是:法治尽管不是最理想的,而只是"第二等的好"的治理方式,法治却是"最不坏"的治理手段,是人类迄今为止能够找到的最为可取的治理手段。其最大的优点就是稳定性和可预见性高,能够避免私欲左右公权,让国家没有大的折腾。

众所周知,苏格拉底死于雅典一个由 501 人组成的法庭的民主判决,罪名是不敬神和毒害青少年。其事实依据不过是苏格拉底的疑问太多和语言失当。一个以民主自居的城邦,却因一个人自由民主的语言而判处他死刑,不可谓不具有讽刺意味。得到死刑判决后,苏格拉底本可以在学生的帮助下逃避法律的惩罚,但他却毅然选择了接受判决结果,尽管他也认为判决他死刑的法律不当,然而,他还是毅然决定以身殉法。在他看来,如果自己以判决死刑的法律是非正义的法律为由,逃避法律制裁,就开了一个恶例。以后,任何人只要不想接受法律的判决,就可以以此为由堂而皇之地规避法律。因为,法律正义与否的标准必然是弹性的和不确定的,很容易成为任何不遵守法律的人的说辞。

苏格拉底之死,让柏拉图陷入了深深的痛苦和思索。柏拉图对老师的哀悼、对老师的怀念方式,是深深的思索。为什么在这样一个民主的时代和民主的地方,这样一位热爱真理、探求真理的人,却遭遇到这样的命运? 这个制度究竟存在什么问题? 柏拉图思考的结果,是钟情于人治,在他看来,理想国实行的应该是人治,即"哲学王之治"。一个国家,要想治理得好,就应该要么让哲学家来当国王,要么把国王培养成哲学家。但经过不懈的探索,柏拉图发现,"哲学王之治"很难实现,更难延续,故在他晚年,不得不转而求其次,主张"第二等的好"的治理方式,即法治。

柏拉图之后,他的学生亚里士多德一开始就旗帜鲜明地主张法治。亚

---

① [美]汉密尔顿等:《联邦党人文集》,程逢如等译,商务印书馆 1980 年版,第 264 页。

里士多德有一句名言,我爱我师,但我更爱真理。故一开始,亚里士多德就没有受老师人治思想的束缚,而是在全面比较人治和法治的优劣之后,主张法治,并提出了法治的两个经典内容,一是法律必须得到普遍遵守,二是人们普遍遵守的法律必须是制定得良好的法律。

亚里士多德之后,罗马人将法治付诸了实践,并在实践中将法治发扬光大。如果说希腊人重理论的话,罗马人则是重实践。古希腊罗马之后,西方人要做的不再是探讨法治好还是人治好,而是如何发展法治技术、提高法治水准,让法治在实践中与时俱进。

在西方,虽然议会也有吵架,甚至砸鸡蛋、扔臭鞋等,但是在议会里吵是为了社会上不吵。因为利益各方都有代表出任议会议员,议会里吵透了,在社会上就可以不用吵了。诸如美国那样让政府停摆的事情,在有些人看来是"笑料"、甚或是"胡闹",但同样,政府短暂停摆是为了让社会各方找到共同接受的妥协方案,短暂的和平停摆,是为了不至于酿成持续的暴力行动,不会像中国古代那样,让矛盾日积月累,逐渐积压,待到超越临界点后,周期性地发生大规模的暴力革命,甚至将政府推倒重来。二者比较,孰优孰劣,何者更为可取?不言而知。

综观西方文化,"理性经济人"是西方文明和西方社会治理方式的基石。经济领域是如此,社会领域也是如此。西方法治文明就是在"理性经济人"基础上成长起来的。

基于此,西方人在经济上鼓励、甚至放纵人们追逐物质利益,高度肯定经济活动的自由,宣称私有财产神圣不可侵犯。在政治上,在公共领域,西方人则利用制度约束人们的自私本能,构建起一套成熟的分权制衡制度,以此来确保谁都不可能滥权,也不可能以权谋私,迫使人们对自私有所节制。在文化上,西方文明借助宗教提升人们的道德修养,净化人们的心灵,改善人们的行为模式。在人类思想觉悟没有达到普遍高尚的程度以前,在人们还会经常考虑自己的私利、特别是会把私利置于公益之前的历史时期,西方人的这种法治,或许是人类发展不可跨越的必经阶段。

与西方文化完全不同的是,中国文化一向不是简单直白的,而是思虑良多,用意深远的。或者说,中国文化是过于用"心"的文化。这种用心,说得好听就是立意高远,说得难听就是心机十足。中国传统的社会治理,不是靠规则,而是靠权术,不是追求公开透明,而是讲究高深莫测。统治者对全社会的管理,包括对自己的僚属,都要讲究一个威严。为了维护自己的威严,保持下属对自己的敬畏,就必须让自己显得高深,让下属对自己琢磨不透,以此驾驭下属,统驭社会。如果套用现在不少人对社会治理之道的类型划分,这种用"心"而治,当然就只能是人治,而不是法治。

中国文化的这种特点,其表现至少有四:

一是立意深远。儒学告诉你"人之初,性本善",以此来劝导人们都要一心向善,因为别人也是善的,所以你也应当为善。同时,因为人性是善的,所以人们经过道德教化,也完全可以达到善的境界。在这里,儒家为其传统伦理文化作了绝妙的铺垫,将人引向了高尚的"人"的生活,而不是停留在低层次的"动物性"层面。强化了人的社会属性,压抑了人的自然属性。将人变成了一个行善积德、严守本分的集体的人,忽视了人的自我主体意识。

荀子曾经给人性下过一个定义,认为,"生之所以然者谓之性",还认为,"饥而欲食,寒而欲暖,劳而欲息,好利而恶害,是人之所生而有也,是无待而然者也",并把仁义礼智信归结为"伪"。荀子认为,要通过后天的礼仪教化来"化性起伪"。

儒家文化着眼点在于后天的道德教化。为实现道德教化之功效,不同经典人物设计了不同的人性起点,但总体上,儒家的人性起点是性善而非性恶。孔子认为人"性相近",只是"习相远"而已,孟子提出"人性善",主张"仁政",荀子则干脆承认人性恶,继而要求"化性起伪"。这与西方文化完全不同。西方文化"把'理性利己'看成普遍的人性,奉为教条,对'两头猪的博弈'津津乐道。他们不知道,他们是把'人'降为了动物。食色、利己,那是所有动物的属性,把这种动物性上升为人之所以为人的人性,就是犯了一个最基本的逻辑错误。人是从动物进化过来的,秉承了动物性,本能中有饮食男女,有利己,这是不错的。但当进化到'人类'这个阶段,就形成了标志人之所以为人的人性。还在拿动物性说人性,那就是不知羞耻,自甘于动物"①。

荀子的性恶论因与其他儒学经典人物存在不同,受到不少非议。对此,吕思勉先生说:"荀子最为后人所诋訾者,为其言性恶。其实荀子之言性恶,与孟子之言性善,初不相背也。伪非伪饰之谓,即今之为字。荀子谓'人性恶,其善者伪',乃谓人之性,不能生而自善,而必有待于修为耳。"②

---

① 王伟民:《儒学要义与儒学真精神》,在江西省百千万人才工程人选第二期培训班学员论坛上的发言,2013 年 10 月 24 日。

② 吕思勉:《先秦学术概论》(下编),第二章《儒家》第四节《孟子》,世界书局 1933 年版,东方出版中心 1985 年重印版。

其实,诸子百家中的法家也曾有过类似于西方文明的社会治理设计。法家明确认为人性本恶,主张缘法而治,顺应人性。韩非曾说,"凡治天下必因人情。人情者有好恶,故赏罚可用;赏罚可用则禁令可立,而治道具矣"①。"故明主之治国也,适其时事以致财物,论其税赋以均贫富,厚其爵禄以尽贤能,重其刑罚以禁奸邪。使民以力得富,以过受罪,以功致赏,而不念慈惠之赐。此帝王之政也。"②法家认为,人是自私的,会追逐私利,但也正因为人的自私,统治者才可能把他的自私引向有利于社会和他人的方向。因为人为了实现利己的目的,就必然希望避免法律的制裁,从而遵循国家法律,于是利己就可能转化为利他。这也正是西方人说的,主观为自己,客观为人人。同时,法家还认为,社会治理不应当顾及亲情,也不应当有私人恩宠,因为所有这些东西都会牵连出许多复杂的因素,从而让社会治理复杂化。这也刚好印证了法律文化研究中公认的结论,法治适用于陌生人社会,人治适用于亲情社会。

汉代以后,罢黜百家,独尊儒术,儒家逐渐成为治国之经典,其他学说则退出国家政治舞台,儒家学说就成了几千年中国传统文化的代表。

二是视野宏大。儒学立足于大家而不是小家。这个大家在地理上究竟有多大,可能儒家文化创始人自己也没有搞清楚,但他们肯定这个大家就是普天之下,故大到了天下之大,而不是着眼于小家,甚至不是着眼于国家。所谓修身、齐家、治国、平天下。在儒家文化里,没有一点点"小家子气",而是要为天下谋太平。这个视野,比起历史上的乌托邦不知要大多少。中国近代以后的民族复兴之梦,只是国家沦为半殖民地半封建社会后的复兴追求,比起孔子的"天下太平"之梦,也只能说是小巫见大巫。正如有的学者所言:"近代以来,实现中华民族伟大复兴,这确实是'中国梦'。但大家要知道,我们中国还有一个更高远的'天下为公'、'协和万邦'的'大同梦'。这个梦我们传承和追求了两千多年。"③

在孔子看来,社会有小康和大同两种不同的发展形态。在小康社会里,"大道既隐,天下为家,各亲其亲,各子其子,货力为己,大人世及以为礼,城郭沟池以为固,礼义以为纪;以正君臣,以笃父子,以睦兄弟,以和夫妇,以设

---

① 《韩非子·八经》。

② 《韩非子·六反》。

③ 王伟民:《儒学要义与儒学真精神》,在江西省百千万人才工程人选第二期培训班学员论坛上的发言,2013 年 10 月 24 日。

制度,以立田里,以贤勇知,以功为己。故谋用是作,而兵由此起。禹汤文武成王周公,由此其选也。此六君子者,未有不谨于礼者也。以著其义,以考其信,著有过,刑仁讲让,示民有常。如有不由此者,在执者去,众以为殃,是谓小康"①。

小康只是社会发展的低级阶段,孔子追求的是大同世界。他说:"大道之行也,天下为公,选贤与能,讲信修睦。故,人不独亲其亲,不独子其子;使老有所终,壮有所用,幼有所长,鳏、寡、孤、独、废疾者皆有所养;男有分,女有归;货恶其弃于地也,不必藏于己;力恶其不出于身也,不必为己。是故谋闭而不兴,盗窃乱贼而不作,故外户而不闭。是谓大同。"②

孔子的大同世界不是以一个国家为限度,而是力求"万邦和谐"。儒学从小家出发,以大家落脚。这种文化,如果用一个字来概括,就是一个"家"字。由是,社会治理方式和治理结构也可以从"家"字中找到答案。国是大家,家是小国。一个人的修养如果可以齐家,离治国平天下也就不远了。因为,整个社会无非就是一个放大了的"家"。国家是如此,天下也是如此。孔子追求的天下大同,就是这样一种其乐融融的"天下一家亲"。故有"四海之内,皆兄弟也"③之谓。后人将一国公民统称为"同胞兄弟",大概也有此意。

三是天人合一。儒家学说将人作为自然界的一部分,立足于人与自然的和谐,强调人要遵循自然规律,甚至强调人的身体活动也要顺应外在的天地四时之变。

儒学"天人合一"中的"天",是大自然,是宇宙,是整个的世界,也是自然的客观规律。《论语》有云,"天何言哉?四时行焉,百物生焉"④。"在儒学看来,这个'天'是一个什么样的天呢?鱼活在水里,鸟飞在空中,这是天;老虎生活在山林里,这是天,到了平原就要'被犬欺'了。"⑤

儒学用一个字概括了这种"天",就是"诚"字。《中庸》说:"诚者,天之道也。""唯天下之至诚,为能尽其性;能尽其性,则能尽人之性;能尽人之性,则能尽物之性;能尽物之性,则可以赞天地之化育;可以赞天地之化育,则可以

---

① 《礼记·礼运》。
② 《礼记·礼运》。
③ 《论语·颜渊》。
④ 《论语·阳货篇》。
⑤ 王伟民:《儒学要义与儒学真精神》,在江西省百千万人才工程人选第二期培训班学员论坛上的发言,2013年10月24日。

与天地参矣。"也就是说:"宇宙中的万事万物,都是按照自己天赋的本性而存在、发展和变化的,没有一样事物会违背这个'诚'。孔子在一次教学中,说到《诗经》中的一首诗,其中有两句是'缗蛮黄鸟,止于丘隅',他就对学生们感叹说,鸟都知道自己该怎样生活,人何以不如鸟吗? 所以,《中庸》又说了一句,'思诚者,人之道也'。人类也要诚于人类之则,诚于人类之性。这就是儒学'天人合一'的真意,也是为什么要天人合一的理由。"①

儒家文化将人看作是自然界的一部分,强调天人合一,甚至认为人的身体机能和活动与自然也是一致的,中医养生之道即是如此。同时,认为家庭是自然的产物,是合理的。故国家也应以家庭为范例,从家中寻找合理性,此所谓家是国的缩影,国是家的延伸。家乃是国,国即是家,家国一体。一个人只要能修身齐家,便能治国平天下。基于此,中国文化设计者注重人伦,强调人的精神境界。于社会,则更加注重和谐,倡导互尊互爱,而不是简单的平等。中国先人希望通过不同成员在整体中各司其职,各守本分,同时又相互尊重,相生相克,以此来构筑社会秩序,维持社会安定。所谓君君臣臣、父父子子,再所谓父慈子孝、夫敬妇爱、兄友弟恭,皆然。在这样的社会中,各人对自己的角色地位、职责义务都明白无误,因而要求尽到自己的本分,同时对他人要理解尊重,在理解尊重的同时提出合理的对等预期,果若每个人都能这样,都能尽到自己的职责,同时又照顾到他人的预期,社会岂能不治? 加之中国文化倡导清心寡欲、存天理灭人欲的高深用意,人们思维和性格不至于张扬,如此,社会的稳定有序便不难得。

总之,儒学认为,人生活在自然界,作为宇宙自然的一部分,就要处理好人与自然的关系,处理好人与自然界万物的关系,使人和万物能够各正性命,各得其所。

四是用"心"而治。在社会治理方面,中国传统儒家文化发明了一套与西方社会治理截然不同的方法和途径,这就是用"心"而治,而不是依法而治了。用"心"而治是儒家文化上面三个特征在社会治理领域的表现,也是儒家文化上述三个特征的世俗化和落脚点。或者我们也可以说,前面三个特征都需要通过最后这个特征来实现,只有这第四个特征,才是前面三个特征的生命所在。

---

① 王伟民:《儒学要义与儒学真精神》,在江西省百千万人才工程人选第二期培训班学员论坛上的发言,2013 年 10 月 24 日。

中国传统统治者的用"心"而治，所有人都有所感受，尤其是在官场待久了的人，或者说是在官场历练过的人，更可以说是感受颇深，在此就不加详述了。所以，在中国，当官是一门学问，而且是一门高深的学问。没有在官场历练过的人，要把这个"官"当好，是难之又难的。"政治素人"做官，在西方文化背景下可以，在中国文化背景下很难。

在上述文化用"心"的基础上，为实现社会治理目标，维持长治久安，中国先人在各方面都做出了自己的一系列配套设计。

在经济和物质生产领域，重农抑商，大力发展农业文明。

重农抑商是我国历代封建王朝都坚持奉行的基本国策。这种思想最早体现在战国时期李悝在魏国的改革之中，此后商鞅在秦国的变法中明确提出重农抑商，并大力推行。直到明朝中后期，商品经济在中国逐渐萌芽和发展时，统治阶级依然坚持重农抑商政策，推行一系列不利于商品经济发展的措施，阻碍工商业的发展。清军入关后，继续坚持闭关锁国、重农抑商，直至帝国主义用洋枪洋炮打开了中国的大门，才被迫开放市场。

在封建统治者看来，农业可以稳定劳动力，使人们定居下来，安心从事生产劳作。工商业则会与农业争夺劳动力资源，大规模的商业人口流动也会威胁社会稳定，甚至会使农田荒芜，人们懒惰，威胁国本。正所谓，"用贫求富，农不如工，工不如商，刺绣不如倚市门"，故"民弃本逐末，耕者不能半，贫民虽赐田，犹贱卖以贾"。① 因此，历代统治者都主张"省商贾，众农夫"，"驱民而归之农，皆着于本，使天下各食其力，末技游食之民，转而缘南亩"。②

此外，由于我国儒家传统文化向来是重义而轻利的，在一定程度上，农民老实本分的道德观念就代表着"义"，商人所追求的往往在于"利"，故在思想文化层面也要求中国统治者重农抑商。

在社会结构方面，强调世代定居，维护宗法等级结构。

中国传统社会是一个宗法观念和宗法结构严重的社会，这种社会结构强调"父母在，不远游"，将人民祖祖辈辈固定在土地、亲情之上，排斥社会大规模迁徙，其结果必然消灭工商业发展所要求的社会土壤，进一步固化农业文明。

---

① 《汉书·食货志》。

② 《新书·大政》。

封建等级秩序要求的是"衣服有制、宫室有度、蓄产人徒有数,舟车甲器有禁。虽有贤才美体,无其爵不敢服其服,虽有富家多赀,无其禄不敢用其财"①。只有这样,才能强化对君臣长幼尊卑的认知。而工商业发展,必然会对这样一种社会秩序造成冲击。因为,工商业主如果积攒了大量的财富,必然设法彰显其尊贵,逾越封建宗法秩序,以至于"商贩之室,饰等王侯,见车马不辨贵贱,视冠服不知尊卑"②,从而导致社会失范,甚至礼崩乐坏。

在《论语·季氏》中,孔子曾认为,"有国有家者,不患寡而患不均,不患贫而患不安。盖均无贫、和无寡、安无倾"。这也就是中国传统社会里人们普遍心态的写照。在传统中国社会,人们普遍安贫,乐意接受平静而重复的简单生活,认同等级固化、周而复始的循环社会生态。

传统中国社会是家国一体,家是国的缩影,国是家的延伸,所谓能齐家即能治国,能治国即能平天下。这种以血缘为纽带的宗法关系在社会结构上具有超稳定性,将这一结构延伸到国家政治生活层面,进一步导致了中国传统封建社会的超稳定性。

在预防权力腐败方面,建立台谏制和副署制,牵制权力行使。

台谏制度是颇具中国特色的监察制度,在中国历史上源远流长。台谏制包括台官和谏官,其职责,一是对皇帝谏诤,二是对百官纠劾。中国古代,出现过不少铁骨铮铮、冒死直谏的台谏官,他们忠于职守、不畏权贵的直言和弹劾,以"文死谏,武死战"的美名彪炳史册,成为文官的最高道德标准。台谏官虽然官职未必很高,但是其权力却很大,可以上谏天子,下弹群臣。到清朝皇室,更是立下了"不杀言官"的祖制。之所以如此,是因为统治者认识到,"言路通,则虽乱易治也;言路塞,则虽治易乱也"。

此外,中国历史上还有一种"副署"制度,唐朝改变汉代行政体制,设置三省六部后,政府最高命令通常由中书省起草发布(尽管是以皇帝的名义),但需要门下省审查认可,若门下省反对中书省拟定的某一诏书,即将原诏书批注送还,称为"涂归",意即将原诏书涂改后送还中书省重拟。涂归亦称"封驳"、"驳还"等,其实质就如同今天的副署。缺少门下省副署的诏书,依法不得发布。宋代也有皇帝发布敕令需要宰相副署的成例。

无论是台谏制,还是副署制,遵循的思路都与西方文化完全不同。在西

---

① 《春秋繁露》"服制""度制"篇。
② 《宋书·周朗传》。

方，预防权力腐败，采取的是"限权"或"控权"的思想。中国的台谏制和副署制，遵循的思想既不是分权也不是限权，而是对权力进行"牵制"，这种制度无法限制或控制权力的行使，而只能对权力的行使者施以"牵制"。因为言谏和副署本身不是一项独立的权力，言谏和副署既无法限制权力，又不能将权力限制在一定的范围之内，也不构成对权力的划分，只能通过这一环节影响权力的行使，从而对权力的行使起到牵制作用。这种作用表现为，搁置和拖延权力的行使、甚至迫使权力行使者修正自己的决定，从而使当权者无法肆意妄为。

故在中国传统官场，经常可以看到阳奉阴违，表面不持异议，更不明确反对，暗地里找各种理由拖拉推诿。这也许就是权力牵制思维和文化的反映。不像西方限权或控权那样来得直截了当。

比较而言，西方文化注重技物之术，着眼当下，因而直接管用，见效快，有利于解决眼前的现实问题。中国文化则善于心计，利于长远，而不计较眼前，不在乎一时一事的得失。只是这个长远要远到什么时候，很难预知。

西方文化以"理性经济人"为支点，注重人的物质生活追求，充分释放了人们的物质生产和创造能力。与此相对应，西方国家构建的社会保障也是偏重于人的自然属性方面，政府提供的公共产品服务也是注重保障人们追逐自我的自由。相比之下，中国文化理念之下的公共产品，则不是着眼于人的自然属性，也不只是着眼于小小的自我，甚至不是小小的空间，而是振臂高呼，"大道之行也，天下为公"，"不独亲其亲，不独子其子"，"老吾老以及人之老，幼吾幼以及人之幼"，并注重"推己及人"，"己所不欲，勿施于人"。只是这种公共产品会不会沦落成为一个空洞的口号？

概而言之，西方文化比较看重人的自然属性，中国文化过早强调了人的社会属性。过分强调人的自然属性的做法，说得严重点，就是把人降到了动物的水平，让人的逐利本能得以充分释放。不过，过早强调人的社会属性，忽视人的自然属性，在现实利益和问题面前，往往也会苍白无力而十分的无奈。

众所周知，人有自然属性，也有社会属性。但人与动物的区别恰恰在于人的社会属性，而不是自然属性。从这一个意义上说，中国文化是遥遥领先的，是"早熟"型的。但这类文化在人们思想觉悟尚未达到相当高度的时候，特别是人们尚处于物质匮乏阶段、同时人们的物质欲望又被激发出来的时候，就会显得苍白无力而难以为继。相比之下，当社会还处于追求物质文明阶段的时候,西方文化也许更能发挥作用,或者说更值得肯定。这就好像柏拉图当年所说的,西方的法治尽管不是理想的治理之道,却是现实之中最为可取的"第二等的好"。反观中国传统,在工于心计的人治模式之下,国家能否大治,社会能否稳定,基本维系于一人之身,若这个治国之人天生聪慧,大智大勇,治术有方,同时又能够克己勤勉,则会国家昌盛,社会繁荣,民众安居乐业。反之,国家必然陷入危机,社会必然混乱,民众必遭水深火热。当危机日积月累到临界点的时候,一个偶然的因素就可能导致烽火连绵,云集响应,国家政权轰然倒塌,重新开启一个治乱循环。

中西文化这样两种大相径庭又大异其趣的文化,在初遇之时,显然难以调和与融合。《中华民国临时约法》引进了西方的法律制度,却无法引进西方人的思维和心理习惯,无法改变中国的社会基础。在中国传统社会基础之上引进西方近代制度,其中的纠结可想而知。

## (二)《中华民国临时约法》之传统文化略陈

《中华民国临时约法》颁行距今 100 余年。这是一部中国近代史上产生过重大影响的宪法性法律,其立意是要引领中国社会大转型,将国家政治生活由传统的封建专制引入近代法治轨道,直接目的是要约束袁世凯,防止其复辟专制,走回头路,将中国社会重新带回传统历史。

但在当时,中国社会依然是一个传统文化与传统思维深厚的社会,这样一个具有几千年传统的社会,岂能是一部法律就能改变得了的?正如有的学者所分析的那样,20 世纪初的中国社会,是一个传统与近代、东方与西方并存的社会,宪法与宪政就是在这样一个"左右古今纷至、新旧东西杂陈"的时代背景下,出于除旧布新、师夷长技之需要,而由西方进入中国的。可以说,"宪法之于中国传统文化而言,一开始就是作为一个异数而存在。它在宣布与传统决绝之时,已经注定其无法获得传统资源的支持"[①]。

中国传统文化博大精深,几千年来,已经悄无声息地潜藏在国人心灵深处,融入国人的血脉,无时无刻不在支配着人们的言行。要在这样一个具有悠久文化传统和深厚人治底蕴的东方大国实现社会根本转型,仅凭一纸文本之力显然只能是美好心愿,甚至可以说是痴人说梦。因为在中国,法律文

---

① 占美柏:《在文本与现实之间:关于"五四宪法"的回顾与反思》,载《法商研究》2004年第 1 期。

本从来就没有达到令人既敬且畏的高度,没有奠定其神圣不可逾越的地位,甚至立法者或者说是制度设计者自身也缺少法律至高无上的理念,没有能够遵从法律的基本精神,而是把法律当作巩固自己统治、维护自身地位的手段,这种法律本身就已经变味,不是法治之法,当然也不可能实现其肩负的使命。对于当时的情况,陈独秀先生曾说:"我们中国多数国民口里虽然是不反对共和,脑子里实在装满了帝制时代的旧思想,欧、美社会国家的文明制度,连影儿也没有。所以口一张、手一伸,不知不觉都带君主专制的臭味……袁世凯要做皇帝,也不是妄想。他实在见得多数民意相信帝制,不相信共和,就是反对帝制的人,大半是反对袁世凯做皇帝,不是真心从根本上反对帝制。数年以来,创造共和再造共和的人物,也算不少。说良心话,真心知道共和是什么、脑子里不装着帝制时代旧思想的,能有几人?"①

康有为、梁启超等人作为君主立宪论者的代表,其法治思想包含不少传统文化因素自不必说,其他如严复的"众治"论与西方法治的理念也未必一致,即使是孙中山先生的建国方略和五权宪法,也有不少传统文化的影子。据中山先生本人所言:"余之谋中国革命,其所持主义,有因袭吾国固有之思想者,有规抚欧洲之学说事迹者,有吾所独见而创获者。"②在周伯达看来,孙中山先生三民主义的思想渊源就是中华道统。周在其著作《中山先生思想与中华道统》中还说:"中山先生在他的演讲及专著中,曾着重于讲儒家的仁义道德,这是任何人都不能否认的。"③

在这样的大背景下,浸染着中国传统文化的《临时约法》焉能实现预期目标,又焉能担当起引领社会转型的大任?由是观之,《中华民国临时约法》良好愿望的落空,或者说其一路颠簸的命运,应该是预料中的事情。

因故,我们可以相信,导致《中华民国临时约法》以失败告终的原因就在这部法律之内,因为该法神形不符、目标与内容、价值与手段相背离。说得具体点就是,该法瞄准了法治的目标,但文字背后蕴含的却是传统专制和人治的思维。正如有的学者所言,"《中华民国临时约法》总体体现的是人治思

---

① 陈独秀:《旧思想与国体问题》,载张忠栋等主编:《民主·宪政·法治》(上),唐山出版社 2001 年版。

② 周伯达:《中山先生思想与中华道统》,台湾学生书局 1999 年版,第 33 页。

③ 周伯达:《中山先生思想与中华道统》,台湾学生书局 1999 年版,第 35 页。

想,与法治之法相去甚远,其表现之处颇多,如因人立法等"①。

下面,对该法蕴含的传统文化和习惯思维略作分析列举。

### 1.法律依然是治术之一

中国传统的治理,讲究的是治国之道,驭民之术,强调的是法、术、势交相应用。在这种治术之下,法律只是一种工具、一种手段。西方的法治追求的是法律之治,强调"王在法下",任何人都必须服从法律。这种法治之法,在中国传统里是不可能存在的。中国传统的法律是统治者驾驭臣民的工具和手段,而且只是诸多手段中的一种。作为工具或手段的法律,肯定应该为君主所用,而不可能成为君主之累,更不可能成为凌驾于君主之上的"法律王"。

这种为了实现自己的目的,把法律作为治术之一,通过法律迫使对方就范的心术和思路,在《中华民国临时约法》中也有体现。南北议和之后,南方革命党人在交出行政大权的同时,为袁世凯赶制一部《中华民国临时约法》,逼迫袁世凯接受,就是这种思路的体现。革命党人当时的思路是,依据这部法律,通过在国会的优势地位架空袁世凯,进而又通过未来的总统选举,将袁世凯的总统宝座夺回来。这样一种思路,何尝不是传统治术或权术的翻版?

革命党人抛头颅、洒热血,推翻清王朝的统治,创建了中华民国,却不得不将革命的胜利果实拱手奉送给袁世凯,这对于大多数革命党人而言,无论如何都是难以接受的。更何况袁世凯本身就是一代枭雄,奸诈狡猾,出身于封建官僚,擅长玩弄权术。对这样一个人,革命党人普遍不相信他会真心接受共和。因此,在南北议和成功、袁世凯接任临时大总统已成定局之后,革命党人便制定出这样一部法律,希望能够以此将袁世凯约束在自己设定的轨道之内,甚至要把袁世凯架空。

孙中山先生曾说:"明明为反对民国者,今虽曰服从民国,安能保其心之无他? 故予奉《临时约法》而使之服从。盖以服从约法为服从民国之证据,予犹虑其不足信,故必令袁世凯宣誓遵守约法,矢忠不二,然后许其议和。

---

① 王书成:《立宪共和之民初启蒙及反思》,载《宪法研究》(第十三卷),社会科学文献出版社 2012 年版。

故临时约法者,南北统一之条件,而民国所由构成也。"①

　　《临时约法》通过的第二天,参议院便电告袁世凯,"《临时约法》七章五十六条,伦比宪法,其守之维谨,勿逆舆情,勿邻专断,勿押非德,勿登非才"。次日,亦即袁世凯在北京宣誓就职的当天,参议院又将《临时约法》全文电告袁世凯,并称:"本院所定中华民国临时约法七章五十六条,此谨电达。以资遵守。其文如下……"。从参议院的所作所为及上述电报的语气来看,《临时约法》是革命党人在特定背景下,为了控制袁世凯的权力野心、防止袁世凯复辟,由革命党人制定出来"奉送"给袁世凯"以资遵守"的,其本身就是"一部分人制定出来约束另一部分人"的,而不是"所有人共同制定出来供所有人共同遵守"的,违背了法治之法的基本精神,具有明显的法律工具主义痕迹。《临时约法》这种工具主义法律观,是传统中国人治思维的影响和反映,也给袁世凯后来破坏该法留下了口舌,减轻了其玩弄法律的道德负罪感,或者说,正是革命党人自己不知不觉地给临时约法埋下了隐患。

　　立法者如果只是试图通过法律来确立自己之单一主义,而不是真正凝聚共识、整合社会、和衷共济,那么,被排除在法律意志之外、在法律上缺乏相应体现的阶级或阶层便只能在体制外积蓄力量、搞小山头、搞小团体,由此便会导致社会不团结,或者说是一盘散沙,甚至酿成社会革命。更何况袁世凯及其北洋集团在当时的中国社会不是一个小团体,而是具有最强的军事实力,并且控制了北方大半个中国,这样一个统治集团岂能甘于接受他人强加于自己头上的一部约法?

　　革命党人在孙中山先生宣布辞去临时大总统后,曾为袁世凯设计了三套紧箍咒:一是定都南京,二是袁世凯到南京宣誓就职,三是奉送给袁世凯一部《临时约法》。前两套紧箍咒被袁世凯轻易化解,这第三套紧箍咒袁世凯本来就没有太在意。在袁世凯看来,《临时约法》就是一张纸,用不着太在乎。因为在中国历史上,法律从来就是随着当权者转的,是法律屈从于当权者的意志,而不是当权者臣服于法律。故袁世凯最初对革命党人制定该法并没有采取什么行动,他专注的还是如何巩固他的权力,而不是如何制定宪法性的法律。在他的眼里,如何对付这部法律可以稍微缓一缓,不妨先表示接受再说。于是,当袁世凯总统大位坐稳之后,这部法律的命运就可想而知了。

--------

　　①　叶孝信:《中国法制史》,北京大学出版社 1996 年版,第 386 页。

### 2.公共平台仍然缺失

历史上,国人一向缺少"公共"观念,从官府到民间都不曾致力于公共平台建设和公共意识的养成。于是,缺少公共平台和公共意识的社会,因没有人营造,也没有人维持公共平台,人们对"公"无望,便不得不转而求诸自己,取"自保"之态度,于是乎只有"明哲保身",再进而逐渐养成了"各人自扫门前雪,莫管他人瓦上霜"之类的"小家子气"的处世哲学。因为,你若着眼于公共秩序和公共意识,着手"公共"之营造,或者挺身而出主持公道,便有可能得不偿失,甚至是惹火烧身,这在大多数注重眼前利益的普通民众而言显然是不可取的,对少数有志于"公"、愿意主持公道、坚持公义的人来说,也可能会招致四面受敌而筋疲力尽甚至耗尽精力也只能是"心有余而力不足"。于是,久而久之,即使能够敏锐地发现问题的人、愿意一心奉公的人,也难有所作为,而只能是有机会就做些可能之事,没机会便只好默默无语。特别是和平年代,没有危机意识的氛围,"出头"担当的人很难引起共鸣、得到多数人的公开支持,其最终代价必然是曲高和寡、难以承担,甚至可能搭上身家性命。于是乎,"公"的观念、"公"的意识、"公"的平台就可能在恶性循环中长期缺位。于是乎,不愿意热闹的人便只能明哲保身,多一事不如少一事,以求自身之安宁;愿意热闹的人便不得不自行抱团,希冀通过自己的小团体来增强自己的力量,同时从中求得安全感,可能的话也会尝试着做些事情。于是,在中国社会,大多数人要么是明哲保身、只考虑为自己打算,要么是搞小团体、结小圈子,进而各为其主,维护小团体的利益,从小团体中求得安全感与发展。

这种缺少公共平台、公共意识的社会一定会是碎片化的社会,各种小团体一定会蓬勃生长,统一的公共秩序一定会缺失,法律也注定得不到全面统一的实现。在小团体中,为首者希望威权一统,在下者必须事事尽忠。因为每个小团体面临的局面可能都是"一荣俱荣,一损俱损"的局面,所以,在中国社会,包括中国历史上的官场,小团体之多有目共睹。所有这些小团体都各有盘算,故遇到需要统一行动、协调指挥、集中发挥民智、应用民力的时候便难以做到。

所幸中国传统文化强调相辅相成、相生相克,强调执两用中而不走极端,在突出一方面的同时也会给另一方面留有必要的生成空间。如上所说,一方面是缺少"公"的意识、"公"的观念、"公"的秩序;另一方面,又鼓励人在

"公"的营造方面有所作为,诸如"大路不平旁人铲""路见不平拔刀相助"之类的口号也每每深入人心。传统文化这种不走极端,注重不同方面相生相克的特征在各方面都有表现,即使在朝堂之上也不例外。例如,中国文化历来注重皇帝权威的维护,皇帝的威仪不容一丝一毫的挑战,但同时,历朝历代也都十分注重树立敢于直谏,甚至是冒死直谏的例子,以此来制衡皇帝,减少皇帝因头脑发热而酿成大错。

传统中国这种小团体盛行、各自自我关注的碎片化社会,在传统乡土中国也许还不至于有普遍的危害,因为那时整个社会交往和交流都很少,即使没有公共平台,缺少公共秩序,只要大家能够井水不犯河水便也都能相安无事。鸡犬之声相闻,也可以老死不相往来。但在近代以后,社会结构发生变化,社会关系更加复杂,人与人之间、团体与团体之间、区域与区域之间的交往无法回避,公共意识、公共平台、公共观念、公共秩序就必不可少。正因为如此,近现代宪法特别注重公民品格的养成,注重培植公民社会,希望每个人都意识到自己是公共生活的一分子,公共秩序、公共生活,与自己息息相关,而不能只是着眼于一己之私。

传统中国文化不注重全社会公共平台的构建,从而导致社会碎片化,也许正是人治之人所需要的。在人治的治术之中,碎片化也许更有利于其对全社会的驾驭。因为,如果全社会形成了一盘棋,当社会危机出现,自己面临困局的时候,他就没有办法调动一部分人来对付另一部分人了,反之,如果社会被分成了无数个小的部分,当统治者需要的时候,他就很容易在这些不同部分之间制造矛盾,从而轻而易举地用一部分人来对付另一部分人。

在这种思想的指导下,中国传统的法律从来就不注重构建社会公共平台。传统中国的法律只是人治之人的治术之一,是人治之人的工具,这就是所谓法、术、势的结合。相比之下,西方世界的法律,尤其是宪法,特别注重构建一个公共平台,在他们眼里,宪法就是整个国家的公共平台,是全社会的屋脊。这样的法律,一定会注重凝聚社会共识,发现和维护全社会公共利益,拿我们现在的话来说,这种法律一定是全社会共同的顶层设计,是整个国家民族共同的屋脊,也是全体国民遮风挡雨之所,当然就容易得到全社会的认同和遵守。

遗憾的是,《中华民国临时约法》的制定者们没有认识到宪法的这种价值,甚至没有领会到法律的这种精神,而是遵循中国的传统思维,把法律当成了他们自己的工具,强加于以袁世凯为首的北洋集团头上。正因为如此,

《中华民国临时约法》连当时两大政治集团都没有基本的整合,更别说整合全社会的方方面面,形成全社会的基本共识。

### 3.大统意识根深蒂固

《临时约法》的制定,本因《中华民国临时政府组织大纲》自身存在之不足。对《中华民国临时政府组织大纲》修改本是拟议中的事情,事实上也早已启动相关工作。后因孙中山先生判断"袁意不独去满政府,并须同时取消民国政府,自在北京另组织一临时政府",故加快制定进程,并由孙先生亲自主持,欲"奉《临时约法》而使之服从"。于是,南京参议院赶在袁世凯就任临时大总统之前,于1912年3月8日议决通过《临时约法》。1912年3月10日,袁世凯在北京宣誓就职。3月11日,孙中山先生在南京正式公布《临时约法》。

《临时约法》的制定已有"因人立法"之嫌。由已经辞去临时大总统职务的孙中山先生在新任总统就职之后,于南京公布施行,更难免牵动传统文化的敏感神经,触发"大统"地位之争。尤其是对袁世凯这样在当时最具实力的人物,内心绝难接受他人凌驾于自己之上,为自己立规矩。于是,南北两股力量的明争暗斗,比之过去必然是有过之而无不及。立法者试图通过法律来建立或者是巩固自己的一统江山,确立自己的一元主义,而不是实现真正的共和,不是试图整合社会各阶级、凝聚共识,架构一个各阶级、各主义都能融入其中、和衷共济的制度框架。受法者必然在自己可能的范围之内,绕开法律、积蓄力量与之对抗。

南方革命党人意欲通过《临时约法》将建国方略、发展轨迹,包括政治运行都纳入自己的规划设计之中,暴露了南方革命党人的支配和控制欲望,及将国家大势一统于己的良苦用心。袁世凯作为权力野心极强的封建大官僚,其一统江山、君临天下的大一统思想就更浓厚、更明显了。革命党人追求通过政党政治、控制内阁来实现权力一元化,置总统于虚君地位。袁世凯则试图通过武力控制局面,干扰迫害国会,进而使所有人臣服。

不难想象,南北两股势力之争在孙中山先生公布颁行《临时约法》之后,不是日益淡化,而是日益尖锐。国民党人此举摆明着是要确立自己中华民国开创人的地位,并试图让袁世凯沿着国民党开辟的道路继续前进。袁世凯则拒不认同国民党"中华民国缔造者"的身份,也不认同自己大总统的职位来自国民党人的礼让,而坚称其权力来自清皇室的禅让。由此,《临时约法》制定公布触发的"大一统"之争必将无休无止。

### 4.政体设计难舍权力牵制思维

迄今为止的通说认为,《临时约法》改《中华民国临时政府组织大纲》的"总统制"为"内阁制",其实不然。根据《临时约法》文本,临时大总统并非虚君,而是代表临时政府,总揽政务,公布法律;国务员(包括国务总理及各总长)只是辅佐临时大总统负其责任而已。而且,该法国务员一章总共只有5个条款,综观这5个条款,竟没有赋予国务员任何一项独立职权。这样一种体制显然不是真正的内阁制,而是中国传统的权力"牵制"思想的反映。在《临时约法》中,"国务员于临时大总统提出法律案、公布法律及发布命令时,须副署之"这一规定,既不是限制总统的权力范围,也不是控制总统权力的行使,即不是西方宪法"限权"或"控权"思想的反映,而是中国传统的权力牵制思想的反映。因为副署既没有限制总统的行政权,也没有对总统的行政权进行再划分,我们甚至可以说,副署本身并不是一项独立的行政权。

当然,通过副署这一环节牵制总统的权力,影响其权力行使还是可能的。虽然副署不可能否决总统的法案和命令,但是若总理对总统的法案或命令不认同,搁置和拖延、甚至迫使总统修正自己的法案和命令都是可能的,这就能够有效地牵制总统权力,使总统无法肆意妄为。

《临时约法》这种"副署"制度在中国历史上早已有之。唐朝改变汉代行政体制,设置三省六部后,政府最高命令通常由中书省起草发布(虽然是以皇帝的名义),但是需要门下省审查认可,若门下省反对中书省拟定的某一诏书,即将原诏书批注送还,称为"涂归",意即将原诏书涂改后送还中书省重拟。涂归亦称"封驳"、"驳还"等,其实质就如同今天的副署权。缺少门下省副署的诏书,依法不得发布。宋代也有皇帝发布敕令需要宰相副署的成例。清朝光绪年间发布的《钦定宪法大纲》亦有类似的内容。该大纲规定,议院闭会时,遇紧急情况,皇帝"得发代法律之诏令……惟至次年会期,须交议院协赞"。这里的"协赞"即类似于副署,而且是事后追认。

### 5.法律实施尽显传统政治伦理

"与西方政治理念相比,中西方现代政治理念突显为'伦理政治'与'法理政治'的不同路向。"①传统中国政治讲究的是伦理而不是法理,故在政治实践中,中国的政治人物特别在乎彼此之间的私人关系而不是工作关系,实践中往往是私谊左右公交,而不是公交决定私宜。诸如师生关系、亲戚关系、同乡关系等都有可能形成紧密的工作战线,反之,若没有私人关系,仅有工作联系,工作起来反倒会难以协调。

这种传统政治伦理在《临时约法》解释实施的过程中,表现得淋漓尽致,其事例可以信手拈来。在此仅以该法内阁制政体为例。

《临时约法》规定,临时大总统提出法律案、公布法律及发布命令时,须总理副署,以此来牵制总统权力的行使。但在实施的过程中,传统的政治伦理,而不是法律文本左右了实际政治运行甚至决定了政体的性质。当总理与总统关系甚密时,"副署"对总统而言不是问题,此时的内阁形同虚设,政体像是总统制;当总理与总统不和时,"副署"便成了总理与总统分庭抗礼的依据,国家统治权实际操纵于国务内阁之手,政体又像是内阁制。

由于《临时约法》独特的政体设计,"府院之争"成为中华民国初期政坛引人注目的乱象之一。民国首届内阁成立后,唐绍仪上任伊始,"毅然主张内阁制,设国务会议,以为执行职权之枢纽",府院之争由此开端。唐本是袁的下属,受袁提拔重用多年,一路走来,私谊本很深厚。但唐就任内阁总理之后,不再压抑自己,也不再唯袁世凯马首是瞻,而是"对于袁的行动,处处不肯放松"。甚至"有时白总统持异议,抗争座上不稍屈",以至于总统府的侍从武官,每见唐到来,便私下议论:"今日唐总理又来欺侮我总统耶?"②

袁世凯为破坏内阁,打击唐绍仪,则指示赵秉钧、段祺瑞进行抵制,"自开国务会议以来,赵秉钧迄未一至",有关内务部的公事,均直接向袁世凯报告。③ 赵秉钧不出席国务会议,不向国务总理报告工作,显然是把与袁世凯的私人关系放在了临时约法之上,其执行的是政治伦理,而不是法律规定。最后,在王芝祥任命问题上,双方彻底闹翻,唐绍仪愤然辞职,民国第一届内阁就这样夭折了。此后,袁世凯提名陆征祥为内阁总理。陆虽标榜无党无派,但实际上唯袁世凯之命是从,以至于"陆内阁时代,事无大小,皆总统府

---

① 贾红莲:《中国传统政治伦理思想的架构及其现代价值》,载《中国哲学史》2004 年第 2 期。

② 杨天宏:《论〈临时约法〉对民国政体的设计规划》,载《近代史研究》1998 年第 1 期。

③ 谷钟秀:《中华民国开国史》,文海出版社 1971 年版,第 101 页。

决之"①。

### 6.法律权威仰赖"武力"而不是"法律自身的力量"

纵观《临时约法》断断续续实施期间的各种情形可以发现,约法能否得到遵守、其权威能否得到维护,凭借的不是法律本身的力量,而是政治实力,特别是对武装力量的掌控。当北洋政府当政者力量不足,无法控制局面的时候,就宣示遵循约法,恢复法统,骗取民众的支持;当北洋政府当政者手中掌握了强大的武装力量,自认为能够总揽政局的时候,就肆意践踏约法,甚至公然置约法于不顾。这是典型的传统"武治",而不是"法治"。这种情况贯穿于《临时约法》生效后的整个时期,甚至在《临时约法》制定前后也是如此,革命党人也不例外。1912 年 2 月 14 日,参议院讨论袁世凯不肯赴南京就任一事时,谷钟秀、李肇甫等人建议将临时政府地点改在北京,经投票表决,以 20 票对 8 票同意临时政府改在北京。孙中山、黄兴闻知参议院的决议后异常气愤,把李肇甫大骂了一顿,并限他于次日 12 点前复议改正。黄兴甚至说:"过了 12 点如果还没有把决议改正过来,我就派兵来!"第二天上午,参议院重新表决,以 19 票对 7 票议决临时政府仍设于南京。②

《临时约法》颁行后,袁世凯明知革命党人的用意,但为了登上大总统宝座,他信誓旦旦,致电参议院,宣誓效忠共和国,遵守约法。袁在电文中说:"世凯深愿竭其能力,发扬共和精神,涤荡专制之瑕秽。谨守宪法,依国民之愿望,蕲达国家于安全强固之域,俾五大民族同臻乐利。"③

当袁世凯取代孙中山成为中华民国临时大总统后,立即视该法为一纸空文,在王芝祥任命问题上竟将未经总理副署的委任状交与王芝祥,径直任命其为南方军队宣慰使,肆意破坏临时约法。陆征祥组阁时,参议院否决了袁世凯提名的六位总长。袁即指示赵秉钧和北京军警联合会召开特别会议,通电痛骂议员,甚至狂妄叫嚣要武力解散参议院。后来,袁世凯向参议院提名新内阁名单时,未及参议院开会,北京军警联合会又举行会议,恐吓参议院议员,狂妄叫嚣,明天再不将六国务员通过,当宣布议员死刑。

---

① 谷钟秀:《中华民国开国史》,文海出版社 1971 年版,第 110 页。
② 吴玉章:《武昌起义前后到二次革命》,载《辛亥革命回忆录》(第一卷),文史资料出版社 1961 年版。
③ 徐有鹏:《袁大总统书牍汇编》(卷首),上海广益书局 1914 年版,第 3 页。

袁世凯就任正式大总统之后,更是急欲废除《临时约法》。在经过一番布置后,1914 年 5 月 1 日,袁世凯宣布废除《临时约法》。在废除临时约法的长篇布告中,袁指责该法不适合中国国情,说道,国法是社会心理之所胚胎,而社会共同心理,又纯由一国之历史地理风俗习惯所铸造而成,制定国法,要与一国之历史地理风俗习惯相符合,而不能与他国求勉强一致。从历史上说,中国几千年都是封建帝国,今"虽易帝国为民国,然一般人民心理,仍责望于政府者独重,而责望于议会者尚轻,使为国之元首而无权,即有权而不能完全无缺,则政权无由集中,群情因之涣散,恐为大乱所由生"。从地理上说,中国与欧美不同。中国地广人众,民族众多,南北各异,更应该有强有力之政府为之维持,"乃《临时约法》于立法机关极力扩张,行政机关极力缩减,束缚驰骤,使政策不得遂行,卒之筑室道谋,徒滋纷扰,贻害全国"①。

《临时约法》制定和施行过程中的以上种种表现都是中国传统文化的反映。除此之外,《中华民国临时约法》蕴含的传统文化元素还有许许多多,诸如官本位思想、轻程序思维,还有司法从属于行政等等,在此就不一一展开,留待下文从若干方面作专门阐述。

---

① 白蕉:《袁世凯与中华民国》,中华书局 2007 年版,第 121 页。

# 第三章

# 立法目的之工具主义

因《中华民国临时政府组织大纲》存在较多先天不足,"如人民权利义务毫不规定,行政官厅之分部则反载入,以限制其随时伸缩之便利。又如法律之提案权不明,大总统对于部长以下官吏之任免权不具,皆失其处也。闻赴鄂各代表不日当会合留沪代表再开议于南京,皆望其反复审定,不使遗笑大方也"①。加之该法规定的临时大总统于 6 个月之内召集国会"势有不及",南京临时政府成立不久便启动了临时约法的制定工作。

《临时约法》制定工作前后历时 50 多天,分为两个阶段。第一个阶段是各省代表会代理参议院阶段,第二个阶段是南京参议院阶段。1912 年 1 月28 日,南京参议院宣告成立,取代各省代表会,继续审议《中华民国临时约法》草案。在该法制定讨论过程中,各方关注的焦点问题主要有以下几个方面。

## 一、《临时约法》制定的争论焦点

### (一)立法目的

宪法的目的主要有两个,首先是保障公民权利。为了保障公民权利,宪法便不得不有第二个层次的目的,这就是对权力作必要的限制或控制,因而需要合理设计权力架构,防止任何一个权力由专断而走向腐败。宪法的这

---

① 《宋教仁集》(上册),中华书局 1981 年版,第 371 页。

两个目的是任何一部真正的宪法都必须牢牢遵守的。《临时约法》本不该例外。

但《临时约法》制定时,有一个重要的政治背景,就是南北议和正在进行之中,且已初见成效。当时,南方提出,若袁世凯能让清帝退位,实现南北和平统一,孙中山先生愿意辞去临时大总统,由袁世凯取而代之。1月22日,各省代表会议用举手表决的方法一致同意,议决以下内容:(1)清帝退位,由袁同时知照驻京各国公使,电知民国政府,现在清帝已经退位,或转饬驻沪领事转达亦可。(2)同时袁须宣布政见,绝对赞成共和主义。(3)文接到外交团或领事团通知清帝退位布告后,即行辞职。(4)由参议院举袁为临时大总统。(5)袁被举为临时大总统后,誓守参议院所定之宪法,乃能接受事权。①

与此同时,孙中山先生领导的革命党人对袁世凯是否真正赞成共和又普遍持怀疑态度,于是革命党人在孙中山先生宣布辞去临时大总统后,又为袁世凯设计了三套紧箍咒:一是定都南京,二是袁世凯到南京宣誓就职,三是奉送给袁世凯一部《临时约法》。这前两套紧箍咒被袁世凯轻易化解,第三套紧箍咒袁世凯起初则没有太在意。在袁世凯看来,《临时约法》就是一张纸,用不着太在乎。因为中国历史上,法律从来就是围着当权者转的,所谓"法随权出"。长期以来,在中国都是法律屈从于当权者的意志,而不是当权者臣服于法律。故袁世凯对革命党人制定该法并没有采取什么行动,他专注的还是如何巩固他的权力,而不是如何制定宪法性法律。在他心里,只要当上了大总统,自己的权力和地位巩固了,一纸法律何足惧哉。

此后,因情况有所反复,孙中山先生又致电伍廷芳先生暨各报馆:"前电言清帝退位,临时大总统即日辞职,意以袁能与满洲政府断绝一切关系,变为民国国民,故决以即时举袁。嗣就沪来各电观之,袁意不独欲去满政府,并须同时取消民国政府,自在北京另组织一临时政府。此种临时政府,将为君主立宪政府乎?抑民主政府乎?人谁知之。纵彼自号为民主政府,又谁能保证。故文昨电谓须俟各国承认后,始行解职,无非欲巩固民国之基础,并非前后意见有所冲突也。若袁能实行断绝满洲政府关系,变为民国国民之条件,则文当仍践前言也。至虑北方将士与地方无人维持,不知清帝退位

---

① 张国福:《法律史料考释——组织临时政府各省代表会纪事考证》,社会科学文献出版社 2007 年版,第 367 页。

后,北方将士即民国将士,北方秩序即应由民国担任。惟一转移间,不能无一接洽之法,文意拟请袁举一声望素著之人,暂镇北方。若驻使无人交接一节,满祚已易,驻使当然与民国交涉,方为正当,其中断之时甚短固无妨。今确定办法如下:(一)清帝退位,由袁同时知照驻京各国公使,请转知民国政府,现在清帝已经退位,或转饬旅沪领事转达亦可。(二)同时袁须宣布政见,绝对赞成共和主义。(三)文接到外交团或领事团通知清帝退位布告后,即行辞职。(四)由参议院举袁为临时大总统。(五)袁被举为临时大总统后,誓守参议院所定之宪法,乃能接受事权。按一二两条即为袁断绝满政府关系,变为民国国民之条件,此为最后解决办法。如袁并此而不能行,则是不愿赞同民国,不愿为和平解决也。如此,则所有优待皇室八旗各条件,不能履行,战争复起,天下流血,其罪当有所归。请告袁。"①

为达到约束袁世凯的目的,南京参议院加快了《临时约法》的立法进程,并将原《中华民国临时政府组织大纲》的总统制改成了内阁制,意在扩大国会的权力,通过国会约束袁世凯,同时又利用内阁总理来牵制总统权力的行使。

临时约法的这种因人立法,在当时和后来都受到不少人的质疑。徐世昌就曾认为,"民国可以十年无国会,不能一日无总统。因为国会吵吵闹闹,无非争权,大总统不能取消议员,议员反而时不时弹劾总统。约法不能建立一个强有力的政府,反而使政府俯首听命于国会,这实在是一种轻重倒置,大谬不然"②。

徐世昌的看法在当时的北方很具有代表性。由于《临时约法》纯粹是南方强加于北方头上,用于控制袁世凯的一个工具,北方的袁世凯自然也不会接受。于是,后来围绕《临时约法》的长期斗争也就难以避免了。可以说,导致《临时约法》后来的坎坷命运,除了袁世凯骨子里的专制思想之外,《临时约法》自身的不足应当也是一个重要的原因。

《中华民国临时约法》的立法目的具有明显的法律工具主义特征,与真正的宪法严重不符,也没有遵守法律的精神和内在规律。该法除为约束袁世凯而"因人立法"外,其他方面也还有不少违背法律目的,导致法律失去科

① 张国福:《法律史料考释——组织临时政府各省代表会纪事考证》,社会科学文献出版社 2007 年版,第 368～369 页。

② 金满楼:《门槛上的民国》,新星出版社 2013 年版,第 112 页。

学性的例子。例如,临时约法设置副总统一职就有因人设事之嫌,以至于当时即受到不少病诉。"论者病之,谓其如采美制,则国务总理可以无须;如采法制,则副总统可以不设。细阅约法内容,缺漏虽多,而精神固趋重责任内阁制者⋯⋯今约法已规定总统由参议院选出,而又于其旁带上一赘疣式的副总统,殊可不必。意者当日因位置一二要人之故,乃特设此座以待之欤?"①

## (二)政体设计

《中华民国临时约法》在制定及实施的过程中,争论最大的一点就是该法关于政体设计的问题,特别是究竟应该采用总统制还是内阁制,为什么要采用内阁制等问题,争论颇多。

此前的《中华民国临时政府组织大纲》是仿效美国总统制政体设计的。其实,在《中华民国临时政府组织大纲》制定的过程中,关于政体问题即引起过较大的争论。当时,主张总统制的意见居多,包括孙中山先生、胡汉民先生都主张实行总统制。孙中山先生认为,在内阁制下,总理对国会负责,总统则可能赋闲,既然国民代表选出了总统,就不应该对总统不放心而处处加以节制,相反,倒是应当放手让总统行使职权。他说:"内阁制乃平时不使元首当政治之冲,故以总理对国会负责,断非此非常时代所宜。吾人不能对于惟一置信推举之人,而复设防止之法度。余亦不肯徇诸人之意见,自居于神圣,以误革命之大计。"②胡汉民也说:"内阁制纯恃国会,中国国会本身基础,独甚薄弱,一旦受压迫,将无由抵抗,恐蹈俄国一九〇五年后国会之覆辙,国会且然,何有内阁?今革命之势力在各省,而专制之余毒积于中央。此进则彼退,其势力消长,即为专制与共和之倚伏,倘更自为削弱,噬脐之悔,后将无及。"③

及至《中华民国临时约法》制定时,关于总统制与内阁制之争,结果却反过来了。最后是主张内阁制的意见占了上风,孙中山先生也改变了从前的总统制主张,转而支持宋教仁等人的内阁制。此举的目的当然是"以法制

---

① 夏新华等:《近代中国宪政历程:史料荟萃》,中国政法大学出版社 2004 年版,第 160 页。

② 邱远猷、张希波:《中华民国开国法制史》,首都师范大学出版社 1997 年版,第 294 页。

③ 罗志渊编著:《近代中国法制演变研究》,正中书局 1966 年版,第 333 页。

袁",控制袁世凯的权力野心。

据孙中山先生的秘书张竞生回忆,孙中山当时对他有两点指示,其中第二点是这样的:"我们对袁世凯,要讲究方法,把他紧紧套住。袁是大官僚,狡猾成性。从前他曾受清廷排斥,今虽重新掌权,但他骨子里是要推翻清朝的,这一点,和我们有共同的地方。至于他是否真心倒向民国,我是有怀疑的。对此,就必须认真研究,拿出办法来。我愿意让出总统,只要他能拥护民国。我是用总统的名义,来换取他接受革命的宗旨的。说到这里先生遂以诙谐的口吻说,这是给孙悟空戴上金刚箍,使他不能随便作怪。"[①]孙先生的这个指示,实际上代表了当时大多数革命党人的观点。在当时,不少人都对袁世凯持怀疑心态。来自湖南的一位参议员就说过:"现在清朝君主专制虽然已经推翻,但是我们把建设的事业委托他们官僚,他们能够厉行我们党的主义,替人民谋幸福吗?这种希望,我不免有些怀疑。尤其是就袁世凯的历史来说,他的政治人格,有好多令人难以相信的地方。"[②]

为约束袁世凯,《临时约法》把原来的总统制改成了内阁制,而且在内阁制的具体设计上,也对法国内阁制作了诸多修改,增加了许多限制总统权力的内容。有人曾就此专门写文章进行过对比:"我国《临时约法》采用法国内阁制,他日定宪,此制殆未必能易也。法国行用内阁政治,其总统固不负责任,然一千八百七十五年之宪法所赋与总统之特权固自不少,若大赦之权,若统率海陆军之权,若提出法案、发布法案之权,若提议改定宪法之权,若任命文武官吏之权,若解散下院之权,若召集临时议会之权,若会议期中停止议会之权,若交还议定法案求下院再议之权,皆明确规定于宪法之中。我虽采用法制,然约法所定总统之权,视法制则远有不逮,其荦荦大者,约有数端:(一)法总统得上院之同意,有解散议会之权,我则并此而无之;(二)法总统有召集议会之权,而我之参议院得自行集会闭会;(三)法总统有任命官吏之权,而我则任命阁员须得参议院之同意;(四)法总统有交还议案法案求下院再议之权,我则无此规定。"文中,作者还一针见血的指出:"我国今日定宪,……不宜逆虑总统之专横,遂尽削其权,以縶缚其手足。"[③]

---

① 张学继:《再论〈临时约法〉的"因人立法"问题》,载《社会科学评论》2006 年第 3 期。
② 张国福:《民国宪法史》,华文出版社 1991 年版,第 55 页。
③ 《麦梦华对于总统权限之主张》,载《宪法新闻》第 3 期(1913 年 4 月 27 日)。

### (三)立法的民主性

《中华民国临时政府组织大纲》规定,参议院以各省都督府所派之参议员组织之,参议员每省以三人为限,其遣派方法,由各省都督府自定之。

随着南京临时政府的成立,成立临时参议院的工作也提上了议事日程。1911 年 12 月 29 日,各省都督府代表会议致电各省都督府,"现临时政府依次成立,代表责任已毕,立须组织参议院。据临时政府组织大纲,参议院由每省都督府派遣议员三人组织之,请即从速派遣参议员三人付与正式委任状,剋日来宁,参议员未至以前,每省暂留下代表一人以至三人驻宁,代理其职权"①。同时,各省代表会还议决:照临时政府组织大纲,参议员系由各省都督府所派,至各省咨议局所派代表,仍称某省代表,得列席于参议院。②

南京参议院是中华民国的立法机构,本应具有广泛的民主性、代表性。但根据临时政府组织大纲的规定,南京参议院却是由各省都督府委派的议员所组成的。由都督委派参议员组成立法机关,显然不具有广泛的民主性和代表性,更何况,当时的各省都督本身也不是由民主选举产生的,这就不能不让参议院的民主性和合法性饱受质疑,不能不让人怀疑,参议院议员究竟是代表民众的利益? 还是代表都督府的利益?

应当肯定,在当时,民主选举参议院议员的条件,特别是由公民普选议员的条件的确还不具备,若片面地从民主性、代表性等方面出发,要求公民民主选举参议院,对当时的南京临时政府来说未免有些苛求。但在当时,各省除都督府之外,还有晚清时期成立的咨议局。咨议局议员乃根据《咨议局议员选举章程》选举产生,属于"钦遵谕旨为各省采取舆论之地"。无论从哪个角度来看,也无论怎样指责晚清咨议局选举的不民主、不科学,都无法否认这样一个事实,即:咨议局比都督府应当更具有民主性和合法性。若由各省咨议局选派参议院议员,无论是从法理上说还是从情理上说,其民主性和合法性都会更高。为增强参议院的民主性和合法性,完全可以由咨议局选派议员而不是由都督府选派议员。而且,这样做在实践中也没有任何困难。遗憾的是,根据当时各省都督府代表会议的决定,各省咨议局委派的代表反

---

① 邱远猷、张希波:《中华民国开国法制史》,首都师范大学出版社 1997 年版,第 321 页。

② 邱远猷、张希波:《中华民国开国法制史》,首都师范大学出版社 1997 年版,第 321 页。

倒只能列席参议会议，不能享有议员身份，也不能行使议员的表决权。

《中华民国临时约法》继续延用《中华民国临时政府组织大纲》的规定，参议院由各地方选派之参议员组织之。各地选派参议员的方法自行确定。根据《临时约法》第 18 条的规定，参议员每行省、内蒙古、外蒙古、西藏各选派 5 人，青海选派 1 人；其选派方法，由各地方自定之。参议院会议时，每名参议员有 1 个表决权。

对这一规定，当时即有人提出这样的疑问，"假定又有都督选派甚或有自署为参议员者亦约法所许，以此组织参议院果足代表人民全体而行使主权乎？稍有政治常识者必不谓然"①。

还有人认为，临时约法的上述规定，与中华民国主权在民的精神也存在矛盾。《临时约法》第 2 条规定，中华民国之主权，属于国民全体。第 4 条又规定，中华民国以参议院、临时大总统、国务员、法院，行使其统治权。这两条规定之间本身就存在矛盾，加之参议院乃非民选产生，矛盾就更加突出了。中华民国临时约法一方面规定中华民国主权在民，另一方面又规定国家由参议院、临时大总统等统治，且参议院和大总统又均非民选产生，实在不可接受。"夫第二条既言主权在国民全体，而此条行使统治权乃由非国民所选之参议院殊不可解。主权绝对不可分离者也，属于国民全体。其行使不必国民全体可也，断不可不由国民所委任之机关。今之参议员非由国民委任，何能有此行权？"②

当然，也许人们可以有理由说，临时约法规定总统由参议院选举，只是当时的一个过渡性办法，甚至连临时约法本身也只是"临时"性的。根据《临时约法》第 53 条的规定，本约法施行后，限 10 个月内，由临时大总统召集国会。其国会之组织及选举法，由参议院定之。第 54 条，中华民国之宪法，由国会制定。宪法未施行以前，本约法之效力与宪法等。

因为是临时性的，所以可以不必苛求，听起来，似乎有一定的道理，但若临时措施也能更为科学一些，岂不是更好？更何况这个临时需要多久，谁也不能确认。也许一个临时，就可能"临时"十年甚至几十年，所以临时最好也要科学一点才好。

---

① 《临时约法商榷书》，正文第 2 页，作者及出版者不详。
② 《临时约法商榷书》，正文第 2～3 页，作者及出版者不详。

# 二、《临时约法》的法律工具主义

## (一)什么是法律工具主义

什么是法律工具主义？谢晖教授曾对法律工具主义做过如下定义，法律工具主义是一种关于法律本质和法律功能的法学世界观和法学认识论。它强调在社会系统中，法律只是实现一定社会目标的工具和手段。换言之，法律工具主义就是立法主体为实现一定社会目标，将法律作为一种工具而对其价值和功用加以发挥与运用的观点和做法。法律工具主义在立法上的突出特征是强调法律的合用性，重视其"治之柄""治之具"的手段性，忽视法律内在的公平、正义属性。①

郑成良教授认为，法律工具主义有两个基本特点：第一个特点，在法律工具主义者看来，法律就是国家和政府管理社会的工具。第二个特点，法律工具主义强调法律仅仅是工具，法律除了工具之外什么都不是。②

法律工具主义仅仅强调法律的工具性价值，即仅仅把法律当作工具使用，而不能给法律以普遍的尊重，对法律的权威淡然漠视。工具主义法律观根据自己的需要对法律作随意的取舍，法律被尊重的程度完全取决于其被需要的程度，这种法律观与现代法治的基本精神相去甚远。法律工具主义往往强调"法自权出""言出法随"，它虽不否认对权力的监督，但它弱化了责任意识、监督意识，特别是消极对待最高权力的法律监督，使权力的合法性大大降低。法律工具主义认为，作为立法主体的统治者的立法权不受制约，其他由法律赋予的权力则由立法权派生而来，依附于立法权，其结果必然导致立法权缺乏监督和制约，导致最高权力超然于法律之上，不利于形成公平正义的社会环境。法律工具主义的最大危害是，认为权大于法、法自权出，进而认为人高于法、立法差等，其结果或者说实质就是人治。总之，在工具主义法律观看来，法律就是统治者实现其统治目的的工具，是"统之具""治

---

① 谢晖：《法律工具主义评析》，载《中国法学》1994 年第 1 期。
② 郑成良：《法律工具主义很危险》，载《文摘报》2010 年 6 月 10 日。

之术",是统治者可以随意取舍的一种工具。

法律工具主义危害颇多,这一点我们必须清楚,因而对法律工具主义也必须保持应有的警惕。当然,与此同时,我们也必须明白,我们反对的是传统的法律工具主义,是那种把法律仅仅当作统治工具的做法。若要换一个角度而言之,从更为广阔的视野上说,法律也并不是绝对不能成为工具的,相反,法律可以成为也应当成为工具。现代社会,法律不应当成为任何个人和集团的工具,但法律完全可以是全体人民的工具,是人民管理国家、治理社会的工具。也正因为如此,当今世界,法治已经成为普遍的治国方略。

在现代社会,人民制定宪法来管理国家,国家则依据宪法进一步制定具体法律来管理社会公共事务。或者说,人民运用宪法来管理政府,政府则运用具体法律来管理公共事务。从这种意义上说,宪法就是人民管理国家的工具,法律则是国家管理社会公共事务的工具,亦即法律可以是一种工具。正如有的学者所说的:"作为'法中之法'的宪法首先也不应该是统治者的工具,而应该是一种社会的工具、民众的工具,在这个意义上说,统治者不过也是民众的一种工具,只不过是由统治者这一人格化的工具代替民众行使法律这一工具罢了,现代社会也只有在承认统治者(国家、政府)为公众工具的前提下,才能在第二位的意义上承认法律是统治者的工具。"[①]我们这里说的工具不是任何个人或团体的工具,更不是任何个人或团体谋求私利的工具,而是人类社会的自治工具,是人类文明发展的产物。现代法治社会,法律是人们自己发现并总结出来的社会生活的普遍规范,是社会正义的绝对命令,是人类维系社会秩序、保障社会发展的手段。这种手段作为一种工具,已经获得世界人民的普遍尊重,正日益成为人类文明生活的内在要求和有机组成部分。

---

① 夏新华等:《近代中国宪政历程:史料荟萃》,中国政法大学出版社2004年版,第24页。

## (二)中国传统的工具主义法律观

### 1.古代中国的法律工具主义

传统中国社会千百年来都是以农业经济为主要经济成分,以血缘为纽带维系宗法关系,以皇权为绝对权威进行政治统治。这种社会的文化基础是以儒家学说为代表的伦理文化体系,同时又借鉴吸收了法家思想的不少内容,表现在法律方面,就是典型的法律工具主义。

在法家经典《管子》里,给法下过诸多定义,如:"法者,天下之仪也。所以决疑而明是非,百姓所悬命也","法者,天下之程式也,万事之仪表也"。① 在《管子》里,对法的作用也有诸多说明,如:"法者,所以兴功惧暴也;律者,所以定分止争也;令者,所以令人知事也。"②从《管子》对法的定义和作用来看,很明显,法律都被看作是君主用来役使臣民,并维护其统治秩序的工具。在《管子》里,君主是法律的制定者,臣子是法律的执行者,老百姓则只是法律管束的对象,所谓"生法者君也,守法者臣也,法于法者民也"③。

可见,在《管子》里面已经蕴含了"法出乎权"的法律工具主义思想,是明显的权大于法。到了商鞅,又进一步认为法律的权威来自于君,只有君主才能独掌权力,所谓"权者,君之所独制""权制独断于君则威"。④

后来的韩非,发展出法、势、术之说,更是将法律变成了服务于君主专制、巩固君主专权的工具,所谓"法者,宪令着于官府,刑罚必于民心,赏存乎慎法,而罚加乎奸令者也,此臣之所师也。君无术则弊于上,臣无法则乱于下,此不可一无,皆帝王之具也"⑤。

居中国传统文化统治地位的儒家则是结合道德与法律,主张君主应该同时发挥二者的作用,认为,"道之以政,齐之以刑,民免而无耻,道之以德,

---

① 《管子·禁藏》。
② 《管子·七臣七主》。
③ 《管子·任法》。
④ 《商君书·修权》。
⑤ 《韩非子·定法》。

齐之以礼,有耻以格"①。还认为,"徒善不足以为政,徒法不能以自行"②,并总结道,"德礼为政教之本,刑罚为政教之用,犹昏晓阳秋相须而成者也"③。很显然,儒家反对片面强调法律的作用,主张把道德和法律结合起来,以道德教化为主,辅之以法律的惩处,让道德与法律共同担负起维护君主专制和社会稳定的责任。

从儒家和法家经典来看,无论是法家还是儒家,有一点是相同的,这就是他们都把法律当作是统治阶级维护其统治的工具。不同的只是法律是单一工具,应该强势运用,还是把法律作为复合工具之一,运用应适可而止。

中国古代的法律工具主义,从《说文解字》对法律的解释也可以看得出来,"律者,所以范天下之不一而归于一也"。在这里,法律就是君主让社会民众"范一"的工具,其作用就是约束天下臣民的行为,使其不脱离君主为其划定的轨迹。至于法律维护社会公平、正义等等价值,则未加注重。法律约束权力的价值就更不在其列了。

### 2.近代工具主义法律观

法治是西方文化环境中生长出来的一种治国方略。这种治国方略是新兴资产阶级在与封建专制统治斗争过程中逐渐演化而来的,其核心内容就是要用稳定的规则来管理国家,而不是由随性的个人来管理国家。法治与人治最为关键的区别就在于,当个人意志与法律规定不一致的时候,是个人服从于法律,还是法律为个人让道。如果是个人服从于法律,就是法律的治理,简称法治。如果是法律为个人让道,就是人的治理,简称人治。二者的区别不在于国家治理过程中是否需要发挥法律的作用,或者是否需要发挥人的作用。其实,不管是法治还是人治,在治国过程中都需要同时发挥人的作用和法律的作用。法治需要发挥人的聪明才智或者说人的主观能动性。人治也需要发挥法律的规范作用和引导作用等。法治和人治的区别就在于,当二者发生矛盾时,究竟哪个服从哪个? 或者说,究竟是个人意志凌驾于法律之上,还是任何人都无一例外地服从法律?

法治有其独特的生存土壤和文化环境。西方法治的建成先后历经数百

---

① 《论语·为政》。

② 《孟子·离娄上》。

③ 《唐律疏议·名例》。

年,其间也有不少反复,甚至有些仁人志士为法治理想献出了自己宝贵的生命。人治和法治是两种截然不同的治国之道,在人治基础上建设法治是一项巨大的系统工程,必须从国家和社会、经济和政治文化等各方面系统安排,精心部署,然后有序推进,方可取得成功。

但近代中国的法治进程却不是这样的,而是在工具主义思想的指导下,出于很现实的目的追求,急功近利,被迫迈开了法治的步伐。

鸦片战争失败后,国人开始思考中国落后的原因及富国强兵之道。思考下来,国人认为最直接的原因就是西方列强船坚炮利,近代工业发达,因而我们也需要发展近代工业,于是有了洋务运动。洋务运动兴起,给中国带来了短暂的繁荣,有人甚至称之为同治中兴。但是,1894年中日甲午海战失败后,国人发现仅有坚船利炮还不够,甲午战争之败,不是败在武器装备上,而是败在制度和机制上,败在内部钩心斗角上。在当时的形势下,国人几乎一致地认为,日本能在短时间内发展成为亚洲头号大国和世界强国,关键在于明治维新,引进了西方国家的制度和机制。于是,国人又开始呼吁中国学习日本,引进西方的法律制度。

近代中国法治之路就是在这样的大背景下开始的,这种大背景下引进西方法治,本身就是一种工具主义法治观。当时的法治建设,有一个直接的目的,就是救亡图存、富国强兵。那时的中国之所以引进西方的法治,不是从国家治理方略更新升级的角度出发,而是从民族富强、抵御外侮的角度出发,具有很强的目的性和紧迫性。在这种背景下引进西方法治,必然难以仔细领会法治的要义和精神实质,而有可能停留于对法治的表面理解。这样引进的法治无法在中国生长成熟,不可能开花结果,也在情理之中。正如有的学者所说:"近代文化的蜕化和嬗变的直接推动力是西方文化的冲击所形成的'冲击—反应'效应,这种文化结构的变化是从表层的物器层次开始,而后进入制度层次的。当时,尽管一些先进的仁人志士已经介绍了一些西方君主共和的思想,但社会整体的深层文化心态和价值结构并没有发生根本的变化,这就出现了孙中山'仿照你们的(按:美国)政府而缔造'的'我们的新政府'这样与我国传统政治文化心理的深刻的冲突和矛盾。"①

更何况当时的清政府在内外交困之中被迫引进宪法和法治还有另外一层原因,这就是挽救自己濒临危亡的政权,维护自己的封建专制统治,这本

---

① 刘旺洪:《〈中华民国临时约法〉的文化透视》,载《江苏社会科学》1991年第4期。

身就与法治的精神背道而驰。

1840年以后,在西方列强的洋枪洋炮之下,中国被迫开始了近代化进程。晚清政府为挽救自己的危亡,很不情愿地启动了近代中国宪政之路。清政府启动这一进程的原因和目的,从宪政考察大臣的奏折中就不难得见。1906年7月,载泽、端方等五大臣出洋考察宪政回来,几乎一致赞同中国实行宪政,并认为宪政有几大好处,一是皇位永固,二是外患渐轻,三是内乱可弭。在奏请宣布立宪的密折中,他们说:"各国宪法,皆有君位尊严无对,君统万世不易,君权神圣不可侵犯诸条。"并说:"凡国之内政外交,军备财政,赏罚黜陟,生杀予夺,以及操纵议会,君主皆有权以统治之。"①在多方人士的鼓动之下,慈禧太后对宪政可能使自己大权旁落的顾虑有所减轻。经反复权衡,慈禧太后终于决定采取日本君主立宪模式,仿行宪政。1906年9月1日,清廷颁布预备立宪上谕,说道:"时处今日,惟有及时详晰甄核,仿行宪政。大权统于朝廷,庶政公诸舆论,以立国家万年有道之基。"②

从清末预备立宪的整个过程及相关文档可以看出,清廷仿行宪政的目的或出发点就是要巩固君上大权,延续并维护其专制统治。宪法只不过是其达此目的的工具而已。对此,有学者曾一针见血地指出:"保持和加强以慈禧为头子的专制统治,是清朝政府准备实行立宪政策的基点。"③

《钦定宪法大纲》是清廷颁布的第一个宪法性质的法律文件,也是中国历史上第一个宪法法律文件,在中国历史上具有破天荒的意义。但这个宪法大纲并不是一个真正的宪法文件,形式上不是,内容上就更不是了。该宪法大纲正文通篇都是君上大权,共14条,附件才是臣民的权利和义务,共9条。这种法律篇章布局,本身就说明,该宪法大纲是为宣示、维护君权而立的,人民的权利只是处于附属地位。而且,这里的用词依然是"臣民",而不是"人民"或"国民""公民"等,反映了清廷根深蒂固的封建特权思想。

从内容上来看,该宪法大纲首先在序言中规定,"君上有统治国家之大权,凡立法、行政、司法,皆规总揽,而以议院协赞立法,以政府辅弼行政,以法院遵律司法"。继而又在正文中规定,"君上神圣尊严,不可侵犯","大清皇帝统治大清帝国,万世一系,永永尊戴",并将颁行法律、设官制禄、黜陟百

① 中国史学会编:《辛亥革命》(第四册),上海人民出版社1957年版,第24页、第28页。

② 《清末筹备立宪档案史料》,中华书局1979年版,第43页。

③ 张晋藩、曾宪义:《中国宪法史略》,北京出版社1979年版,第53页。

官、总揽司法、召集和解散议院、统帅军队、宣战媾和、罚赏、恩赦、宣告戒严、发布命令等等大权全部纳入手中。这样一部宪法大纲,从精神上看与近现代宪法背离甚远,大清皇帝颁布这样一个宪法大纲,其意不仅在于约束自己,规范国权,反而在于巩固自己的专制统治,用根本大法这一法律形式确保自己的统治万世一系,确立自己永永尊戴的地位。作为近代中国第一个宪法性文件,《钦定宪法大纲》"是一个很不好的开端。纵观以后北京政府和南京国民政府的立宪,无一不是借宪法之名,行独裁之实。完全可以说,在这一点上,清末的预备立宪,特别是《钦定宪法大纲》就是始作俑者"①。

即使是后来的《宪法重大信条十九条》,第 1 条和第 2 条的内容也分别是:大清帝国皇统万世不易;皇帝神圣不可侵犯。其维护皇统的目的依然跃然纸上。

正是因为这种工具主义的宪政观,晚清政府将革命党人甚至立宪党人推上了义无反顾的革命道路,同时也敲响了自己的丧钟。辛亥革命后的全国形势,只能让大清皇帝的如意算盘落空,最终不得不在一片讨伐声中黯然离去。只可惜,清皇室维护大统,冥顽不化,不到黄河心不死的态度和行动,让中国错失大好良机,给国人留下的又是一大堆难题。梁启超在总结这段历史时曾说:"吾畴昔确信美法之民主共和制,决不适于中国,欲跻国于治安,宜效英之存虚君,而事势之最顺者,似莫如就现皇统而虚存之。十年来之所以慎于发言,意即在是,吾行吾所信,故知我罪我,俱非所计也。虽然,吾盖误矣。今之皇室,乃饮鸩以祈速死,甘自取亡,而更贻我中国以难题。使彼数年以来,稍有分毫交让精神,稍能布诚以待吾民……吾知吾民当不屑龈龈与较者。"②

也正是看清了清政府的这一本意,1905 年,清政府决定派员出洋考察宪政时,不少革命党人就持反对态度,认为这是清政府的骗人把戏,是保皇党人的骗人伎俩。9 月 24 日,在北京车站,革命党人吴樾试图用炸弹炸死出洋考察的大臣,引起朝野震惊。对此,吴樾曾著有《意见书》加以说明。在《意见书》中,吴樾写道:"立宪之声,嚣然遍于天下以误国民者,实保皇会人之倡,宗旨暧昧,手段卑劣。进则不能为祖国洗涤仇耻,退亦不克得满洲信

---

① 夏新华等:《近代中国宪政历程:史料荟萃》,中国政法大学出版社 2004 年版,第 13 页。

② 卞修全:《近代中国宪法文本的历史解读》,知识产权出版社 2006 年版,第 63 页。

任,祷张为幻,迷乱后生。彼族黠者,遂因以增重汉人之义务,以巩固其万世不替之皇基,于是考求政治,钦定宪法之谬说,伛偻于朝野闻……综诸种之原因,可逆断将来立宪之效果。地方自治,彼必不甘,三权分立决不成就,满汉权利必不平等。如是立宪,于汉何利?且不徒无利而又害之。假宪政名义加重吾族纳税之义务,以供其奴隶陆军,爪牙警察,为镇压家贼之用耳。而彼族固自拥其君主神圣之不可侵犯之权利,吾族仰望其立宪利害如此。"①

对于当时统治阶级既希望维持封建伦理纲常,又想借助于法治手段实现富国强兵,将国家带入近代强国之列,陈独秀先生也曾评论道:"吾人果欲于政治上采用共和立宪制,复欲于伦理上保守纲常阶级制,以收新旧调和之效,自家冲撞,此绝对不可能之事。盖共和立宪制,以独立、平等、自由为原则,与纲常阶级制为绝对不可相容之物,存其一必废其一,倘于政治否认专制,于家族社会仍保守旧有之特权,则法律上权利平等,经济上独立生产之原则,破坏无余,焉有并行之余地。"②

## (三)《临时约法》法律工具主义的表现

《临时约法》制定的背景是,辛亥革命胜利后成立的南京临时政府准备将临时大总统职位交给袁世凯,而当时的袁世凯还是清政府内阁总理大臣,革命党人对袁世凯是否真心赞成共和,放弃封建专制统治,普遍缺乏信任。在这种情况下,孙中山先生及其党人希望通过《临时约法》保卫辛亥革命成果,将袁世凯约束在自己设定的轨道之内。孙中山先生曾说:"北方将士以袁世凯为首领,与予议和。夫北方将士与革命军相距于汉阳,明明为反对民国者。今虽曰服从民国,安能保其心之无他?故予奉临时约法而使之服从。盖以服从约法为服从民国之证据。予犹虑其不足信,故必令袁世凯宣誓遵守约法,矢志不二,然后许其议和。"当时革命党人的这种心态,湖南的一位议员更是说得直白:"今天改选总统,把革命大业让渡于一个老奸巨猾的官僚,这是我很痛心的事,也是我很不放心的事。临时约法,这时还在讨论中。我们要防总统的独裁,必须赶紧将约法完成,并且照法国宪章,规定责任内

---

① 张枬、王忍之:《辛亥革命前十年间时论选集》(第二卷),生活·读书·新知三联书店 1977 年版,第 395 页。

② 陈独秀:《吾人最后之觉悟》,载《陈独秀文章选编》(上册),生活·读书·新知三联书店 1984 年版,第 108 页。

第三章 立法目的之工具主义

081

阁制,要他于就职之时,宣誓遵守约法。"①

《临时约法》制定的时候,也正是南北议和的时候。当时,南方开出的条件是,只要袁世凯能让清帝退位,孙中山先生便辞去临时大总统职务,由袁世凯接替。在当时的情况下,南方是欲战不妥,欲和不甘。让袁世凯当临时大总统,几乎就是将革命成果拱手相让,特别是袁世凯的人品,一直不能够令人信服。于是,革命党人就想出了用临时约法来约束袁世凯这个招数。连孙中山先生也全然忘记自己过去关于总统制的主张,改变了过去"吾人不能对于惟一置信推举之人,而复设防止之法度"的思路,一方面同意推举袁世凯为临时大总统,另一方面又以《临时约法》来束缚其手脚。

为实现约束袁世凯的目的,通说认为,《临时约法》将原《临时政府组织大纲》的总统制改为内阁制。此前的《中华民国临时政府组织大纲》采行的是总统制,仿效美国三权分立组织架构。那时的孙中山先生,极力主张总统制,反对内阁制,认为应该给总统以足够的权力,不能既信任他,把他推上总统大位,同时又给他设置各种障碍,并在演讲中说:"中国革命的目的,在于建立共和政府,除效法美国外,任何政体都不适用于中国。"②到制定《临时约法》的时候,孙中山先生也变得赞成内阁制了。根据《临时约法》的政体设计,总统行使重要权力,包括任命重要人选,均需内阁总理副署。总统提名内阁总理和国务员人选,则需经参议院同意。这样一来,参议院和内阁便可对总统形成有效的制约。特别是革命党人在参议院占绝对多数的情况下,对总统的压力是可想而知的。在《临时约法》中,参议院显然居于优势地位。参议院不仅拥有立法权,总统制定官制、官规,任命国务员及外交大使公使等,还需得到参议院的同意。参议院议决的事情,若总统有异议,则需在十日内提出,并声明理由,如果参议院经到会参议员三分之二以上仍执前议,总统则必须颁行。此外,参议院还可以弹劾总统和国务员。

《临时约法》由总统制改为内阁制,是在革命党人绝对掌控参议院的情况下实现的,而且,在革命党人看来,其后的议员选举也完全有胜算的把握,故赶在袁世凯就任临时大总统以前,出台这样一部法律,奉送给袁世凯。这

---

① 夏新华等:《近代中国宪政历程:史料荟萃》,中国政法大学出版社 2004 年版,第 13～14 页。

② 夏新华等:《近代中国宪政历程:史料荟萃》,中国政法大学出版社 2004 年版,第 14 页。

种立法,"与其说是制度上的选择,不如说是权力斗争的需要"①。

用《临时约法》来制服袁世凯,实质上就是当时的南方革命党人在借法律之名、利用法律这一工具对付袁世凯,这正是该法传统文化元素的体现,反映了南方革命党人的工具主义法律思维。"奉"临时约法"使之服从","令"袁世凯宣誓遵守,矢志不二,然后"许"其议和。字里行间蕴含的是彻头彻尾的法律工具主义,是把法律强加在对方头上。这样的法律分明是"一部分人制定出来,约束另一部分人"的,而不是"所有人共同制定,供所有人共同遵守"的,是典型的传统工具主义法律观。

在这种思想的指导下,《临时约法》罔顾国家权力配置的科学性、合理性要求,为了限制袁世凯的权力而根据主观臆断在国家机构之间进行权力分配,以至于在实践中出现各种混乱,甚至形成二元行政中枢,给后来的民主法治建设造成了不好的影响。而且,革命党人通过这种方式来约束袁世凯恐怕也只能是其一厢情愿而已。有学者在总结这一问题时就曾说道:"实际上,《临时约法》并未能起到约束袁氏的作用。究其根源,除当时南京临时参议院的忽焉兴废,固为袁氏所不喜,该法本身的基本缺陷及当时民主力量的薄弱也是重要原因。就其本身来说,《临时约法》的制定缺乏民众代表性,既不是由民众选举的代表制定的,又没有取得袁的认可。"②

相比之下,袁世凯在根据晚清皇帝的谕旨筹备国会时,倒是考虑到了南方代表及其出席会议问题,而不是立足于北方势力给南方势力定下规矩,也不是立足于什么事情都由北方说了算。受形势所迫,清帝于1911年11月5日,发布了即行召集国会谕,称:"资政院奏请速开国会,以符立宪政体一折。所有议院法、选举法,著迅速拟订议决,办理选举,一俟议员选定,即行召集国会。"③当时还是清廷重臣的袁世凯,也受命积极组织召集国会。1912年1月25日,袁世凯即有"关于办理国会选举暨开会地点"的奏折。在奏折中,除说到各地各民族的代表名额分配之外,袁还说到,开会地点可不定在北京,以免南方代表不敢前来。袁说:"国体未决之前,民党惧罹刑网,不敢来京会议,拟酌定为天津、汉口、青岛三处。如蒙余允,拟即电商伍

---

① 张晋藩、曾宪义:《中国宪法史略》,北京出版社1979年版,第110页。

② 曹全来:《国际化与本土化——中国近代法律体系的形成》,北京大学出版社2005年版,第109页。

③ 中国第二历史档案馆:《中华民国史档案资料汇编》(第一辑),凤凰出版社1991年版,第136页。

廷芳,从速核覆。"①

客观地说,如果立法者总是试图通过法律来巩固自己的一统江山,确立自己的单一主义,而不是建立真正的共和,不是整合社会各种力量,凝聚共识,架构一个各阶级、各主义都能融入其中、和衷共济的制度框架,社会便不能真正和谐,民主共和也只能是一句空话。在这种法律制度之下,未能在法律上体现应有地位的团体或阶层便只能在体制外积蓄力量、搞小山头、搞小团体,由此便会导致社会不团结,或者说是一盘散沙,甚至酝酿或导致社会革命。这一点,从《中华民国临时约法》实施过程中的坎坷起伏就能够得到很好的说明。

# 三、法律工具主义之危害

## (一)贬损法的价值

法律可不可以是工具,其答案并不是绝对的否定。古希腊时期,柏拉图在《法律篇》中就曾有过这方面的论述。前文也对法律的工具性有过比较明晰的交代。概而言之,我们并不反对把法律当作是工具,我们只是反对把法律仅仅当成工具,特别是反对把法律当成一部分人对付另一部分人的工具,反对专制统治者把法律当成其专政的工具。如果仅仅把法律当成工具,特别是当成专制的工具,就必然忽视法律的其他许多宝贵价值,这种工具主义法律观与法治的精神相背离,最终导致的结果必然是与法律的价值和目的背道而驰。进而言之,工具主义法律观本质上就是人治。

法律来到这个世界,或者说人类发明法律,并不是要给人类自己披枷带锁,而是要为人类缔造幸福生活的,这应该是法律的最高价值或者说是法律的终极追求。任何人、任何法律,如果背离这一价值目标,仅仅把法律当成是维护私利的工具,必然贬损法律价值,这样的法律也无法树立起应有的权威,无法得到人们的广泛认同,特别是会令被统治者反感,而不可能造就法

---

① 中国第二历史档案馆:《中华民国史档案资料汇编》(第二辑),凤凰出版社 1991 年版,第 58 页。

律的普遍信任。这样的法律当然在实践中也很难得到全面的贯彻执行。博登海默曾说:"任何被称为法律制度的制度必须关注某些超越特定社会结构和经济结构相对性的基本价值,这些价值中较为重要的有自由、安全和平等,缺少这些基本价值的秩序不是法律秩序。"①

法律可以用来维护社会秩序,也可以作为政权机关的一种工具,但法律绝不仅仅只是工具,而且,如果要把法律作为一种工具,就必须首先是人民的工具。把法律仅仅当作工具、特别是当作部分人的工具,就是对法律的性质、价值、功能的认识发生了偏差,其结果就是跌入法律工具主义的陷阱。法律工具主义让人们丧失了对法律的信任和敬仰,让法律变得越来越专横和强制,这种法律观不可避免地会与人治的专断和肆意联姻,从而加深人们对法律的憎恶,走向恶性循环。

法律作为国家和社会治理不可或缺的手段,必须以人为本、让人的价值在法律中得到最高的体现,必须把人当作是主体而不是客体,必须切实保护人的尊严、维护人的权利、为人们创造幸福祥和的生活。法律工具主义无视法律的目的性价值,为了功利和实用的目的,甚至是为了部分人的功利目的,片面强调法律的工具性,在历史上已经造成过巨大的危害。《中华民国临时约法》被革命党人不知不觉地当作是限制袁世凯的一种工具,其单方面立法、在法律中嵌入革命党人单方面的目标,势必伤及法律自身,也必然招致对方的强烈反对。

《临时约法》是中华民国开创之初重要的宪法性法律,其功能和作用与宪法无异。这样一部重要的宪法性法律,除了应当符合法律的精神之外,还应当尊重宪法价值,符合宪法特征,贴近宪法本质。遗憾的是,临时约法在这些方面表现得很不尽如人意,甚至还不如晚清时期立宪派及出洋考察大臣对宪法的认识清楚全面。

晚清时期,在载泽等出使考察大臣奏请改行立宪政体的奏折中,他们对宪法的理解是:"窃维宪法者,所以安宇内,御外侮,固邦基,而保人民者也。""臣等反复衡量,百忧交集,窃以为环球大势如彼,宪法可行如此,保邦致治,非彼莫由,惟是大律大法,必须预示指归,而后趋向有准。开风气之先,肃纲纪之始,有万不可缓,宜先举行者三事:一曰宣示宗旨……二曰布地方自治

---

① 博登海默著:《法理学——法律哲学与法律方法》,邓正来译,中国政法大学出版社2004年版,作者致中文版前言。

之制……三曰定集会、言论、出版之律……以上三者，实宪政之精髓，而富国之纲纽。"①在载泽个人奏请宣布立宪的密折中，他还说到，"旬日以来，夙夜筹虑，以为宪法之行，利于国，利于民，而最不利于官。若非公忠谋国之臣，化私心，破成见，则必有多为之说以荧惑圣听者。盖宪法既立，在外各督府，在内诸大臣，其权必不如往日之重，其利必不如往日之优，于是设为疑似之词，故作异同之论，以阻挠于无形"②。在端方个人请定国是以安大计折中，端方详细陈述了自己考察的心得，"臣等悉心观察，乃知其所以致富强者，不当于其外交之敏捷求之，而当于其内政之整理观之。夫世固未有政治不修，而其国能富，其兵能强者；亦未有内政不修，而外交能致胜利者。欲判其内政之能修与不能修，此不必问其他，但问其政体之如何，而可以判之矣"③。在谈到何种政体为宜时，端方说道："至于定国是之诏令所宜宣示天下者，为何等条款？则各国之历史、情事不同，一国有一国之国是，决非可以相袭者。臣等深察中国现在之国势、民情，其为国是中不可不早定者，约有六事，谨为我皇太后、皇上一一陈之。一曰，举国臣民立于同等法制之下，以破除一切轸域……二曰，国事采决于公论……三曰，集中外之所长，以谋国家与人民之安全发达……必采中外之所长，于学术、于教育、于法律、制度皆然。不存中外之见，惟以是非为准……四曰，明宫府之体制……不宜偏私，内外异法……五曰，定中央与地方之权限……六曰，公布国用及诸政务……"④

从五大臣的上述奏折中可以看出，在他们的心目中，宪法是"安宇内，御外侮，固邦基，保人民"的工具，是"利于国，利于民，而最不利于官"的东西。这种大律大法若非公忠谋国之臣，化私心，破成见，必不能成功。为此，需要清廷宣示其宗旨，并采取一系列坚决有效的措施，如确立好政体，处理好中央与地方的关系，切实保护公民基本权利等等。

考虑到不少大臣可能为了个人私利，不愿立行宪法、施行宪政，因而会

---

① 夏新华等：《近代中国宪政历程：史料荟萃》，中国政法大学出版社 2004 年版，第 38～39 页。

② 夏新华等：《近代中国宪政历程：史料荟萃》，中国政法大学出版社 2004 年版，第 40 页。

③ 夏新华等：《近代中国宪政历程：史料荟萃》，中国政法大学出版社 2004 年版，第 43 页。

④ 夏新华等：《近代中国宪政历程：史料荟萃》，中国政法大学出版社 2004 年版，第 48～50 页。

在皇上面前说三道四,似是而非,诋毁宪法,百般刁难阻挠宪法的出台,载泽个人还单独给皇上写了一份密折,密陈宪法的本质及臣工阻挠的缘由,给皇上提前打了一针预防针。另外,端方也特别以个人的名义给皇上递交了一份奏折。在奏折中,端方对政体的重要性有极其深刻的理解,甚至认为国家能否富强、内政外交能否修整,直接与政体相关,受政体决定。当谈到清政府应当努力的方向时,端方细察中国国情,提出六点具体建议,强调臣民在法律面前人人平等,行政财政要公平公开,集中外之长,明宫府之制等等。为了让皇上充分认识宫府体制的重要性,端方还举汉朝诸葛亮的例子,引述诸葛亮"宫中府中,具为一体。陟罚臧否,不宜异同"的言论,指出,当时后主刘禅昏涸不治,任用宵小,疏远廷臣,故诸葛亮以此谏之,劝其宫府如一。

宪法是一个国家和民族的屋脊,是治国安邦的总章程,应当集中国家民族的大智慧,处理好国家民族的大问题,为国家和民族的发展指明方向,做好规划。这既是宪法的工具性所在,也是宪法的价值所在。如果只注重宪法的工具性,忽视宪法的价值,其结果只能是适得其反,最终连工具性目标也不能实现。只有把宪法的工具性和宪法的价值有机统一起来,处理好手段与目标的关系,才能让宪法既做好工具,又实现好目标。

## (二)伤及法律自身

法律工具主义不仅会贬损法律价值、影响法律目的的实现,而且会伤害到法律自身。当然,如果从法治是当今时代的治国方略、是公共事务的治理手段、是社会管理方式等等意义上说,法律完全可以是工具,我们甚至可以说,宪法是人民管理政府的工具,法律又是政府管理社会的工具。不过,中国传统的法律工具主义与此有着完全不同的含义。中国传统的法律工具主义"从不把法律当作最高权威予以尊重,法律被尊重的程度完全取决于法律对统治者的现实目的有无帮助,这样一来,统治者是否运用和尊重法律,完全要根据具体情况和统治者个人的好恶而定。因此,这种工具论法价值观与人治主义传统是互为表里的"①。

中国传统的法律工具主义,是统治者为了自身利益的需要、把法律当作统治人民的工具,这种法律工具主义的实质就是人治,是与现代法治背道而

---

① 夏新华等:《近代中国宪政历程:史料荟萃》,中国政法大学出版社2004年版,第23页。

驰的,也是我们必须旗帜鲜明地反对的。而且,我们要反对的还不只是把法律当作个人统治的工具,同时也要反对把法律当作特定阶级、阶层、集团等一部分人统治另一部分人的工具。

《中华民国临时约法》从一定意义上说就是这样一种工具。《临时约法》是在特定背景下,为了防止袁世凯复辟、控制袁世凯的权力野心,由革命党人仓促制定出来"奉送"给袁世凯的,其本身就是"一部分人制定出来约束另一部分人"的,而不是"所有人共同制定出来供所有人共同遵守"的,具有明显的法律工具主义痕迹。

当时的一位湖南参议员说得很明白:"今天改选总统,把革命大业让渡于一个老奸巨猾的官僚,这是我很痛心的事,也是我很不放心的事。临时约法,这时还在讨论中。我们要防总统的独裁,必须赶紧将约法完成。并且照法国宪章,规定责任内阁制,要他于就职之时,宣誓遵守约法。"①很显然,革命党人的意思就是要制定自己的法律来束缚袁世凯的手脚。然而,"立宪的过程并不是简单的草拟法律,而同时也是政治精英之间进行协商谋取共识的过程,只有一个承载了政治精英共识,同时也符合政治精英之间利益和实力分配格局的宪法,才能够真正稳定下来"②。

《临时约法》在革命党人的主导下,不仅把此前《中华民国临时政府组织大纲》的总统制改成了内阁制,而且还对法国内阁制进行了诸多改造。所有这一切,北洋集团都无从参与,只能是单方面接受。根据《临时约法》的规定,总统任命国务员必须得到国会的批准,而且,国会对国务员还可以行使弹劾权,这样一来,国会就能将国务院置于自己的控制之下。比较而言,作为"总揽"国家行政权的总统对国务院却缺乏足够的控制手段。同时,总统因没有解散国会的权力,其制衡国会的手段也明显不足。

《临时约法》因此得了个"因人立法"的名声,也有了法律工具主义之嫌。这就给了袁世凯抨击和蔑视该法以"理由"。但"当时的参议员,大都不明白这种道理,以为只要是黑字写在白纸上经过议会多数通过的法律便是神圣,可以压制一切恶魔,便如铁笼,可以防御一切猛兽。谁知后来的猛兽恶魔,仍只把它看作一些黑字写在白纸上,到了妨碍他们的行动的时候,一伸爪便

---

① 张国福:《民国宪法史》,华文出版社 1991 年版,第 55 页。

② 章永乐:《"大妥协":清王朝与中华民国的主权连续性》,载《环球法律评论》2011 年第 5 期。

把它撕破了"①。

"因人立法"于《临时约法》可谓"成也萧何,败也萧何"。若无"因人立法",不能对袁世凯施加某种约束,南北双方恐怕难以达成妥协,当时的中国也就不可能和平统一,也就不会有我们看到的《临时约法》;然而,正是因为"因人立法"的理念和实践,致使《临时约法》被袁世凯虚置、践踏,乃至废弃,导致了《临时约法》的最终失败。

当南方革命党人将反映自己意志的《临时约法》强加于北洋集团头上时,遭遇的抵抗可想而知。因为,北洋集团当时的政治、军事实力远强于革命党人,而他们的意志却无法在《临时约法》中得到体现。尤其是当国民党赢得国会大选,试图凭借在国会的优势地位,进一步通过制定宪法,架空袁世凯的时候,这种抵抗就有可能进入白热化。正如有的学者所说的:"当民国二年四月,旧国会之召集也,两院大权尽操诸国民党,反对行政首领之袁世凯氏;夫民党,革命之元勋也,袁氏,北洋之领袖也。二者如冰炭之不相容,水火之不相入,其结果遂成对峙之局,而国会遭解散之惨酷焉。迨袁殁,国会于民五重光,而前此之冲突复起……夫安得而不惹起北洋督军之反感而有二次解散,掷宪稿于字箧中也!"②

不过,"袁世凯攻击《临时约法》,并非是为了要改正它的缺陷,建立一种完善的民主共和制度,而是要以此为口实,破坏《临时约法》,追求绝对的专制独裁,从根本上破坏民主共和制度,更进而复辟帝制"③。但革命党人在《临时约法》中所持的工具主义法律观严重损害了该法的权威性、科学性,给袁世凯破坏该法留下了"话柄",也是不容否认的事实。正因为如此,当时抨击该法的大有人在,这些人并不都是听命于袁世凯才这么做的。对此,孙中山先生曾总结道,"辛亥之役,汲汲于制定《临时约法》,以为可以奠民国之基础,而不知乃适得其反。……试观元年临时约法颁布以后,反革命之势力不惟不因以消灭,反得凭借之以肆其恶,终且取临时约法而毁之"④。

《临时约法》没有准确反映当时中国社会实际,特别是没有反映当时中国社会南、北两大政治力量的对比,而是南方革命党人单方面强加于北洋集

---

① 李剑农:《中国近百年政治史》,复旦大学出版社 2002 年版,第 310 页。
② 鲍明钤:《中国民治论》,商务印书馆 2010 年版,第 53~54 页。
③ 张学继:《再论〈临时约法〉的"因人立法"问题》,载《社会科学评论》2006 年第 3 期。
④ 《制定建国大纲宣言》,载《中山丛书》(四),太平洋书店 1927 年版,第 21 页。

团头上,用来控制北洋集团的工具。这种工具与晚清政府及后来北洋军阀的工具主义法律观具有一脉相承的关系,都是传统工具主义法律观的反映和延续。不同的是,晚清政府把宪法当作维持封建统治的工具,国民党人把宪法当作约束袁世凯的工具,后来的北洋军阀把宪法当作政治合法性的标签,用宪法来为自己装门面。

应当说,法律工具主义与革命党人追求的民主共和目标是背道而驰的,那么,革命党人为什么又不知不觉的犯了法律工具主义的错误呢?大概因为一方面,当时中国社会即使是国民党人也没有被近代宪法文化完全熏陶透彻,没有对宪法精神真正理解;另一方面,中国传统文化的影响无时无刻不在发生作用,对国民党人产生潜移默化的影响。这样一来,在制定宪法的时候,缺少对宪法精神充分认识的国民党人,不知不觉地成为传统思维的俘虏,也就不难理解了。

"在现代法治国家中,宪法绝对不应仅仅局限于被当作治国手段而受到尊重,更应当被作为公共生活的基本准则而受到尊重和绝对信仰。即使退一步说,纵然把宪法当作工具,作为'法中之法'的宪法首先也不应该是统治者的工具,而应该是一种社会的工具、民众的工具,在这个意义上说,统治者不过也是民众的一种工具……"[①]

换句话说,法律不是统治的工具,而是统治的力量。如果一定要把法律看作是工具,那也只能是统治或管理所有人的工具,而不是一部分人甚至是一个人统治、管理其他人的工具。因为,哪怕只要有一个人能够不受法律的约束,这个人手中的权力就有可能被错误地应用。所以,每一个人手中的权力都必须接受法律的约束,这一点不能有任何例外。尽管"用这种方法来控制政府的弊病,可能是对人性的一种耻辱。但是政府本身若不是对人性的最大耻辱,又是什么呢?如果人都是天使,就不需要任何政府了。如果是天使统治人,就不需要对政府有任何外来的或内存的控制了"[②]。

革命党人因受传统思维的影响,不知不觉的犯了法律工具主义的错误,其结果是法律公正性、权威性均受质疑,不仅法律本身没有得到认真的对待,而且造成了社会新的动荡。这不能不说是一个大大的遗憾。

---

① 夏新华等:《近代中国宪政历程:史料荟萃》,中国政法大学出版社 2004 年版,第23～24 页。

② [美]汉密尔顿等:《联邦党人文集》,程逢如等译,商务印书馆 1980 年版,第 264 页。

## (三)招致袁世凯的强烈反弹

从历史资料来看,袁世凯并非一开始就决意不赞成共和,不遵守临时约法的。事实上,袁世凯也聘请了美国哥伦比亚大学教授、著名公法学专家古德诺等人担任自己的宪法顾问。1912 年 2 月 13 日,袁世凯等人在为改定国体致北方各督抚各府州县电文中对共和也有明确的说明,称新国家不像历史上的改朝换代,只是由一个新君取代旧君而已,而是亘古未有的大变局,是由帝制改为民政,由一人一姓之国家改为全民共有之国家。在电文中,袁世凯说道:"现在改定国体,采用共和,业经大清皇帝明白宣布。凡我国民,须知此次改革,为我国从来未有之翔变。非舍故君而代以新君,乃由帝制而变为民政。自兹以往,我中国之统治权,非复一姓所独擅,而为四百兆人所公有。我中华国民,不论满、汉、蒙、回、藏何种民族,均由专制朝廷之臣仆,一跃而为共和平等之人民,实我中华无上之光荣,亦世界罕见之盛举……总之,共和国家舆论即为法律之母,国是一定,万难再事动摇,无论何人,均有服从国法之义务。凯虽不敏,愿与诸公务力行之。"①

此后,袁世凯在就任临时大总统时,给南京参议院的誓词也说到赞成民主共和,遵守临时约法,其誓词内容为:民国建设造端,百凡待治,世凯深愿竭其能力,发扬共和之精神,涤荡专制之瑕秽,谨守宪法,依国民之愿望,蕲达国家於安全强固之域,俾五大民族同臻乐利。凡兹志愿,率履勿渝。俟召集国会,选定第一期大总统,世凯即行解职。谨掬诚悃,誓告同胞。②

也许我们可以说,袁世凯的上述誓词是口是心非,他本人骨子里就是一个封建专制人物,就职誓词只是为了敷衍南方革命党人。但无论如何,《临时约法》本身的原因可能加重袁世凯对约法的抵制,为袁世凯留下不遵守《临时约法》的借口,则是可以肯定的。

事实上,由于《临时约法》"因人立法"的痕迹过于明显,自公布之日起就引来诸多批评,而不仅仅是遭到袁世凯等人的非议。统一党曾指责《临时约法》:"考其内容,非美非法,国务员须求参议院同意,实为万国宪法所未有。将信任总统耶?何为予以总揽政务之虚名,而复加以层层絷耶?将不信任

---

① 中国第二历史档案馆:《中华民国史档案资料汇编》(第二辑),凤凰出版社 1991 年版,第 79 页。

② 中国第二历史档案馆:《中华民国史档案资料汇编》(第二辑),凤凰出版社 1991 年版,第 105 页。

总统耶？何必拥此傀儡之守府，加于全国之上？……总统者，固全国之公仆也。一家之仆，不为主人所信，虽欲尽其任务，顾可得乎？今既认其人为全国信仰之人，而畀以总统之任矣，乃既束缚之，又驰骤之，使无用其聪明材力，稍有失败，则指摘随之，狐埋狐骨，朝三暮四，循是不已，何以自存？"①康有为也说："吾国责任内阁制，……令总统垂拱画诺，此为约法之意，盖以制袁世凯也。"②

应当说，《临时约法》是革命党人用心良苦的产物。当时的形势是，革命党人为推翻清朝专制政权，追求民主宪政，抛头颅、洒热血，坚持不懈地进行斗争，终于取得辛亥革命的胜利。辛亥革命胜利之初，清政府依然控制着祖国北部的半壁江山，袁世凯还掌握着当时中国最精锐、最强大的军队。为了早日推翻满清政府，降低革命成本，维护国家统一，不少人主张南北议和，提出，只要袁世凯倒戈，并能让清帝退位，就共举袁为大总统。但与此同时，革命党人又不能不考虑到，袁世凯是旧官僚，他的专制野心和政治人格一向不能令人信服。在这种形势下，革命党人一方面要信守承诺，在袁世凯逼迫清帝退位，并宣称赞成共和后，让出总统大位，将革命果实拱手相让。另一方面，革命党人对袁世凯的野心又不得不有所防范，于是便寄望于法律，试图用《临时约法》来约束袁世凯，迫使其将国家政治运行纳入宪政轨道。

然而，这种无奈之下的"因人立法"却给袁世凯"因人废法"落下了口实。袁世凯表面上接受《临时约法》，心底里却对该法不屑一顾。当上临时大总统之后，他一方面大肆散布《临时约法》"因人立法"的论调，为抵制该法做舆论准备。据吴景濂先生说，用《临时约法》束缚袁世凯的说法是"袁氏倡之，国人不察而和之，发为怪诞议论甚多，以此抨击约法"；"日后攻击约法者，皆袁政府所唆使"。③ 另一方面，袁世凯又极力破坏内阁，将国家行政大权牢牢掌握在自己的手中。为破坏内阁，袁世凯不惜公然违反《临时约法》。在王芝祥任命问题上，总统和总理各执己见，后来总统竟将未经总理副署的任命书直接交王芝祥拜领，命王去南方慰军，导致民国第一届内阁仅成立三个多月就走到了尽头。

经袁世凯或明或暗的破坏，《临时约法》颁行不久就几乎变成了一纸空

---

① 曾业英：《统一党第一次报告》（续），载《近代史资料》第 85 号，中国社会科学出版社 1994 年版。

② 《康有为政论集》，中华书局 1981 年版，第 1020 页。

③ 刘笃才：《〈临时约法〉"因人立法"说辨正》，载《法学研究》2002 年第 5 期。

文,再后来,袁世凯干脆废除了《临时约法》,用自己的袁记约法取而代之。当时的著名记者黄远庸曾经如此评论道:"《临时约法》颁布以后,排袁者谓足以箝制专擅,袒袁者为之扼腕叹息。其实,雄才大略之袁公,四通八达,绰绰乎游刃有余,受任未及期年,而大权一一在握,约法上之所谓种种限制之不足以羁勒袁公,犹之吾国小说家所言习遁甲术者,虽身受缚勒,而先生指天划地,念念有词,周身绳索,蜿蜒尽解,此真箝袁公者所不及料,而袒袁者所无用其叹息也。"在另一篇文章中,黄远庸还说:"临时政府成立以来,于约法固俨然内阁制,于事实上实已总统制;于约法固主权在于参议院,于事实则政府实为所欲为。"① 章太炎先生也说:"一岁以来,内阁只为总统台隶,承流宣化,以衍其恶则有矣,而非能处于主动之地也。"②

必须承认,袁世凯破坏《中华民国临时约法》的原因远远不只是《临时约法》"因人立法"这么简单,而且,"因人立法"应该也不是袁世凯破坏《临时约法》的主要原因。袁世凯生性狡诈,权力私欲膨胀,必不甘受法律之约束。即便是形式上无可挑剔的法律,只要给他行使权力带来不便,袁世凯必然废之而后快,这从他敢于冒天下之大不韪复辟帝制可以得到充分的说明。不过,"因人立法"毕竟让袁世凯找到了一个不守法的借口,让他多了几份不遵守《临时约法》的底气。这一点,应该是值得反思的。

我们不妨做一个假设,假如在南北议和过程中,同时由南北双方共同派出代表,加上当时的立宪派代表人物,一起讨论修订《中华民国临时政府组织大纲》,也就是共同讨论、广泛征集各方意见,慎重制定《中华民国临时约法》,也许后来的局面可能就是另外一种景象。

可以肯定的是,如果《临时约法》由北方集团代表、立宪党人代表和南方革命党人代表共同讨论制定,就一定不会是我们看到的这个样子,而且肯定会是更周详、更科学的。因为:第一,各方力量共同参与制定的法律比任何一方单方面制定的法律要更成熟,这是个常识,可以不需要展开论证。第二,在当时,关于宪法和宪政,最具有理论准备和实践经验积累的是立宪派人物,也就是立宪党人,他们对宪法进行了长期的研究,也在西方理论与晚清实践基础上,结合中国国情做了很多深入细致的思考,我们完全有理由说,立宪党人关于宪法本质和精神的理解,比南方革命党人要精准得多。如

① 张学继:《再论〈临时约法〉的"因人立法"问题》,载《社会科学评论》2006 年第 3 期。
② 马勇:《章太炎书信集》,河北人民出版社 2003 年版,第 517 页。

果能够延请他们参与宪法制定工作,多听他们的意见,《临时约法》的理论水平和实践运行应该都会好得多。第三,如果北方势力有代表参与宪法制定工作,《临时约法》中体现了他们自己的意志,袁世凯就任临时大总统之后就少了许多不遵守《临时约法》的借口,也不会有那么多破坏《临时约法》的动力。

可惜,假设永远只能是假设,也许永远也只能是也许。事实是,在法律工具主义思想的指导下,革命党人为实现控制袁世凯的目的,背离宪法的价值和精神,错误设计了国家政权机构体系,并错误地对其进行权力配置。由于《临时约法》没有配置好国家权力,没有处理好参议院、总统与国务院之间的关系,致使府院之争愈演愈烈,乃至"总统府也开始组建自己的办事机构。1912 年 4 月,设置秘书厅和军事处。秘书厅职官包括秘书长、秘书、参议与大礼官。军事处职官包括侍从武官、政治顾问、军事顾问与军事咨议。此外,参谋本部、审计处也是总统直辖机关"[1]。

的确,从法律形式上来看,《临时约法》"限制总统之处甚严……袁大总统已渐入于荆棘丛中。殊不易排解矣"。然而,"试图用一纸空文去控制袁世凯,把一个满脑子灌满了封建帝王思想的人变成一个民主国家的总统是多么天真可笑的幻想呵"![2]

---

① 严泉:《失败的遗产——中华首届国会制宪》,广西师范大学出版社 2007 年版,第 5 页。

② 刘旺洪:《〈中华民国临时约法〉的文化透视》,载《江苏社会科学》1991 年第 4 期。

# 第四章

# 政体设计之权力牵制

《中华民国临时约法》是在南北议和过程中开始起草,南北议和达成后通过生效的。该法的制定背景最为重要的一点就是,南方革命党人和北洋军阀之间围绕中国前途和未来政权建设展开的博弈。通说认为,为了将袁世凯等北洋军阀约束在南方革命党人设定的轨道之内,南京参议院在修改《中华民国临时政府组织大纲》、制定《临时约法》的时候,将总统制改成了内阁制,同时,还加入了一些限制临时大总统权力的内容,扩大了参议院的权力,并规定了严格的修改程序,防止袁世凯篡改法律,以此来保卫革命党人的革命成果。革命党人的这种做法,普遍认为是因人立法。钱端升先生也认为,这样做,"与其谓为制度上之选择,勿宁认为是基于人事之考虑"①。

《临时约法》这种立法上的因人而异当然有革命党人用心良苦的成分,是不得已而为之,但因人立法里面蕴含的传统思维却是无法否定的,其中有许多地方都违背了法治的基本精神,特别是与宪法的包容性和法律的普遍性不符,保留了明显的人治痕迹,从而导致该法在日后实施过程中命途多舛,也没有能够保护辛亥革命的胜利果实。

## 一、《中华民国临时约法》制定过程中的政体之争

《中华民国临时约法》的前身是辛亥革命胜利后仓促制定的《中华民国临时政府组织大纲》。该组织大纲借鉴美国的政体模式,实行的是总统制。

---

① 钱端升等:《民国政制史》(上册),上海人民出版社 2008 年版,第 8 页。

因为该政府组织大纲自身存在诸多不足,加之明确规定的六个月内召集国会无法实现,故必须对之修改。又因修订后的法律已不再只是政府组织法而是宪法性质的法律,为避免名实不符,又将拟修订的法律名称改为临时约法。

在《中华民国临时约法》制定的过程中,对于政体设计问题展开过热烈讨论。早在《中华民国临时政府组织大纲》制定后,第二次修改前,关于政体设计问题同盟会领导人之间就曾有过不同的意见。后因孙中山先生坚持采用总统制,政府组织大纲最终还是实行了总统制。

1911 年 12 月 25 日,孙中山先生回国。26 日晚(也有的资料说是 27 日、甚至 28 日晚,在此我们不作详细考证,因为哪一天开会不是本课题要讨论的问题)便在上海寓所召开同盟会领导人会议,商讨中华民国临时政府组织方案。参加会议的有:黄兴、宋教仁、汪精卫、陈其美、张静江、马君武、居正等人。会上,关于政体设计问题产生了较大的分歧。宋教仁主张效仿法国,实行内阁制,设置政府总理。因为宋教仁对国外政体与政党有过比较多的观察研究,其着眼点在于实行政党政治或议会政治,他认为,"内阁不善而可以更换之,总统不善则无术变易之,如必欲变易之,必致摇动国本,此吾人所以不取总统制而取内阁制也"[1]。

孙中山先生不赞成宋教仁主张的内阁制。他认为,非常时期,内阁制不利于总统便宜行事,果断运用权力为国为民办事,在内阁制下,总理对国会负责,总统则可能赋闲,既然国民代表选出了总统,就不应该对总统不放心而处处加以节制,相反,倒是应当放手让总统行使职权。孙中山先生还表示,自己不愿做有职无权的总统,不愿因自己无法行事而贻误国民。他说:"内阁制乃平时不使元首当政治之冲,故以总理对国会负责,断非此非常时代所宜。吾人不能对于惟一置信推举之人,而复设防止之法度。余亦不肯徇诸人之意见,自居于神圣,以误革命之大计。"[2]对于孙中山先生的意见,张静江率先表示支持。他说:"善!先生而外,无第二人能为此言者,吾等惟有遵先生之意而行耳。"[3]黄兴及其他多数参会人员也都支持孙中山先生的

---

[1] 陈旭麓:《宋教仁集》(上册),中华书局 1981 年版,第 460 页。

[2] 邱远猷、张希波:《中华民国开国法制史》,首都师范大学出版社 1997 年版,第 294 页。

[3] 邱远猷、张希波:《中华民国开国法制史》,首都师范大学出版社 1997 年版,第 294 页。

意见。但宋教仁依然坚持己见，并据理力争。最后，黄兴不得不出面打圆场，并说留待日后各省代表联合会决定。会议才得以结束。

12月27日，黄兴、宋教仁等抵达南京。晚上开会时，黄兴主张总统制，宋教仁依然主张内阁制，并提议黄兴任总理，黄兴不答应。后在黄兴的坚持和说服工作下，总统制得到多数赞成，始得通过。其间，还有人暗指宋教仁坚持内阁制是自己想当总理，对宋教仁也造成了一定的打击。对此，宋教仁不得已也曾为自己作过申辩。他说："世人诬吾运动总理，由来已久。吾虽无其事，实不欲辩。且因以自励，盖已久矣。夫人立志为总理，岂恶事哉？而乃非笑之如是，吾实不解。国家既为共和政治，则国民人人皆应负责任。有人自信有能力，愿为国家负最大之责任，此国家所应欢迎者。……人苟可以自信，则不妨当仁不让，世人亦只问其有此能力与否，不能谓其不宜有此志。吾人惟自愧无此能力，固不欲当此大责任。吾人之志则不讳言，实深愿将来能当此责任者，且希望人人有此希望者，惟枉道以得之，则不可耳。"① 其实，有学者认为，宋教仁坚持主张内阁制并不是为了自己想当总理，而是另有不便明言的更深层次考虑。鉴于武昌起义后，"大权落入黎元洪之手"，在组建临时政府时又"已经内定如果袁世凯赞成共和，临时大总统的位子就要送给袁世凯"，宋教仁坚持内阁制主要是"为了排除封建旧官僚在革命队伍内部的势力，使中央政府的实际权力掌握在资产阶级革命派手里"，以及将来限制袁世凯这种"不学无术，其品更恶劣可鄙"之人的权力。② 此外，还有学者分析道："在袁世凯软硬兼施的夹攻下，部分革命党人同混入革命阵营的立宪派、旧军阀官僚一起接受'和谈'，并力图把政府组织法制订得对袁世凯有吸引力，尽管以宋教仁为代表的一部分人主张实行法国的责任内阁制，由革命党人组阁，以扩大和巩固革命党人在政府中的权力与地位，但是，革命派内部另一部分人同立宪派和旧军阀官僚，为了招徕袁世凯，反对内阁制，主张总统制，在《组织大纲》中把总统的权力规定得特别大。"③

对于内阁制，胡汉民也曾明确反对。胡曾与宋教仁辩论说："(美)以十三州联邦，共和既定，即去反覆。法为集权，而鲑者乘之，再三篡夺。我宜何去何从？况中国革命之破坏，未及于首都，特权者脑中惟有千百年专制之历

---

① 陈旭麓：《宋教仁集》(下册)，中华书局1981年版，第484～485页。
② 陈旭麓：《宋教仁集》，中华书局1981年版，序言，第10页。
③ 钱大群：《中国法制史教程》，南京大学出版社1991年版，第392页。

史，苟其野心无防范制，则共各立被推翻，何望富强。"①对宋教仁以内阁制防范袁的野心，胡汉民说道："内阁制纯恃国会，中国国会本身基础，独甚薄弱，一旦受压迫，将无由抵抗，恐蹈俄国一九〇五年后国会之覆辙，国会且然，何有内阁？今革命之势力在各省，而专制之余毒积于中央。此进则彼退，其势力消长，即为专制与共和之倚伏，倘更自为削弱，噬脐之悔，后将无及。"②

总之，在《中华民国临时政府组织大纲》中，采用的是总统制政体。甚至后来南京参议院最初草拟的临时政府组织大纲修订版本，采用的也还是总统制。

但再后来，宋教仁依然坚持临时约法应采用内阁制的主张。此时，全国形势已经发生巨大变化，南北议和协议初步达成，袁世凯接替孙中山担任中华民国临时大总统已基本成为定局。在民初的历史舞台上，袁世凯具有强大的政治、经济、军事实力，革命党人的核心力量反倒不足，无法与之抗衡。同时，袁世凯又善于玩弄政治手腕，一方面"逼宫"清廷，另一方面又向革命党"诱和"，虚伪承诺接受民主共和。在革命党人方面，一方面将临时大总统之位让于袁世凯，另一方面又对袁世凯的为人很不放心，担心其改不了旧官僚的陋习。

于是，不少革命党人因为对即将担任临时大总统的袁世凯缺乏信任，转而赞成宋教仁的主张，支持采用内阁制，限制总统的行政权。孙中山先生也一改过去在《中华民国临时政府组织大纲》中的主张，赞成《临时约法》采用内阁制。孙先生在说到政体时，曾这样说道："至于政府之组织，有总统制度，有内阁制度之分。法国则内阁制度，美国则总统制度。内阁制度为内阁负完全责任。内阁若有不善之行为，人民可以推倒之，另行组织内阁。总统制度为总统担负责任，不但有皇帝性质，其权力且在英、德诸立宪国皇帝之上。美国之所以采取总统制度，此因其政体有联邦性质，故不得不集权于总统，以谋行政统一，现就中国情形论之，以内阁制度为佳。我国国民莫不主张政党内阁，视其议员为何党之多数，以定国民之信用。"③针对当时的时局，孙中山先生还说："北方将士以袁世凯为首领，与予议和。夫北方将士与

---

① 罗志渊：《近代中国法制演变研究》，正中书局 1966 年版，第 333 页。
② 罗志渊：《近代中国法制演变研究》，正中书局 1966 年版，第 333 页。
③ 《孙中山全集》（第 3 卷），中华书局 1984 年版，第 44 页。

革命军相距于汉阳,明明为反对民国者。今虽曰服从民国,安能保其心之无他?故予奉临时约法而使之服从。盖以服从约法为服从民国之证据。予犹虑其不足信,故必令袁世凯宣誓遵守约法,矢志不二,然后许其议和。"当时革命党人对袁世凯不放心的这种心态,湖南的一位议员更是说得直白:"今天改选总统,把革命大业让渡于一个老奸巨猾的官僚,这是我很痛心的事,也是我很不放心的事。临时约法,这时还在讨论中。我们要防总统的独裁,必须赶紧将约法完成,并且照法国宪章,规定责任内阁制,要他于就职之时,宣誓遵守约法。"①

经过讨论,《临时约法》采纳了大多数革命党人的主张,借鉴法国政体,实行内阁制,设置国务总理,虚置临时大总统,并规定,总统任命国务员需要经过参议院的同意,最大限度地扩大参议院的权力,压缩总统的权力空间。对此,时任直隶参议员的谷钟秀先生说道:"各省联合之始,实有类于美利坚十三州之联合,因其自然之势,宜建为联邦国家,故采美之总统制。自临时政府成立后,感于南北统一之必要,宜建为单一国家,如法兰西之集权政府,故采法之内阁制。"②曾先后担任南京都督府代表会代表、南京临时参议院参议员的吴景濂先生,亲身参与了《临时约法》的制定。谈到该法的政体设计时,他曾说:"议约法时,关于取美国制度,抑取法国制度,当时争论甚多,有速记录可证。"③吴景濂先生还说:"行政权采法国内阁制,自国务总理以及各国务员,由大总统提出,交临时参议院同意。"④中国同盟会本部1912年6月发布的一份通告也说道:"民国约法,采法国制。参议院为最高之机关,而国务院为责任之主体,总统所发布之法制、命令及一切公文,皆须国务院副署。总统虽有任免文武官吏之权,而主张此项权利,必待国务院之副署,始能发生效力。其实权握于国务员之手。盖总统之地位至巩固,至尊严,除非常事件外,对于参议院不负责任。惟国务员则常立于被指斥、弹劾

① 夏新华等:《近代中国宪政历程:史料荟萃》,中国政法大学出版社2004年版,第13~14页。
② 李剑农:《中国近百年政治史》,复旦大学出版社2007年版,第310页。
③ 中国人民政治协商会议全国委员会文史资料委员会编:《辛亥革命回忆录》(第八集),文史资料出版社1982年版,第412页。
④ 中国人民政治协商会议全国委员会文史资料委员会编:《辛亥革命回忆录》(第八集),文史资料出版社1982年版,第411页。

之地位,约法既予以重大之责任,则其所以监督之者,不可不严也。"①

《中华民国临时约法》将《中华民国临时政府组织大纲》设计的"总统制"改为"内阁制",反映了革命党人"因人立法""以法制袁"的思想,也招致了不少人的病诟,认为这是因人立法,开了一个不好的先河。更有人认为,其"意在于将权力集中于革命党人控制的议会和内阁,从而虚化总统袁世凯的权力,甚至认为,这与取得总统宝座的袁世凯,在其'袁记约法'中,通过杂采美国、日本和欧洲大陆各国宪法中偏重行政权的条文,增加总统权力削弱议会牵制,以实行袁世凯的'一人政治'主义没有二致"②。

客观地说,在当时的特殊历史背景下,《临时约法》"因人立法"体现了革命党人的良苦用心,看似也比较符合人之常情。革命党人出于国家统一、和平过渡的考虑,"高风亮节"地将革命政权交付给一个老奸巨猾的清朝重臣,当然需要同时对其采取一定的防范措施。于是,法律便成为最好的选择。殊不知,此时的革命党人权术玩不过袁世凯,对法律精神的把握也不到火候。根据宪法基本理论,宪法是一个国家内各种政治力量对比关系的集中体现。革命党人将革命政权交给袁世凯,同时又附送一部《临时约法》。然而,这部《临时约法》却丝毫没有反映以他为代表的、在当时最具实力的北洋集团的意志。这样一部法律,在袁世凯这样一个人接替临时大总统之后,还能够得到尊重和坚守吗?答案恐怕连三岁小孩都能知晓。

# 二、《中华民国临时约法》内阁制的特征

在特定背景下,为了特定的目的,《中华民国临时约法》采行了内阁制政体,但这里的内阁制却不是完全的内阁制,甚至不是法国的半内阁制,而是为了实现特定目标,借鉴中国传统做法,做了许多独具一格的设计。大致说来,《中华民国临时约法》的内阁制有以下几个方面的特征。

---

① 朱宗震、杨光辉:《民初政争与二次革命》(上),上海人民出版社 1983 年版,第 54 页。

② 杨志明:《传统宗法文化与近代中国立宪》,载《法学评论》2011 年第 2 期。

## （一）不是完全的内阁制

内阁制是资本主义国家的政权组织形式之一,起源于英国,以英国最为典型。内阁制又称责任政府制、代议政府制等。

内阁制的主要特点是:君主是国家元首,但其只是虚职,职责多是礼仪性的,只是一种象征性的虚君。议会是实权部门、是国家最高立法机关。行政机关掌握国家行政大权,对议会负责,由议会产生。内阁总理由下院多数党领袖担任,内阁阁员由总理任命,内阁和阁员对下院负责。内阁如果失去下院的信任,就要全体总辞职,或者由内阁总理提请国家元首解散议会,重新举行大选,但若新选举产生的下院依然对内阁投不信任票,则内阁必须总辞职。

通常认为,《中华民国临时约法》是内阁制政体,但该法在政体设计时,不是考虑借鉴英国内阁政体,而是借鉴法国的内阁政体。法国的内阁政体本身就不是完全的内阁制政体,今天的人们通常把法国的政体称作是半总统半内阁制。也就是说,法国的政体兼具总统制和内阁制要素,有些方面像是总统制,有些方面像是内阁制。不过,《中华民国临时约法》也没有完全借鉴法国的这种政体,而是在法国半内阁制的基础上,又添加了一些中国传统文化元素,诸如采行权力牵制手段等,同时还加入了革命党人限制袁世凯的一些内容,扩大了参议院的权力,提高了参议院的地位等等。这样一种政体,显然不是完全的内阁制政体,而是独具一格的中国特色政体设计。关于这一点,下文还会详细论述,在此就不加展开。

## （二）没有体现各种政治力量的对比

宪法是一个国家的顶层设计,是国家组织法,或者说是国家的根本大法,需要凝聚全民的智慧和意志,反映全民的意愿,将各阶级、各阶层、各团体都凝集在自己的旗帜之下。为此,宪法需要平等尊重和保护全体国民的权利和利益,宪法对国家权力的分配和政权体制的设计也需要围绕这些目的的实现来进行。

但《中华民国临时约法》却不是从凝聚全民共识的思想出发,也没有围绕这一目的来进行政体设计。《中华民国临时约法》在制定的过程中,将当时在国内最有实力,甚至也最有统治经验的北洋集团排除在外,关于政体设计和国家权力分配的目的都是围绕控制、约束北洋集团而展开的。这样的立法具有极大的随意性,而没有遵从法律的科学。同时,该法的主观理想和客观现实也严重脱节。革命党人希望通过《临时约法》来约束袁世凯,把袁世凯带上民主共和的道路,但事与愿违。袁世凯作为一代枭雄,肯定不甘心接受革命党人单方面强加在自己头上的《临时约法》,因而一定会千方百计地挣脱法律的束缚,破坏法律的权威,建立个人的权力尊严和中心地位。拿马克思主义理论来说,宪法是一个国家阶级力量对比的集中体现。由此可知,一个没有反映当时最强力量方面意志的法律,也肯定不会得到该方面的认可和执行。事实上,《临时约法》在施行过程中的政治实践也完全就是这样。

假如当时的革命党人能够对宪法目的和宪法精神有透彻的理解,并遵循宪法目的和精神,与袁世凯等北方代表人物当面争辩,各执己见,各述其理,相互磋商,相互明辨,进而相互靠拢,达成一个各方都能接受的宪法方案,形成一个各方共同参与、各方又都在其下的顶层设计,《中华民国临时约法》的命运,包括中华民国的命运,就一定不会是我们看到的那个样子。

## (三)因人立法痕迹明显

《临时约法》将《临时政府组织大纲》确立的总统制改为内阁制是因为革命党人担心袁世凯专权,防止其权力野心而进行的"因人立法"。这一点,学界基本能够达成一致,虽然也有少数学者提出过异议,但是都没有能够动摇这一基本看法。

《临时约法》"因人立法"的表现很多。首先,也是人们说得最多的一点就是,改《临时政府组织大纲》的总统制为内阁制。在《临时政府组织大纲》中,没有大总统对参议院负责方面的规定;国务员(即政府各部部长)与大总统之间的关系为国务员"辅佐大总统办理本部事务",也没有设置内阁总理,说明国务员是对大总统负责而非向参议院负责;在参议院的职权中,没有对国务员提起不信任案投票的规定,参议院无权对国务员进行弹劾。在《临时约法》中,参议院的职权有:"得提出质问书于国务员,并要求其出席答复"、"对于临时大总统,认为有谋叛行为时,得以总员五分之四以上之出席,出席员四分之三以上之可决,弹劾之"、"对于国务员,认为失职或违法时,得以总员四分之三之出席,出席员三分之二以上之可决,弹劾之",另外,参议院还可"咨请临时政府查办官员纳贿、违法案件"。根据这些规定,参议院具有了弹劾临时大总统、国务员及查办官员违法、贪污的权力,使得参议院能够对总统和国务员直接形成掣肘,对其施加影响和约束。

其次,《临时约法》在内阁制的名义下,以专门条款形式对总统权力设定了诸多限制,扩大了参议院的权力。《临时约法》内阁制借鉴的是法国政体设计。然而,《临时约法》却对法国内阁制作了诸多修改,特别是在内阁制的基础上创设了诸多限制总统权力的条款,使得总统权力相较于法国受到更多的限制。正如当时有人评论所说:"(一)法总统得上院之同意,有解散议会之权,我则并此而无之;(二)法总统有召集议会之权,而我之参议院得自行集会闭会;(三)法总统有任命官吏之权,而我则任命阁员须得参议院之同意;(四)法总统有交还议案法案求下院再议之权,我则无此规。"①在《临时约法》中,临时大总统行使文武职员、国务员及外交大使、公使等的任免权,宣战、媾和及缔结条约等外交权,大赦、特赦、减刑、复权等宣告权,都必须"得参议院之同意";制定官制、官规,须提交参议院决议。诸如此类,使得《临时约法》所构建的政体连内阁制都已经变味,变成了参议院一权独大的"非美非法"的政体。

再次,在法律结构安排上矮化大总统。在法律结构上,《中华民国临时政府组织大纲》开篇第一章就是临时大总统,第二章是参议院,第三章是行政各部,这种结构安排,突出了大总统的作用和地位,表明大总统才是国家的统帅,参议院和行政部门均在其下。到了《中华民国临时约法》,第一章为总纲,第二章是人民,第三章是参议院,第四章才是临时大总统副总统,第五章为国务员,第六章为法院,最后一章是附则。这种结构安排矮化了临时大总统的地位,把大总统放到了人民和参议院之后,让人民和参议院均居于大总统之前。

应当说,《临时约法》的这种安排有其科学性和合理性,把人民置于国家机构之前是人民主权的必然要求,也是时代进步的象征。作为代议机关的参议院是人民的代表、人民的喉舌,其地位即反映人民的地位,完全可以、甚至应该列在大总统之前。而且,由于《临时政府组织大纲》只是一个政府组织法,缺少人民权利和地位的内容,这样一部法律,从结构上不存在人民与国家机构地位的安排考虑,因而也没有这方面的矛盾和纠结。

但当我们把《中华民国临时政府组织大纲》和《中华民国临时约法》放在一起看的时候,法律结构安排上的因人而异还是比较明显的。特别是《中华

---

① 《麦梦华对于总统权限之主张》,载《宪法新闻》第 3 期 1913 年 4 月 27 日。

民国临时约法》将原《中华民国临时政府组织大纲》中大总统和参议院的位置对调,不能不让人怀疑是否有矮化大总统的意思。尤其是在南方革命党人以法制袁的思想已经路人皆知的情况下,更容易导致人们的这种想法。袁世凯看到这种法律结构上的改变,也肯定会有其想法,很容易在心理上产生对抗情绪。

《中华民国临时约法》的这种修改是 1912 年 2 月 13 日南京参议院议定通过的。根据参议院议事录的记载,是日议决内容第四和第五两项分别是:议决第三章改为第四章,临时大总统副总统及国务员删"及国务员"四字另为一章;议决第四章改为第三章。①

## (四)国家权力分配不清、相互牵制

《中华民国临时约法》在国家权力机关的关系及其权力分配方面,存在诸多问题,概括起来表现为:一方面规定临时大总统代表临时政府,总揽政务,另一方面又规定,临时大总统制定官制、官规,须交参议院议决;任免文武职员、国务员及外交大使公使,须参议院同意;提出法律案、公布法律及发布命令,须总理副署。一方面规定国务员辅佐临时大总统,负其责任;另一方面又规定,国务员可以出席参议院会议,参议院也可以弹劾国务员,在参议院与国务员之间架起了直接桥梁。这样一来,参议院、临时大总统、国务员三者之间的关系就会产生混乱,国务员究竟是对大总统负责还是对参议院负责?内阁和总统究竟谁是行政权的代表,谁执掌行政权?等等。

《中华民国临时约法》国家权力分配不清,主要原因在于改变了《中华民国临时政府组织大纲》的政体设计和权力分配关系。在《中华民国临时政府组织大纲》中,国家权力配置还是比较明晰的。到了《临时约法》,因为限制袁世凯的需要,增加了许多约束袁世凯的内容,但同时又不可能在法律上像完全内阁制那样把袁世凯作为一个虚位的国家元首,而必须保持大总统总揽行政的形式规定,这样一来,就不可能不产生一系列矛盾,甚至产生二元权力中枢。

《临时约法》权力分配不清,界线模糊,突出表现在行政权力分配方面,并直接导致该法实施过程中的长期纷争。下面重点从法律文本上分析《临时约法》对行政权的分配。

---

① 中国政法大学图书馆收藏:《参议院议事录》(南京),出版者不详,第 39 页。

### 1.国家行政权总体上归属于总统

《中华民国临时约法》对于国家行政权力配置的规定主要体现在第30条、第44条、第45条。其中,第30条规定,临时大总统代表临时政府,总揽政务,公布法律;第44条规定,国务员辅佐临时大总统负其责任;第45条规定,国务员于临时大总统提出法律案、公布法律及发布命令时,须副署之。

这里的第44条、第45条置于第5章之中。第5章即"国务员"专章,是《中华民国临时政府组织大纲》中所没有的,在修订《中华民国临时政府组织大纲》的过程中,为了防止袁世凯专权,约束其权力野心,特设国务员一章和国务员之职。也正是这种设计,让人们比较多的认为,《临时约法》将原《中华民国临时政府组织大纲》的总统制改成了内阁制,并落下"因人立法"之嫌,留下了许多争议。

但我们并不能据此认为,《临时约法》给国务员或国务总理分配了行政权力。尽管《临时约法》在第四章"临时大总统、副总统"之后为"国务员"专设了一章,即第五章。但这一章总共才5个条款,通观这5个条款,竟没有赋予国务员任何一项独立职权。相反,第44条倒是明确规定,国务员辅佐临时大总统负其责任。这里的"辅佐"一词明确宣称了国务员的地位,表明了国务员不是独立的行政责任主体,只是临时大总统的帮手。如果再结合第30条之规定,临时大总统代表临时政府,总揽政务,公布法律。国家行政权的归属已经毋庸置疑了。

《临时约法》第四章为"临时大总统、副总统",共14条,除第29条总统选举、第41条总统弹劾、第42条总统因故不能视事由副总统代之的规定外,其余11个条款均是对总统权力的列举。归纳起来,总统权力包括执行法律、统率军队、内政外交、官吏任免、荣典颁授、大赦特赦等。综观《临时约法》关于总统职权的规定,甚至比《临时政府组织大纲》赋予总统的职权还要大。在《中华民国临时政府组织大纲》中,"临时大总统"一章才6条,赋予总统的职权远没有《临时约法》全面。

可见,依据《临时约法》的规定,国家行政权尽属总统无疑。

### 2.总统行使重要权力受国务总理牵制

《临时约法》第45条规定,"国务员于临时大总统提出法律案、公布法律及发布命令时,须副署之"。这是主张《临时约法》对总统权力大加限制、属内阁制政体的主要法律依据。事实上，《中华民国临时约法》在规定总统职权时并没有像大多数人所认为的那样，对总统的权力大加限制，该法设计的政治体制也未必就是内阁制。相反，《中华民国临时约法》第30条规定，临时大总统代表临时政府，总揽政务，公布法律。第37条又规定，临时大总统代表全国，接受外国之大使公使。所有这些规定都说明，总统是国家行政大权的执掌者，并且是国家元首。

那么，对《临时约法》第45条及其中的"副署"应当如何理解呢？对于这一条，通常的理解是，大总统提出法律案、公布法律及发布命令时，必须得到总理的副署方能生效。但仔细分析条文本身，这里用词是"须"而不是"需"。须乃必须，而不是需要。又根据这一条，"须"字的主语是"国务员"，综合理解，完全有理由把国务员的副署理解成是国务员必须为之的事情，亦即副署是国务员的义务。当然，这与实践中的理解有不少的差距。

既然如此，《临时约法》为什么还要在大总统提出法律案和发布命令时，设置"副署"这一环节？其目的和任务是什么？本人认为，这里的设计是典型的传统文化反映，表达的是传统的"权力牵制"思想，即利用副署这一环节来牵制总统，至少可以拖延总统命令的发布时间，一方面防止总统随性而为，另一方面还可以在这一环节中，帮助总统思考完善，找到各方面都可以接受的方案。但无论如何，副署都不能等同于否决，这一点毋庸置疑。

"副署"制度在中国历史上早已有之。唐朝改变汉代行政体制，设置三省六部后，政府最高命令通常由中书省起草发布（尽管是以皇帝的名义），但需要门下省审查认可，若门下省反对中书省拟定的某一诏书，即将原诏书批注送还，称为"涂归"，意即将原诏书涂改后送还中书省重拟。"涂归"亦称"封驳""驳还"等，其实质就如同今天的副署权。缺少门下省副署的诏书，依法不得发布。

宋代也有皇帝发布敕令需要宰相副署的成例。清朝光绪年间发布的《钦定宪法大纲》亦有类似的内容。该大纲规定，议院闭会时，遇紧急情况，皇帝"得发代法律之诏令……惟至次年会期，须交议院协赞"。这里的"协赞"即类似于副署，而且是事后追认。当今时代，我国不少国家机关广为采用的会签制度与副署也有不少相类似的地方。

结合中国历史上的副署制度及对《临时约法》实施情况的综合理解，我们可以把《临时约法》第45条解释为，临时大总统提出法律案、公布法律及发布命令时，必须得到国务总理的赞同。国务总理在这里的副署权，既不是否决权,也不能改变临时大总统的决定。这里的副署只是表明,临时大总统在行使这些重要权力时,需要得到国务总理的明示同意,其实质是同意权、是赞同的意思表示,而不是对国家行政权进行拆分。法律的用意在于,通过"副署"这一环节,借助于国务总理的力量,保证总统不至于滥权擅权,将总统权力约束在一定的轨道之内。

换句话说,这一制度设计的目的不是要分割总统的权力,而是要对总统的某些重要权力进行牵制、施加约束,因而规定,当总统行使这些重要权力时,必须得到总理的副署,即得到总理明示同意。

### 3.权力牵制制度设计

在防止总统专权、滥权的制度设计上,《临时约法》没有采用西方的限权或分权理论,不是对总统权力严加限制,也没有对行政权力实行再划分,而是遵循中国传统的权力牵制思想,先是明确由总统"总揽"政务,继而又设计了总理"副署"这一制度,规定,当总统行使重要权力时,必须得到总理的副署,以此对总统进行牵制,甚至干脆可以说,是给了国务员与总统"扯皮"的机会。

由于《临时约法》没有具体规定总统与总理的关系,副署的含义又不十分明了,实际的政治运行便有了巨大的解释空间,在这个空间中,国务总理是关键角色,他能够左右实际政治运行甚至是决定政体的性质。当总理与总统关系甚密时,"副署"对总统而言不是问题,此时的内阁形同虚设,政体像是总统制;当总理揽权争位时,"副署"便成了总理与总统分庭抗礼的依据,加之国家行政事务实际操于国务内阁之手,内阁俨然成为国家行政中心,政体便又像是内阁制。

这一点,袁世凯和同盟会都了然于心,故二者在总理人选上往往僵持不下。袁世凯刚刚接任临时大总统时,即决意组织一个听命于自己的内阁。同盟会为约束袁世凯也想组织一个忠于自己信念的内阁,因而坚持内阁总理必须是同盟会会员。双方僵持不下时,赵凤昌提出了一个折中的办法,"认为第一任内阁是新旧总统交替的关键,总理人选应当是孙中山先生和袁世凯共同信任的人,最为合适的人选应是唐绍仪,并提议唐绍仪加入同盟会,问题便可迎刃而解。孙中山先生和黄兴等人对此均表赞同,欢迎唐绍仪加入同盟会,并决定请他出任首届国务内阁总理"①。

唐绍仪担任国务总理后,"毅然主张内阁制,设国务会议,以为执行职权之枢纽"②。府院之争由此开启。直至在任命王芝祥担任直隶总督问题上,双方矛盾公开化。最终,唐绍仪愤然辞职。唐绍仪辞职,既有他本人急于求成因素的作用,更有袁世凯封建专权思想的"贡献"。由于短期内总结不出一套既能让总理有效牵制总统、又不至于使政务陷入僵局的法律运行机制,中国政局由此进入了一个新的动荡期。

由于《临时约法》的文本渊源《中华民国临时政府组织大纲》采行的是美国的总统制,在对临时政府组织大纲进行修改时,又增加了内阁制的诸多因素,在实施的过程中,就形成了以临时大总统为核心的总统府和以国务内阁为核心的国务院双重行政中枢,也就是通常人们所说的二元行政中枢,导致府院之争不断。

# 三、权力牵制制度设计的后果

"南京临时政府创建之初,实施的是总统制。总统为最高行政长官,政府各部部长由总统任命,对总统负责,斯时并无'总理'一职。《临时约法》在总统之外,复设总理,是为总统制改为责任内阁制的标志。但《临时约法》规范的责任内阁制并不完备,其要害在于改制之后,未能确定总统府与国务院孰为最高行政中枢。……根据约法'总揽政务'的规定,总统府有理由要求国务院居于辅佐及从属的行政位置,但是根据约法'副署'权的规定以及责任内阁制国家总理及各部部长身当行政要冲的通例,总理也有理由要求总统赋闲,居于类似君主立宪国君主虽至尊荣,却无与实政的地位。"③

《中华民国临时约法》诞生后,围绕该法的斗争几乎从未停止过。袁世凯时代如此,袁世凯之后依然如此。究其原因,除了袁世凯等人的专制野心之外,首要的就是该法的政体设计。可以说,几乎所有围绕该法的斗争都与

---

① 刘厚生:《张謇传记》,龙门联合书局 1958 年版,第 196~197 页。

② 白蕉:《袁世凯与中华民国》,载《近代稗海》(第 3 辑),四川人民出版社 1985 年版。

③ 杨天宏:《论〈临时约法〉对民国政体的设计规划》,载《近代史研究》1998 年第 1 期。

其政体设计紧密相关。这些斗争主要有两个方面：一是国会与总统之间的斗争，二是总统与内阁之间的斗争。所有这些斗争都是临时约法因人立法留下的祸患。下面主要论述总统与内阁之间的斗争。

由于《中华民国临时约法》在行政权力设计方面引进了中国传统的权力牵制思想，导致行政权力分配模糊不清，在实践中出现混乱。从形式上看，法律规定的是总统总揽政务，从实践上看，内阁的行政工作具体是由总理领导的，而且总统发布命令还需要总理副署。于是，总理与总统的关系就会直接决定国家行政权能否平稳运行，换句话说，总理与总统的公交私谊、总理与总统各自的权势、地位和影响力，将直接决定法律实施的状况及政治生态。这种情况的后果，从法律上看就是，法律的命运取决于总统与总理的关系，掌握在总统与总理手中，而不是由法律的力量来决定的；从治理方式上看就是，可以直接导致人治而不是法治。换句话说就是，人的因素决定权力运行状态，而不是法律因素决定权力的运行。

根据《中华民国临时约法》第30条、第44条、第45条的规定，临时大总统代表临时政府，总揽政务，公布法律；国务员辅佐临时大总统负其责任；国务员于临时大总统提出法律案、公布法律及发布命令时，须副署之。由于《临时约法》没有具体规定总统与总理的关系，副署究竟是一种权利还是一种义务，又不十分明了，在行政权的实际运行中，总统与总理的关系便至关重要。正如有的学者所言："总统强，则能统驭万几，而内阁居于陪辅之位；总理强，则能把持行政而元首直不啻一傀儡矣！"[1]也有学者把这种现象概括为："如果议会较为强大有力，内阁和总理将被引向对议会负责的方向，否则他们就要对总统负责。副署权及政府预算表决权的设置似乎表明临时约法的制定者最初的动机是要建立一种责任内阁制。然而事实上，围绕权力的争斗以及责任在总统和总理之间的转移，使这一体制既非内阁制亦非总统制，而毋宁是责任不明的双重行政体制。"[2]

临时约法政体设计导致的这种现象，历史上称之为"府院之争"，这是民国初年中国政治史上的一种独特现象。这种现象从1912年首届内阁，也就是唐绍仪内阁开始，一直延续到临时约法寿终正寝。

唐绍仪是袁世凯的老部下，受袁世凯一路提拔重用，深得袁世凯的信任

---

[1] 鲍明钤：《中国民治论》，商务印书馆2010年版，第45页。

[2] 杨天宏：《论〈临时约法〉对民国政体的设计规划》，载《近代史研究》1998年第1期。

和器重。在临时约法颁行后,首届内阁总理由谁担任,南北双方均尤其关注,各方都希望由自己方面的人担此要职。由于唐绍仪是袁世凯方面的人,在南北议和的过程中,也担任过袁世凯的全权谈判代表,袁世凯对他出任内阁总理是可以接受的,但由于南方革命党人坚持要由同盟会会员担任内阁总理,人选问题一度僵持不下。后经人提议,唐绍仪加入同盟会,以此满足双方各自的条件。于是问题得以解决,由唐绍仪出任中华民国首届内阁总理。唐任内阁总理后,所持理念与同盟会大致相同,认认真真地执行内阁制,经常不理会袁世凯的授意,导致与袁世凯的矛盾公开化,最后不得不辞去总理职务。

唐绍仪辞职后,南北双方相互指责,北方说唐擅离职守、逃避责任,并说同盟会成员不宜再任总理,南方说唐绍仪辞职乃袁世凯所逼,北方应负其责任。接着,同盟会本部又决定同盟会的内阁成员集体辞职。之后,蔡元培、王宠惠、宋教仁、王正廷一起到总统府向总统面交辞呈。面对这种局面,袁世凯也感觉沮丧,他也还没有准备现在就与同盟会彻底闹翻,便极尽挽留。说道:"君等为建国元勋,值此国家初创之时,正是我辈大展宏图之机,岂可激流勇退,还请诸君收回辞呈。"蔡元培则回答道:"我等并非不愿投身国家建设,实乃授事以来,屡进屡退,对国家毫无裨益,如今唐总理辞职,内阁亦应解散,恳请辞职,以避贤路。"①

就这样,中华民国首届内阁仅仅存在了三个多月便告夭折。唐内阁解散之后,袁世凯号称选人用人"但问其才与不才,不问其党与不党",便推举无党无派的陆征祥任内阁总理。因为陆不属于任何党派,比较容易被各方所接受,在参议院投票时,以 74 票赞成、10 票反对的结果高票通过。但接下来,在内阁成员的任命上,却是一波三折。除原内阁成员中内务总长赵秉钧、陆军总长段祺瑞、海军总长刘冠雄三人继续留任之外,外交总长也由陆征祥继续兼任。需要补充的内阁成员共有 6 名。袁世凯于是提名周自齐任财政总长,胡惟德任交通总长,章宗祥任司法总长,孙毓筠任教育总长,胡瑛任农林总长,沈秉堃任工商总长。由于后面 3 位均是同盟会会员,又由于同盟会本部已经决定本会会员不再担任内阁成员。袁世凯的这个提名无论是其真心爱才,还是有意离散同盟会内部关系,均导致同盟会的不快。宋教仁甚至公开指责袁世凯是在"逼奸"。

---

① 金满楼:《门槛上的民国》,新星出版社 2013 年版,第 139 页。

7 月 18 日,陆征祥前往参议院发表施政演说,同时提请参议院批准新内阁成员名单。参议院原本对陆寄予厚望,不少人都抱着一睹其风采的心态,等着听取他的高见。谁知这个陆征祥,一向从事外交工作,对内政几乎就是一个门外汉,在参议院发表施政演说时,既没有说到国家的大政方针,也没有规划内阁未来的工作,几句平淡得不能再平淡的开场白之后,就像是在家长里短的拉家常,说的都是一些鸡毛蒜皮的琐事。完全没有一点激情的演说,让议员们大跌眼镜。听着他的演讲,议员们不但没有一点掌声,反而在台下窃窃私语,丝毫不给他留半点情面,弄得陆征祥很不痛快,草草结束了自己的演说。在将新内阁成员建议名单交给议长后,陆征祥便独自提前离开了议院。待议长提请大家表决新内阁成员名单时,"好"戏便出现了,6 位新内阁成员居然全数没有获得通过。

表决结果一出,舆论哗然,尤其是北洋派系人员,更是对议员一片讨伐之声。有人说参议院预计立场、以党见取人,指责参议院导致政务停顿,人才淹滞。有人说参议院议员都是黑心的家伙,不讲良知、没有心肝,不知羞耻为何物。还有人大力鼓吹武力解散参议院,叫嚣什么"与其无政府,不如无参议院"。袁世凯更是使出其老辣的政治手腕,软硬兼施,一会儿宴请参议员,一会儿授意军警以武力威吓,一会儿又举行军警代表与参议员的茶话会。最后,六名新内阁成员分两次获得了通过。参议院为自己顶住压力,留住了面子。袁世凯也坚持了自己的阁员。

新提名的内阁阁员之争,让府院之争扩散到了参议院和总统府之间的斗争。使《中华民国临时约法》的实施增添了新的困难,也给该法的命运蒙上了新的阴影。

此后,《中华民国临时约法》起伏沉浮期间,府院之争、议会与总统之争连绵不断。内阁也是更迭频繁。在陆征祥之后,赵秉钧、段祺瑞、朱启钤、熊希龄、孙宝琦等等,不少人员都先后出任过总理或代理总理,只是所有总理或代总理均难以善始善终,就连段祺瑞面对的局面也没有好到哪里去。

应当说,《临时约法》实施期间府院之争的原因很多,但归根结底,最为根本的原因还是《临时约法》在政体设计时,没有彻底跳出传统思维,没有遵循宪政的基本理路,以至于设计出来的政体没有贯彻任何一种政体的精神,失掉了任何一种政体的精华。《中华民国临时约法》的政体设计是在原《中华民国临时政府组织大纲》总统制的基本框架下,加入"国务员"一章。因其总体框架是为总统制而设计的,同时又保留了"总统代表临时政府,总揽政务"的规定,该法总统制政体的性质并未被彻底否定。仅仅加入"国务员"一章,只是添加了一些内阁制的要素而已,不足以构建出完备的内阁制。所以,《临时约法》的政体很难说是内阁制,也不能说是总统制。又由于对来自中国传统政治的"副署"制度缺少性质和内容等方面的界定,立法在此留下了巨大的模糊空间。对此,有人认为,"《临时约法》的制订者,对中国传统历史几无所知的参议员、年轻的革命党人,他们几无从政经验,对其中的各种政治运作缺乏直接的了解……至于这些条款进入实际运作层面会否发生水土不服的状况,这却是制订者所没有考虑的"[①]。

在西方内阁制中,代表行政权的不是国家元首而是国务总理,国务总理也无须对元首负责而是对议会负责。内阁与议会发生矛盾时,议会可以通过对内阁的不信任案,总理也可以提请国家元首解散议会。这样一种制度设计同时赋予了议会和总理各自制约对方的手段,能够起到很好的制约与平衡作用,以保证国家宪政体制的顺利运行,不到万不得已,通常不会招致议会和内阁之间的激烈对抗。

西方宪政体制是经过多年演化发展而来的,无论是总统制还是内阁制都有其自身的原则和精神。《临时约法》在政体设计时,在原总统制框架下添加了内阁制因素,同时又在内阁制名义下,植入中国传统的"权力牵制"思维,这样一种既非总统制,亦非内阁制,既不是完整的西方政体,也不是传统的中国政体,在实践中运行不畅也就不难理解了。

# 四、《中华民国临时约法》政体之文化分析

## (一)什么是政体

什么是政体?当今的教科书大都认为,所谓政体,就是政权组织形式。其实,政体和政权组织形式是不能等同的,有时甚至相去甚远,东西方皆然。

在西方,关于政体问题的讨论古已有之。早在古希腊时期,亚里士多德就曾考察过158个国家的政体,他还经常把"政体"一词与"宪法"一词通用。

---

① 金满楼:《门槛上的民国》,新星出版社2013年版,第137页。

在亚里士多德的笔下,政体可以有狭义和广义两种理解,狭义的政体大致就是政权组织形式,广义的政体除指政权组织形式外,还包括社会结构,甚至公民的生活规范。当他说,"政体(宪法)为城邦一切政治组织的依据,其中尤其着重于政治所由以决定的'最高治权'的组织"①时,应是狭义的政体。当他说,"跟城邦(公民团体中每一公民的)生活方式相同的善恶标准也适用于政体,政体原来就是公民(团体和个人)生活的规范"②时,应是广义的政体。亚里士多德还根据统治者人数的多少及统治者的目的,对政体作了基本划分,开了政体分类的先河。中世纪时期,托马斯·阿奎那又将政体分为君主政体、贵族政体、寡头政体和暴君政体四种。近代西方经典学者,如洛克、孟德斯鸠、卢梭等人,对政体也多有论述。洛克根据立法权的隶属关系,将政体分为民主政体、寡头政体和君主政体。孟德斯鸠将政体分为共和政体、君主政体和专制政体,并认为,共和政体是全体人民或某些家族掌握国家最高权力;君主政体是君主掌握国家最高权力,但君主是依据既定法律行使权力的;专制政体是一个人依据自己的意志和反复无常的爱好统治国家。卢梭则认为,凡是实行法治的国家,无论其行政形式如何,都可以称之为共和国。

在中国传统的政治理论中,政体一般是指国家最重要的部分,通常称为"政心""政理"。唐朝大臣萧瑀以"弓"喻"政",称"木心不正,则脉理皆邪,弓虽刚劲而遣箭不直,非良弓也",他还力劝唐太宗要重视政之心,政之理,也就是要重视政体。在《贞观政要》里,政体一词主要取政德之意,而较少取政制之义。关于政德,唐太宗强调的是要有为公之心,循政之理,上下一心,共同治事。关于政制,唐太宗强调的是三省制,认为设置中书、门下二省,与尚书省并立,目的是"相防过误"③。

到了近代,受时势的影响,国人对政制问题投以极大的热情,相应的,对于政体也更多地从政制方面来讨论,而忘却了其原本之意涵。梁启超认为,"采一定之政治以治国民谓之政体",并认为,"世界之政体有三种:一曰君主专制政体,二曰君主立宪政体,三曰民主立宪政体"④。再后来,立宪派又创

①　[古希腊]亚里士多德:《政治学》,吴寿彭译,商务印书馆 1965 年版,第 129 页。

②　[古希腊]亚里士多德:《政治学》,吴寿彭译,商务印书馆 1965 年版,第 205 页。

③　储建国:《调和与制衡——西方混合政体思想的演变》,武汉大学出版社 2006 年版,第 4 页。

④　梁启超:《立宪法议》,载《梁启超文集》,天津古籍出版社 1996 年版。

造出"国体"这一概念,以区别于政体,并引发了关于国体与政体的论争。立宪派视"君主""共和"为国体,"专制""立宪"为政体,认为政体可变,国体不可变。辛亥革命时期,还有人不仅视"共和"为国体,而且视"联邦"为国体,如山东各界联合会在宣布山东独立之前曾向巡抚孙宝琦提出八项条件,其中一条就是宪法应规定中国的国体为联邦制。①

1940年,毛泽东在《新民主主义论》一文中论及国体和政体时说道:"这个国体问题,从前清末年起,闹了几十年还没有闹清楚。其实,它只是指的一个问题,就是社会各阶级在国家中的地位。……还有所谓'政体'问题,那是指的政权构成的形式问题,指的是一定社会阶级采取何种形式去组织那反对敌人保护自己的政权机关。"②新中国成立后,人们通常用国体指称国家的根本的性质,即社会各阶级在国家中的地位,亦即国家政权掌握在哪个阶级手中,哪个阶级居于统治地位,联合哪些阶级去统治哪些阶级;用政体指称国家政权组织形式,即统治阶级采取何种方式组织自己的政权机关,实现自己的统治。

至此,人们通常认为,简而言之,政体就是政权组织形式。

当然,必须说明的是,这里的形式绝不仅仅只是形式而已,还应包括实质的内容。说其形式,是指政体的确是人为的设计,是人们凭借自己的智慧勾画出来的政府组织架构,是人们主观决定的政府的组织形式。说其实质,是指不论人们如何设计,也不论人们多么具有聪明才智,在政体设计的过程中,都不免受到各方面客观因素的制约。从这种意义上说,政体是民族性格和民族文化的产物,是受时势决定的,而不是人为的形式设计。柏拉图在《理想国》一书中就曾借苏格拉底的口说道:"你一定知道,有多少种不同类型的政制就有多少种不同类型的人们性格。你不要以为政治制度是从木头里或石头里产生出来的。不是的,政治制度是从城邦公民的习惯里产生出来的;习惯的倾向决定其他一切的方向。"③马基雅弗利也曾认为,不同的政体其基础是不同的。共和国的基础是平等和公民具有良好的道德风尚。④

---

① 储建国:《调和与制衡——西方混合政体思想的演变》,武汉大学出版社2006年版,第4~5页。

② 《毛泽东选集》(第2卷),人民出版社1991年版,第676~677页。

③ [古希腊]柏拉图:《理想国》,郭斌和、张竹明译,商务印书馆1986年版,第313~314页。

④ 徐祥民等:《政体学说史》,北京大学出版社2002年版,第126页。

他还以古罗马为例,认为在古罗马,由于没有特权阶层,又由于公民品德优秀,能够践行法律面前人人平等,故罗马共和国能够取得伟大的成就。而在当时的意大利,由于教会与贵族倒行逆施,仇恨、放纵与野心盛行,严重摧毁了公民的良好品德与奉献精神,以至于法律无力约束他们,故共和只能是不切实际的幻想,即使建立起来也难以持久。他进而断言,当时的意大利正是一位贤明有力的君主统一意大利,重建秩序与和平的时机。他相信,在饱受磨难的一切地方,人们将怀着极大的热爱、赤诚及对复仇雪耻的渴望和顽强的信仰,含着热泪迎接君主的到来,而不会有哪个意大利人拒绝对他臣服。① 关于政体形式和实质方面的内容,孟德斯鸠还特意使用了"政体的原则"和"政体的性质"两个不同的概念。他认为:"政体的性质是构成政体的东西;而政体的原则是使政体行动的东西。一个是政体本身的构造,一个是使政体运动的人类的感情。"②孟氏在这里强调的大概就是,政体的形式应当与其精神相吻合,只有这样才能让政体实现预期的目标。

必须承认,政体具有浓厚的形式特征,但无论如何,政体都不仅仅只是形式,而必须与社会、文化等客观基础相适应,否则就会失去生命力而难以持久。当我们研究特定时期、特定国家的政体时,理应结合当时当地的大背景,探讨其政体设计的客观基础及成败得失的综合因素。我国近代宪法设计的政体未能实现预期目标,与其外来痕迹明显、不符合中国文化精神,不无关系。

## (二)政体的类型及划分标准

### 1.单一政体及划分标准

说到政体的分类,人们首先想到的是亚里士多德在其《政治学》一书中对政体的划分。他顺着古希腊前期思想家的思路,根据两个标准,即掌握城邦最高统治权人数的多寡,及统治者统治的目的,对政体类型进行划分。根据统治者人数的多寡,亚里士多德把政体划分为一人执政的政体、少数人执政的政体和多数人执政的政体;根据统治者统治的目的,又将这三类政体分别进一步划分为君主政体与僭主政体、贵族政体与寡头政体、共和政体与平

---

① 徐祥民等:《政体学说史》,北京大学出版社 2002 年版,第 126~127 页。
② [法]孟德斯鸠:《论法的精神》(上册),张雁深译,商务印书馆 1961 年版,第 19 页。

民政体。其中,君主政体、贵族政体和共和政体因为统治者能够照顾到全邦公共利益而被认为是正当的或正宗的政体,而僭主政体、寡头政体和平民政体则由于统治者只考虑自身利益而成为错误的政体或正宗政体的变态,偏离了政治的方向。

亚里士多德的政体划分方法及思路在人类历史上留下了深远的影响,此后,在欧洲思想史中,根据统治者人数多寡将政体划分为君主制、贵族制、共和制,成为政体学说发展的一根主线。

中世纪神学家托马斯·阿奎那受亚里士多德的影响,把政体分为"正义的"和"非正义的"两大类。正义的政体又包括三种类型:平民政体、贵族政体、君主政体;非正义的政体也包括三种类型:民主政体、寡头政体、暴君政体。其中,平民政治与民主政治相对照,寡头政治与贵族政治相对照,暴君政治则与君主政治相对照。他说:"如果行政管理是由社会上某一大部分人执行,这一般就叫作平民政治","如果行政管理归人数较少但有德行的人承担,那就叫作贵族政治","如果正义的政治只由一个人掌握,这样的一个人就被正当地称为君主"。① 阿奎那认为,君主政治是最好的政体,暴君政治是坏的政体。

及至孟德斯鸠,依然保存着亚里士多德政体分类思想的一些痕迹。当然,孟氏并没有简单沿用亚氏政体分类理论,也没有受亚里士多德政体分类思想的束缚,而是"以一个人的统治和非一个人的统治而对政体作出分类",同时,他还"以权力是否守法(有无法治)作为政体划分的标准,把一个人统治的政体区分为依法律统治的君主国和不依法律而依任性统治的专制国"②。在孟德斯鸠的笔下,政体有共和政体、君主政体和专制政体三种。他认为:"共和政体是全体人民或仅仅一部分人民握有最高权力的政体;君主政体是由单独一个人执政,不过遵照固定的和确立了的法律;专制政体是既无法律又无规章,由单独一个人按照一己的意志与反复无常的性情领导一切。"③孟德斯鸠十分推崇英国的君主立宪制,坚决反对专制政体。

卢梭在《社会契约论》一书中也论及政体分类,他的政体分类学说是与主权理论结合在一起的。他认为,主权者把政府"委之于全体人民或者绝大

---

① [意]阿奎那:《阿奎那著作选》,马清槐译,商务印书馆1963年版,第47页。
② 徐祥民等:《政体学说史》,北京大学出版社2002年版,第164页。
③ [法]孟德斯鸠:《论法的精神》(上册),张雁深译,商务印书馆1961年版,第8页。

部分的人民"的,是民主制;"把政府限于少数人手里"的,是贵族制;"把政府都集中在一个独一无二的行政官之手,所有其余的人都从他那里取得权力"的,就是国君制。他还认为,这几种政体都是可以变化的,每一种政体与另一种政体之间交叉重叠又可以产生大量混合政体形式,而且,每种政体只能在一定的情形下才是最好的,在某一情形下最好的政体在另一种情形下则可能是最坏的。卢梭认为,没有一种政府形式可以适用于一切国家。

再往后,随着资产阶级民主革命的胜利,君主专制日渐式微,民主共和大行其道。特别是无产阶级革命胜利后,越来越多的国家走上了社会主义道路,实现了人民当家作主。当然,同样是民主共和,因各国国情不一,又衍生出许多不同的具体政治形态,表现在政体上,比较典型的有社会主义国家的人民代表大会制,及西方资本主义国家的总统制和内阁制。

综合起来看,资产阶级革命以前,关于政体分类思想的落脚点在于政权的归属,这一时期无论是君主政体,还是贵族政体或共和政体,其着眼点都只是调和阶级矛盾,而不涉及主权与治权的划分。

归纳这一时期政体划分的标准,大致有三:一是执政者人数多少;二是为谁而执政;三是依据什么执政。依据第一条标准,可以把政体分为一人执政、少数人执政、多数人执政;依据另两条标准,各种类型的政体又可以衍生出许许多多不同的政体类型。

资产阶级革命以后,特别是社会主义革命胜利以后,人民主权理论深入人心,民主共和成为普遍实践。此后关于政体分类思想的落脚点不再是政权的归属,而是政权的组织形式。这一时期无论是社会主义国家的人民代表大会制,还是资本主义国家的总统制或内阁制,着眼点都在于通过什么形式组织国家政权,才能实现人民政府的目的,确保权为民所用,利为民所谋。当然,在资本主义国家,由于其剥削阶级的本质,人民主权注定是虚伪的。

2.混合政体及混合因素

混合政体无论在理论上还是实践中均可谓是源远流长,我们甚至可以说:"混合政体思想是西方历史上几乎没有中断过的政治思想,并通常占据着主流地位。"[①]仔细品味古希腊罗马时期的混合政体不难发现,无论是波

---

① 储建国:《调和与制衡——西方混合政体思想的演变》,武汉大学出版社 2006 年版,第 3 页。

利比阿还是亚里士多德,其思想内核都不外乎两个方面:一是强调各阶级的调和与互补,即不同阶级之间的混合;二是强调分权与制衡,即不同政权组织形式之间的混合。只是在历史发展的不同时期对这两个方面的侧重点不同而已。早期的混合政体比较侧重于社会各阶级之间的混合,晚期的混合政体比较侧重于不同政权组织形式之间的混合。

罗马混合政体的成功之处就在于,强调各阶级之间的调和与互补,注重不同体制因素的混合,吸收君主制、贵族制、共和制等不同政体的因素,让不同阶级或阶层均能在体制中发挥各自的作用,以达到社会的和谐平稳。如古罗马的混合政体中,国王体现了君主制因素,元老院体现了贵族制因素,民众大会体现了共和制因素。在古罗马的混合政体中,不仅有各种不同政体的因素,也注重发挥社会各阶级的作用。

古希腊罗马的混合政体对后世产生了巨大的影响,乃至在当代英国的议会制和美国的总统制中,都可以找到古代混合政体的某些特征。

众所周知,历史上,英国是君主制国家,英国现在的议会内阁制就是在君主制基础上混合贵族制等因素发展而来的。英国的议会制可以追溯到公元 9 世纪的贤人会议,包括后来的御前会议,但无论是当时的贤人会议还是御前会议都只是国王的咨询机构,仅仅是辅佐国王决策而已。到 1215 年《自由大宪章》之后,情况发生了实质性的变化。也正是从这时开始,英国的政治体制中出现了君主制和贵族制混合的迹象。根据《大宪章》成立的一个由 25 人组成的贵族委员会享有对国王的监督权,监督国王遵守宪章的有关规定。这个贵族委员会不再依附于国王,也不再只是国王的咨询机构,而是对国王的监督和约束,具有贵族制的特征。到 1258 年《牛津条例》后,更是设立了一个 15 人会议。后来,这个会议和 12 名贵族代表一起又组成了国会。再后来,国会又扩大成为三级会议。1297 年,国会开始取得征税权。1322 年,国会又取得立法权。渐渐地,国会的权力越来越大,国王的权力越来越小。直到最后,国王的权力只是象征性的,国会的权力高度集中,直至发展成为今天的议会内阁制。

可见,英国的内阁制就是循混合政体思想发展而来的。这一点,就连英国统治者也不否认。"1642 年,查理一世在《答复十九个命题》中宣称英格兰政体是三种单纯政体的混合,国王、上院和下院分别代表了君主制、贵族制和平民制的基本要素。"①

　　不仅仅是英国,在美国的总统制中,我们也可以看到混合政体的痕迹。众所周知,美国国会实行的是两院制,而仅从代议制政府而言,代议任务完全可以由一院制来承担,这里的两院制就带有明显的混合政体的痕迹,只是对混合政体进行了深加工而已。此外,在美国总统身上,也可以看到君主的责任与高效决策。联邦党人在设计美国政体时就认为,立法活动需要多数人集思广益,而行政权威则只能集于一人之手。在《联邦党人文集》中,他们说道:"立法机构中意见的不同、朋党的倾轧,虽然有时可能妨碍通过有效的计划,却常可以促进审慎周密的研究,而有助于制止多数人过分的行为。"②当说到行政权时,他们又说道:"国家治理情况的好坏,必然在很大程度上取决于政府负责人如何。"③"凡是对罗马历史略知一二的人无不通晓当时共和政体曾不得不多次庇护于某个个人的绝对权力,依靠独裁者这一可怕头衔,一方面去制止野心家篡政夺权的阴谋,制止社会某些阶级威胁一切统治秩序的暴乱行为;另一方面防止外部敌人占领并毁灭罗马的威胁。"④

　　现代社会普遍实行的代议民主制总体上说都是民主共和政体的范畴,而不是君主制或贵族制,从这一点上说,无论是总统制还是议会制都是单一政体。

　　但若换个角度看,代议制本身就是国家主权与治权分离的产物,是主权的享有者无法亲自行使主权的结果,这本身就包含了主权享有者与主权行使者之间的分离与制衡,具有混合政体的因素。

　　现代社会的混合政体,更多的不是强调社会各阶级之间的混合,着眼点也不在于各阶级之间的调和,而是注重调和不同阶层,包括不同职业、不同群体甚至不同区域之间的利益,其着眼点在于约束权力主体的专权,保证权力不被滥用。

　　在现代社会,对混合政体的理解应与时俱进,只要是不同体制因素的混合,无论是传统的君主制、贵族制、共和制之间的混合,还是民主共和体制下不同政权组织形式之间的混合,都可以被认为是混合政体。可以想象,在现

---

　　①　储建国:《调和与制衡——西方混合政体思想的演变》,武汉大学出版社2006年版,第156页。

　　②　[美]汉密尔顿等:《联邦党人文集》,程逢如等译,商务印书馆1980年版,第359页。

　　③　[美]汉密尔顿等:《联邦党人文集》,程逢如等译,商务印书馆1980年版,第348页。

　　④　[美]汉密尔顿等:《联邦党人文集》,程逢如等译,商务印书馆1980年版,第356页。

代社会的条件下,混合政体可以混合的因素比传统社会肯定要丰富和复杂得多。

我们认为,混合政体可以是不同阶级的混合,也可以是不同权力组织形式、甚至是不同意志的混合。仅就不同阶级混合这一方面而言,现代社会也早已延伸为不同阶层、不同职业、不同利益群体,总之是社会构成不同部分之间的混合。

## (三)《中华民国临时约法》政体辨析

关于《中华民国临时约法》的政体,大多数人认为是内阁制。其实不然。仔细研究不难发现,《中华民国临时约法》设计出来的政体既不具备总统制的基本要素,也不符合内阁制的基本特征,而是一种具有中国特色的混合政体。这里的中国特色,就是在当时特定的背景下,为防范袁世凯专权擅权,特意在总统制里面掺进了内阁制的因素,用总理牵制总统,使之无法肆意妄为。其混合因素主要取材于总统制与内阁制,混合方法则完全来自于中国传统文化的灵感,遵循的是权力牵制、而不是权力限制的思路。在防止总统专权、滥权的制度设计上,《临时约法》没有采用西方的限权或分权理论,不是对总统权力严加限制,也没有对行政权力实行再划分,而是遵循中国传统的权力牵制思想,先是明确由总统"总揽"政务,继而又设计了总理"副署"这一制度,规定,当总统行使重要权力时,必须得到总理的副署,以此对总统进行牵制。

### 1.不具备总统制要素

众所周知,美国是典型的总统制国家。从美国的总统制来看,总统制通常有以下一些表现:总统是国家元首,同时又是政府首脑,执掌国家行政权。总统由民选产生,对选民负责而不是对议会负责。议会和行政机关彼此独立,议会议员不能兼任行政职务,行政官员也不能兼任议员,议会中的多数党未必就是执政党。总统与议会的任期固定,议会不能对总统投不信任票,总统也无权解散议会,但总统应向议会报告工作,且当总统有严重违法行为时,议会可以对总统提起弹劾案。

《中华民国临时约法》设计的政体及其运行情况,显然缺乏上述各方面的表现。首先,《临时约法》第30条虽然规定,临时大总统代表临时政府,总揽政务,即明确了其国家元首地位并执掌国家行政权,但是第45条又规定,临时大总统提出法律案、公布法律及发布命令时,须国务员副署之。也就是说,没有国务总理的认可,总统便不能提出法律案、公布法律及发布命令。可见,在《临时约法》的框架下,总统并不能独立行使国家行政大权,与总统制明显不符。其次,在总统与议会的关系方面,根据《临时约法》第29条的规定,总统、副总统由参议院选举产生。很明显,前者由后者选举产生,后者就难免受前者的约束,这一点也与总统制国家中总统与议会处于平行地位、分别由国民选举并直接对国民负责不相符。再次,根据《临时约法》第19条、第21条、第46条、第47条之规定,参议院可以向国务院提出质问书,并要求国务员出席答复;国务员可以要求参议院召开秘密会议;国务员也可以出席参议院会议并发言;参议院还可以弹劾国务员。所有这些规定都表明,《临时约法》允许议会越过总统直接与国务员发生关系。根据这些规定,国务院俨然就是国家行政权主体,总统反倒成了可有可无的虚职。这种制度安排,在真正的总统制国家是绝对不可能的。复次,《临时约法》还设置了国务总理一职,作为行政首长,总理行政事务。总理一职的设置,使国务院俨然成为国家行政权的中心,而不是总统下属的行政部门。

也许正是因为上述因素,许多人都认为,《中华民国临时约法》已经把《中华民国临时政府组织大纲》中的总统制修改成了内阁制,但事实上,《临时约法》也很难说是真正的内阁制。

### 2.不符合内阁制的特征

那么,《临时约法》设计的政体是不是人们通常所说的内阁制呢?其实未必。

根据内阁制的基本特征,在内阁制国家,行政首长不是国家元首,国家元首往往是虚君。同时,国家行政机关和立法机关联系紧密,通常由议会下院多数党领袖担任行政首长,行政官员可以保留议员资格,国会议员亦可兼任行政官员。内阁执掌行政权力,无须直接对选民负责,而是直接对议会负责。内阁与议会发生矛盾时,议会可以通过对内阁的不信任案。不信任案通过后,行政首长要么率内阁成员总辞职,要么提请国家元首解散议会,重新选举。在内阁制国家,由于议会可以对政府进行不信任投票,首相也可以提请国家元首解散议会,议会和政府内阁均不如总统制国家稳定。当然,不信任投票和解散议会声请二者之间也可以起到相当程度的制约与平衡作用,以保证国家宪政体制的顺利运行,不到万不得已,通常也不会招致议会和内阁之间的激烈对抗。

《中华民国临时约法》设计的政体显然不具备上述特征。首先，总统并不是虚职，而是国家行政权的执掌人。根据《临时约法》第 30 条之规定，临时大总统代表临时政府，总揽政务，公布法律。又根据第 44 条之规定，国务员辅佐临时大总统负其责任。可见，《临时约法》政体架构下的总统并不只是一个荣誉性职务，更不是一个虚职。相反，却是行政权的责任主体，而且，《临时约法》第四章规定了总统享有广泛的行政权力，而"国务员"恰恰只是"辅佐总统负其责任"而已。虚君之说，只是部分人的一厢情愿，在实践中也未曾出现。其次，在内阁制国家，国家元首也无设置副职之先例。因为在这些国家，国家元首并无实权，无须考虑当元首无法视事时，如何填补权力真空。在内阁制国家，元首往往没有任期限制，元首去世后，根据王位继承规则，由继承人接任即可。而《临时约法》却设置了副总统一职。根据该法第 29 条、第 42 条之规定，副总统与总统一样，均由参议院选举产生，副总统于总统因故去职或不能视事时，代行总统职权。再次，《临时约法》体制下的内阁成员也不是在议会议员中产生的，相反，却是由总统提名的，只是需要经过参议院批准而已，这与内阁制国家由议会多数党或党派联合组织内阁的通例不符。复次，《临时约法》设计的政体也缺少内阁制中内阁与议会之间既相互制约又保持平衡的机制。在内阁制国家，国会的"不信任投票"与首相的"提请解散国会"能够保证二者既相互独立，又相互制约，进而保证宪政体制顺利运行。《临时约法》却没有这一机制。在《临时约法》施行的实践中，内阁与总统之间的联系较之与国会之间的联系要紧密得多，与国会联系得更多的是总统而不是内阁。

所有这一切，均不符合内阁制的特征。而且，在内阁制国家，内阁是直接对国会负责，进而通过国会对国民负责，而不是直接对"元首"负责的。在《临时约法》中，内阁恰恰是辅佐总统的，既是辅佐，就免不了要对总统负责，这显然也不是内阁制的应有之义。所以我们有理由说，《临时约法》规定的政治体制不是一般意义上的内阁制。

### 3.具有中国传统元素的混合政体

关于《临时约法》的政体，不少人都认为是内阁制。与多数人的意见相反，我们认为，《临时约法》设计的政治体制，总体说来还是总统制因素居多，其基本思维还是美国宪法三权分立的思维模式，只是为了约束总统权力的需要在行政权方面添加了一些内阁制要素,在赋予总统行政大权的同时,增设了"国务员",用以牵制或者说是防范总统。在《临时约法》中,总统不是一个有名无实的国家元首,而是执掌行政大权的国家元首,总统也无须对国会负责,而是直接对国民负责(至少该法没有明文规定总统对参议院负责,在实践中,总统也时常以国家代表自居,声称对国民负责)。这一点,类似于美国的总统制。与美国总统制不同的是,《临时约法》在赋予总统行政大权的同时,又设置了一个"国务总理",国务总理与各总长均称为国务员,当总统行使某些重要权力,即提出法律案、公布法律及发布命令时,须有国务总理的副署。这样一来,《临时约法》框架下就有了两个行政中心:一个是总统,另一个是国务总理。一方面,法律规定总统总揽政务;另一方面,国家行政的实际运行又操在国务院手中,加之《临时约法》又没有明文规定内阁究竟是对总统负责还是对议会负责,府院之争必然在所难免。"根据约法'总揽政务'的规定,总统府有理由要求国务院居于辅佐及从属的行政位置,但是根据约法'副署'权的规定以及责任内阁制国家总理及各部部长身当行政要冲的通例,总理也有理由要求总统赋闲,居于类似君主立宪国君主虽至尊荣,却无与实政的地位。"[1]

从法律文本来看,在《临时约法》中,"国务员"没有独立的行政权力,甚至连一项独立的行政权力也没有,有的只是"副署"权和"辅佐"权。而且,在《临时约法》框架下,国务员,包括国务总理和各部部长,均由总统提名,这一点,也与内阁制大相径庭。在内阁制中,起码各部部长均由总理提名,而不是由国家元首这一虚君提名。

从实践情况来看,《临时约法》施行后的首届内阁,也就是唐绍仪内阁在推行内阁制方面应该是很有力度的。为配合落实同盟会的主张,唐内阁在北京铁狮胡同国务院内特设国务会议,强力推行责任内阁制,有时甚至"白总统,持异议,抗争座上,不稍屈"[2],乃至总统府的侍从武官,每见唐到来,便私下议论:"今日唐总理又来欺侮我总统耶?"袁世凯则干脆说道:"吾老矣,少川,子其为总统。"[3]即使如此,唐内阁也不得不规定,国务会议"每周会议三次,每星期一、三、五会议,二、四、六国务员谒见袁世凯"[4]。也就是

---

① 杨天宏:《论〈临时约法〉对民国政体的设计规划》,载《近代史研究》1998 年第 1 期。
② 谷钟秀:《中华民国开国史》,上海泰东图书局 1914 年版,第 109 页。
③ 杨天宏:《论〈临时约法〉对民国政体的设计规划》,载《近代史研究》1998 年第 1 期。
④ 张华腾:《袁世凯与〈临时约法〉》,载《安阳师专学报》1999 年第 1 期。

不得不留下一半工作时间来晋见总统,而无法把总统视为虚君。而且,唐内阁坚持己见,个性凸显,与袁世凯的矛盾公开化之后,最终退让的还是唐绍仪,以至于唐担任内阁总理不足两个月就被迫辞职。

内阁制的本质是内阁对国会负责进而对国民负责,而不是对"国家元首"负责,但在《临时约法》中,内阁恰恰是"辅佐总统负其责任"。可见,认为《临时约法》是内阁制政体的观点很难站得住脚。

即使如吴景濂先生所说,《临时约法》借鉴的是法国的内阁制,而不是英国的内阁制,也未必能够给《临时约法》贴上内阁制的标签。首先,关于法国的政体,无论当时的人们怎么看待,在今天,人们公认法国的政体是半总统半内阁制,而不是完全的内阁制。其次,《临时约法》政体设计并没有完全照搬法国的政体。《临时约法》时期对应的应该是法兰西第三共和国时期,根据这一时期法国的宪法,"总统由参众两院组成国民议会以绝对多数选举产生,任期7年;参众两院行使立法权,然而总统与参众两院共有创议法律之权;总统征得参议院同意后可以解散众议院,任命文武官员;部长对议会负责,总统的命令由部长副署"[1]。很显然,此时的法国,不仅要求总统的命令由部长副署,而且要求部长对议会负责。部长对议会负责这一点,完全符合内阁制的基本特征。然而,《临时约法》并没有要求国务员对参议院负责。在《临时约法》中,参议院与国务员的关系,见诸第19条第9项、第21条、第46条、第47条,综合起来,无非是国务员出席参议院会议、接受参议院质询并可由参议院弹劾。相比之下,总统与参议院的关系要比国务员紧密得多、复杂得多。国务员更多的是与总统联系,对总统负责。虽然国务员可由参议院弹劾这一点,似乎更像是内阁制,更能说明国务员是对议会负责,但是即使这一点,根据《临时约法》第47条之规定,国务员受参议院弹劾后,也是由大总统来免除其职务,也就是说,国务员直接受命的还是大总统,而不是参议院。可见,即使把当时的法国看成是内阁制,《临时约法》也并没有完全借鉴法国宪法,不符合内阁制的特征。

如果我们一定要把政体划分为总统制、内阁制,并且非此即彼的话,《临时约法》的政体,与其说是内阁制,不如说是总统制更为确切,只是这种总统制具有某种意义的中国特色而已。

如果我们不一定要把政体划分为总统制、内阁制的话,我们完全可以认

---

[1]　韩大元:《外国宪法》,中国人民大学出版社2009年版,第55页。

为,《临时约法》是一种全新的、具有中国特色的政体设计。这里的中国特色,就是在当时特定的背景下,为防范袁世凯专权擅权、阻止袁世凯蜕变为"独夫",特意在总统制里面掺进了内阁制的因素,方法是借鉴中国传统做法,利用总理牵制总统,规定总统行使某些重要权力时必须得到总理的副署,也就是要求得到总理的认可,以此来牵制总统行使权力,使得总统无法肆意妄为。

也就是说,《中华民国临时约法》的政体既不是总统制,也不是内阁制,甚至也不是半总统半内阁制,而是综合已有政体模式基础上的全新设计,是吸收了中国传统政治元素的、自成一体的混合政体。其混合因素主要取材于总统制与内阁制,混合方法则完全来自中国传统文化的灵感,遵循的是权力牵制,而不是权力限制思路。《临时约法》政体不是内阁制,而是独具特色。这一点,有学者也早有此说。杨天宏就认为,"南京临时参议院的参议员不得不寻求平衡,在赋予内阁行政权力的同时,保留了总统制体制下国家元首享有的若干权力,致使总统府与国务院权限不明,混淆了总统制与责任内阁制的界限,将临时政府规划成了一种二元甚至多元的畸形政治体制"①。

我们认为,对于混合政体而言,概念本身强调的只是混合,至于是什么因素的混合、哪些方面的混合,均不影响其构成。关于混合政体,我们完全可以从不同角度作不同的理解。例如:从古罗马人对混合政体的理解来看,中世纪是不存在混合政体的。但若换个角度,从不同因素的调和与互补来理解混合,则中世纪也是存在混合政体的。中世纪的混合政体注重的是君主制框架内吸收其他不同因素,是君主制框架内的混合政体。正如有的学者所言,"如果根据波利比阿的混合标准,即君主制、贵族制与平民制的均衡混合,并通过具体的机构体现出来,那么混合政体思想在中世纪就不显著。但如果按照柏拉图的混合思想,或按亚里士多德理想的混合标准,那么中世纪则有丰富的混合政体思想,它的目标是要调和君主制,防止君主制走向暴政。托马斯学派致力于这种工作,他们将亚里士多德的混合政体思想与神学体系结合在一起,形成了颇具特色的神学混合论"②。

---

① 杨天宏:《论〈临时约法〉对民国政体的设计规划》,载《近代史研究》1998 年第 1 期。
② 储建国:《调和与制衡——西方混合政体思想的演变》,武汉大学出版社 2006 年版,第 66 页。

古罗马是世界历史上混合政体的发达时期,这一时期的大思想家西塞罗对混合政体有深刻的认识和切身体会。在西塞罗看来,"混合政体是调和与制衡的统一体,它们是古希腊罗马时期混合政体不可分割的两个方面"①。只是发展到后来,混合政体在不同历史时期具有各自不同的侧重点。"中世纪的混合政体思想偏重调和的一面,而现代的混合政体思想强调制衡的一面。"②

由是,我们可以把《临时约法》的政体理解为是民主共和框架内的混合,是在民主共和的大前提下,以总统制为基础,吸收内阁制因素,应用中国传统方法,形成的一种独特的政治体制。其目的就是应用内阁因素,通过副署方法,牵制总统,防止总统专权,实现权力制约。

现代社会,大多数国家都已经进入民主共和时代,而民主共和政体的形式也是多种多样的,因此,现代的混合政体完全可以是"不同民主政体要素"的混合,而不是传统的君主、贵族、共和体制因素的混合。故《中华民国临时约法》将总统制和内阁制因素混合在一起,同时又借鉴中国传统方法,设计出自己独特的政治体制,也是一种混合政体,同时也符合混合政体的基本价值取向,即将不同因素混合在一起以达到牵制和制衡的效果。

---

① 储建国:《调和与制衡——西方混合政体思想的演变》,武汉大学出版社 2006 年版,第 65 页。

② 储建国:《调和与制衡——西方混合政体思想的演变》,武汉大学出版社 2006 年版,第 65 页。

# 第五章

# 总统职位之大统之争

　　总统一词，英文为 president，于国家层面而言，通常意指国家元首。一般认为，作为国家元首的总统概念是晚清时期传入中国的。在中文历史里，也曾有过总统的概念，其含义有多种：一是旧时统率军队的长官，如黄遵宪《台湾行》中，"黄金斗大印繋组，直将总统呼巡抚"；二是清朝曾用作官名，在清朝，近卫营的长官称总统，如八旗内务府三旗护军营、火器营、健锐营、虎枪营等均设掌印总统大臣一人，总统大臣无员额限制，由王公大臣兼任；三是总揽、总管的意思，如《汉书·百官公卿表上》中，太师、太傅、太保，是为三公，盖参天子，坐而议政，无不总统，故不以一职为官名。再如郑观应《盛世危言·海防上》中，是宜就海军衙门王大臣中岁遣一大臣为巡海经略，总统北、中、南三洋海军。

　　从字面上看，总统有总揽、统御的意思。辛亥革命推翻漫长的封建专制统治以后，将国家最高领导称为总统，本身就带有由最高领导统御全局的意思。故辛亥革命成功之后，政府最高领导职位的争夺，并不仅仅是一个职位那么简单，而是必然包含"大统"之争。更何况，中国历朝历代的皇帝都是身居"大统"的。尽管辛亥革命将皇帝赶下了龙椅，但对新旧官僚而言，"大统"观念岂能一日之间挥之远去，总统作为国家最高行政领导，怎么可能不觊觎大好河山的统御权？

## 一、清帝被迫放弃大统

　　"大统"在中国漫长的历史时期，即帝业、帝位，有一统天下、成就帝业之意。

19 世纪中期以后，大清帝国在内外交困、多面受敌的情况下，左支右绌，终于力有不支，渐渐衰落下去，到了奄奄一息、苟延残喘的地步。1911年，辛亥革命直接为清廷敲响了丧钟。武昌起义后，全国有 15 个省旋即宣布独立，脱离清政府的统治。大清帝国陷入了南北对峙、分崩离析的局面。此时的清政府已经无可用之人，无御敌之兵。实力派人物、内阁总理大臣袁世凯这个时候拥兵自重、首鼠两端，一方面与革命军相拒汉口，另一方面与南方临时政府谈判，试图骗取革命果实，由自己取孙中山而代之。当谈判基本达成一致，南方承诺只要他能够让清帝退位，国家重归和平统一，便选举他担任中华民国临时大总统后，袁世凯便软硬兼施、威逼利诱，使出浑身解数，逼迫清帝退位。

辛亥革命后，清政府被迫对袁世凯授以军政大权，命其统率全国军队，镇压革命，但当清军将领冯国璋收复汉阳后，袁世凯便命其停止进攻。隆裕太后诏袁世凯商讨大局，问其如何是好。袁又欲擒故纵，不置可否，说道："臣等国务大臣，担任行政事宜。至皇室安危大计，应请上垂询皇族近支王公。论政体本应君主立宪，今既不能办到，革党不肯承认，即应决战。但战须有饷，现在库中只有二十余万两，不敷应用。外国又不肯借款，是以决战亦无把握。今唐绍仪请召集国会公决，如议定君主立宪政体，固属甚善；倘议定共和政体，必应优待皇室。如开战，战败后，恐不能保全皇室。此事关系皇室安危，仍请召见近支王公再为商议，候旨。"①

当时大清朝的王公大臣中，主和派、主战派、保持沉默者皆有不少。主战派的人数还比较多，但在主战派中，真正敢于站出来领兵打仗的人却没有。为了削弱主战派，袁世凯首先以军费不足，无法作战为由，将清政府的财政搜刮一空，并把隆裕太后的私房钱都掏空了。此后，袁世凯又奏请隆裕太后做王公大臣的工作，要求皇室公亲积极筹备私款认购公债，补充军费。隆裕太后便"著宗人府传知各王公等，将存放私有财产，尽力购置国债"②。告诫他们唯有共同努力，共度时艰，才能待到云开见日出，否则的话，覆巢之下，没有完卵。这些朝臣见要自己掏钱，不少人又纷纷避之不及。

---

① 屈菡：《清王朝最后的喘息——从史料还原袁世凯逼清帝退位之细节》，载《中国文化报》2011 年 10 月 2 日。
② 屈菡：《清王朝最后的喘息——从史料还原袁世凯逼清帝退位之细节》，载《中国文化报》2011 年 10 月 2 日。

见清廷已经一片萧条，人心涣散，主见全无，袁世凯便亲自上陈，率内阁全体成员联名上了一份"合词密奏"，要求隆裕太后让皇帝退位。迫于情势，1月17日，隆裕太后在养心殿召开御前会议讨论应允之策，商议清帝是否退位事宜。"太后问曰：'你们看是君主好？还是共和好？'皆对曰：'臣等皆力主君主，无主张共和之理。求太后圣断坚持，勿为所惑。'太后谕：'我何尝要共和，都是奕劻同袁世凯说，革命党太厉害，我们没枪炮，没军饷，万不能打仗。我说，可否求外国人帮助？他说，等同外国人说说看。过两天，奕劻说，外国人再三不肯，经奴才尽力说，他们始谓革命党本是好百姓，因改良政治才用兵，如要我们帮忙，必使摄政王退位。你们问载沣是否这样说？'"①

1月26日，坚决反对议和的清朝少壮派代表人物良弼被革命党人的炸弹炸死，清室王公大臣陷入恐慌，纷纷避逃，隆裕太后只得恳求袁世凯保护其母子性命。同日，袁世凯授意段祺瑞等50余名将领联名通电，请求清帝退位，赞成共和，由袁世凯筹组新政府。这时的隆裕太后已经完全没有了主意，也没有可资依靠的力量，其命运已经不是掌握在自己的手中了。只得于2月3日，下旨授权袁世凯与南方谈判，商讨退位条件，旨曰："前据岑春煊、袁树勋等，既出使大臣陆征祥等，统兵大臣段祺瑞等电，请速定共和国体，以免生灵荼炭等语。现在时局阽危，四民失业，朝廷亦何忍因一姓之尊荣，贻万民以实祸。惟是宗庙陵寝关系重要，以及皇室之优礼，皇族之安危，八旗之生计，蒙古、回、藏之待遇，均应预为筹划。著授袁世凯以全权，研究一切办法，先行迅速与民军商酌条件，奏明请旨。钦此。"②

其实，袁世凯此前早已经和南方谈判多时。正是因为南北双方达成一致意见，只要袁世凯能让清帝退位，赞成共和政体，便选举他为中华民国临时大总统，袁世凯才不遗余力地逼迫清廷。此时的圣旨只不过是给了袁世凯谈判的一个背书而已。经过谈判，南北双方就清帝退位及之后的优待条件达成了一致。1912年2月12日（宣统三年十二月二十五日），清帝发布了退位并授袁世凯全权组织临时共和政府的上谕。上谕内容为，"朕钦奉隆裕皇太后懿旨：前因民军起事各省响应，九夏沸腾、生灵涂炭，特命袁世凯遣员与民军代表讨论大局，议开国会，公决政权，两月以来，尚无确当办法。南

---

① 屈菡：《清王朝最后的喘息——从史料还原袁世凯逼清帝退位之细节》，载《中国文化报》2011年10月2日。

② 中国第二历史档案馆：《中华民国史档案资料汇编》（第二辑），凤凰出版社1991年版，第71页。

北睽隔,彼此相持,商辍于途,士露于野。徒以国体一日不决,故民生一日不安。今全国人民心理,多倾向共和。南中各省既倡议于前,北方诸将亦主张于后。人心所向天命可知。予亦何忍因一姓之尊荣,拂兆民之好恶。是用外观大势,内审舆情,特率皇帝,将统治权公诸全国,定为共和立宪国体。近慰海内厌乱望治之心,远协古圣天下为公之义。袁世凯前经资政院选举为总理大臣,当兹新旧代谢之际,宜有南北统一之方。即由袁世凯以全权组织临时共和政府与民军协商统一办法。总期人民安堵,海宇又安,仍合满汉蒙回藏五族完全领土,为一大中华民国。予与皇帝得以退处宽闲,优游岁月,长受国民之优礼,亲见郅治之告成。岂不懿欤。钦此"①。

根据退位圣旨的附件,清帝宣布退位,赞成共和之后,民国给清帝的优待待遇为:"(1)大清皇帝辞位之后,尊号仍存不废,中华民国以待各外国君主之礼相待;(2)大清皇帝辞位之后,岁用四百万两,俟改铸新币后改为四百万元,此款由民国政府拨用;(3)大清皇帝辞位之后,暂居宫禁,日后移居颐和园,侍卫人等照常留用;(4)大清皇帝辞位之后,其宗庙、陵寝永远奉祀,由中华民国酌设卫兵妥慎保护;(5)德宗崇陵未完工程,如制妥修,其奉安典礼仍如旧制,所有实用经费,均由中华民国支出;(6)以前宫内所用各项执事人员可照常留用,惟以后不得再招阉人;(7)大清皇帝辞位之后,其原有私产,由中华民国特别保护;(8)原有之禁卫军归中华民国陆军部编制,额数俸饷仍如其旧。"②

除此之外,退位圣旨还附有清朝皇族优待待遇的条件明细,满、蒙、回、藏各民族之待遇明细等,所有内容均正式行文公布,并照会各国驻北京公使,以便遵照执行。

---

① 中国第二历史档案馆:《中华民国史档案资料汇编》(第一辑),凤凰出版社1991年版,第217页。

② 高全喜、田飞龙:《辛亥革命与现代中国》,载《南方论丛》2011年第4期。

# 二、南北双方大统之争

## (一)南方处处宣示开创新大统

南方革命党人发动辛亥革命,目的就在于推翻清王朝的统治,驱逐鞑虏、光复汉室,建立一个新的国家。辛亥革命胜利后,南方完成了一系列缔造中华民国的行为,制定了《中华民国临时政府组织法》,依据该法成立了中华民国临时政府,包括临时政府、临时参议院、临时司法机关等,选举孙中山先生担任中华民国临时大总统,暂定首都南京。所有这一切,标志着一个全新国家在中华大地上的诞生。

1912 年 1 月 1 日,孙中山先生在南京宣誓就职,宣告中华民国临时政府成立。临时大总统孙中山的就职誓词为:颠覆满清专制政府,巩固中华民国,图谋民生幸福,此国民之公意,文实遵之,以忠於国,为众服务。至专制政府既倒,国内无变乱,民国卓立於世界,为列邦公认,斯时文当解临时大总统之职。谨以此誓于国民。[1]

南京临时政府成立之时,南北议和一直在进行之中。当时的袁世凯有几种可能的选择:一是取清廷而代之。这个选择被徐世昌劝阻。在徐世昌看来,这种意见绝不可取。袁世凯世受皇恩,从孤儿寡母手中夺权必为后人所不齿,而且,清朝旧臣还有部分人有相当的权势,北洋军中实力人物也没有这个思想准备,南方革党气势正旺,即使是不顾舆论、硬着头皮夺权,也未必能够得逞,就算是夺得大权也不一定有好的结果。二是力推君主立宪,一方面让清帝仅存一个虚名,由自己这个内阁总理大臣独揽大权,另一方面又可以向南方革党交代。但这个选择被革命党人堵死。革命党人在谈判中,坚持反对君主制,非要把清朝皇帝赶下台不可。三是用活用足各种军政手段,在南北和谈中最大限度地渔利。但袁世凯的这个想法也没有能够如愿,南方谈判代表不是那么好对付的。

---

① 中国第二历史档案馆:《中华民国史档案资料汇编》(第二辑),凤凰出版社 1991 年版,第 1 页。

这几种盘算都落了空之后，袁世凯便主张召开国会，由国会来确定国体，以此作为回旋的空间。因为不管国会如何决定，袁世凯首先可以不用担责任或骂名，而且，不管国会决定的国体是君主立宪还是民主共和，袁世凯本人的地位都可能不降反升。

谁知，袁世凯的这个盘算又一次落了空。南方在谈判尚未破裂也未有定论的情况下，抢先成立临时政府，宣告中华民国成立。南方在和谈过程中，抢先成立中华民国，显然是要争取主动权，掌控局面，开创新"大统"，完成自己的历史定位。也正是因为中华民国为南方革命党人所开创，孙中山先生作为辛亥革命的领导者和中华民国的第一位总统，才能被后人尊称为"国父"。

当然，南方革命党人的这种思维与真正的民主共和尚有相当的距离，也不符合宪法精神。这时候的国人，绝大多数没有真正吃透近现代宪法，没有确立共和民主的价值理念，不知道民主共和与宪法精神都应该注重包容精神、秉持平等协商，共商国是，为全体国人共撑一片蓝天。这一点，甚至连孙中山先生也不例外。在中华民国临时政府组织法制定修改的过程中，孙中山先生坚持实行总统制，坚持自己不能受到太多的权力制约就是证明。孙中山和黄兴曾对南京临时参议院强势干预，也可以说明这一点。正如有人评价的那样："从清末到民国，政坛上的活跃分子、新派人物其实都是些'不新不旧'或'亦新亦旧'的人物，袁世凯是如此，孙中山、黄兴也不例外。"①

南北议和达成后，根据协议的内容，孙中山先生要辞去中华民国临时大总统的职务，由北洋集团代表人物袁世凯接任。这时候，革命党人才想到要对袁世凯的权力严加约束。于是，南方革命党人便赶制了一部《中华民国临时约法》戴在袁世凯头上，要求袁世凯按自己的条件和方式接任大总统之位，以此表示两个意思：一是要对袁世凯严加防范，确保他不搞专制复辟；二是表明袁世凯已不再是清朝时代的人物，而是中华民国国民，其大总统之位是根据中华民国法律选举产生的，是孙中山先生的继任人。实际上就是强调，中华民国是由革命党人推翻清政府而开创的，袁世凯只是继任中华民国临时大总统而已。中华民国这个新大统的开创者是革命党人，袁世凯只能是民国参议院选举的第二位临时大总统，必须按民国的法律和建国方略行动。尤其是给袁世凯奉送了一部临时约法，更是表明，南方特别在乎袁世凯

---

① 金满楼：《门槛上的民国》，新星出版社 2013 年版，第 280 页。

必须按南方革命党人画好的路线图行进,必须维护革命党人开创的新大统。

## (二)袁世凯刻意强调大位来自清帝禅让

辛亥革命后不久,南北议和即已开始。1911 年 11 月 30 日至 12 月 8 日,各省都督府代表会议在汉口租界开会期间即议决,如果袁世凯反正,当公举为临时大总统。鉴于此时袁世凯派出的代表唐绍仪与黎元洪的代表正进行和谈,会议还议决和谈的四点方针:第一,推翻满清政府;第二,实行共和政体;第三,礼遇旧皇室;第四,以人道主义对待满人。由于汉阳失守,武昌的安全形势面临危险,又由于 12 月 2 日苏浙联军攻克了南京,此次会议还议决,会议地点移往南京,将会议情形通电各省,请未派代表的省份速派代表于 12 月 7 日到南京开会,有 10 个以上省份的代表到达南京后,即可召开会议选举临时大总统,在临时大总统选举产生之前,仍以鄂军都督府为中央军政府,中央军政府有代表各省军政府之权。

1911 年 12 月 12 日至 12 月 31 日,各省都督府代表联合会在南京继续召开,出席会议的代表有来自 14 个省的 39 人。14 日,选举产生浙江代表汤尔和任议长,广东代表王宠惠任副议长。会议的首要议题是选举中华民国临时大总统,并将选举时间定于 12 月 16 日。此时,留在武昌的黎元洪因袁世凯的议和代表唐绍仪已暗示袁世凯赞成共和,欲将临时大总统的职位虚位以待,等待袁世凯反正,于是致电南京各省都督代表联合会,提出“和议未决,不宜先选总统,致后日兵连祸结,涂炭生灵,追悔莫及”[①]。同日,浙江代表陈毅由武昌到达南京,再次当面向各省代表说明情况,他说:“袁内阁代表唐绍仪到汉时,黎大都督代表已与会晤,据唐代表称,袁内阁亦主张共和,但须由国民会议议决后,袁内阁据以报告清廷,即可实行逊位。”[②]于是会议决定临时大总统选举延期举行。12 月 15 日,会议还决定修改《中华民国临时政府组织大纲》,在第一章“临时大总统”里增加一条,即“大总统未举定以前,其职权由大元帅暂任之”。

在临时大元帅和临时大总统的选举问题上,其过程可谓是一波三折。起初,江浙联军光复南京之时,上海都督陈其美、江苏都督程德全、浙江都督

---

① 《黎副总统致书》(第二卷),上海古今图书局 1915 年排印本,第 10 页。

② 刘星楠:《辛亥各省代表会议日志》,载全国政协文史资料研究委员会编:《辛亥革命回忆录》(第六集),中华书局 1963 年版。

汤寿潜三人出面,联合邀请各省留沪代表及上海各界知名人士,于12月4日召开会议,以军队分散、亟需统一为由,选举黄兴为"暂定大元帅"、黎元洪为"暂定副元帅",由大元帅出面组织临时政府,黎元洪兼任鄂军都督,仍驻武昌。由于黎元洪通电各省留沪代表,反对这一选举结果,又由于江浙联军部分将领认为黄兴在汉阳大败,不愿受"汉阳败将"的领导,黄兴也坚辞不就大元帅之职,于是,12月17日重新选举黎元洪为大元帅、黄兴为副元帅。因大元帅忙于武昌方面事务,无法抽身赴任,由副元帅黄兴代行大元帅职权,组织临时政府。在此以前,也就是改选黎元洪为大元帅、黄兴为副元帅前夕,会议鉴于"武昌军事事关重大,恐大元帅万难离鄂"的实际情况,还决定在《中华民国临时政府组织大纲》中增加一条,即"大元帅不能在临时政府所在地时,以副元帅代行其职权"。这实际上是在给了黎元洪一个名头的同时,又对其实行了釜底抽薪。随后,各省都督府代表联合会致电黄兴,请其"速即莅临视事"。黎元洪亦致电各省都督代表联合会,接受大元帅名义,并委托黄兴代行大元帅职权。12月20日,由代理议长景跃月主持的代表会议决议,再次函请黄兴从上海到南京组织政府。在这种情况下,黄兴只得允诺赴南京组织临时政府,并向日商三井洋行暂借银元三十万,作为组织政府的费用。就在这个时候,黄兴闻知孙中山先生即将回国,便又取消了行程。黄兴认为,"孙中山是同盟会的总理,他未回国时我可代表同盟会,现在他已在回国路中,我若不等他到沪,抢先一步到南京就职,将使他感到不快,并使党内同志发生猜疑"[①]。于是黄兴坚持在上海等待孙中山先生回国。

1911年12月15日,孙中山先生从海外回到了上海。12月28日,各省代表在南京召开临时大总统选举预备会。12月29日,正式选举临时大总统。根据《临时政府组织大纲》第1条的规定,临时大总统由各省都督代表选举之;以得票满总数2/3以上者为当选。代表投票权,每省以1票为限。当时参加选举的有直隶、奉天、山东、山西、河南、陕西、湖北、湖南、江西、安徽、江苏、浙江、福建、广东、广西、云南、四川等17省代表45人,孙中山先生获得17张有效票的16票,当选为中华民国第一任临时大总统。

1912年1月1日,孙中山先生宣誓就职,标志中华民国临时政府成立。袁世凯在北京闻知中华民国临时政府成立的消息,很是不快,暗骂革命党人

---

① 李书诚:《辛亥革命前后黄克强先生的革命活动》,载《辛亥革命回忆录》(第一集),中华书局1961年版。

不讲信誉。一方面议决若自己赞成共和便公举为大总统,另一方面又另选总统,成立临时政府。但此时的袁世凯也没有其他更好的办法,何况南方代表再三申明,"若袁世凯反正,公推其为大总统"的议决没有改变。在这种情况下,袁世凯只有在逼迫清帝退位方面再做文章,下大功夫了。

1912 年 2 月 12 日,清帝发布退位诏书,正式宣布"退处宽闲,优游岁月"。1912 年 2 月 13 日,孙中山先生发表为辞职引退致参议院咨文。咨文内容为:"本总统以为我国民之志,在建设共和,倾覆专制,义师大起,全国景从。清帝鉴於大势,知保全君位必然无效,遂有退位之议。今既宣布退位,赞成共和,承认中华民国,从此帝制永不留存於中国之内,民国目的亦已达到。当缔造民国之始,本总统被选为公仆,宣言誓书,实以倾覆专制,巩固民国,图谋民生幸福为任。誓至专制政府既倒,国内无变乱,国民卓立於世界为列邦公认,本总统即行解职。现在清帝退位,专制已除,南北一心,更无变乱,民国为各国承认,日夕可期。本总统当践誓言,辞职引退。为此,咨告贵院,应代表国民之公意,速举贤能,来南京接事,以便解职。附办法条件如左:一、临时政府地点设於南京,为各省代表所议定,不能更改。二、辞职后,俟参议院举定新总统亲到南京受任之时,大总统及国务各员乃行辞职。三、临时政府约法为参议院所制定,新总统必须遵守颁布之一切法制章程。"①

在这个辞职咨文中,孙中山先生先是以缔造民国之大总统自称,继而要求新总统来南京接事,最后又给新总统设定了三项前提条件,要求新总统到南京就任,并遵守南京参议院制定之一切法制章程。从这个咨文可以看出,孙先生的基本思路是,他本人(当然包括其他革命党人)是民国的开创者,倾覆了封建君主专制,奠定了民国之基础,同时也为民国确定了基本框架和今后的走向,新总统的任务是来南京接替他的事业,并必须按照既定方针行事。在这里,孙先生特别在乎的可能就是一点,即他是民国的缔造者和开创人,是民国大统的确立者,民国的建设事业和发展走向必须在他和其他革命党人确立的大统范围之内前进。

事实上,清帝逊位后,南北双方之间也曾发生过一场接收清政府遗产,争夺中国合法代表席位之争。由于清帝逊位,清朝政府宣告灭亡,当时的中国,剩下的只有南京的中华民国临时政府。据此而论,中华民国临时政府理

① 中国第二历史档案馆:《中华民国史档案资料汇编》(第二辑),凤凰出版社 1991 年版,第 80 页。

应接受清政府的政治遗产,接掌北方原由清政府控制的各省政权。当时的南京参议院也的确通过了一个《中华民国接收北方各省统治权办法》案,并由临时大总统孙中山先生公布。

但袁世凯对南方的这些做法很不以为然。他十分清楚明白革命党人及孙中山先生的用意所在。故袁处处挣脱南方为他设下的羁绊,努力跳出南方为他铺就的大统,在不少场合都刻意强调他是从清帝那里继承了政权,是清帝授权他组织临时共和政府,接受的是大清江山,大清版图和子民均受其统辖,其法理依据是清帝的退位诏书。

清帝发布上谕、宣告退位后,袁世凯于次日便紧锣密鼓地连续发布了致各官署和军警的布告,一本正经地担负起维护社会秩序,保证地方安定的责任,当仁不让地继承了清帝的政治资产,填补了清帝退位留下的权力真空,处处以最高统率的口吻说话,俨然就是新的"人主"。在致各官署的布告中,袁说:"在新官制未定以前,凡现有内外大小文武各项官署人员,均应照旧供职,毋旷厥宫。所有各官署应行之公务,应司之职掌,以及公款、公物,均应照常办理,切实保管,不容稍懈。"在致军警布告中,袁说:"所有旧定之军纪警章,仍当继续施行,藉以统一政权,保持秩序。倘有不逞之徒,藉端生事,扰乱治安者,定当按法惩治,以维大局。凡各级长官务当共申此情,认真约束,勿得稍有疏懈致于咎戾。此令。"①

同日,袁世凯还分别致电各督府、北方各督府及所辖各军队、北方各督抚各府州县,要求各方人等共同维持秩序,不得松懈。电文中,袁说:"世凯卧病三年,无志问世。朝旨敦促,迭辞弗获。"因而只能迎难而上,勇挑重担,虽力小责重,亦在所难辞。

更有甚者,"在清帝退位的第二天即 2 月 13 日,袁即按退位诏书中的规定成立了北京临时共和政府,自称临时政府首领,改各部大臣为各部首领,改出使大臣为临时外交代表,并通告使团。南方孙中山等立即抗议这种行为,指出'临时政府不能由清帝委任组织',但袁世凯仍以临时共和政府首领名义任命官吏"②,直至引起各方面一致反对,方才作罢。

1912 年 2 月 13 日,也就是清帝发布退位诏书的第二天,孙中山先生在

---

① 中国第二历史档案馆:《中华民国史档案资料汇编》(第二辑),凤凰出版社 1991 年版,第 76～77 页。

② 谷丽娟、袁香甫:《中华民国国会史》(上),中华书局 2012 年版,第 241 页。

南京为辞职引退致参议院咨文,袁世凯在北京发布各种布告函电,忙于部署各方面工作,实际上就蕴含了南北两人为争"大统"地位的深远用心。南方孙先生要坐稳"民国缔造人"的身份,并为民国立规矩。北方袁世凯则认为自己实力雄厚,久居官场,执掌民国、稳定大局非他莫属,于是在清帝退位后,便迫不及待地以首脑人物的口吻和姿态布置工作,行使大权,一切以自己的意见为意见,视南方各项要求而不见。

1912年2月15日,南京参议院选举袁世凯为临时大总统。2月18日,南京派出以蔡元培为团长的专使团,赴北京迎接袁世凯南下就职。袁世凯表面上隆重欢迎蔡元培等人,暗地里却加紧部署,导演了一场兵变,迫使南方同意他在北京就职。1912年3月10日,袁世凯在北京宣誓就任临时大总统。1912年3月11日,孙中山先生在南京公布《中华民国临时约法》。

如果说此前南北二人的"大统"之争还只是潜藏在心理、暗自较劲的话,那么,袁世凯在北京就职次日,孙先生在南京公布《中华民国临时约法》之举,便完全可能强化南北双方的这种心结,加剧双方的斗争。

按通例,各国法律,特别是国家根本大法应由国家元首庄重公布,也应由国家专门机构,在征集各方意见的基础上,慎重制定。但《中华民国临时约法》却完全不是这样的。该法由南方革命党人单方面制定,强加给袁世凯,又由已经辞职引退的孙中山先生公布施行,交给新任总统袁世凯执行。应当说,南方革命党人的这种做法于法于理均有不妥,为自己方面考虑得过多,甚至还不如当时的袁世凯能够顾全大局。

此前,清帝在各方压力下,曾同意召集国会,于1911年11月5日,发布了即行召集国会谕,称:"资政院奏请速开国会,以符立宪政体一折。所有议院法、选举法,著迅速拟订议决,办理选举,一俟议员选定,即行召集国会。"[①]作为清廷重臣的袁世凯,当时也在积极组织召集国会。1912年1月25日,袁世凯即有"关于办理国会选举暨开会地点"的奏折。在奏折中,除说到各地各民族的代表名额分配之外,袁还说到,开会地点可不定在北京,以免南方代表不敢前来。袁说:"国体未决之前,民党惧罹刑网,不敢来京会议,拟酌定为天津、汉口、青岛三处。如蒙余允,拟即电商伍廷芳,从速

① 中国第二历史档案馆:《中华民国史档案资料汇编》(第一辑),凤凰出版社1991年版,第136页。

核覆。"①

从上述史料来看,当时的清廷和袁世凯都已经把召集国会提到了议事日程,并正紧锣密鼓地筹集。特别值得注意的是,在清廷和袁世凯筹备的国会之中已经考虑到南方相应名额的代表,并考虑到了南方代表开会的方便和心态。

但遗憾的是,在南北议和初定之时,南方革命党人在明知孙中山先生即将辞去临时大总统之职,由袁世凯接替的情况下,不是暂缓制定新的宪法性质的临时约法,延请北方代表共同商议约法制定工作,而是单方面加快立法进程,然后又单方面公布施行,要求袁世凯宣誓遵守,给袁世凯戴上一个他本能地反对,却又不得不口头表示接受的紧箍咒。这样一来,日后围绕该法的斗争自然难以避免。

如果当时南北双方能够不要如此着力地围绕"大统"地位而争,如果《临时约法》能由当时国内各种力量,特别是南北两大势力共同商议,共同为未来的中华民国制定国家根本大法,一定能够让法律更加符合民主共和的基本精神,也一定能够减少各方力量的对抗,必然有利于中华民国的建设和发展,有利于中国实现从封建专制向民主共和大转型。当然,除此之外,孙中山先生在辞职问题上的反复和附加条件,也会加剧袁世凯的抵触和抗争。

## (三)为首善之区较劲

在中华民国临时政府所在地问题上,南北双方也是函电交驰,各持己见,各有所想。孙中山先生在辞职咨文中即明示要求袁到南京就职接事,临时政府地点设在南京,不能更改。其意无非是以下几点:第一,中华民国为新创国家,气象全然不如以往,首都自然也不应继续设在北京,以免给人造成新政府是换汤不换药的感觉;第二,袁世凯到南京赴任这件事本身就有一种宣示意义,表明袁是接替孙中山先生未竟之事业,民国开创、共和成立是南方革命党人的功勋,袁来南京乃是从旧官僚陈营弃暗投明,投奔到革命党人旗帜之下;第三,更为现实的是,袁的势力范围在北方,袁若到南京就职,就离开了其势力范围,进入南方势力包围圈之中,日后就不担心对袁的掌控问题,更不用担心袁能够搞专制统治、甚至是复辟帝制。

---

① 中国第二历史档案馆:《中华民国史档案资料汇编》(第二辑),凤凰出版社 1991 年版,第 58 页。

孙的这种思路从他的几份电报中可见一斑。2月14日,孙中山先生为荐袁自代致袁世凯电文中说:"今日文偕各部总正长到参议院辞职,已得承诺,以新总统接事为解职期。"①2月15日,孙先生为促袁南下致袁世凯电中说:"以文个人之初愿,本欲藉交待国务,薄游河朔。嗣以国民同意挽公南来,文遂亦以为公之此行,易新国之视听,副舆人之想望,所关颇巨。於是己申命所司,缮治馆舍,谨陈章授,静待轩车。现在海内统一,南北皆有重要将帅为国民之心膂,维持秩序之任均有所委付,不必我辈薄书公仆躬亲督率。今所急要者,但以新国民暂时中央机关之所在,系乎中外之具瞻,勿任天下怀庙宫未改之嫌,而使官僚有城社尚存之感。则燕京暂置为闲邑,宁府首建为新都,非特公之与文必表同意於国民,即凡南北主张共和疾首於旧日腐败官僚政治之群公,宁有问焉。至於异日久定之都会,地点之所宜,俟大局既奠,决之正式国论,今且勿预计也。总之,文之志愿,但求作新邦国,公之心迹,更愿戮力人民,故知南北奔驰,公必忘其自暇。"②

在这里,孙中山先生讲得很清楚,中华民国是一个全新的民主共和国家,而不像历史上改朝换代那样,仅仅是更换了一个国君而已。为避免混淆视听,给人以换汤不换药的感觉,也避免给旧官僚和普通民众留下"京还是那个京,人还是那个人,庙也依然还是那个庙"的感觉,诚邀袁公南下就任,兹事体大,事关海内外舆情,不能不虑。至于社会秩序之维持,交给其他人去办好了,南北统一,多有良将,足以担当,用不着你我再操这份心。总之,这是一个全新的国家,袁公你还是要南下就职为要。如若日后认为南京不宜久作国都,待以后再讨论决定好了,目前还是要以南京作为临时政府所在地。

2月17日,孙中山先生再次电促袁世凯南下就职,电文中,孙说袁公委曲求全,义昭日月,惟国民劳公以全局,德有所存,在南在北,无不可以全副精神相统摄,并再次要求袁将北方秩序多委诸他人,日夜翘盼早日南下。

袁世凯何等人也,岂能不知南方用意,故其先是采用以退为进的策略,假惺惺地说自己德疏才浅,恐不胜任,请求另举贤能。2月15日,袁在回复孙先生荐其自代的电文中说:"惠电拜悉,惭悚万状。执事谦冲,莫名钦佩。

———————————

① 中国第二历史档案馆:《中华民国史档案资料汇编》(第二辑),凤凰出版社1991年版,第82页。

② 中国第二历史档案馆:《中华民国史档案资料汇编》(第二辑),凤凰出版社1991年版,第84～85页。

但时艰方殷,万端待理,断非衰庸如凯者所堪胜任。倘不量而入,恐无以副国民付托之重及执事推荐之殷。切盼参议院另举贤能,使凯得徜徉山林,长作共和之国民斯愿足矣。"①

当参议院如期选举其为临时大总统后,袁世凯又分别给参议院和孙中山先生等人发电,陈述不能到南京就任的理由,并要求南方派代表赴北京与其商议相关事宜。2 月 16 日,袁世凯分别致电南京参议院和孙中山先生,请南京派专使到北京商议相关事情。在给参议院的电文中,袁说道:"昨因孙大总统电知辞职,同时推荐凯,当经覆电力辞,并切盼贵院另举贤能。又将北方危险情形,暨南去为难各节,详细电达,想蒙鉴及。兹奉删电,惶悚万分。现在大局初定,头绪纷繁,如凯衰庸,岂能肩此巨任。乃承贵院全体一致正式选举,凯之私愿,始终以国利民福为归,当此危急存亡之际,国民既以公义相责难,凯何敢以一己之意见,辜全国之厚期。惟为难各节,均系实在情形,知诸公推诚相与,不敢不披沥详陈,务希涵亮。"②在这里,袁世凯先是表明,既是诸公信赖,以国家重任相托,凯何敢贪恋个人安闲、以一己之私拒不受命,继而又以北方情势复杂、万端待理为由,表示难以南下就职,但请南方派代表赴北方相商。在给孙中山先生的电文中,袁说道:"凯之私愿,始终以国利民福为归。当兹危急存亡之际,国民既以公义相责难,凯敢不勉尽公仆义务。惟前陈为难各节,均系实在情形,素承厚爱,谨披沥详陈。务希涵亮。俟专使到京,再行面商一切。"③

在这些电文中,袁世凯再三坚持不南下就职,并要求南方派专使赴京商议相关事宜。在袁世凯眼里,北京才是京城,南京应该派员进京才是,也就是要南方屈就北方,而不是北方迁就南方。这是原则问题,否则就是南主北次,而不是北主南次,否则就是南方的大统,而不是北方的大统。在孙中山先生发电告知袁世凯,自己已经辞职并推荐袁为临时大总统时,袁给孙先生的回电也只称孙先生为"执事",而不是大总统。所有这些都足以表明,袁世凯是在与孙中山先生争大统地位,争民国开创人的身份,争民国出处的说

---

① 中国第二历史档案馆:《中华民国史档案资料汇编》(第二辑),凤凰出版社 1991 年版,第 82 页。

② 中国第二历史档案馆:《中华民国史档案资料汇编》(第二辑),凤凰出版社 1991 年版,第 85 页。

③ 中国第二历史档案馆:《中华民国史档案资料汇编》(第二辑),凤凰出版社 1991 年版,第 86 页。

法,而不是争其他细枝末节的东西。在袁世凯眼里,中华民国是清帝赞成共和、下逊位诏书,然后由自己重组共和政府,对大清帝国改造而来的,不是南方革命党人推翻清政府、另行缔造的一个国家。

当南京临时政府派遣以蔡元培为团长的迎袁南下就职使团到达北京后,北京的袁世凯在表面热情的背后,干脆导演出一场兵变骚乱。乱兵和土匪串通一气,大肆劫掠,连南方使团驻地也未能幸免。兵乱从北京起,向周边地区漫延,大有一发而不可收之象,非袁世凯坐镇不能控制局面。兵乱发生,把南方使团也给蒙骗了一番,不知实情的蔡元培等人也给南方发电报告兵祸情况,认为袁世凯不宜南下就职,而应该在北京就职。兵乱之后,袁不能南下的理由坐实,南方也没有理由再强求袁南下就职,只得应允袁世凯在北京宣誓就职,以电报给在南京的参议院发送誓词,并电告国务总理及各国务员姓名,得参议院同意。

1912年3月6日,参议院议决袁世凯在北京受职办法六条,并电告袁世凯。电文说:"京乱已平,群情欣慰。惟经此次动摇,君势难即时南来,而对内对外又非君早日受职不可……遂於今日开会议决,允君在北京受职。"①

就这样,袁世凯轻而易举地做到了让南方就范,迫使南方同意自己在北京就职,将首都定在了北京。尽管南方参议院的决定,用词是"允君在北京受职",似乎袁世凯在北京就职是经南方批准的,但毕竟南方只是赢在了纸面上,首都还是定在了袁世凯办公所在地。此后,南方机关,包括参议院都北迁办公,南方中华民国临时政府即行解散,孙中山先生改做实业,投身举办铁路,走实业兴国之路。黄兴更是弄了个吃力不讨好的差事,任南京留守,负责南方军队的整编和遣散。

① 中国第二历史档案馆:《中华民国史档案资料汇编》(第二辑),凤凰出版社1991年版,第104页。

# 三、《临时约法》及之后的大统之争

## （一）南方试图用《临时约法》维护大统

南方革命党人坚持不懈地从事推翻清政府，建立民主共和的革命事业，但辛亥革命胜利后，中华民国临时政府刚刚成立不久，胜利果实旋即落到了旧军阀袁世凯的手里。为了国家统一、人民和平、民族兴旺，革命党人不得不将胜利成果拱手相让，交给当时最有实力的北方旧官僚——汉人袁世凯。对此，不少革命党人心有不甘。孙中山先生等人也颇不放心。于是设计了一系列办法，试图延续自己的路线，迫使袁世凯承续自己开创的大统。

在南方革命党人设计的诸多办法中，最有争议、也是持续时间最久的一点，就是制定公布了《中华民国临时约法》，并把该法奉送给了袁世凯，作为"紧箍咒"套在了袁世凯的头上。

1912 年 3 月 8 日，赶在袁世凯就职之前，南京参议院用起立表决的方法一致议决《中华民国临时约法》。3 月 9 日，参议院咨请临时大总统孙中山先生公布。3 月 11 日，孙中山先生在《临时政府公报》第 35 号上予以公布。公告内容为：兹准参议院咨送议决临时约法前来，合行公布。孙文。印。中华民国元年三月十一日。①

《临时约法》通过后，南京参议院以电报的形式发送给了袁世凯，告知袁世凯法律内容，要求他宣誓遵守。袁世凯在给南京参议院发送的就职誓词中也表示愿意遵守《临时约法》。但在心里，袁世凯对这部法律的抵触情绪相当严重。抵触的原因不仅仅是因为法律条文对他限制颇多，试图架空他这个临时大总统，就连法律公布的方式，袁世凯也相当不满。

1911 年 3 月 11 日，袁世凯在北京宣誓就职后一天，孙中山先生在南京公布《中华民国临时约法》，这件事本身就蕴含了诸多含义。孙中山先生既已辞去临时大总统之职，为什么国家根本大法还要由他来公布，而不是由新任临时大总统公布？这不是明显的要告诉袁世凯，中华民国的缔造工作已

---

① 《孙中山全集》（第 2 卷），中华书局 1982 年版，第 219 页。

经结束,国家根本大法也已经完成,你袁世凯的任务就是据此执行而已。

由此可见,《中华民国临时约法》就是南方革命党人在交出政权之后,用来维护大统的一个工具。该法在法律内容和法律结构上也的的确确就是这样安排的。《临时约法》不仅改变了《中华民国临时政府组织大纲》的政体设计和内容,而且改变了法律结构,在形式上消解了新任临时大总统的大统地位。

在法律结构上,《中华民国临时政府组织大纲》开篇第一章就是临时大总统,第二章是参议院,第三章是行政各部,这种结构安排,突出了大总统的作用和地位,表明大总统才是国家的统帅,参议院和行政部门均在其之下。从法律结构上看,总统的"大统"地位跃然纸上。

到了《中华民国临时约法》,第一章为总纲,第二章是人民,第三章是参议院,第四章才是临时大总统副总统,第五章为国务员,第六章为法院,最后一章是附则。这种结构安排矮化了临时大总统的地位,把大总统放到了人民和参议院之后,特别是《中华民国临时约法》将原《中华民国临时政府组织大纲》中大总统和参议院的位置对调,不能不让人怀疑是否有矮化大总统的意思。尤其是南方革命党人以法制袁的思想已经路人皆知的情况下,更容易导致人们的这种想法。袁世凯看到这种法律结构上的改变,也肯定会有其想法,很容易在心理上产生对抗情绪。钩起其大统之争。为什么别人当总统时就是高高在上的大统,轮到自己当总统就要屈居于参议院之后?更何况自己的实力和威望在当时都是位列第一的!

## (二)袁世凯尝试建立自己的大统

袁世凯与同盟会、国民党的斗争,最大的焦点不是宪政与否,而是由谁来做这个国家的"舵手"和"精神领袖",谁为这个国家确立价值信条,也就是由谁来做中国的"大统"。孙中山先生让出临时大总统职位的同时,又公布了一部《中华民国临时约法》,希冀以此来约束袁世凯的权力运行,将袁控制在自己设定的轨道之内。后来宋教仁改组国民党、试图赢得国会选举,进而组成国民党内阁,目的也都在此,说得白一点,就是要由国民党来做国家和人民的代表,由国民党领导中国前进,将国民党打造成国家和人民的精神领袖,把袁世凯变成一个有名无实的"清闲人"。

同盟会和国民党的这种思想,碰到袁世凯这样一个在当时具有最高声望和最强实力的枭雄,激烈对抗自然难以避免。宋教仁本人的遇害应当也与此有关。因为国会选举结果一出，宋教仁实现组阁目的，就等于是把袁世凯逼到了墙角，让其不仅做不成"大统"，就连做个正常的总统都难，只能沦落成为国民党的"橡皮图章"。正如有的学者所说，"革命派就是希望权力掌握在自己手上。国民党没有决心成为反对党，去监督袁世凯执政，或者变成参政党，和袁世凯结成联盟，共同执政。袁世凯也提议联合执政，国民党不接受，只想自己执政，这个太脱离实际了。……当时，袁世凯是最大的实力派，他接受共和制度，国内外都认为能够稳定大局的就是袁世凯，这就是现实。承不承认？原来达成协议，总统归他做。这样一种态势下，抛弃原来的协议另搞一套，想把权力马上夺回来，人家当然不干"①。事实上，袁世凯也并不是一开始就存心与国民党对着干，不是一开始就倾心专制、不讲宪政的。恰恰相反，"袁世凯是清末宪政的重要支柱。清末新政时期，无论在经济发展、教育、政权建立和政治体系改革方面，他任总督的直隶都是走在全国前列的。……民国建立以后，曾经努力想将中国建立成一个三权分立的体制，在现代政治体系的建构方面，袁世凯是做过努力的"②。为了学习宪政、推行宪政，袁世凯还请过洋人做自己的宪政顾问，而且还不只请过一个。后来，袁世凯逐渐走向了专制，并演出了一番复辟闹剧，有他自身的原因，也有与国民党政治斗争的原因，当然还有身边其他人连蒙带骗的原因，总之，这笔账不能全部算到袁世凯一个人的头上。

袁世凯与同盟会、国民党的斗争，归根到底可以概括为一点，这就是，双方都想在自己的旗帜之下一统江山，国民党想约束袁世凯，袁世凯一直试图挣脱他们的约束，各自都想建立自己的大统。这一点，从围绕《临时约法》和《天坛宪草》的斗争中可以清楚地看出。

在《天坛宪草》的起草过程中，袁世凯一直试图进行干预，但宪法起草委员会对袁世凯视而不见，坚持将他拒之门外。袁世凯派人向起草委员会代陈意见，也没有得到起草委员会的接待。在《袁世凯咨宪法会议派遣委员出席陈述意见文》中，袁世凯说道："大总统既为代表政府总揽政务之国家元首，于关系国家治乱兴亡之大法，若不能有一定之意思表示，使议法者得所折衷，则由国家根本大法所发生之危险势必酝酿于无形，甚或补救之无术，是岂国家制定根本大法之本意哉。本大总统前膺临时大总统之任一年有

---

① 袁伟时：《昨天的中国》，浙江大学出版社 2012 年版，第 211 页。

② 袁伟时：《昨天的中国》，浙江大学出版社 2012 年版，第 201 页。

余,行政甘苦知之较悉,国民疾苦察之较真。现在既居大总统之职,将来即负执行民国议会所议宪法之责。苟见有执行困难,及影响于国家治乱兴亡之处,势未敢自己于言,况共和成立本大总统幸得周旋其间。今既承国民推举,负此重任,而对于民国根本组织之宪法大典设有所知而不言,或言之而不尽,殊非忠于民国之素志。"①

在这里,袁世凯所要表达的意思无非是以下几点:大总统身为国家元首,对国家根本大法的制定理应具有一定的发言权,大总统治国理政的经验、对国情的把握理应在宪法制定过程中有所体现;宪法是各方意思之综合与折中,理应包含国家元首之一定意思表示,而不应当仅仅是多数党的意思表示;本大总统已任职一年有余,对国情民情了解较为真切详尽,且将来负有执行宪法之重任,若对宪法可能存在的问题不能做到知无不言、言无不尽,乃是总统的失职,同理,向宪法起草委员会陈述意见,乃总统之职责所在;本大总统对民国及共和政体的达成,有周旋运作之功,仅此一点,民国共和宪法的制定及民国日后的建设也不能不对这样一位功臣有所体察,不能不听取一定之意见。

以上数条,综合到一点,就是指责国民党不应凭借在国会的多数地位,排斥异己,搞一言堂,而应当听取他人之意见,特别是总统之意见。应当说,袁世凯在这里陈述的意见还是有其道理的。身为总统、国家元首,对国家宪法的制定不能有所意思表示,甚至提供一定的咨询意见也被阻挠,无论如何也不能认为是宪法精神的体现。宪法本身就是一个国家的屋脊,应当成为国内各种意志的综合表达,成功的宪法中一定蕴藏了太多的妥协精神,包容了国内各种政治力量的声音,集中了国内各方面的意志。袁世凯在当时的中国,具有最高政治威望和最强大的军事实力,并且具有不少管理国家的经验,如若在宪法中不能对其思想有相当程度的反映,这样的宪法一定会很难成功的。

但当时的国民党斗争哲学有余、妥协精神不足,其在宪法制定及一系列事件中的表现都是中国传统哲学的延续,反映了其要一党独大,将自己党人的意志强加于他人的行事作风,是典型的一党主义。究其实质,就是要实现其"党义之大统",但求本党党义之昌荣,不问他人意思之表达。在这种情况下,袁世凯也有可能以其人之道还治其人之身,抱着不是东风压倒西风便是

---

① 吴宗慈:《中华民国宪法史》,法律出版社 2013 年版,第 177 页。

西风压倒东风的态度,破坏国民党的大统,建立自己的大统。袁世凯后来采用极端的手段,取缔国民党,解散国会,炮制自己的袁记约法,就是这种心态的表现和反映。

## (三)袁世凯之后的大统之争

袁世凯复辟大溃败之后,副总统黎元洪继任大总统。黎元洪接替大总统职位后,被袁世凯解散的国会得以复会,《天坛宪草》审议工作也延续进行。但由于大总统黎元洪与总理段祺瑞之间的矛盾不可调和,导致张勋的辫子军以进京调解为名,演出了一场末代皇帝溥仪复辟的闹剧。短暂的复辟被段祺瑞平息之后,段祺瑞重掌大权,他一方面迅速根据《中华民国临时约法》的内阁制组织了自己的内阁,另一方面却拒不恢复根据《临时约法》组织的国会,并且声称,中华民国已经被张勋消灭,现在又是一个新国家,应当参照辛亥革命的做法,重新组织临时参议院,筹备新国会。在这种思想的指导下,段祺瑞组织了一个忠于自己的"安福国会",开始炮制自己的宪法。

段祺瑞的这种所作所为明显也是要尝试开辟自己的新大统,将他的个人意志强加于国家和民族之上,通过所谓的国会和法律来贯彻他的个人意志,实现他对这个国家的"大统"。

段祺瑞之后,有实力尝试建立自己大统地位的就是直系军阀。在直皖战争和直奉战争中取得胜利的直系军阀逐渐控制北京政权后,也开始尝试建立自己的"大统",其标志就是"贿选总统"和"贿选宪法"。

直系控制北京局势之初,其内部在选举与制宪哪个问题优先方面即存在意见分歧。有人主张先选举总统后制定宪法,原因是因为黎元洪上台后,以制宪为口号,获得不少议员的赞同,担心黎元洪渐渐得势,成为直系的障碍,故希望先选举总统后制定宪法,以免夜长梦多。也有人主张先制定宪法后选举总统,以吴佩孚为代表,他们坚决反对提前举行总统选举,坚决反对以非法手段选举曹锟为总统,而是坚持早日促成国会制宪。在直系外部,反对阵营方面,包括亲黎势力、奉系、皖系和不少国民党议员等等,都反对先选举总统,其主要原因当然是不乐意看到曹锟当上大总统。

驱黎成功之后,直系在制宪问题上采取了和以往不同的态度。在曹锟的授意下,吴佩孚、冯玉祥、齐燮元、孙传芳等直系重要人物都通电要求国会尽快制宪。与此同时,反对陈营也转而反对制宪,他们担心直系制宪成功,为其总统选举披上合法的外衣。为此,反对派纷纷劝说、帮助议员离京,让国会不足法定人数,无法开会。

不过,由于反对陈营各有各的目的,议员们也大都有自己这样那样的考虑,特别是不少人都考虑盘算着自己的任期、薪金等,加上直系从各方面做工作,分化、瓦解反对陈营,许以议员各种名目的好处,同时,也在形式上给不少议员回缓的余地,让他们面子上可以过得去,如考虑总统选举和宪法制定同时进行等,1923 年 9 月底,脆弱的反直阵营开始瓦解,外地议员纷纷返京。

1923 年 10 月 5 日,在 5000 元 1 票的高价和军警严密包围之中,议员们选出了人们"满意"的总统曹锟。1923 年 10 月 10 日,《中华民国宪法》公布,这是中华民国历史上第一部正式生效的宪法。至此,曹锟和直系如愿以偿,在形式上得到了他们想要的大统。当然,用这种手段得到的这种形式上的大统注定了只能是昙花一现。而且,由于直系为了实现其目的采用了各种非法手段,也由于这一次国会会议的议员赤裸裸地为了利益牺牲原则,历史上经常有人将曹锟称之为"贿选总统",该宪法称之为"贿选宪法",这些议员称之为"猪仔议员"。

# 四、"大统"之争的文化评析

## (一)中国历史上的"大统"

"大统"在中国漫长的历史时期,即是帝业、帝位,有一统天下、成就帝业之意。同时,"大统"也意味着各方面一统天下,万事定于一尊,权威不容挑战、不容置疑、不容分散。

中国历史上的这种大统始于秦朝。秦始皇统一六国,结束诸侯争霸的局面后,接着统一了货币、文字、度量衡等等,实现了书同文、语同音、车同轨。此外,秦始皇还焚书坑儒,实行思想和言论管制,消灭可能挑战自己权威的隐患。

秦始皇建立自己的大一统,原本是打算一代一代地传下去,故自称是始皇帝。但是,他开创的这个大一统仅仅传到秦二世就灭亡了。让他没有想到的是,他的这种模式和无上权威却被后世不由自主的代代相传了。此后的中国,无论发生怎样的革命,也无论怎样的改朝换代,改变的都只是江山的主人,不变的却是永远的"大统"。经过千百年的延习,"大统"成为中国传统文化的符号,定格在中国历史当中。

传统文化中的这种"大统",表现在政治和法律上,就是一元化的权力结构。这种一元化的权力结构在中国漫长的历史时期长期占据着统治地位,成为中国政治文化的一大特色。正如有的学者所说:从奴隶社会开始,中国即实行"权统于一尊"的权力分配方式。自王开始,权力由上而下传递,每一级奴隶主根据与王的亲疏关系,而被受赐一定的等级特权。这种从一个权力中心发源,由上而下的权力传递,形成权力分配的中国模式。由于下级对上级的无条件服从和所有权力归之一元的结构,在中国的权力制度模式中,缺乏对君主恣意妄行的限制。①

"大统"思想演化出来的一元主义权力观,不允许别人分享自己的权力,注重维护绝对统一的权威。因此,在政治斗争中,各种势力都希冀能够在斗争中击败对方、最好是置对方于死地,以便让自己的思想和主义一统天下,处于"独尊"地位。辛亥革命前,中国的立宪派和革命党人之间曾有过一场"要不要革命"的大论战,论战的焦点是,应该用武装的手段来推翻清政府?还是维护清政府的存在,同时迫其改良,实行君主立宪? 在当时,为了救亡图存,为了民族兴旺,多少爱国仁人志士经历了无数的不眠之夜,经过了痛苦的思想斗争,正是通过反复的思想斗争,不少革命党人才毅然走上了革命的道路,决定武力推翻清朝政府。这当然是一个极端的选择,是一个不得不为之的最后办法。同时,这也是传统文化之下统治者缺乏妥协精神,不容忍权力分散,坚持由自己"大统"的结果。由于统治者顽固坚持自己的大统,不能够真心放权,不能够真正改良,导致他人彻底失望,而不得不走上革命的道路。就立宪党人而言,尽管在对待清政府这一个问题上,显示出了足够的包容和妥协,可在对待革命党人的时候,却又完全是另外一种态度。梁启超在给康有为的一封密信中就曾说道:"革党现在东京占极大势力,万余学生从之者过半。""东京各省人皆有。彼播种于此间,而蔓延于内地,真心腹之大患,万不能轻视之也。近顷江西、湖南、山东、直隶到处乱机蜂起,皆彼党所为。"说到此,梁启超甚至说:"今者我党与政府死战,犹是第二义;与革党

---

① 陈晓枫:《中国法律文化研究》,河南人民出版社 1993 年版,第 163 页。

死战,乃是第一义。有彼则无我,有我则无彼。"①在这里,梁启超将立宪党人与清政府的矛盾放到了第二位,将与革命党人的矛盾放到了第一位,甚至表明"有彼无我,有我无彼",也就是说立宪党人与革命党人之间的矛盾是你死我活的矛盾。梁启超的这种思想不能不说是另一种冲动与极端,是传统"一尊"思想的反映。在梁启超的心里,只允许通过自己的道路改造中国,不允许通过革命党人的道路改造中国。梁在这里追求的实际上就是一个主义、一种思想,而不是百花齐放、百家争鸣。

中国传统的社会秩序是在宗法伦理的基础上建立起来的,在这种宗法伦理的社会秩序里,每个社会单元都有一个"老大","老大"对这个社会单元实行一元化的统治,处于尊长地位,集大权于一身。常见的社会单元就是家,家与国是相通的,所谓家是最小国,国是千万家。一个人如果能够修身齐家,就能够治国平天下。在传统文化里,中国人特别看重"老大",也不能没有"老大",这个"老大"有时候也简称为"头",是任何一个社会单元都少不了的,所谓"蛇无头不走,鸟无翅不飞"。在国家统治系列单元里,中国人也特别看重"一尊""一长"之地位和象征。一国需有一君,乃九五之尊,几乎到了神圣化的地步。一省一县需有一长、均以省县主人自居,甚至以"为民做主"为职责所在、荣誉所托,如若不能为民做主,则被斥之为"不如回家卖红薯"。这种"一尊""一长"之思想根深蒂固,弥漫于整个社会的每个角落,以至于几乎所有大大小小的团体中,"勇争第一"的现象普遍存在,为了争到这个第一,甚至可以不择手段、不计后果。

中国传统社会的这种特征,不同于西方封建社会。在西方封建社会,国王的地位、权势与控制力同中国传统宗法社会的皇帝都不可同日而语。正因为如此,国人最初并不用封建社会来翻译英文"feudalsociety"一词,而是用宗法社会来翻译它。"在英语里,表示奴隶社会之后社会形态的是 feudalsociety。中国新史学接受了这个概念。最初曾有人以'宗法社会'来翻译,如陈独秀、李大钊等人都使用过,但后来,由于对欧洲的历史了解比较多了,则改译为'封建社会'"。②

---

① 金冲及:《辛亥革命的前前后后》,人民出版社、上海辞书出版社 2011 年版,第 96 页。

② 刘永佶:《官文化批判——中国文化变革的首要任务》,中国经济出版社 2011 年版,第 85 页。

晚清时期,宗法观念依然严重,与之相联系的"大统"思想在各种政治力量中均有表现,比比皆是。从大清皇室来讲,无论怎样被迫采取宪政步骤,其目的都是维护自己的大统地位。清皇室的这种思想,大家彼此都心里明白。出使考察宪政的各路大臣也都把此作为重要的考察内容。载沣等人在考察各国宪政归来后给慈禧太后的奏折中就说到,立宪有三大利:"一曰,皇位永固。一曰,外患渐轻。一曰,内乱可弭。"由此,就不难理解为什么1908年满清皇室所颁行的《钦定宪法大纲》规定的君主权力与传统封建皇帝的权力并无二致。也不难理解为什么《钦定宪法大纲》开篇第1条和第2条即规定:大清皇帝统治大清帝国万世一系,永永尊戴。君上神圣尊严,不可侵犯。在清朝皇帝看来,不管国家怎么改,最重要的一点都必须坚持,这就是,自己的大统地位不能丢,所以即使是颁行宪法,也必须首先规定这一点。

大清皇帝是这样,革命党人与北洋军阀的斗争也是这样。斗争双方都追求自己的大统,毫不相让,哪怕是斗个你死我活也在所不惜。"以袁世凯为代表的北洋军阀和革命党人双方追逐着一元权力体制,这从一开始就埋下了破裂收场的祸根。毫无妥协的彼此争斗,最后只能是一方采取一切方法毁除另一方,否则自己就是对方的下场。政治成为你死我活的零和游戏,变成了敌对人群的永恒斗争。"①

可以说,中国历史上的"大统"思想及"大统"之争,在近代史上的表现从未间断。"从1908年满清皇室颁布《钦定宪法大纲》开始,到袁世凯制定的《中华民国约法》,直至国民党1946年抛出的《中华民国宪法》,其间中国虽然制定了名目繁多的宪法或宪法性的约法,却都通过宪法文本或实际的政治运行将国家的权力结构设置为一元化的模式。这种一元化的模式使得国家的最高权力缺乏应有的监督机制。权力的传递路径不是采取宪政国家的'自下而上'的传递方式,而仍然遵从传统封建专制体制下的'自上而下'的方式。在这种'自上而下'的权力传递模式下,国家的权力来源不是人民的选举授予,而是国家的最高统治者。人民并不是国家的真正主人,从而抹杀了人民主权的基本宪法精神。"②

综观整个中国近代史,各种政治力量都缺乏真正的包容、妥协精神,只

---

① 李云霖、邱亿成:《一元权力观:宪制抉择的文化制导——以〈天坛宪草〉为中心》,载《湖南工业大学学报》(社会科学版)2010年第5期。
② 杨志明:《传统宗法文化与近代中国立宪》,载《法学评论》2011年第2期。

要稍有可能,他们就会追求自己的大一统,置各方事务于自己的控制之下,而不是在思想深处赞成多元主义,认同权力分享。这种现象的实质就是传统"大统"思想的延续,是根深蒂固的传统文化反映。

## (二)"大总统"之争还是"大统"之争

### 1.南方革命党人的大统思维

革命党人在南北议和之后,制定一部《临时约法》奉送给袁世凯,并且改变此前《中华民国临时政府组织大纲》的政体设计,就是"唯我独尊、江山永固"的思想表现。这里的江山永固就是指中华民国民主共和的江山永固,防止袁世凯化民国江山为袁氏江山,换句话说就是要让袁世凯延续革命党人的思想文化,按革命党人的既定方针办事,遵循革命党人的大统。

依据《临时约法》成立的第一届内阁失败之后,革命党人表现出了更加强烈的斗争意愿,更加迫切地展开了将国家大权置于自己掌控之下的行动。

唐绍仪辞职后,同盟会要求本会内阁成员全体辞职,开始考虑由本会组阁,除非本会组阁,否则会籍成员概不入阁。同盟会当时的路线设计是,改组同盟会,组建国民党,争取在国会大选中获胜,然后组织政党内阁,走政党政治道路。当同盟会代表向袁世凯说明他们的决定,提出日后应实行政党内阁时,袁世凯当即表明了自己的主张,表示不能认同同盟会的主张,并说:"吾国今日政党方在萌芽,纯粹政党内阁尚难完全成立……余之主义在于得人,但问其才与不才,无论其党与不党。"①当同盟会会籍的内阁成员向袁世凯递交辞呈时,袁世凯多方挽留,要求同盟会会员不要辞职,甚至说,"本大总统恳请各位留任,我亦代表四万万国民慰留诸君"②。闻听此言,蔡元培也同样以四万万同胞的代言人自居,回答道:"我等代表四万万国民请大总统准我等辞职。"③在蔡元培等人的坚决请辞下,袁世凯不得不同意他们的辞职请求。接下来,蔡元培又宣布"政党内阁之理想",乃"吾党神圣不可侵犯之条件","有破坏此条件者,不特吾党之败类,而实民国之罪人"。④

同盟会会员辞去内阁职务后,开始了政党政治道路。此后,宋教仁等人

---

① 朱宗震等:《民初政争与二次革命》(上编),上海人民出版社 1983 年版,第 49 页。
② 金满楼:《门槛上的民国》,新星出版社 2013 年版,第 139 页。
③ 金满楼:《门槛上的民国》,新星出版社 2013 年版,第 139 页。
④ 《蔡元培全集》(第二卷),中华书局 1984 年版,第 269 页。

积极筹划,多方奔走,为让国民党能够在国会选举中获胜而努力工作、辛勤劳动。其意在国会选举中获胜组阁,并进而在总统大选中让袁世凯落选,夺回总统宝座,执掌国家大权,重归本党"大统"。

卧榻之侧,岂容他人鼾睡?重组后的同盟会改名国民党,在国会选举中大获全胜,组阁目标已实现大半。国民党组阁迫在眉睫,等于是把袁世凯逼到了墙角。袁世凯要么坦然面对败局,接受国民党的主张,要么断然采取行动。

很显然,大权在握,拥兵自重的袁世凯不会俯首听命,于是不得不铤而走险。1913 年 3 月 20 日,宋教仁在上海火车站随着一声枪响,倒在了血泊之中。

国会成立后,由于国民党在国会中占有大多数议席,在围绕修订中华民国临时约法的斗争中,国民党也是节节胜利,处处坚持己见,毫不让步。国民党"拒绝了要求以扩大总统权限为指导思想对《临时约法》进行修改的增修约法案;搁置了咨请宪法会议争宪法公布权的咨文;以'非两院议员不得旁听'之规定,驳回了要求派员列席宪法会议及宪法起草委员会以陈述大总统对制宪的建议。这样,以袁世凯和北洋军阀为代表的行政机关和以国民党为代表的立法机关之间的矛盾,随着《天坛宪草》表决通过日期的临近日益白热化。然而,宪法层面上,国会权力优越过度的责任内阁制无法调和行政与立法机关之间的分歧。既然难以通过合法渠道加以弥合,必然使得二者之间的矛盾积重难返,最终导致寻求矛盾的外部解决,通过法律外的因素化解危机。"①

革命党人在南北议和交出国家行政大权后,通过立法手段扩大参议院的权力,打算通过参议院来控制袁世凯,唐绍仪内阁解散后,又试图通过国会选举获胜,实现政党内阁,甚至进而在大总统选举中获胜,重新夺回大总统宝座,这一系列思想和行动都是彻头彻尾的"不是东风压倒西风,就是西风压倒东风",是要置别人于自己的控制之下。这种行为摆明就是要约束、甚至控制住袁世凯,而不是要与袁世凯平等协商,相互包容、互助共济。也正是因为如此,当宋教仁主导改组的国民党在国会选举中获胜,并可能进而组织责任内阁时,北洋军阀不得不"狗急跳墙",阴谋暗杀宋教仁,阻止形势继续朝自己的反面发展。因为如果此时还没有动作,而是保持沉默,结果便

---

① 朱勇:《论民国初期议会政治失败的原因》,载《中国法学》2000 年第 3 期。

是"不在沉默中爆发，就在沉默中灭亡"。

总之，革命党人与袁世凯的斗争，不仅仅是细枝末节的具体问题上的斗争，也不仅仅只是政体之争，而是"大统"思维之下的霸主之争，是国家精神象征和利益代表之争。这种"大统"之争在不少地方都有体现。例如：南北和谈正在进行之中，孙中山先生毅然决定率先成立中华民国临时政府，并就任临时大总统；唐绍仪任第一届内阁总理后，设国务会议，与总统府分庭抗礼；蔡元培等人在向袁世凯辞职时，双方都号称代表四万万国民；宋教仁政党内阁将要付诸实施的时候，北洋军阀狗急跳墙、铤而走险，奋力一搏等等，无不体现了他们之间展开的是"大统"之争，正如金满楼先生所言："南北双方之争，表面上看是'君宪'和'共和'之争，实际上则是'名器之争'。"①

### 2.北洋军阀的大统观念

辛亥革命胜利后，南北双方在围绕国家政权和发展道路的斗争过程中，革命党人的思维是：交出政权后，通过法律扩大参议院的权力，以此来控制袁世凯，同时又通过法律设计的内阁制政体来架空袁世凯，置总统于虚君地位，从而实现革命党人的一元化统治。

袁世凯对革命党人的用意心知肚明，在他心里，只要掌握了强有力的武装，就不愁控制不了局面，不担心革命党人能闹腾翻了天。如果革命党人小打小闹的就由着他去折腾，如果革命党人闹得过了分，就用武力作后盾，采取断然措施。总之，只要有武力在手，就能够一统天下，也能够驾驭天下，使所有人臣服。谁要是不服，闹得动静太大，就对谁不客气。国会不识时务，可以解散。宋教仁意气用事，可以暗杀。还有什么不可以呢？袁世凯的这种思维也是中国历史上大多数统治者的思维，概括起来就是两个字——"武治"。在他眼里，有了武力就有了一切。

袁世凯因为掌握了当时中国最强大的北洋武装，大总统当得很有底气，处处以国家最高统治者自居。在谈到国家治理结构和治理方式时，袁世凯曾拿商业经营作例比。他说："譬之商店，国民如东家，大总统如领东，国务员如掌柜，商业之计划布置，银钱货物之经理出入，固掌柜责任，然苟掌柜不得其人，驯至商业失败，濒于破产，则领东不能不负责，东家亦不能为领东

---

① 金满楼：《门槛上的民国》，新星出版社 2013 年版，目录第 1 页。

宽。"①在这里,袁世凯把国民比作东家,把自己说成是领东,明显就是要以"人主"自居,视自己为国民的"牧羊人"。表面上袁世凯强调的是自己的责任,实际上他要强调的是总统的主导地位,突出总统"一尊"之地位和角色。至于国务员,袁世凯根本没有也不可能将总理等国务员置于与自己不相上下或者说是平起平坐的平等地位。在袁世凯眼里,国务员就是他的跟班或僚属,只有他这个总统才能以国家和国民的代表自居,才有资格对人民负责。他认为,当国务员失职或不称职的时候,他就有权力站出来说话,也必须站出来说话,纠正或管束国务员,这是国家和人民赋予他的职责。"驯至国随以亡,或虽不亡,而至于不可救药,则大总统能不负责任否?国民能不责备大总统否?"②

袁世凯的这种思维实际上就是传统帝王思想的延续。在他心里,他的大统地位至关重要,任何人、任何政党、包括国家法律都只能在他的大统之下,而不能挑战他的大统,更不能超越其大统之上。即使法律确立的三权分立架构,也只能在他的统治之下展开,他自己不是三权分立中的一方,而是三权分立的"总统",他要统领三大权力。就像《钦定宪法大纲》规定的那样,"君上有统治国家之大权,凡立法、行政、司法,皆归总览,而以议院协赞立法、以政府辅弼行政,以法院尊律司法"。

袁世凯之后的段祺瑞,原本是北洋中人,本应和袁世凯一样,反对《中华民国临时约法》的内阁制。但袁世凯去世后,他任内阁总理期间,却坚决主张内阁制。究其原因,无非是因为接替袁世凯继任大总统的黎元洪实力不足,没有掌握一支强有力的武装力量,从而给了段祺瑞想象空间,让段祺瑞可以以维护《临时约法》的权威、实行内阁制的名义执掌国家大权,驾空总统黎元洪,并以自己的思想为国家的思想,以自己的行为为国家的行为,实质上也是要想实现自己的统治、建立自己的大统。这一点,在后来对德宣战问题上引发的矛盾中可以得到充分的说明。

再往后,直系军阀掌控国家政权后,在这方面也有自己的盘算。直系首先在先制定宪法还是先选举总统问题上,进行了一系列精密的计算,其目的就是打击其他势力,保证自己既能登上总统大位,又能对外宣称其总统的合法性,同时还能利用宪法压缩其他势力的生存空间,保证自己的统治长治久

---

① 金满楼:《门槛上的民国》,新星出版社2013年版,第140页。

② 金满楼:《门槛上的民国》,新星出版社2013年版,第140页。

安,维护自己的大统地位。通过一系列计算和谋划,直系军阀同时得到了一个"贿选总统"和一部"贿选宪法"。那一群国会议员也得到了国民奉送的"猪仔议员"的雅号。

当然,无论是袁世凯、段祺瑞,还是曹锟,其大统思想最终都没有能够实现,其大统地位也不可能江山永固。因为时代进入二十世纪以后,国内环境和世界大势均不允许某个集团甚至某个人再继续视国家为私有财产,把国民捆在自己的裤腰带上,由自己来进行"大统"。这个时代的国民已经觉醒,已经不可能任由某个人打着国民的旗号,维护个人的统治,谋求个人的私利。

### 3."大总统"之争实乃"大统"之争

在中国近代史上,从大总统这一职位设立开始,到曹锟甚至到后来的蒋介石,无论是谁,在乎的其实都不是大总统这个职位,而是大总统统治全国的地位和象征。他们想要当总统,就是要争"大位"、成"大统"。在那个时代,无论是孙中山还是袁世凯看来,作为临时大总统,都不只是一个简单的总统,不是像西方国家宪法中设置的行政首脑那样一个职位,而是类似于中国历史上一国之君式的人物,是一个国家的代表或象征,或者就是一个国家的"大统"。这个"大统"不只是行使国家行政权,而是要统筹全国的所有事务,做国家的主人,领导和指挥国家的一切活动。

孙中山先生坚持要求《中华民国临时政府组织大纲》采用总统制,就有这个意思。他曾说:"吾人不能对于惟一置信推举之人,而复设防止之法度。余亦不肯徇诸人之意见,自居于神圣,以误革命之大计。"①那时候,孙中山先生认为总统不应受到制约,他自己也不愿意身居总统高位做事却处处掣肘。到了《临时约法》,革命党人,包括孙中山先生却都认为需要对总统施加诸多约束。因为这时候,临时大总统即将易人。革命党人不愿意在交出大总统职位的时候,把国家统治权也随之交出去了。在革命党人的思想中,交出去的只是大总统这样一个职位,而不包括国家统治权,国家怎么统治、怎么管理,包括国家大政方针、发展走向等,还必须掌握在革命党人的手中,由革命党人画好路线图。革命党人这种"放位不放权"的思想,实质上就是传

---

① 邱远猷、张希波:《中华民国开国法制史》,首都师范大学出版社 1997 年版,第 294 页。

统的"大统"思维,是要维持自己的大统,将天下置于自己的手中。这种思想与传统封建皇帝的差别,只不过是从"家天下"发展到了"党天下",从一人一姓之尊荣发展到了一党之尊荣。

当然,革命党人的这种想法,也只能是一厢情愿而已。袁世凯接受临时大总统之职,岂能甘心只是接受一个空头衔?如果满足于一个空头衔,袁世凯已经是如愿以偿了,何必还有后面的种种举动。正是因为他也不满足于大总统这样一个职位,不能够忍受做一个清闲官,而是希望像历史上的"老大"那样,享受无上的尊荣,拥有无穷的权力,做一国之主,才会有后面的许多曲曲折折。从某种意义上说,袁世凯后来一系列反制革命党人的极端行为,就如同革命党人推翻大清王朝的革命行为一样,都是被对方逼出来的,都是由于各方皆想要缔造或维护自己的"大统"而导致的。正如有的学者所说:"没人否认,袁氏是一个极能干、极精明的人;如果他在美国,说不定能有华盛顿的成就。为什么在中国就只能做权欲熏心的袁世凯呢?甚至即便华盛顿来中国,或许也会成了袁世凯。"①之所以如此,就是因为国人缺乏合作和妥协精神,不愿意与他人共享权力和地位,不崇尚通过谈判协商解决问题,即使走上谈判桌,也要么是盛气凌人、毫不相让,要么是无奈之举、别无选择,或者就是作为一种策略,以拖待变。国人遇上"大是大非"的大矛盾,大都习惯于战场上一见高下,然后,胜者王侯败者寇,由自己独享"大统"。而英美文化背景则不是这个样子的,他们比较愿意通过谈判理性解决问题,形成共同遵守的规则,合作追求各方利益的最大化。"英美立宪之所以能发生'奇迹',当然并非只是因为他们的宪法意识特别强。前篇开始即强调,之所以要立宪,是为了保护利益,不过是长期而非短期利益;如果只是为了眼前的利益,琢磨立宪这等徒劳无功的事儿干嘛?打出个新主来,然后利益分赃就得了。这基本上是猴群的规则。托克维尔在《美国的民主》中说,美国人是'理性的利己主义者';他们会和他人合作,不是想当'雷锋',而是为了更好地实现自己的长远利益。"②

长期以来,中国社会都是由家而国,由家长及国君。在这种社会结构

---

① 张千帆:《美国立宪启示》,载《经济观察报》,http://www.eeo.com.cn/2013/0816/248568.shtml,下载日期:2013 年 8 月 16 日。

② 张千帆:《美国立宪启示之二——国家是谈出来的》,载北大公法网,http://www.publiclaw.cn/article/Details.asp? NewsId=4489&Classid=7&ClassName,下载日期:2013年 8 月 29 日。

中,无论是家长还是国君,俨然就是一个统一的象征,而不仅仅是一个头衔或者职位、称呼之类,其权威包括所有方面,不容许有任何挑战。谁能占据这个位子,谁就是全能的统帅,其他人都必须在他之下,服从他的号令。社会各方面也都必须围绕他转。这大概就是通常人们所说的赢者通吃。所以这个位子几乎是每一个人梦寐以求、可望而不可得的东西。每一个人,只要有可能,都会千方百计地谋求这个位子。这个位子绝不仅仅只是西方国家法律上设置的那种职位,不仅仅只是社会的某一个角色,而是一种绝对的地位、尊严、权力和象征。这大概也是中国人都想做"老大"的原因。在中国,"宁做鸡头,不做凤尾"的观念深入人心,成为大多数人的行为模式。

　　在这样一种社会大背景下,贵为国家总统的职位之争,绝不仅仅只是总统这个职位之争,而是"大统"之争、"大位"之争。梁启超在《各国宪法异同论》中,曾将大总统称为"大统领",似乎也是中国传统大统思想的体现。梁启超说:"共和国之大统领,必由公举,定期更任,而其选举之法,法国、瑞士则由国会,英国则特开选举统领会以举之。"①

_____

① 《清议报》报馆:《清议报》(卷九),中华书局 2006 年版。

第六章

# 民代机关之形同官场

在中国历史上，自秦朝郡县制建立以来，逐渐形成了行政权主导的科层制管理模式，国家和社会管理的主导权完全掌握在行政长官手上，至于西方的代议机关，长期以来在中国都是空白的。晚清时期，国门洞开，随着西方文明的传入，内忧外患之中的清朝政府开始被迫引进西方宪法和法治，民代机关就是在这种背景下随着预备立宪而建立起来的。

由于中国长期以来都没有专门的民代机关，在中国历史上，有资格并且能够以人民利益代表自居的只能是统治者，而不可能是其他任何人。故长期以来，中国的人民利益代表就是官府，民代机关与官府从来就没有分开过。近代中国立宪运动中建立的民代机关从诞生之日起就是在官方主导下建立起来的，民代机关的代表人选也是在官方主导之下产生的。这样一来，民代机关及其代表的思维方式、所持立场就有可能与官府等同或接近，因而有可能导致民代机关不代表人民，不站在人民的立场上讲话，反倒站在统治者的立场，为维护统治者的统治服务。

## 一、晚清民代机关的产生

我国历史上，专门民代机关的建立是晚清时期才开始的，最早的民代机关首推晚清政府时成立的咨议局和咨政院。1906 年，清政府迫于各方压力，发布了预备立宪上谕，开始了君主立宪政体的筹备工作。此后，在立宪党人的推动下，全国范围内掀起了一场时间长、范围广的国会请愿运动。国会请愿运动开展签名、交请愿书、上奏折等活动，新闻报刊等舆论工具也纷纷发表速开国会的呼声。一时间,"似乎只有速开国会,才能挽救民族危亡"的氛围弥漫全国,清政府内部即使是反对派人物也不敢随便发声。

碍于预备立宪上谕已经发布,又迫于方方面面的压力,1907 年 9 月 20日,清政府发布了设立咨政院的上谕,准备成立咨政院,作为成立国会的前奏和准备,为成立国会积累经验。在设立咨政院的上谕中,皇帝说道:"立宪政体,取决公论,上下议院实为行政之术。中国上下议院,一时未能成立,亟宜设咨政院,以立议院基础。著派溥伦、孙家鼐充该院总裁,所有详细院章,由该总裁会同军机大臣妥慎拟订,请旨施行。"①随后,1907 年 10 月 19 日,清政府又发布了着各省速设咨议局的上谕。上谕说:"前经降旨于京师设立资政院以树议院基础,但各省亦应有采取舆论之所,俾其指陈通省利弊,筹计地方治安,并为咨政院储材之阶。着各省督抚均在省会速设咨议局,慎选公正明达官绅创办其事,即由各属合格绅民公举贤能作为该局议员,断不可使品行悖谬营私武断之人滥厕其间。凡地方应兴应革事宜,议员公同集议,候本省大吏裁夺施行。遇有重大事宜,由该省督抚奏明办理。"②

上述设立咨政院上谕和着各省速设咨议局的上谕发布后,在中国具有破天荒意义的代议机关成立工作随即展开。1909 年 10 月 14 日,经反复修订斟酌的咨政院院章获准奏颁行。该院章是咨政院的基本章程,共 10 章65 条,对咨政院各方面的基本问题均有规定,内容有:总纲、议员、职掌、咨政院与行政衙门之关系、咨政院与各省咨议局之关系、咨政院与人民之关系、会议、纪律、秘书厅官制、经费等。院章最后还有附条 2 条,内容分别为:本章程奏准奉旨后,以宣统元年九月初一日起为施行之期;本章程未尽事宜,由总裁、副总裁会同军机大臣奏明办理。

根据《咨政院院章》的规定,咨政院设总裁 2 人,副总裁 2 人或 4 人,由特旨简充。议员共计 200 人,由钦定和互选两种办法产生,各占一半。钦定议员包括宗室王公世爵 16 人、满汉世爵 12 人、外藩王公世爵 14 人、宗室觉罗 6 人、各部院衙门官员 32 人、硕学通儒 10 人、纳税多额者 10 人。选举产生的议员由各省咨议局从咨议局议员中选举产生,共 100 人。咨政院议员每届任期为 3 年,期满一律改选。咨政院的职权主要有立法权、财政权、议

---

① 夏新华等:《近代中国宪政历程:史料荟萃》,中国政法大学出版社 2004 年版,第 80页。

② 夏新华等:《近代中国宪政历程:史料荟萃》,中国政法大学出版社 2004 年版,第80～81 页。

事权。事件议决后,由总裁、副总裁会同军机大臣或各部行政大臣奏请皇上裁夺施行。对于咨政院议决的事项,若军机大臣或各部行政大臣不以为然,可以送咨政院复议,如果咨政院仍执前议,则双方分别具奏,各陈所见,恭请圣裁。咨政院会议分为常年会和临时会两种,常年会会期自九月初一日起至十二月初一日止,若有必须接续会议之事件,会期可以延长1个月。常年会会期之外,若遇有紧要事件,由行政衙门或总裁、副总裁协议,或议员过半数陈请,并奏明圣上特准,可以召开临时会议。

由于《咨政院院章》是咨政院的基本章程,许多规定原则性很强,操作性不足,该院章获准公布施行后,为弥补这一基本章程原则性规定的不足,规范咨政院各项活动,细化院章各方面内容,《咨政院议员选举章程》《咨政院议事细则》《分股办事细则》《咨政院旁听细则》《各部院衙门官互选咨政院议员详细规则》等规范文件相继公布。

在各项准备工作基本就绪后,1910年5月9日,清帝下谕确定9月23日为咨政院正式成立的日期。咨政院议员人数依据院章应为200人,其中100人由皇帝钦定,另100人由选举产生。后因新疆没有成立咨议局,也没有选举产生咨政院议员,实选议员数为98人,为了体现对等公平,钦定议员也减少到98人,咨政院议员实际人数合计总共为196人。

1910年9月23日,所有议员均到达北京,大清帝国咨政院正式成立。10月3日(农历九月初一),咨政院第一次常年会正式开会,会期100天。次年,咨政院又召开了第二次常年会。此后,随着清政府的灭亡,咨政院也便寿终正寝。

晚清政府咨政院成立,在我国历史上是开天辟地的大事,在此以前,漫长的封建专制统治时期内,我国都没有专门的议事机关,也没有选举和选举制度。咨议局和咨政院的成立,是我国代议机关的开始,也是我国选举的开端,对后来民主和法治建设具有重要的意义,为后来中华民国的法治建设也积累了一定的经验,提供了一定的人才储备。据有关资料记载,各省咨议局的议员大都具有良好的品性、接受过较长时间的教育,总体上属于知书达礼型的人物,开会议事也能做到井然有序、彬彬有礼。尽管当时的咨议局议员选举还只是在极小部分人员当中进行,绝大多数贫苦民众和缺少接受教育机会的人员都不具备选举和被选举的资格,议员名额的分配依据也不是根据各地人数多寡,而是根据以往科举考试的成绩,很多具有选举资格的人员对选举的热情也不够高,全社会的民主法治意识和选举意识、权利意识都还相当薄弱。但无论如何,这次选举和民代机关的成立,毕竟是亘古未有之事,对中国社会的影响和冲击都不可低估。正如当时的《宪政月刊》对设立咨政院的评价所言,"匪特为本朝三百年未有之创举,亦为中国二千年来历史上所未有之创举"[①]。

# 二、辛亥革命后的民代机关

## (一)各省都督府代表联合会

1911 年 10 月,武昌起义爆发,并一举取得胜利,此后,南方各省纷纷响应,宣布脱离清政府统治。在一片大好的革命形势面前,成立专门机关统一领导南方革命事业,已经变得迫在眉睫了。于是,不少人主张成立临时政府。为成立临时政府,必须首先成立民主的选举机关,选举产生临时政府组织人员。

1911 年 11 月 15 日,部分独立省区派代表先期集合到了上海,并在上海召开了第一次代表大会,会议决定本会名称为:各省都督府代表联合会。上海会期从 11 月 15 日到 11 月 28 日,除确定会议名称外,还议决:承认武昌为中华民国中央军政府,以鄂军都督执行中央政务,并请以中央军政府名义委任伍廷芳、温宗尧为民国外交总长、副长。

由于武昌方面坚持要求各省都督府代表会议移师武昌,11 月 23 日,会议决定,各省代表同赴武昌,讨论组织临时政府事宜。11 月 25 日,会议又决定,"各省代表赴鄂,宜各有一人留下沪;赴鄂者议组织临时政府事,留沪者联络声令,以为鄂会后援"[②]。

11 月 30 日,独立各省代表悉数来到汉口,继续开会,讨论成立临时政府相关事宜。出席会议的代表有:江苏的马君武、雷奋、陈陶遗;浙江的陈毅、陈时厦、汤尔和、黄群;福建的潘祖彝;湖北的孙发绪、时象晋、胡瑛、王正

---

① 夏新华等:《近代中国宪政历程:史料荟萃》,中国政法大学出版社 2004 年版,第 81 页。

② 刘星楠:《辛亥各省代表会议日志》,载全国政协文史资料研究委员会编:《辛亥革命回忆录》(第六集),中华书局 1963 年版。

廷；湖南的谭人凤、邹代藩；广西的张其锽；四川的周代本；安徽的赵斌、王竹怀、许冠尧；直隶的谷钟秀；河南的黄可权；山东的谢鸿焘、雷光宇共 23 人。① 谭人凤被推举为临时议长。

汉口会议自 11 月 30 日起至 12 月 8 日止。11 月 30 日议决，从次日起停战 3 天，期满可速停战 15 天，由袁世凯和黎元洪各派代表进行和谈，并议决四项和谈条件，包括：推翻满清政府、承认共和政体、礼遇旧皇室、给满人以人道主义待遇。12 月 2 日，又议决，若袁世凯反正，当公举为临时大总统。12 月 3 日，通过《中华民国临时政府组织大纲》。

鉴于苏浙联军 12 月 2 日攻占南京，12 月 4 日，会议议决，联合会移师南京，以南京为临时政府所在地，并将进行临时大总统的选举。会议还决定，各省代表于 7 日内齐集南京，通电各省告知会议情形，请尚未派代表的省份速派代表到会，待 10 个以上省份的代表到会，即召开选举会。

1911 年 12 月 12 日，各省都督府代表联合会在南京继续召开，到会代表来自 14 个省份，共有 39 人。12 月 29 日，临时大总统选举时，到会代表有 17 个省的 45 人，另有 2 名华侨代表列席会议。南京阶段的会议持续到 12 月 31 日，共完成了四个方面的议题：一是选举孙中山先生为中华民国临时大总统；二是修改了《中华民国临时政府组织大纲》；三是议决组织参议院，取代各省都督府代表联合会；四是议决改用阳历为中华民国纪年。

各省都督府代表联合会由各省都督委派的代表组成，是当时的民主决策机关，也是最高决策机关，具有立法和总统选举等大权。该会议前后共经历了三大阶段，分别在上海、武汉、南京召开，完成的最为重要的使命就是组织起了中华民国临时政府，结束了武昌起义以来"迁延两月，头绪全无"的局面。

## (二)临时参议院

1911 年 12 月 29 日，各省都督府代表联合会通电各省都督府，"现临时政府依次成立，代表责任已毕，立须组织参议院。据临时政府组织大纲，参议院由每省都督府派遣议员三人组织之，即请从速派遣参议员三人付与正

---

① 刘星楠：《辛亥各省代表会议日志》，载全国政协文史资料研究委员会编：《辛亥革命回忆录》(第六集)，中华书局 1963 年版。

式委任状,剋日来宁"①。

1912 年 1 月下旬,各省参议员纷纷来到南京,部分尚未推选参议员的省份则以原来的代表代行参议员职责。1912 年 1 月 28 日,临时参议院在南京成立,各省都督府代表联合会同时宣告解散。是日上午 11 时,参议院成立大会召开,参加会议的议员(包括代理参议员)有 31 人,缺席 11 人。临时大总统孙中山先生率行政各部总长、次长出席了成立大会。孙中山先生在会上发表了演说,他说道:"革命之事,破坏难,建设尤难……建一议,赞助者居其前,则反对者居其后矣;立一法,今日见为利,则明日见为弊矣。又况所议者国家无穷之基,所创者亘古未有之制。其得也,五族之人受其福;其失者,五族之人受其祸……呜呼! 破坏之难,各省志士先之矣;建设之难,则自今日以往,诸君子与文所黾勉仔肩而弗敢推谢者也。"②1 月 29 日,以无记名投票方式选举产生参议院正、副议长各一人,议长为林森,副议长为陈陶怡。陈陶怡当选不久即辞职,后补选王正廷接任。

参议院成立之初,各项活动并没有专门的法律法规加以规范,其活动的法律规范依据主要是《中华民国临时政府组织大纲》第二章关于参议院的规定。1912 年 3 月 11 日《中华民国临时约法》公布施行后,则主要以临时约法相关规定为依据。直到 1912 年 4 月 1 日,《参议院法》才得以公布施行。

1912 年 4 月 2 日,南京临时参议院议决通过临时政府北迁案。临时参议院随同政府一并迁往北京。为配合北迁,4 月 5 日,南京参议院又议决休会,休会期为 15 天。4 月 21 日,全体议员到达北京,4 月 25 日,参议院在北京继续开会。

参议院北迁后,形成上已经成为统一的中华民国的民意代表机关。北迁后的参议院与南京参议院相比较,已经发生了诸多变化。最中最为重要的一点就是,北京参议院已经不再由同盟会会员掌控,同盟会在参议院的绝对支配地位从根本上发生了动摇。由于南北统一,北迁后的参议院,已不再只是南方各省的代表,加之南京参议院的代表由都督指派,其代表性遭到诸多质疑,于是在北迁的过程中,北京政府下令在全国举行了一次参议员选举,于是,北方势力的不少代表也都参加到了参议院之中,这样一来,待参议

---

① 邱远猷、张希波:《中华民国开国法制史》,首都师范大学出版社 1997 年版,第 331 页。

② 《孙中山全集》(第 2 卷),中华书局 1982 年版,第 44～45 页。

院在北京重新开会时,已经形成了同盟会、共和党、统一共和党三足鼎立的局面,而且,在议长、副议长等领导职位选举时,由于共和党和统一共和党的合作,所有领导职位皆被两党包揽,彻底改变了南京参议院时期由同盟会包揽参议院领导职位的局面。直到后来统一共和党与共和党发生矛盾,继而与同盟会合作共组国民党,国民党才又重新成为参议院的多数党,在参议院中居于主导地位。

北京参议院履职期间,大量时间花在了国会筹组及相关法律制定上,共制定了30多部与国会、省议会组织和选举相关的法律,主要有:《中华民国国会组织法》、《参议院议员选举法》、《众议院议员选举法》、《省议会暂行法》、《省议会议员选举法》等。所有这些工作,为中华民国第一届国会的成立打下了很好的基础。

## (三)中华民国第一届国会

1913年4月8日,中华民国第一届国会在北京正式成立,同日,北京参议院举行闭会仪式,宣告正式结束。依据《中华民国国会组织法》的规定,中华民国国会实行两院制,由参、众两院组成。其中,参议院议员名额为274名,众议院议员名额为596名,两院议员相加共为870名,时人戏称"八百罗汉"。后因中央学会8名参议员没有能够如期产生,参议院议员实际人数为266人。

在中华民国第一届国会议员中,由同盟会改组而来的中国国民党拥有多数席位,成为国会第一大党。为了与国民党相抗衡,袁世凯一方面笼络其他党派,另一方面又组织了一个受命于自己的公民党。与此同时,还使出各种手段,分化瓦解中国国民党。这样一来,第一届国会中的党争、权争气氛浓郁,后来发展到公开对抗,突出表现在《中华民国临时约法》的修改、《天坛宪草》的起草和先选总统还是先制定宪法等问题上。

按计划,中华民国第一届国会的重要任务之一就是制定《中华民国宪法》。宪法的制定需要经过起草、审议、表决三大阶段。其中,国会宪法起草委员会负责宪法起草工作,起草完成定稿之后,交国会宪法审议会议审议,审议完毕后再交由国会宪法会议表决通过。宪法审议会和宪法会议均为国会参众两院合会,前者要求国会半数以上议员出席方可进行审议,后者则要求国会三分之二以上议员出席。

国会成立后不久,宪法起草准备工作旋即展开。其间,袁世凯提出增修临时约法,被国会以宪法即将起草制定、无须再对《临时约法》进行修改为由挡了回去。"关于宪法起草委员会的组成人选,参议院在国会成立不久率先通过决定,由参、众两院各选出 30 人组成,这一决定很快得到众议院的认同。6 月 25 日和 6 月 27 日,两院分别通过宪法起草委员会委员选举规则。6 月 30 日和 7 月 2 日,两院各自选出宪法起草委员会委员 30 人,共同组成宪法起草委员会。7 月 12 日,宪法起草委员会成立大会在众议院举行。宪法起草委员会设委员长 1 人,理事 7 人,书记长 1 人,书记员 5 人,录事 6 人,速记员 9 人,庶务员 3 人,会计员 1 人。"①

宪法起草委员会于 7 月 21 日正式开会,从第四次开会起,会议地点移到了天坛的祈年殿。在宪法起草委员会制宪期间,围绕宪法的内容、先选举总统还是先制定宪法等问题,在宪法起草委员会和袁世凯之间展开过激烈的斗争。正是因为这些斗争,导致中华民国第一届国会未能善始善终。

第一届国会 1913 年 4 月 8 日成立后,生生死死,几经反复。1914 年 1 月 10 日,因与袁世凯的斗争,遭袁世凯强令解散。袁世凯死后,黎元洪继任大总统,宣布 1916 年 8 月 1 日复开国会而恢复。1917 年 6 月 12 日,因与段祺瑞的斗争,黎元洪本想借助张勋的力量抗衡段祺瑞,谁知反遭张的要弄,张先是逼迫黎元洪解散国会,继而又逼走黎元洪,上演了一场复辟闹剧。待到直系军阀掌控北京政权后,1922 年 8 月 1 日,首届国会再度在"恢复法统"的口号中得以恢复。直系政权垮台后,1925 年 4 月 24 日,民国第一届国会再度遭段祺瑞解散,从此再未复会。

中华民国第一届国会遭遇的这些坎坎坷坷,原因可以追溯到国会成立前。可以说,第一届国会议员选举的时候,国会的坎坷命运就已经埋下了隐患。在选举的过程中,袁世凯对国会议员选举并没有怎么在乎,他先后将孙中山、黄兴请到北京后,运用各种手腕骗取了二人的信任,孙中山、黄兴都公开肯定袁世凯,并表示对袁世凯全力支持。宋教仁也策略性地退去国民党的激进色彩,表现出与袁世凯合作的姿态。在这种形势下,袁世凯以为大局已定,国会选举无非就是那么回事,一帮乌合之众没有什么难对付的,中国的事情还是要由他来说了算。

然而,对于国会选举,国民党和当时的代理理事长宋教仁先生却是十分

---

① 严泉:《失败的遗产——中华首届国会制宪》,广西师范大学出版社 2007 年版,第 52 页。

在乎的。国民党和宋教仁全力以赴,志在必得,调动各种因素,动用各种办法,为国民党的议员候选人争取选票。功夫不负有心人,选举结果,国民党大获全胜,在参众两院的席位数均是遥遥领先。消息传来,国民党和宋教仁自然是兴奋不已。当时国民党和宋教仁的思路是,走政党政治道路,通过赢得国会大选,由国会多数党组织内阁,进而通过内阁把持国家大权,虚置大总统。在国民党看来,总统可以继续由袁世凯来做,也可以另选脆弱无能之人,如黎元洪,但内阁必须掌握在国民党人手中。国会大选结果出来后,宋教仁以为自己组阁的愿望即将实现,开始积极筹备组织内阁。

这种情况让袁世凯始料不及,若再任其发展,自己必然大权旁落,甚至要告老还乡,卷铺盖走人。老奸巨猾的袁世凯这时不得不采取极端手段,奋力反击,置宋教仁于死地。1913 年 3 月 20 日,眼看国会成立的日子为期不远,袁世凯的杀手扣响了暗杀宋教仁的扳机,宋教仁先生倒在了上海火车站的血泊之中。

宋教仁的死给了沉浸在国会选举胜利喜悦中的国民党人当头一棒,也让国民党人重新认识了袁世凯。宋死后,孙中山先生主张兴兵讨袁。他说:"国会乃口舌之争,法律无抵抗之力,各省都督又多仰袁鼻息,莫敢坚持,均不足以戢予智自雄、拥兵自卫之野心家。欲求解决之方,惟有诉诸武力而已矣。"[①]但黄兴等其他国民党的领导人都认为,立即起兵准备不足,必至局势糜烂,主张先通过法律手段解决。由此,第一届国会内部斗争在所难免,国会的命运也必然是多舛的。

## (四)中华民国第二届国会

中华民国第一届国会成立后,起起伏伏,经历了三大阶段。第一阶段从 1913 年 4 月 8 日到 1914 年 1 月 10 日,第二阶段从 1916 年 8 月 1 日到 1917 年 6 月 12 日,第三阶段从 1922 年 8 月 1 日到 1925 年 4 月 24 日。期间,1918 年 8 月 12 日到 1920 年 8 月 30 日,段祺瑞还主导成立过中华民国第二届国会,又称安福国会。此外,1917 年 8 月 25 日到 1922 年 6 月 16 日,孙中山先生在广州还召集了护法国会。

袁世凯死后,黎元洪恢复法统,府院之争较之以往有过之而无不及,终致双方闹翻。率辫子军进京调解的张勋,不仅没有解决问题,反而导演了一

---

　① 谷丽娟、袁香甫:《中华民国国会史》(中),中华书局 2012 年版,第 504 页。

出复辟闹剧,给了段祺瑞一次推翻帝制、再造共和的机会。

按理,共和再造、复辟肃清后,段祺瑞应该着手恢复《临时约法》的权威,重新召集被解散的国会。但以段祺瑞为首的皖系军阀同袁世凯一样,都对《临时约法》痛恨有加,故在他们控制北京政权后,随即安排冯国璋任代理总统,并决定重新组织国会。其口头理由是:"中华民国已为张勋复辟灭之,今国家新造,应依照第一次革命先例,召集临时参议院,重定国会组织法及选举法后,再行召集新国会。"①

段祺瑞一手操弄组织起来的第二届国会,史称安福国会。安福国会成立后,1918 年 12 月,组成了一个宪法起草委员会。1919 年 8 月 12 日,宪法起草委员会完成了宪法草案。但因抵制反对的声音较多,无法凑足宪法会议所需的法定人数,宪法会议始终无法召开,安福国会的制宪活动也胎死腹中。

就在北京政府组织第二届国会的时候,孙中山先生也在南方号召抵制北京政府和第二届国会,并在广州另行组织护法军政府和护法国会。1917年 7 月,已有 130 多名议员响应孙中山先生的号召,南下广州,8 月 25 日,南下议员在广州召开会议,9 月 1 日,选举孙中山先生为大元帅,指挥护法战争。1921 年 4 月,护法国会又选举孙中山先生为非常大总统。

这一时期,中国大地上又出现了南北两个政府和两个国会。这两个政府和国会互不承认,相互斗争。不过,从国际层面看,北京政府倒是得到了大多数国家的承认。这一时期,国际上基本认为北京政府是中国唯一合法的政府。1919 年 9 月,代表中国在《协约及参战各国对奥地利和约》上签字的是北京政府,1922 年 2 月,代表中国在《九国关于中国事件应适用各原则及政策之条约》和《中日解决山东悬案条约》上签字的也是北京政府。


# 三、民代机关代官甚于代民


综观晚清和民初的民代机关,不少议员,甚至可以说是大多数议员,都

---

① 张学仁、陈宁生:《二十世纪之中国宪政》,武汉大学出版社 2002 年版,第 103~104 页。

不是真正的人民代表,他们并不代表广大人民群众的利益,也不是为人民群众的利益而来。实际上,他们是谁有权就代表谁,谁给钱就代表谁,或者说是成了有钱有势者的代言人,而不是劳苦大众的守护神。

在这些议员中,有代表党派的,有代表军阀的,有代表自己的,唯独没有代表人民的。尤其突出的是,议员们代官不代民,代党不代民,以官府和党派意志为意志,全然忘记了民众整体的利益,因而沦落成为权争和党争的工具,每天忙于权力的争夺。议员们"全不以救国救民为心,捣乱行私,不成事体,凡吾国所最尊重之道德,皆彼辈之所贱视,这些人私欲迷心,躁器悖谬,除党争兼纵欲外,一无所知"①。

## (一)代议机关成了权争机关

中华民国成立后,最初的代议机关是南京临时参议院。南京参议院成立于中国将统未统之时,参议院成立后,南北双方达成和议,国家宣告统一,北京的袁世凯即将接替南方的孙中山,担任中华民国临时大总统。就在这时,参议院加紧扩大自己的权力,想方设法控制总统行政权,把代议机关变成了典型的权争机关,突出表现就是赶制《中华民国临时约法》,通过法律固化参议院权力,压制新任总统的空间,从而开启了民国立法机关与行政机关、总统府与国务院权争的大门。

南京参议院制定《临时约法》的目的显然就是限制和控制袁世凯,而不是像一般宪法原理要求的那样对权力给予控制和约束。因为在此以前的临时政府组织大纲并没有给代议机关如此巨大的权力,也没有对行政权进行如此多的限制和拆分,可见其控制的对象不是权力,而是个人。为了控制袁世凯,《临时约法》设计了一个超级代议机关,将所有重要国家权力都收入参议院手中,从而导致了议会专权,把民代机关变成了专断擅权的权争机关。

根据《临时约法》的规定,参议院几乎拥有全部国家重要权力,包括:立法权、财政权、同意权、选举权、质询权、弹劾权等。对于总统的行政权,《临时约法》则给予了诸多限制,同时还设计了一个国务内阁对其权力进行拆分牵制。根据《临时约法》第 33 条、第 34 条、第 35 条的规定,临时大总统制定官制、官规,须交参议院议决;临时大总统任命国务员及外交大使公使,须得参议院之同意;临时大总统经参议院之同意,得宣战媾和及缔结条约。除了

---

① 金满楼:《门槛上的民国》,新星出版社 2013 年版,第 274 页。

规定总统行使重要权力需要参议院同意之外，为牵制总统，临时约法又规定，总统行使某些权力需要得到总理的副署，导致事实上的双重行政首脑，埋下了民国初年长时间府院之争的种子。

《临时约法》这种制度设计是在南京参议院由同盟会会员一统天下的情况下进行的，其用意即防止统一之后的袁世凯等北洋军阀，目的就是要把袁世凯关进《临时约法》的笼子里。当然，南京参议院议员这种一边倒的做法，在不知不觉中也把自己变成了权争的工具，这一点，也许当时的参议员还没有能够充分意识到。

由于《临时约法》过分强调参议院的权力，不恰当地压缩总统的权力，在当时即遭到不少批评。关于参议院的用人同意权，有人这样评价道："大总统由参议院选举，总统所委任之国务总理得参议院同意，已足以防止其偏私，乃更于总理所组织之各国务员及大使公使皆须得参议院同意，未免以立法院而干涉用人之权。该院万能不只是变君主一人之专制而为少数参议员之专制，且同意之标准难定，稍有才智之士鲜不为人猜忌，自非乡愿不能通过，则其政策与能力未必即与国务总理相合，足资臂助。假有失败和，责任谁归？为此总理不亦难乎？"[1]对于参议院的弹劾权，继而评论说："参议员为原告，国务员为被告，必经第三者之审判方能判决。此自然之理，由各国通例。下院发起弹劾须由上院或另组成最高机关裁判。防少数专断之流弊，而免政治之动摇。今参议院之人数过少，而又非由民选，使滥用此非常之大权，当此争权最烈，政党政府未成之日，思应国务员之位置者甚多。一言弹劾即赞成必众，吾恐国务员之更换频繁，虽龟下烂羊亦将应选。何暇谋政治之进行乎？综览约法全部，无非以揽权猜忌之心制为荒谬抵触之法。"[2]

南京参议院这种揽权争权的做法，理所当然地会遭到北方势力的反对，会激起北方势力的反弹。在北方人物看来，当时的中国可以没有国会，不能没有总统，可以总统专权，不宜国会专权。徐世昌就认为："民国可以十年无国会，不能一日无总统。因为国会吵吵闹闹，无非争权，大总统不能取消议员，议员反而时不时弹劾大总统。约法不能建立一个强有力的政府，反而使

① 《临时约法商榷书》，正文第 6~7 页，作者和出版商不详。
② 《临时约法商榷书》，正文第 7~8 页，作者和出版商不详。

政府俯首听命于国会,这实在是一种轻重倒置,大谬不然。"①

徐世昌的这种看法代表了当时北方阵营的看法。南京参议院这种不顾北方意见和态度,只顾自己痛快的做法,在事实上证明了当时的参议院还不是一个法治的代议机关或立法机关,而是一个权力斗争的阵地。既然如此,在南北统一完成,袁世凯担任大总统之后,必然会招致强烈的反弹。同时,南北双方的斗争和角力也必然会把代议机关推到风口浪尖,给代议机关自己带来不必要的困扰。

## (二)代议机关成了党争机关

民初的民代机关,前期的各省都督府代表联合会及南京参议院因代表和议员几乎是清一色的同盟会会员,党争尚未显露,权争主要表现在南北两大集团之间,尤其是南北即将统一之时,南方不甘心将政权拱手相让,而以《临时约法》为工具,通过法律手段扩大自己的权力,压缩对方的空间。到北京参议院时期以后,特别是第一届国会,包括第二届国会期间,民代机关构成复杂,已经不仅仅只是权争,而且变成了错综复杂的党争机关,各党派通过自己的议员等在场内外,通过合法和非法的手段,演出了一幕幕党争闹剧。

早在第一届国会议员选举期间,国民党就在谋划布局如何控制国会,进而控制政权。此时的宋教仁将主要精力放在了国会选举方面,他的计划是,先争取在国会选举中获胜,然后通过在国会的优势地位,重新选举民国大总统,换掉袁世凯,即使不能换掉袁世凯这个大总统,起码也可以组织一个政党内阁,架空袁世凯,让国民党掌握实权。在 1913 年 1 月 8 日国民党湖南支部的欢迎会上,宋教仁曾说:"为今之计,须亟组织完善政府。欲政府完善,须有政党内阁。今国民党即处此地位,选举事若得势力,自然成一国民党政府。兄弟非小视他党,因恐他党不能胜任,故不得不责之国民党员……此次选举,须求胜利,然后一切大计划皆可施行。"②

为赢得国会大选,国民党改组成立后,一方面四处发展党员,扩大党的规模和影响,另一方面制订了详细的选举工作方案,在全国范围内展开竞选活动。为扩大党员数量,壮大党的声势,国民党抛开党纲和党义,只要有人

---

① 金满楼:《门槛上的民国》,新星出版社 2013 年版,第 112 页。
② 宋教仁:《宋教仁集》(下册),中华书局 1981 年版,第 446 页。

愿意加入就一概笑纳,更有甚者,还四处活动、主动出击,将各色人等拉入党内,甚至赵秉钧内阁也全数加入了国民党,以至于国民党中央连一个准确的党员人数都拿不出来,连一本准确的党员名册也没有。在组织开展全国范围的竞选方面,国民党从总部派人下到各地,成立各地分支机构,以国会、省、县议会选举为目标,通过各种方式影响和把控选举。在推荐候选人的时候,精确计算,统一推荐名额,采取策略确保用最少的选票取得最大的效果。

功夫不负有心人。国民党的努力没有白费,选举结果出来,国民党成为国会参、众两院遥遥领先的第一大党。但也正是因为如此,第一届国会从成立之日起,就与党争纷扰结下了不解之缘。国会成立后,袁世凯为对抗国民党,采取了多种手段:一是软硬兼施分化瓦解国民党;二是支持促使在国会处于第二、第三、第四位的共和党、民主党、统一党合并成立进步党,与国民党抗衡;三是组织成立御用的公民党。

袁世凯的这些策略和手腕对搞垮国民党,搞乱国会发挥了巨大的作用,从袁世凯实现个人目的的角度来看也是成功的。因为他只需要搞垮了国民党,搞乱了国会,就没有一个与他对抗的坚强力量,他就可以浑水摸鱼,可以稳稳地抓住权力,稳坐钓鱼台了。由于国民党在改组的过程中,吸收了几个政治团体,又由于国民党为赢得大选将各色人等都收入囊中,此时的国民党看似国会第一大党,实则不少人都是各怀心事,同床异梦。在选举阶段,国民党和袁世凯合作的气氛很好,就连赵内阁全体成员都加入了国民党,在这种情况下,不少人都以为加入国民党可以有个好盼头,他日或许还能弄个一官半职。但在宋教仁案后,国民党与袁世凯公开闹翻,这些人也就极有可能倒向袁世凯这边,更何况还有袁世凯的糖衣炮弹。事实上,国会开幕之后,不出数月,国民党就出现了大分裂,先后分出去多个政治团体,失去了在国会的优势地位。

在共和党、民主党、统一党方面,袁世凯出钱出力,全力支持并力促梁启超等人将三党合并,成立进步党。进步党成立后,公开主张开明君主专制,自觉不自觉地成了袁世凯的有力支持者。在宋教仁案的处理方面,即使是案情大白于天下后,进步党也依然站在袁世凯一边,为袁世凯辩白。在善后大借款问题上,支持袁世凯不经过国会批准擅作主张。在先选举总统还是先制定宪法问题上,支持先选总统,早日把袁世凯推上正式总统的宝座。当然,由于进步党的根本主张毕竟不同于袁世凯,而是希望将中国引入渐进式的民主法治轨道,他们之间的合作早晚是要出问题的。当袁世凯越来越趋向于专制、进步党利用袁世凯实现中国的渐进民主愿望落空后，进步党自己的路也快走到了尽头。1913 年 6 月，刚成立不久的进步党就出现了分裂。再往后，梁士诒组织御用的公民党时，不少中坚力量就来自进步党。

国会成立之后的激烈党争，首先发生在议长选举期间。参、众两院议长选举时，在这几个党派之间就展开了一场激烈的斗争。由于袁世凯当初对国会选举在思想上不够重视，选举过程中没有给予太多的关注，待选举结果出炉、国民党意图显露出来之后，袁世凯再也不敢掉以轻心，于是特别在乎议长人选，因为，如果议长由国民党的坚定分子夺得，袁世凯势必更加难以驾驭国会。故在议长选举的过程中，袁世凯颇为用心，弄得各党派之间的斗争也是异常激烈，合纵连横，无不用其极，只要是能杯葛、阻挠、影响选举，无论是程序还是实体方面，都丝毫不会放过。结果，共和党、民主党、统一党等党派在袁世凯的暗中支持下如愿以偿，不仅成功阻挠议长、副议长的正常选举近一个月之久，而且一举拿下了众议院议长和副议长职位，国民党仅仅获得了参议院议长和副议长人选。

议长、副议长人选落定后，民国国会也并不太平。在接下来的一系列事件中，各党派之间，尤其是国民党和进步党之间，都存在较劲。诸如制定议院法、善后大借款、先选总统还是先制定宪法、外蒙问题、大总统选举法、宪法起草等等方面，各党派之间合纵连横、分分合合，斗争可谓是惊心动魄，"好"戏连连。

在宪法起草问题上，国民党利用国会第一大党的地位获得了宪法起草委员会的多数席位，接下来，各方在宪法起草过程中的斗争也更加激烈，此时的袁世凯已经从幕后走到台前，亲自干预宪法起草工作，袁世凯与国民党围绕《天坛宪草》的斗争是针尖对麦芒，各不相让。在干预手段失败后，袁世凯更是直接拿国民党开刀，甚至干脆解散了国会，致使民国第一届国会无疾而终。

袁世凯先是利用《临时约法》第 55 条之规定，无视宪法草案正在起草这一事实，向国会提出"增修约法案"。在 1913 年 10 月 16 日"致众议院咨请增修约法案文"中，袁世凯说："本大总统证以二十阅月之经验，凡从约法上所生障碍，均有种种事实可凭。窃谓正式政府之所以别于临时政府者，非第有一正式之大总统，遂可为中华民国国际上之美观而已也；必其政治刷新，确有以餍足吾民之望，而后可以收拾乱极思治之人心。顾政治之能刷新与否，必自增修约法始。盖约法上行政首长之职任不完，则事实上总揽政务之统一无望。故本大总统之愚以为临时约法第四章关于大总统职权各规定适用于临时大总统已觉得有种种困难,若再适用于正式大总统,则其困难将益甚。苟此种种之困难其痛苦仅及于本大总统之一人一身,又何难以补苴弥缝之术,相与周旋。无如我国民喁喁望治之殷,且各挟其生命财产之重,以求保障于藐躬,本大总统一人一身之受束缚于约法,直不啻胥吾四万万同胞之生命财产之重同受束缚于约法。本大总统无状,尸位以至今日,万万不敢再博维持约法之虚名,致我国民哀哀无告者且身受施行约法之实祸。"①在表达自己的心声之后,袁世凯还要求国会"从速议决见复"。

时隔两天,袁世凯又咨请国会要求承认其宪法公布权。在该咨文中,袁引用《临时约法》第 22 条"参议院议决事件,咨由临时大总统公布施行"和第 30 条"临时大总统代表政府,总览政务,公布法律"的规定,要求国会确认其宪法公布权。在此,袁世凯的用意很明显,他就是要告诉国会和宪法起草委员会,如果不接受他的意见,他完全可以利用《临时约法》赋予的法律公布权拒不公布宪法,这样一来,即使是国会通过了宪法,也只能是一张白纸。

国会收到袁世凯的这两个咨文之后,以宪法正在起草,不久即可完成为由拒绝了对《临时约法》的修改。同时,对其争宪法公布权的咨文则置之不理。于是袁世凯进而要求派人直接向宪法起草委员会陈述意见。在《袁世凯咨宪法会议派遣委员出席陈述意见文》中,他说:"大总统既为代表政府总揽政务之国家元首,于关系国家治乱兴亡之大法,若不能有一定之意思表示,使议法者得所折衷,则由国家根本大法所发生之危险势必酝酿于无形,甚或补救之无术,是岂国家制定根本大法之本意哉。本大总统前膺临时大总统之任一年有余,行政甘苦知之较悉,国民疾苦察之较真。现在既居大总统之职,将来即负执行民国议会所议宪法之责。苟见有执行困难,及影响于国家治乱兴亡之处,势未敢自己于言,况共和成立本大总统幸得周旋其间。今既承国民推举,负此重任,而对于民国根本组织之宪法大典设所知而不言,或言之而不尽,殊非忠于民国之素志。"②

然而,袁世凯要求派人出席宪法起草委员会陈述意见的咨文再一次遭到拒绝,理由是,根据规定,非两院议员不得旁听宪法起草委员会会议。"这样,以袁世凯和北洋军阀为代表的行政机关和以国民党为代表的立法机关

---

① 《政府公报》,1913 年 10 月 23 日。
② 吴宗慈:《中华民国宪法史》,法律出版社 2013 年版,第 177 页。

之间的矛盾,随着《天坛宪草》表决通过日期的临近日益白热化。然而,宪法层面上,国会权力优越过度的责任内阁制无法调和行政与立法机关之间的分歧。既然难以通过合法渠道加以弥合,必然使得二者之间的矛盾积重难返,最终导致寻求矛盾的外部解决,通过法律外的因素化解危机。"①

冷静地说,袁世凯身为总统,位居国家管理前线,具有丰富的政治经验,向宪法起草委员会陈述自己的个人意见和见解,理论上是可行的,实践上也是必要的。但袁世凯在法律轨道内的一切行动都被挡了回来,这就难免让袁世凯在法律轨道之外开辟战场,采取极端手段,尤其是对于袁世凯这样一个怀有专制野心又老奸巨猾的政治老手来说,就更难免如此。所以,中华民国第一届国会成立不到一年即被解散,有袁世凯方面的原因,也有国民党方面的原因。在国民党方面,突出原因在于,失去总统大位之后,谋求继续通过在国会中的多数席位来排斥异见,控制国家政治走向,不愿意真心听取其他声音,甚至对总统的政见亦不予理睬。这种思维背后反映的就是传统中国"打天下坐天下"思想。国民党自以为近代新型中国是他们领导革命创建的,故革命成功后新成立的中国就应该理所当然地按照他们的主张和主义行事,至于其他意见和主张都可以不放在眼里,即使如袁世凯所说"况共和成立本大总统幸得周旋其间",也全然置之不理。为实现其用一个主义"大统"国家的目的,国民党先是在放弃总统职位的同时,作了一系列安排和布局,如要求袁世凯南下就职、定都南京、制定《中华民国临时约法》等,继而在所有这些措施都没有能够实现预期目标的情况下,转而通过在国会中的多数席位,利用国会实现对政府的控制,进而控制全国,实现其一党主义。这让袁世凯无论如何都不能接受。在袁世凯看来,同盟会的革命并没有成功,中华民国的成立是其从中周旋,迫使清帝退位的结果。当时的国内,除了他,谁也不可能做到这一点,故他理应享受至尊至荣,岂能处处受掣于国民党?

## (三)代议机关没有反映社会多元利益

辛亥革命前,中国的经济社会结构与鸦片战争时期相比较,已经有了较大的变化,传统自给自足的农业经济体系已经被打破,城市手工业和农民家庭手工业也已遭到破坏,清政府苦心经营几十年的洋务运动也基本没落,代

---

① 朱勇:《论民国初期议会政治失败的原因》,载《中国法学》2000 年第 3 期。

之而起的是民间工商业资本。在"实业救国""设厂自救""抵制洋商洋厂"等民族呼声之中,这一时期,民族资本主义有了较快的发展。"据甲午战后1895年至1913年的不完全统计,在全国新的厂矿企业猛增至549家,其中商办企业就占了463家,居大多数,资本所占比重为549家资本总额中的75%;而官办、官商合办企办仅占86家,资本所占比重为549家资本总额中的25%……民族资本超过了早期官僚资本,民族资本从而成为中国本国工业资本的主体。"①

不过,尽管民族资本主义在这一时期已经有了较大的发展,中国经济结构已经发生深刻变化,但从整个形势看,中国农业经济的基本面依然没有动摇,农民依然是中国社会成员的绝对主体。"中国民族资本主义经济,在封建经济的汪洋大海中,仍然犹如几个孤岛;在小农经济的茫茫夜空中,依然好似繁星点点,若隐若现。"②

但是,无论是在晚清政府的代议机关,还是民国初期的代议机关中,数量庞大的中国农民都缺少自己的代表,这个在国民构成中的绝对主体部分都没有办法通过自己的代表发出自己的声音,无法在国家最高立法机关表达自己的意志和利益。

各省都督府代表联合会和南京临时参议院因不是民主选举产生,连北方代表都不曾有,更不必说农民和其他弱势群体代表,即使是全国范围内通过选举产生的中华民国首届国会也是全然不见农民和其他弱势群体代表,不能反映社会多元意志和利益。

中华民国第一届国会,"实际议员人数参议院为266人,众议院为596人。各党派人数由于党员交叉现象严重等原因,无法准确统计,故不同方面统计的结果各不相同,下面引用两种统计结果,大致可以说明国会议员的构成情况。第一种统计结果,参议院议员为,国民党158人,共和党49人,统一党4人,民主党2人,超然派3人;众议院议员为,国民党365人,共和党159人,统一党15人,民主党12人,超然派2人。第二种统计结果,参议院议员为,国民党123人,共和党55人,统一党6人,民主党8人,跨党派38人,超然派44人;众议院议员为,国民党269人,共和党120人,统一党18

---

① 邱远猷、张希坡:《中华民国开国法制史》,首都师范大学出版社1997年版,第15页。

② 邱远猷、张希坡:《中华民国开国法制史》,首都师范大学出版社1997年版,第15页。

人,民主党 16 人,跨党派 147 人,超然派 26 人"①。

从以上数据可以看出,第一届国会议员中,缺少来自社会底层民众的代表,社会各部分,尤其是弱势群众的利益无法在国会中得到有效表达,当然也无法进入国家决策的视野,不能转化为国家政策。

国家议会是如此,省议会也是如此。根据 1912 年 9 月 4 日《省议会议员选举法》的规定,"当选省议会议员者,必须是男子,年满 25 周岁以上,且具有选举人资格,名字载入了'选举人名册'之中。要符合选举人资格,则必须是在本选区内居住满 2 年以上,年纳直接税 2 元以上或有价值 500 元以上之不动产,有小学毕业或相当之文化程度。这样一来,妇女、文盲、穷人等都被排除在议员之外,而在当时的中国,妇女、文盲、穷人等绝对占国民人口的大多数"②。

由此,代议机关的功能和作用就不能很好地发挥出来,甚至根本就发挥不出来。根据代议理论,代议机关的功能和作用在于,让社会各种利益诉求在法律渠道内充分表达,在表达的基础上再对各种不同利益进行讨论整合,使各种不同诉求都得到考虑和回应,形成全社会共识,以此保证社会和谐稳定。但中华民国初期的民代机关因为缺少普通民众和弱势群体的利益代表,没有体现社会多元利益,当然也就没有办法通过民代机关实现国家稳定和谐。

当时的民代机关主要由各政党的代表构成,而当时的各政党并不是社会不同群体的利益代表,只是各自党派利益的代表。这些不同党派利益代表组成的国会,只会党争、权争,除了争论就是争吵。那时的所谓社会不同意见民主表达,不是民主法治本质要求的全社会代表和平讨论和交流,不是求同存异、共存共荣,而是专制社会"不是东风压倒西风,就是西风压倒东风"斗争的延续。在民代机关内部,各方力量都力图排斥异己,一家独大,听不进别人的意见,看不得别人的发展,以至于斗争到你死我活,在斗争中破产。

从国家和民族发展的角度来看,民国初年民代机关的缺陷除不恰当的

---

① 邱远猷、张希波:《中华民国开国法制史》,首都师范大学出版社 1997 年版,第 500~501 页。

② 夏新华等:《近代中国宪政历程:史料荟萃》,中国政法大学出版社 2004 年版,第 381 页。

党争、权争之外,最大的缺陷还在于,普通民众缺席。民初民代机关没有反映社会底层的利益,无法表达社会底层的声音,议院不是人民的议院,不是民众意见上达的通道,而是不同党派分赃扯皮的机构场所。

## (四)民代代官不代民

民国初期,民代机关的代表还不是通过选举产生的,至少不是由真正完整的选举产生的。辛亥革命胜利后不久成立的各省都督府代表联合会无论是形式上还是内容上都完全是各省都督府的代表,而不是各省人民的代表。由这个所谓的民代机关发展而来的中华民国参议院也依然是官方代表机关而不是人民的代议机关。1911 年 12 月 29 日,各省都督府代表联合会在议决成立参议院时,明确决定参议院由各省都督府选派 3 位议员组成,同时还议决,"照临时政府组织大纲,参议员系由各省都督府所派,至各省谘议局所派代表,仍称某省代表,得列席于参议院"①。这一决议,不仅明文规定参议院的议员由各省政府官方直接委派,而且彻底颠倒了民代与非民代的关系。依据这一决定,不仅民代不由民选,而且把晚清时期至少是形式上选举产生的咨议局所委派的代表放到了非民选代表的后面,只能列席参议院会议。所有这些都表明,这时候的民代是彻头彻尾的官代,是代官不代民的。

在《中华民国临时约法》中,关于民代机关代表的产生办法依然由各省自行决定,而不必通过民主选举产生。根据该法第 17 条、第 18 条的规定,"中华民国参议院由每行省、内蒙古、外蒙古、西藏各选派五人,青海选派一人组成。参议员选派方法,由各地方自行确定"②。

到中华民国第一届国会,形式上,国会议员是由选举产生的,但实质上,普通民众根本没法左右议员的产生。议员候选人的推举,选民选票的填写,大多掌握在官方渠道或各派系手中,各种力量通过各种办法把自己的代表确定为候选人,然后又通过各种办法左右选民投票,甚至伪造选票,直接代写选票等等。以至于最后选出来的国会议员,几乎没有一个普通民众的代表,全都是各方势力的代表。这些议员,不为国家民族计,不为人民利益计,一心只为自己的小团体打算,专心攫取自己的私利。"人民方面,则厌恶国

---

① 刘星楠:《辛亥各省代表会议日志》,载全国政协文史资料研究委员会编:《辛亥革命回忆录》(第六集),中华书局 1963 年版。

② 见《中华民国临时约法》。

会的心理与对于代议制的怀疑却一天高深一天。"①由于民代机关代表不是真正由人民选举产生的,这些代表当选议员后,不代表人民利益,只代表当政者的利益,或者只代表自己小团体的利益。议员们"全不以救国救民为心,捣乱行私,不成事体,凡吾国所最尊重之道德,皆彼辈之所贱视",这些人"私欲迷心,躁嚣悖谬,除党争兼纵欲外,一无所知"。② 总之一句话,大多数民代只为自己盘算,谁给钱就代表谁,谁有权就代表谁,简直就是一伙鸡鸣狗盗之徒,把国会搞得乌烟瘴气。直至后来人们干脆把这些议员叫作"猪仔议员",完全失去了对议员的信任,导致人们对国会和议员的厌恶。

1923年12月17日,在北京大学25周年纪念日民意测验中,关于信任国会问题的调查结果,相信者只有3票,不信任者666票。③ 顾维钧在他的回忆录里也说到,"我的同事们——有些是我的至交好友,有些亦曾在国外留学——一般地不像是能理解国会是整个政治制度的必要部分,而且他的地位为宪法所保证。相反,他们把国会看作是令人厌恶的东西"④。

# 四、代议机关的历史文化评析

## (一)中国历史上的选举

中国历史上,"选"与"举"两个字通常是分开使用的。若是把这两个字的含义分别与今天的选举一词比较,意义更为相近的是"举"字而不是"选"字。历史上,与"举"字连用而形成的词汇,有荐举、察举、推举、科举等。荐举包括自荐和他荐,是春秋战国到魏晋南北朝时期官员选任的主要渠道。察举是荐举与考察相结合的方式,察举需要对荐举的对象再进行考察,考察的方式可以是考试、谈话等等,察举录用官员其实就是在荐举的基础上增加了考察和考试环节,这种方式似乎比单纯的荐举更为科学、合理。

---

① 张东荪:《中国政制问题》,载《东方杂志》第21卷第1号。
② 金满楼:《门槛上的民国》,新星出版社2013年版,第274页。
③ 朱务善:《本校二十五周年纪念日之"民意测验"》,载《北京大学日刊》1924年3月4日~7日。
④ 顾维钧:《顾维钧回忆录》(第1册),中华书局1983年版,第371页。

隋朝以后,直至清末,漫长的历史时期内,我国官员选拔制度基本上都是实行科举取士。科举制度在中国历史上发挥了巨大的作用,为国家发展和文明进步作出了自己不可磨灭的贡献。这一制度将中国历朝历代的知识分子紧紧吸引到了皇帝的周围,让不少优秀知识分子将为朝廷效力、替皇上办差视为己任,把通过科举考试入朝为官作为人生奋斗目标。这样一来,全社会的知识分子都心系庙堂之高,逃离江湖之远,国家的人力、财力便都一统在手,为国家统治和社会稳定打下了坚实的基础。

当然,无论是荐举、察举还是科举,都存在不少的弊端。荐举需要举荐人慧眼识珠,还需要举荐人一心为公、心无杂念。但在实践中,久而久之,这两个条件在举荐人身上很难同时持续存在。因之,历史上有"举秀才不知书,察孝廉别父居;寒素清白浊如泥,高第良将怯如鸡"之传说。同样,科举之弊也有不少。历史上,《儒林外史》《范进中举》等著作都是对科举之弊的痛陈,及至晚清,对科举制度的声讨和清算更是呈普及之势。最后,清政府不得不明令废止科举制度,这一曾经历尽辉煌和令人自豪的制度终于走到了历史的尽头。

比较中国历史上的荐举、察举、科举与近现代选举制度,可以发现,二者的本质完全不同。最为根本的一点差别就是,荐举、察举、科举都不具有民主性,没有反映广大人民群众的意志和意愿,不是以人民群众意见作为选人用人的基础,谁能脱颖而出、谁不能脱颖而出,不能依据人民群众的意见来决定。虽然举孝察廉和科举取士也都可以说是一种社会中下层与上层之间的交流通道,但是这种交流通道不是掌握在民众手中,不是由普通民众起决定作用的,人民大众在人选决定权上没有最后的发言权。恰恰相反,谁能通过察举和科举之途径进身仕阶,决定权完全掌握在官方手中,取决于官员的态度与癖好。

具有近现代选举精神的选举制度传入中国,是在晚清政府时期。晚清预备立宪启动后,在中央成立了咨政院,相应的,在地方各省也成立了咨议局,并出台了《咨议局议员选举章程》。晚清咨议局议员选举是中国千百年来破天荒的新鲜事,是中国广大普通百姓选举权的开始。虽然这次选举还不是真正的普遍选举,各方面的选举工作与理想要求也相去甚远,但是无论如何,这是中国近现代选举的开端。从这一个角度来看,晚清咨议局议员选举在中国历史上具有划时代的意义。不过,晚清咨议局议员的选举还不是政府官员的选举,无论咨议局议员是否把自己看作是政府官员,也无论社会上是否把咨议局议员看作是政府官员,从法律上来看,咨议局议员无论如何都应当成为民意代表,而不能算是政府官员。

在中国历史上,政府官员由选举产生,始于辛亥革命后成立的中华民国临时政府。1912 年 1 月 1 日就职的中华民国临时大总统孙中山先生就是由各省都督府代表联合会选举产生的。虽然这个选举存在太多太多的不足,但是毕竟是我国政府官员由选举产生的开始。

## (二)民代选举"选"不及"举"

选举制度传入中国,对中国传统是一个巨大的冲击,但在历史发展的巨大惯性的作用下,中国近代的选举还不能算是真正的选举。在近代选举活动中,"选"还不能完全独立发挥作用,还要受诸多因素的影响,选谁不选谁,谁具有选举资格、谁不具有选举资格,都还不能由普通选民说了算,许多事情都还依然操控在官府或其他人手中。候选人是否有官府、派系或其他实力人物的推荐和帮助,往往成为能否胜选的决定性因素。故在选举的过程中,依然是"举"重于"选",而不是"选"重于"举"。

晚清政府成立咨政院的时候,清帝在设立咨政院的上谕中说道:"著派溥伦、孙家鼐充该院总裁,所有详细院章,由该总裁会同军机大臣妥慎拟订,请旨施行。"[1]从这个上谕可以看出,咨政院作为中国民代机关的开端,一开始就不是由真正的选举产生的,而是严格掌控在清朝政府的手中,其组成人员更多的是来自举定,而不是选定。其体现至少有以下几个方面:一是代议机关负责人由清政府直接指定;二是代议机关的工作规程、议事规则等均需在代议机关负责人主持下吸收政府部门参与拟订;三是拟订好的章程、规则等尚需奏请皇帝核准才能公布施行。

在着各省速设咨议局的上谕中,清帝说道:"各省亦应有采取舆论之所,俾其指陈通省利弊,筹计地方治安,并为咨政院储材之阶……凡地方应兴应革事宜,议员公同集议,候本省大吏裁夺施行。遇有重大事宜,由该省督抚奏明办理。"[2]可见,无论是中央的代议机关还是地方的代议机关,都只能是政府的咨询机关,代议机关公议之结果,只能供政府参考,是否采纳实行尚

---

[1] 夏新华等:《近代中国宪政历程:史料荟萃》,中国政法大学出版社 2004 年版,第 80 页。

[2] 夏新华等:《近代中国宪政历程:史料荟萃》,中国政法大学出版社 2004 年版,第 81 页。

需政府官员裁夺认可,重大事项还需要奏明朝廷请旨施行。这样的代议机关,其议员选举必不能完全独立自主,而必须保证大部分议员由政府推举,至少是认可。否则,政府就不能实现其目的。

为了实现既设立代议机关同时又能够控制代议机关的目的,最好的办法就是,首先框定代议机关人选的范围,将选举人和候选人压缩在一个能够接受的范围之内。为此,清政府出台的《咨议局章程》中明确指出,初行选举不能实行普选,而必须对选举人资格作严格的限制。根据该章程第三条的规定,"凡属本省籍贯之男子,年满二十五岁以上,具左列资格之一者,有选举咨议局议员之权:一,曾在本省地方办理学务及其他公益事务满三年以上著有成绩者;二,曾在本国或外国中学堂及与中学同等或中学以上之学堂毕业得有文凭者;三,有举贡生员以上之出身者;四,曾任实缺职官文七品武五品以上未被参革者;五,在本省地方有五千元以上之营业资本或不动产者"①。这样一来,广大劳苦民众都被排除在选举人也就是选民之外,不具有选举资格,剩下来具有选举资格,能够成为选举人的基本上都是统治阶级内部成员。选民都已经控制在统治阶级成员范围之内,选出来的议员就更不必说了。

有资料介绍了张奚若先生回忆的一次清咨议局议员选举情况,说的是陕西朝邑县咨议局议员初选:"原来自从要'办选举',朝邑就设了一个选举事务所,事务所请了各乡绅士,商量选举的办法。本来法律规定按照人口比例朝邑应当有二十一个初选当选人,又规定大约有若干选民。选举事务所所请下的各位帮忙的绅士的实际任务有二:第一,他们要决定各乡应当当选的人名单;第二,他们要雇些书记为这些'应当'当选的人按法定票数(拿二十一除全县选民的总数的得数)抄写若干票(譬如说每人二百张或三百张)。抄写好了,还要把这些票封在一个柜子里,又把柜子送到县里,定期开柜数票。数票后当然是人人当选,因为不能当选的人的票,书记根本一张也没有写,也可以说,因为要当选才写的,不当选何必写呢。当年'办选举'等于'办差',别县的办法或技术如何,我不晓得,我们朝邑的确是这样'办'的。"②从张奚若先生回忆的情况来看,陕西朝邑县咨议局议员初选只不过就是由官

---

① 夏新华等:《近代中国宪政历程:史料荟萃》,中国政法大学出版社 2004 年版,第 107 页。

② 张永:《数据分析 1912 年民国国会选举:混乱与缺席》,载《史学月刊》2009 年第 4 期。

方确定当选人，然后依次写票而已。这样的选举与中国历史上的推举、察举相比，本质上并无二致，只不过形式上是通过选票表现出来的。

到了民国初年，由于《中华民国临时约法》明确宣称，中华民国由中华人民组织之、中华民国的主权属于国民全体，法律对于选民资格的限制已经大大放松了。民国初年《众议院议员选举法》第 4 条规定："凡中华民国国籍之男子，年满二十一岁以上，于编制选举人名册以前在选举区内居住满二年以上具左列资格之一者，有选举众议院议员之权：一，年纳直接税二元以上者；二，有值五百元以上之不动产者，但于蒙藏青海得就动产计算之；三，在小学校以上毕业者；四，有与小学校毕业相当之资格者。"①

与晚清《咨议局章程》相比较，民初《众议院议员选举法》主要在三个方面放宽了对选民资格的限制。首先，是把年龄限制从 25 岁降低到 21 岁。其次，是把教育程度限制从中学毕业降低到小学毕业。再次，是把财产限制从 5000 元降低到了 500 元。《众议院议员选举法》对选民资格的调整，使选民人数比晚清政府咨议局议员选举时呈几何级数增长，尤其是增加了大量的年轻选民，这些年轻选民不少都是刚刚接受新式教育的，具有比较先进的思想和时代气息，为选举注入了不少新鲜的血液。

尽管如此，民初国会议员选举依然不能说是真正的近现代选举。这次选举依然还没有进行广泛的人民动员，没有把选举当成是造就公民、养成公民意识的事业，没有着力于培养公民意识和公民思维。可以说，这次选举依然是个人或集团争权夺利，尤其是不同党派之间的争权夺利，从中依然可以看到不少传统因素的严重干扰和影响。正如有的学者所说的，在中华民国第一届国会议员选举过程中，"尽管各党口头上都以'注重党德'、'宣传党纲'相标榜，但在竞选的整个过程中，竟不见有哪一个政党发表竞选的政治纲领，全国未闻有哪一个选区开政党演说会。这自然是一件大怪事。有的却是拉票、买卖选票……掌握枪杆子的甚至以武力威胁选民投自己的票。弄虚作假、舞弊亦常发生。个别的甚至欲用放毒的手段暗杀对手"②。

从综合情况来看，民国初年国会议员选举，名义上是民主选举，实则受到诸多因素的影响，许多选民根本不可能独立自主地根据自己的意愿投票。

---

① 夏新华等：《近代中国宪政历程：史料荟萃》，中国政法大学出版社 2004 年版，第 175 页。

② 谷丽娟、袁香甫：《中华民国国会史》(中)，中华书局 2012 年版，第 495 页。

在这样的选举中,选票只是形式,谁能当选、谁不能当选,"选"的作用远不及"举"的作用重要。首先,若没有人推荐或提名,也就是没有人"举"荐的话,连候选人资格都不可能取得。其次,在选举的过程中,候选人是由哪个党派、哪个人推荐的,在很大程度上可以左右选举结果,有时甚至对选举结果具有决定性作用。再次,中国传统的臣民、子民、草民、小民等观念依然严重影响着选民的选举心理,选民在遇到他人"打招呼",特别是官方"打招呼"时,不敢在独立自主判断的基础上填投自己神圣的选票,而是屈从于别人的意思,按照他人的意愿投票。当时,"有的国民党员甚至本人完全不必出面竞选也可以当选,比如安徽党员汪建刚,经其宗兄时任都督府顾问的汪菊友推荐,由国民党安徽支部提名,再由汪菊友给徽州当局写了八封信,本人只印了十打照片和两百张名片,自己没有参加任何竞选活动,就顺利当选众议员"①。

## (三)民代代表官职化

在中国传统思维下,统治者把民代机关视为自己的下属机关,而不是代表人民来监督自己的机关。由于民代代表的选举和履职基本上都由统治者控制在自己可以接受的范围之内,接下来,顺理成章的逻辑就是,民代代表的身份和地位也与政府官员相类似,统治者给予民代机关代表的待遇往往也与政府官员相比照。

因为传统中国社会严重的官本位思想,不少民代代表也乐于接受这种事实,甚至追求这种事实。据有的资料记载,晚清咨议局议员选举时,有些游手好闲的社会闲散人员,就认为议员是官职,以为这下当官发财的机会来了,于是,为了达到规定的选举条件,赶紧四处筹集款项,置田买地。

辛亥革命时期的革命党人,不少人也有这种思想。在革命事业初成的时候,他们就思想着如何谋求一官半职而无意再战,实在谋不到一官半职的,谋个民代机关的代表职位也心满意足。这些人起来参加革命,既不是为了什么主义,也不是为了人民大众,就是为了自己能捞个什么好处,故他们缺乏革命彻底性,稍有成绩便伸手要享受,全然不顾革命事业半途而废。孙中山先生曾经把革命党人分为三类:"第一类人数最多,包括那些因官吏的勒索敲榨而无力谋生的人;第二类为愤于种族偏见而反对满清的人;第三类

---

① 张永:《民初第一次国会选举竞选活动研究》,载《安徽史学》2007年第4期。

则为具有崇高理想与高超见识的人。这三种人殊途同归,终将以日益增大的威力与速度,达到预期的结果。"①在这三类人当中,第一类和第二类在数量上居绝大多数,他们都完全有可能借革命手段攫取自己的好处,为谋取自己的利益,不惜断送革命前途。曾经,孙中山先生在解释自己把临时大总统职位让给袁世凯的原因时说道:"局外人不察,多怪弟退让。然弟不退让,则求今日假共和,犹不可得也。盖当时党人,已大有争权夺利之思想,其势将不可压。弟恐生自相残杀之战争,是以退让,以期风化当时,而听国民之自然进化也。"②

议员们如是,统治者也乐得。在统治者看来,花点钱,给点好处,换一个合法的名头,得一个相安无事,甚至还可以赚一些无趣的吆喝,有何不可?于是,议员们的庸俗习气日甚一日,"到后来,一些议员干脆结合成为自己谋利益的小集团,只要国会有选举,只要每一届内阁请求国会投同意票,他们便借机发财,或要钱,或要官,即自己到政府部门兼职拿一份薪水,或将子女亲属安排到政府部门,五花八门。其中最突出的代表人物便是声名狼藉的众议院议长吴景濂,他便是利用议长的权力而致富的"③。

## (四)官代民、民代代官

在中国漫长的历史上,都是君主专制统治,这种统治是高度一元化的统治,君主是全能的统治者,在各方面均具有绝对的权威,其他所有人,包括官僚贵族都只能是君主的奴才,唯君主之命是从。在这种统治体制下,能够有资格代表人民,并以人民全体代表自居,替人民全体作主的,只能是君主。换句话说,在中国历史上,能够代表人民的只能是统治者,而不可能是其他任何人。

即使是中华民国时期,民代机关成立以后,民代机关也不可能真正成为人民的代表机关,而只能是名义上的代表机关,实质上,能够替人民作主的依然还是统治者,民代机关则被统治者笼络、利用,或通过各种途径加以控制,成为事实上的官方代理机构。

最为突出的例子就是袁世凯在解散国会后成立的中央政治会议、约法

---

① 《孙中山选集》(中册),人民出版社 1981 年版,第 66 页。
② 刘旺洪:《〈中华民国临时约法〉的文化透视》,载《江苏社会科学》1991 年第 4 期。
③ 邱远猷、张希波:《中华民国开国法制史》,首都师范大学出版社 1997 年版,第 499 页。

会议和依据其一手炮制的《中华民国约法》成立的立法院和参政院。第一届国会遭袁世凯解散后,在袁的主导下成立了中央政治会议,中央政治会议成立后,袁世凯立即提出临时约法增修案,要求政治会议讨论修改临时约法。政治会议认为兹事体大,请求另组立法机关为之,袁世凯便组织了一个约法会议,约法会议的任务主要就是修改《中华民国临时约法》。约法会议成立后,根据袁世凯的原则意见,1914 年 4 月 29 日通过了《中华民国约法》,完成了对《临时约法》的修改。1914 年 5 月 1 日,《中华民国约法》公布施行。根据该法,中华民国不再设立国会,改设立法院代之。同时,在立法院之外又设置了一个参政院。关于"参政院",该法专设了第七章进行规定,但第七章总共才一条,即第四十九条,该条规定,参政院应大总统之咨询,审议重要政务。参政院组织,由约法会议议决之。

袁世凯在立法院之外另设立一个参政院,"应大总统之咨询,审议重要政务",这里的重要政务究竟是什么政务,又由谁来认定是否属于重要政务?立法院和参政院的地位和分工如何?参政院之性质和地位怎样?设立目的何在?所有这些问题均不明朗。根据这个约法第 20 条的规定,大总统为维持公安或防御非常灾害,事机紧急,不能召集立法院时,经参政院之同意,得发布与法律有同等效力之教令。第 59 条第 2 款规定,宪法起草委员会以参政院所推举之委员组织之,其人数以 10 名为限。第 60 条规定,中华民国宪法案,以参政院审定之。上述这些规定表明,参政院有权同意大总统发布与法律等效的教令,参政院还可以审定宪法,这也就是说,参政院不仅可以取代立法院,还可以享有立法院不具有的审定宪法之权。所有这些,不能不让人怀疑袁世凯设置这个参政院的用意,究竟是为了民主还是为了专制?在本人看来,参政院其实就是袁世凯打着民主的旗号,行专制之实而成立的一个机构,其目的无非有二:一是在平常作为咨询机关,赚取一个民主的虚名;二是立法院成立前,或者在万一驾驭不了立法院的时候,由参政院取立法院而代之。这也就是说,参政院是袁世凯为自己设立的一个备用机关,这个备用机关就是专为大总统操控民意、假借民代名义行事的一个方便机构。可想而知,诸如参政院这样的民代机构的议员无论如何也不可能代表真正的民意,而只可能代表"上意"。

在袁世凯心灵深处,他就是中国历史上的"君上",而不是近代民主政体中的"大总统"。曾经,在讲到国家、人民、大总统、国务员之间的关系时,袁世凯这么说道:"譬之商店,国民如东家,大总统如领东,国务员如掌柜,商业之计划布置,银钱货物之经理出入,固掌柜责任,然苟掌柜不得其人,驯至商业失败,濒于破产,则领东不能不负责,东家亦不能为领东宽。驯至国随以亡,或虽不亡,而至于不可救药,则大总统能不负责任否? 国民能不责备大总统否?"①在这里,袁世凯把国民比作东家,把自己说成是领东,明显就是把自己摆到了国民前头,视自己为国民的主人,甚至要像历朝历代的皇帝那样,以"人主"自居,视自己为国民的"牧羊人"。表面上,袁世凯强调的是自己的责任,实际上他要强调的是总统的主导地位,突出总统"一尊"之地位和角色。至于国务员,袁世凯根本没有也不可能将总理等国务员置于与自己不相上下或者说是平起平坐的平等地位。在袁世凯眼里,国务员就是他的跟班或僚属,只有他这个总统才能以国家和国民的代表自居,才有资格对人民负责。在袁世凯这种思维之下,民代机关至多也只能为他提供参考咨询,成为他的服务机关而已。如果民代机关不能安守这个本分,袁世凯就必然采取措施严加控制。

从另外一个方面来看,当时的国人也没有把民代机关当成是自己的代表,不认为民代机关能够对自己负得起责任。在当时的国人看来,议院不是发现民意、代表人民的国家最高民意机构,而是官府的咨询机构或参谋机关,官府设立议院意在通过议院收集民意,供决策参考而已。康有为在1895年《上清帝第四书》中,讲到西方议院的时候,就曾认为,西方设议院是为了听取众议,通达下情,以使民之疾苦上闻,君之德意下达,以去"权奸"之私,杜"中饱"之弊,办好"筹饷"等最难之事。② 在康有为等人看来,议院就如同历朝历代的御前大臣,服务对象是君主而不是民众,议院的任务是为君主决策做参谋,是帮助完善、执行君主的意志,而不是代表人民的意志。这种思想,究其来源,可能是受日本的影响,有点类似于日本学者曾经把西方议会议员称作是议会里的"诸官人"。在日本,最早介绍欧美议会制度的学者朽木昌纲在1789年(宽政元年)出版的《泰西舆地图说》一书中介绍英国议会时,就曾把议会说成是"为国中诸官人集中议论政事的衙门"。很明显,朽木昌纲在这里把议会当作衙门,把议员当作"诸官人"。③

在中国的传统文化里,君主是国家的主人,其他一切人、一切机关、一切

---

① 金满楼:《门槛上的民国》,新星出版社2013年版,第140页。

② 《康有为政论集》(上册),中华书局1981年版,第150页。

③ 韩大元:《日本近代立宪主义产生的源流》,载《比较法研究》1992年第2号、第3号合刊。

资产都是君主的,所谓"普天之下,莫非王土;率土之滨,莫非王臣。"即使是成立了民代机关,也不过是和其他机关一样,成为皇上的机关。无论是后来的选举,还是过去的荐举、察举、科举,无非都是为皇上招贤取仕。因为这样一种思想的延续,民代机关作为人民的代表只能停留在形式上,实质上能够代表人民的仍然还是当政者,当政者必须把民代机关控制在自己的手上。

这样一来,就形成了这样一种有趣的现象:官府代表人民,代议机关则代表官府,成为官府与人民沟通、向人民传达官方声音、说服人民接受官府政策和意志的工作机关,同时,官府为了对民代机关的工作表示肯定和感谢,也给民代机关议员类似于官职人员的待遇。于是,双方各取所需、各得其所,在心领神会中达成了默契和平稳。只是这样一来,现代社会治理结构中必不可少的民意机关惨遭缺失,导致民意无法表达、无法收集、无法发现,社会治理就可能变得跛脚,社会矛盾、社会问题就可能潜藏在社会底层,日积月累,这些矛盾和问题就会产生诸多隐患,弄不好还可能酿成社会危机。

# 第七章

# 行政机关之朋党之争

《中华民国临时约法》的政体设计,总体来说,还是《中华民国临时政府组织大纲》的延续,该法对国家政权机关的架构,更多的还是对美国宪法的借鉴,基本思维还是美国宪法三权分立思想。当然,《临时约法》与美国宪法的差别也很明显。表现在行政权方面,《临时约法》在借鉴美国宪法由总统负责行政之外,又引进了一些内阁制因素,设置了国务总理和国务院,并规定总统行使重大权力时,需要总理副署,以此对总统实行牵制。这样一来,在《临时约法》框架下就有了两个行政机关,一个是总统府,一个是国务院。

由于《临时约法》的这一"创新",在该法断断续续实施的整个过程中,府院之争连绵不断,成为民国初年行政机关工作的主线,也成为民初政争的特有"风景"。其间,又夹杂着中国历史上官僚队伍之中长期存在的朋党风气,差点没把当时中国整个官场给卷了进来。

## 一、《中华民国临时约法》架构之下的行政机关

《中华民国临时约法》之下的行政机关,有中央行政机关,也有地方的行政机关,为准确考察中央行政机关的运行状况,不仅要考察中央本级行政机关,还有必要考察地方行政机关,特别是中央与地方行政机关之间如何相互影响,相互利用。

## (一)中央行政机关

### 1.总统总揽行政

《中华民国临时约法》在当时的中国是一个全新的尝试。经历数千年集权统治的中国,如何实行民主治理,对国人来说是一项前无古人的事业,那个时期的中国宪法,可资借鉴的主要是西方资本主义国家的政治体制。故在推翻清朝皇室统治后,革命党人设计的新型国家,在国家权力的分配架构上,很自然的会按照三权分立的思路进行,并把立法权交给了参议院,司法权交给了法院,只是在行政权方面,《临时约法》显得有那么一些特殊。该法共有七章,第一章"总纲",第二章"人民",第三章"参议院",第四章"临时大总统、副总统",第五章"国务员",第六章"法院",第七章"附则"。从篇章结构上看,三权用了四章,其中第四章和第五章都是行政权方面的规定。第四章中的第 30 条首先规定,临时大总统代表临时政府,总揽政务,公布法律。接下来,在第 31 条到第 40 条中,又具体列举了总统享有的各项具体行政权力,包括执行法律、统率军队、内政外交、官吏任免、荣典颁授、大赦特赦等等。至此,关于国家行政权力分配的宪法规定,似乎应该已经完成。但《临时约法》在这方面却很有一些自己的独到之处。

在第四章之后,该法紧接着又专门设置了第五章,即"国务员"专章。这一章总共才 5 个条款,通观这 5 个条款,竟没有赋予国务员(包括国务总理和各部总长)任何一项独立行政职权,倒是在第 44 条中明确规定,"国务员辅佐临时大总统负其责任"。这里的"辅佐"一词准确无误地宣告了国务员的地位,表明了国务员不是独立的行政责任主体,只是临时大总统的帮手。

综合以上两章内容来看,《临时约法》把国家行政大权赋予了大总统是毫无疑问的,尤其是该法第 30 条更是明确规定,临时大总统代表临时政府,总揽政务,公布法律。该条对国家行政权归属的规定已经是毋庸置疑的了。可见,依据《临时约法》,国家行政权尽属总统无疑。尽管《临时约法》在第四章"临时大总统、副总统"之后为"国务员"专设了一章,我们并不能据此认为,《临时约法》给国务员或国务总理分配了独立的行政权力。

### 2.重大事项需得总理副署

《中华民国临时约法》第五章的核心内容就是第 44 条和第 45 条。第

44 条规定,国务员辅佐临时大总统负其责任;第 45 条规定,国务员于临时大总统提出法律案、公布法律及发布命令时,须副署之。其中,引起争议最多的又是第 45 条,即这里关于"副署"的规定。

对于这一条,通常的理解是,大总统提出法律案、公布法律及发布命令时,必须得到总理的副署方能生效。但仔细分析条文本身,这里用词是"须"而不是"需"。须乃必须,而不是需要。又根据这一条,"须"字的主语是"国务员",从文句上理解,完全有理由把国务员的副署理解成是国务员必须为之的事情,亦即副署是国务员的义务。当然,这与实践中的理解有不少的差距。在《临时约法》施行的整个过程中,实践理解都是大总统发布命令需要得到国务总理的同意并副署,否则不具有法律效力。无论是革命党人还是北洋军阀,对这一条文规定的实践理解,似乎并没有太大的争议。

《临时约法》为什么要在第四章之后专设这么一章,特别是为什么要规定大总统提出法律案、公布法律及发布命令,需要国务总理副署? 通常的解释是,革命党人此时已经明知袁世凯要担任临时大总统,他们对袁世凯能否真心赞同共和很不放心,担心这个旧官僚出身的临时大总统会肆意专权,故要在先前《中华民国临时政府组织大纲》的基础上,增设国务员这样一个制度装置,目的就是要牵制袁世凯,防范其权力野心。

这样一种制度设计的灵感,大概来自中国传统的政治技术。中国历史上,早在唐朝三省六部时期,由中书省起草发布的政府最高命令(通常以皇帝的名义),就需要门下省审查认可,若门下省不同意中书省拟定的某一诏书,即将原诏书批注送还,称为"涂归",也就是将原诏书涂改后送还中书省重拟。涂归亦称"封驳"、"驳还"等,其实质就是对中书省草拟的诏书设置一道审查程序,缺少门下省副署的诏书,依法不得发布。唐朝以后,宋朝也有皇帝发布敕令需要宰相副署的成例。清末《钦定宪法大纲》亦有类似的内容。该大纲规定,议院闭会时,遇紧急情况,皇帝"得发代法律之诏令……惟至次年会期,须交议院协赞"。这里的"协赞"即类似于副署,而且是事后追认。可见,《临时约法》的副署制度是对中国古代类似制度的借鉴和推陈出新。这种副署制度不同于西方宪法上的否决权。副署不是否决。在这里,总理既不能推翻总统的决定,也不能改变总统的决定,只能表示赞同与否。

结合中国历史上的副署制度及对《临时约法》实施情况的理解,我们可以把《临时约法》的副署理解为,临时大总统在行使某些重要权力时,需要得到国务总理的明示同意或赞同。法律在这里的用意是,通过"副署"这一环节,让总理对总统实施牵制。这一制度设计的目的不是要分割总统的权力,而是要对总统的某些重要权力进行牵制、施加约束,起码也可以在必要时拖延时间。这一制度设计的根本原因就是,既要让袁世凯当临时大总统,给他足够的权力,同时又对他一百个不放心,不得不采取一些预防措施。

## (二)地方行政机关

地方行政机关属于地方政权机构的组织部分,由于民国初期,各地方的机构并不规范统一,行政机关往往与其他机关混合在一起。为此,在考察地方行政机关的时候,必然与其他地方机构结合在一起,而且有必要结合中央与地方的关系一起来考察。

这一时期,中央与地方关系在宪法上经历了如下一个发展过程。最初,辛亥革命后仓促制定的《中华民国临时政府组织大纲》,因属政府组织法之类,又是临时性质,内容简单,没有中央与地方关系方面之规定。接下来的《中华民国临时约法》也仅在第 3 条中规定,中华民国领土为 22 个行省、内外蒙古、西藏、青海。也就是规定了中华民国的领土范围和省级行政区划,对中央与地方关系的具体内容缺乏明确的规定。

未及生效的《天坛宪草》对中央与地方关系倒是规定得比较具体明白。该法在第五章"国权"中详细地规定了中央与地方的关系,既确认了中华民国永远是一个统一的民主国家,既肯定了国家的统一,又规定各省实行地方事务自治。根据该法第 22 条、第 26 条的规定,中华民国之国权,属于国家事项者,由中央依宪法规定行使之;属于地方事项者,依宪法和各省自治法,由地方行使之;遇有争议时,交由最高法院裁决。为保障国家统一和稳定,《天坛宪草》一方面在第 28 条、第 35 条中规定,各省法律与国家法律抵触者无效;省若不履行国法上之义务,经政府告诫仍不服从者,国家可以动用强制手段迫使其服从。另外,又在第 37 条中规定,若国体发生非常变动或宪法上之根本组织遭到破坏,各省应联合起来维护宪法的权威,保障宪法上之组织,直至回复原状。从以上内容可知,《天坛宪草》既肯定国家统一,又明确地方自治,并规定中央与地方均不得违反宪法。为确保宪法不致遭到破坏,《天坛宪草》还设计了由中央和地方相互制约、相互保障对方遵守宪法的宪法实施保障机制。若地方不遵守宪法规定,由中央先行告诫,仍不改正的则由中央采取强制措施予以纠正,若中央破坏宪法,则由地方联合抵制迫使其纠正。

袁世凯炮制的《中华民国约法》着力点在于维护并巩固其个人权力,在中央与地方关系上自然不想有太多明确的规定,免得妨碍其个人对地方的统治。该法仅在第 3 条规定中华民国之领土,依从前帝国所有之疆域。对中央与地方关系的具体内容则避而不谈。

1923 年《中华民国宪法》虽然因曹锟之贿选而饱受病诟,但该法在内容上却有许多值得称道之处。该法基本上是因袭《天坛宪草》而来,在中央与地方的关系上,也与《天坛宪草》的内容基本一致,在此不作重述。

总体而言,自晚清政府时起,由于内忧外患日渐严重,中央对地方的控制逐渐弱化。民国初期,中央与地方的关系,延续晚清以来的走势,往地方自治的方向继续发展。孙中山先生等革命先贤对地方自治也采赞成和支持的态度。辛亥革命爆发后不久,孙中山先生就曾主张:"每省对于内政各有其完全自由,各负其统御整理之责;但于各省上建设一中央政府,专管军事、外交、财政,则气息自联贯矣。""二次革命"失败后,袁世凯私欲膨胀,下令解散国会。为强化自己的集权,1914 年 2 月 3 日,袁世凯又下令停办各级自治。直到 1917 年,北洋政府才又提出恢复地方自治。1919 年 9 月,安福国会通过了《县自治法》。

民国建国之初,不少地方的实力派人物既是军事长官,又是民政长官,既掌兵权,又执民政,南方"光复"各省尤其如此,在省一级层面基本形成了由军政府首领把控地方权力的一元化格局。"民国成立之初最先独立的 15 个省份中,由军人担任都督的比例高达 70%。这些都督继承了原先省政权力一元化的传统,集全省军政、民政大权于一身,形成对抗中央的强大地方合力。"①由各省都督兼理民政起初是因革命党人为便于集中力量完成革命事业而起,后来逐渐衍生出许多弊病,就又有了民国建国后的军民分治运动。

在地方机构和建制方面,民国初期,中央尚无暇顾及,南方宣布独立的各省大都自行其是,自定官制。北方地区则大体沿袭清朝旧例。1913 年,《划一现行各省地方行政官厅组织令》《划一现行顺天府属地方现行官厅组织令》《划一现行各县地方行政官厅组织令》等法令颁行以后,各地地方行政机关的组织与名称才逐步统一。北洋政府时期,地方政权实行省、道、县三

---

① 刘峰搏:《从地方军系的发展看民国时期中央与地方关系的演变》,载《社会科学辑刊》2004 年第 6 期。

级管理体制。北伐战争结束后,随着南京国民政府逐步控制全国局面,北洋政府时期建立起来的省、道、县三级地方管理体制又被废除,取而代之的是在全国建立起省、县两级地方体制。

在地方首领的选任和权限方面,民国初期也曾有过许许多多的纷纷扰扰。《划一现行各省地方行政官厅组织令》等法令颁行以后,随着各地地方机构建制和称谓的统一,军民分治也在许多地方得到推行。北洋政府推行地方军、民分治,将地方军事长官和行政长官分设,目的就是要分散地方督抚的权力,减少地方与中央叫板的本钱。毕竟,在那个年代,地方都督动辄宣布独立、挟持中央的事情时有发生。中央政权稍事稳定之后,必然要对地方有所动作。当然,推行军民分治的原因是多方面的,既有都督集权造成的时弊,也有人事任免和人员安排方面的原因,还有南北两方的矛盾纠葛等等。但军民分治要解决的主要问题还是辛亥革命以后形成的都督权力膨胀,以及中央与地方的关系问题。袁世凯就任临时大总统之后,为了加强对地方的控制,早就酝酿过军民分治,试图通过由自己任命的地方军事或行政长官来实现对地方的控制,同时分散地方诸侯的权力。"事实上,袁世凯在唐绍仪内阁经参议院通过后,即以'共和已经成立,所有各省军务、民政均归都督兼理,势难顾及',与内务总长赵秉钧磋商,主张'须先设立各省民政长一缺以专责成',并与黎元洪电商。"①黎元洪对袁世凯军民分治的意图也很有领会,并大力支持。他曾率先通电倡导军民分治,并提出由湖北先行实行,以作各省表率。通电中,黎元洪说,整军治民,分途异辙,各省光复,军人柄政,习为故常。当时义帜初张,戎衣未定,敌兵逼处,伏莽潜滋,非假军成断难震慑。自时厥后,流弊丛生,略举数端,仰尘清听。接下来,黎在通电中列举了军民不分的十大危害,认为虽贤者亦有不免,进而呼吁实行军民分治。

实行军民分治后,各省在都督府之外,另设行政公署,由民政长官负责,管理全省政务。1914年,北洋政府公布《省官制》,改行政公署为巡按使署,行政长官称巡按使。1916年,北洋政府又下令将巡按使署改为省长公署,将巡按使改称为省长。1921年,北洋政府颁布《省参事会条例》,各省又相继成立省参事会,作为省级行政机关的辅助机关。

---

① 《袁总统通电各都督》,载《大公报》1912年4月17日。

# 二、预料之中的"府院之争"

《中华民国临时约法》在架构行政机关时,首先赋予总统总揽行政的大权,同时又设置了国务员,包括国务总理和各总长,并规定,当总统行使某些重要权力,即提出法律案、公布法律及发布命令时,须有国务总理的副署。这样一来,《临时约法》框架下就有了两个行政中心,一个是总统府,另一个是国务院。一方面,法律规定总统总揽行政,根据这个规定,总统府理应成为行政权力中心。另一方面,内阁又是国家行政的实际中枢,国家行政的实际运行往往操在国务总理手中,加之国务总理具有重大事项的副署权,具备了与总统发生争议的法律要件,府院之争在所难免。

中华民国建国初期,行政机关之争集中体现在"府院之争"。下面,本文就以"府院之争"为例,对这一时期的行政争议进行分析。由于当时的中央行政之争,往往会借助于地方的力量进行,不少地方都自觉不自觉地卷入过中央机关的"府院之争",文章在分析时,对地方在争端中的表现也会有所涉及。

## (一)"府院之争"的体制根源

《中华民国临时约法》在架构国家机关之间的关系、设计政体的时候,对原来的《中华民国临时政府组织大纲》作了较大幅度的调整。在《中华民国临时政府组织大纲》中,临时大总统享有统治全国之权,行政各部对临时大总统负责,辅佐临时大总统办理各部事务。这样一种行政机关的架构比较简单,总统与各行政部门的关系也比较明确。在《中华民国临时约法》中,法律制定者为了防范袁世凯的政治野心,特意对临时大总统的权限作了调整,除规定临时大总统行使某些权力需要得到参议院的同意外,还专门设置了一个内阁机关,并规定临时大总统行使某些权力需要有总理的副署。

在《中华民国临时政府组织大纲》制定的过程中,同盟会内部就曾有过内阁制还是总统制的争议,争论结果是主张总统制的人居多,主张内阁制的人居少。宋教仁由于力主内阁制,甚至还被指责为是"自谋总理"。孙中山先生也认为内阁制不妥,应实行总统制。他提出总统制的两点理由:"第一,临时政府要在满清专制王朝的废墟上建立新的中华民国,所面临的任务极其艰巨,内阁制在和平环境中为不使元首当政府之冲,故以总理对国会负责,但这绝非眼下非常时代所宜提倡的。第二,内阁制本来是为防止总统专权的,但总统系为同盟会自己推举的人选,我们不能对唯一置信推举之人,而复设防制之法度。"①在当时,同盟会已经商定要推举孙中山先生为中华民国临时大总统,但他表示不愿意在内阁制下做个有职无权的空头总统,所以同盟会领导成员绝大多数都赞成总统制。于是,根据少数服从多数的原则,《中华民国临时政府组织大纲》采用了总统制政体设计。

到孙中山先生准备履行南北议和承诺,将临时大总统让位给袁世凯的时候,身为法制局局长的宋教仁提出要在孙中山先生辞职以前制定一部宪法性质的法律取代临时政府组织大纲,并认为这部法律要实行内阁制,而不是总统制,以防范袁世凯的政治野心。他曾说:"改总统制为内阁制,则总统政治上权力至微,虽有野心者,亦不得不就范。"②这时的孙中山先生认为宋教仁的主张很有道理,于是给予大力支持,最终在同盟会内部达成了一致,新的临时约法实行内阁制而不是总统制。就这样,《中华民国临时约法》在总统之外增设了总理,并赋予总理副署权。比较《中华民国临时约法》和《中华民国临时政府组织大纲》中总统的职权,表面看来,前者比后者没有减少,但实际上,在《中华民国临时约法》中,总统行使权力基本上都受到了约束,要么"须得参议院之同意"、要么"得依法律"进行、要么"须得总理副署"。所有这些,袁世凯都心知肚明。在袁世凯心里,你立你的法,我做我的事,你今天可以因人立法,我明天就可以因人处事。这就给日后行政权力之争留下了隐患。

根据《中华民国临时约法》的规定,一方面临时大总统代表临时政府,总揽政务。另一方面临时大总统制定官制、官规,须交参议院议决;任免文武职员、国务员及外交大使公使,须参议院同意;提出法律案、公布法律及发布命令,须总理副署。一方面国务员辅佐临时大总统负其责任;另一方面国务员又可以出席参议院会议,参议院也可以弹劾国务员。这样一来,又把参议院和国务员联结起来了,似乎国务员是对参议院负责的。

---

① 石柏林:《旧中国宪法五十年——国家权力配置研究》,湖南大学出版社 2008 年版,第 100～101 页。

② 胡汉民:《胡汉民自传》,台湾正中书局 1958 年版,第 64～65 页。

《临时约法》的这种政体设计,不少人认为是内阁制,学界通说也认为是《临时约法》把《临时政府组织大纲》的总统制修改成为了内阁制。事实上,《临时约法》的政体很难说是内阁制。一般而言,内阁制政体之下,国务总理是内阁的首领,负责总揽一切政务,行使国家行政权力,在总理之上不需要设置国家总统,国家行政权力关系清晰明白。《临时约法》实际上是在原《临时政府组织大纲》总统制的基础上,受中国传统政治灵感的启发,增加了一些内阁制的因素,其目的无非就是给袁世凯行使权力设置一些障碍、增加一个阀门,通过国务总理副署来对袁世凯形成权力牵制。

不过,这样一来,《临时约法》的政体设计就出现了混乱,这种混乱尤其表现在国家行政权力方面,导致行政中枢不明。《临时约法》规定了临时大总统总揽行政,也明确了总统享有的诸多行政权力,还规定国务员"辅佐"临时大总统负其责任,所有这些规定都让人们有理由认为总统才是宪法上的行政中枢。但由于《临时约法》在规定总统总揽行政的同时又设置国务总理总理行政各部,加之国家行政事务实际上均由国务院各部门负责处理,这些具体处理行政事务的行政各部直接负责的对象又是国务总理,这样一来,国务总理俨然又成了行政中枢。而且,法律规定,总统行使重要权力时需要得到国务总理的"副署",实际上也给了总理与总统叫板的本钱,这样就形成了两套平行的行政权力机构、产生了两个行政中枢。"根据约法'总揽政务'的规定,总统府有理由要求国务院居于辅佐及从属的行政位置;但是根据约法'副署'权的规定以及责任内阁制国家总理及各部部长身当行政要冲的通例,总理也有理由要求总统赋闲,居于类似君主立宪国君主虽至尊荣,却无与实政的地位。"①

除行政中枢混乱外,《临时约法》在架构行政权与立法权的关系时,也存在许多问题,为行政权平添了许多困扰。在《中华民国临时政府组织大纲》中,总统作为国家元首和最高行政长官,有权任命各部部长,各部部长也必须对总统负责。各部所属职员之编制及其权限,由部长规定,经临时大总统批准施行。在这种设计之下,总统代表行政权与行使立法权的参议院发生联系,各部部长则只对总统负责,与参议院不发生直接的联系。但在《中华民国临时约法》中,国务员及其委员可以出席参议院会议并发言,参议院也可以径直弹劾国务员,这就在总统代表行政权与立法权发生联系之处,开辟

---

① 杨天宏:《论〈临时约法〉对民国政体的设计规划》,载《近代史研究》1998 年第 1 期。

了另一条行政权与立法权发生联系的通道,加剧了行政权内部的混乱,也给行政权与立法权之间的关系造成了困扰。

## (二)"府院之争"的突出表现

"府院之争"是民国初年政治舞台上的独特景象,也是民初政治不能不说的一道绕不过去的坎。从袁世凯接替孙中山先生就任中华民国临时大总统之后的第一届内阁成立起,便有了严重的府院之争,直到《临时约法》寿终正寝、内阁制取消,"府院之争"一直贯穿其间。其间,最有代表性的就有袁世凯与唐绍仪的府院之争、黎元洪与段祺瑞的府院之争。

### 1.袁世凯与唐绍仪的府院之争

袁世凯与唐绍仪本来私交不错,袁对唐可以说是赏识有加或者说有知遇之恩。早在袁世凯总理朝鲜营务时,他们之间就已经有了交集,相处得不错。当时,唐已经得到袁的器重,成为袁的得力助手。后来,袁世凯升任山东巡抚,唐绍仪也随同前往,协助袁处理外交。袁调任直隶总督后,又保举唐出任天津海关道。辛亥革命爆发后,唐又作为袁世凯派出的北方代表,与南方民军代表伍廷芳进行谈判,参与南北议和,出力颇多。

南北议和达成后,鉴于内阁总理职位的重要性,在由谁出任中华民国首届内阁总理的问题上,南北双方各持己见,南方坚持内阁总理一定要是同盟会会员,北方袁世凯则坚持要任用自己的人选。后经人居中调停,认为民国首届总理至为重要,应当选择一个南北双方都能接受的人,以唐绍仪最为理想。于是采取让唐绍仪加入同盟会的办法化解了南北双方的争执,双方一致同意由唐绍仪担任国务院首届内阁总理。

谁知唐担任内阁总理之后,一改以往对袁世凯事事顺从的态度,在很多问题上与同盟会保持一致,坚持认真执行临时约法的内阁制。同盟会对这位新会员也处处给予支持。"其时同盟会虽然迫于时势及实力考量,将临时政府交由袁世凯组织,但并未甘心附袁,转而试图扶持唐绍仪与袁对垒。"①

上任伊始,唐绍仪便毅然设立国务会议作为执行行政职权的中枢。在唐绍仪看来,《中华民国临时约法》确立的政体是内阁制,由内阁代替总统对参议院负责,总统任免文武官吏、发布法律、命令等均须内阁总理副署方能

---

① 唐在礼:《辛亥以后的袁世凯》,文史资料出版社 1979 年版,第 166~167 页。

生效。但在袁世凯心里，唐绍仪这个老部下作为国务总理，应当是自己的一个幕僚长或干事长，其职责只不过是协助自己处理政务而已。

由于双方在认识和定位上的巨大差距，府院之争在所难免，以至于有人形容"总统府发一议、出一令，必须经国务院之阶级，且有时驳还"①。有一次，唐绍仪与袁世凯发生争执的时候，袁竟然还冒出一句："少川，我老了，你来做这个总统，如何？"由此可见双方争执之大。到后来，袁世凯干脆绕开总理，直接指挥赵秉钧、段祺瑞等北洋系的各部总长。这些总长本来就是袁世凯的人，有了袁世凯的授意，他们的胆子更大了，凡事绕开唐绍仪，甚至连国务会议都不去参加了。

最后，在直隶总督王芝祥的任命问题上，唐绍仪与袁世凯终于公开闹翻，唐愤然辞职，民国首届内阁仅仅三个月便宣告夭折。

王芝祥是革命党的重要人物，黄兴对他也高度肯定。南北议和时，南方承诺由袁世凯任临时大总统，同时坚持由黄兴任陆军总长。唐绍仪将南方意见转告袁世凯，袁坚持不同意。唐觉得愧对黄兴，便提议由黄兴留守南京，任南京留守，主持南方军事。黄兴起初没有答应，经唐绍仪再三劝说，黄兴提出要让王芝祥任直隶总督，唐答应了黄的要求，并向袁世凯作了报告，得到袁的默许，黄兴才同意担任南京留守。3月31日，袁世凯任命黄兴为南京留守。4月6日，黄兴致电袁世凯、唐绍仪及各省都督、各部总长，宣告南京留守府正式成立。

但后来在王芝祥的任命问题上，袁世凯却出尔反尔，既不守前言，也不理会直隶省议会的选举结果，坚持不用王芝祥担任直隶总督。孙中山、唐绍仪与黄兴联合致电袁世凯，请其委任王芝祥为直隶都督，袁依然百般推诿。王乃南方革命党人倚重的重要人物，手握兵权。革命党人要求袁世凯到南京就任临时大总统的意见被袁拒绝之后，原本指望让王芝祥担任直隶总督，掌管京师要地，也算是对袁的一种监督制约。唐绍仪对革命党人的这一安排当然领会，也接受和理解。但袁世凯后来却表现得没有商量的余地，坚持不让异党执掌京师，最后竟然未经协商，径直委任王芝祥赴南京任南方军队宣慰使，协助遣散南方军队。

唐绍仪对此十分气愤，拒绝副署，认为袁世凯不能不履行此前的承诺，政府也不能不理会省议会的多数意见。但王芝祥在得了袁世凯给予的好处

---

　①　杨天宏：《论〈临时约法〉对民国政体的设计规划》，载《近代史研究》1998年第1期。

后,竟然按照袁世凯的意思,拿着没有内阁总理副署的任命书,赴南京就任去了。当天晚上,唐绍仪一夜未眠,苦闷难当,想起担任总理以来的种种事端,百感交集,心生去意。次日,天色放亮,他便收拾行囊,不辞而别,携家眷直奔天津去了。袁世凯派梁士诒和段祺瑞到天津表达慰留,劝唐绍仪回来,无奈唐去意已决。紧接着,宋教仁、蔡元培等同盟会会籍的内阁成员也相继辞职。民国第一届内阁就这样走到了尽头。

### 2.黎元洪与段祺瑞的府院之争

袁世凯去世后,副总统黎元洪接替大总统。段祺瑞任内阁总理。在他们之间又开启了一波新的府院之争。只不过,上次是总统强势,内阁求突破。这次是内阁强势,总统求自保。

黎元洪为人敦厚,手无兵权,让人觉得可欺。段祺瑞在袁世凯手下供职多年,手握重兵,权倾一时,属于北洋军阀首屈一指的实力人物。段一开始就没有把黎元洪放在眼里,而是有着自己的盘算。袁世凯去世之后,段祺瑞对于副总统黎元洪依法接替大总统虽无异议,但依哪个法,继任多久,段则有自己的考虑。段祺瑞最初打算由黎元洪依据袁世凯的《中华民国约法》和《修正大总统选举法》接替总统。根据"袁记约法"第 29 条和《修正大总统选举法》第 11 条,副总统代行大总统职权后,三日内要召开临时选举会选举大总统。据此,黎元洪的总统最多能当三天,三天之内,段便可以操纵选举,让自己坐上总统宝座。但段祺瑞的这个如意算盘招致多方反对。孙中山先生和西南各省均公开通电,认为"袁记约法"全由袁氏一人炮制,不应发生国法上之效力。此时应恢复民国初年《临时约法》的效力。根据《临时约法》和民国二年十月制定的大总统选举法,黎元洪继任大总统的任期应至民国七年十月止,还有两年多。

对于恢复《临时约法》的主张,黎元洪自然是完全赞成的,段祺瑞心中当然不爽。但鉴于当时的复杂形势,段也只能先表示接受。于是,1916 年 6 月 29 日,经段祺瑞副署,黎元洪发布了一道命令,命令说:"共和国体,首重民意。民意所寄,厥惟宪法。……宪法未定之前,仍遵行中华民国元年三月十一日公布之临时约法。"[①]

《临时约法》效力恢复之后,段祺瑞仍然凭借手中的实力,不把黎元洪这

---

个总统放在眼里,仅仅把他当作是一个橡皮图章。这一点,在他的秘书长徐树铮那里表现得尤其突出。徐树铮是段祺瑞的铁杆军师、心腹幕僚,他任国务院秘书长,经常为段出谋划策。这个人生性张扬,飞扬跋扈,经常拿着文件趾高气扬地进出总统府,往黎元洪办公桌上一搁就让他签字。黎元洪问他关于文件的问题,他常常回答,这是内阁会议通过的,由内阁负责,你只管签字就是。对此,当时有人评论道:"国务院议事前既无议事日程,事后又无议事记录,总理不见总统,但凭秘书长往来其间,发一令总统不知用意,用一官总统不知其来历……总统偶有所询,院秘书长则以事经阁议,由内阁负责为答,大总统无见无闻,日以坐待用印。"①

徐树铮根本就瞧不起黎元洪这个大总统,他只不过是碍于《临时约法》的规定,需要让这个傀儡总统在政府的法令、命令等文件上签字而已。黎元洪对徐树铮的所作所为十分恼火。终于有一天,黎元洪忍无可忍,向段祺瑞摊牌,非要撤换这个国务院秘书长不可。段祺瑞当然不会同意。他认为大总统不应该插手国务院内部的人事安排,故不能开这个例。但黎元洪坚持要换掉徐树铮。两人僵持不下,最后还是元老级人物徐世昌出面劝说段祺瑞,不要因为一个小小的秘书长人选问题破坏了总理和总统的关系,维持双方的关系重要。在徐世昌的调和之下,段祺瑞答应让步,换掉了徐树铮。

然而,一波刚平,一波又起。时隔不久,双方在中国是否参加第一次世界大战,是否向德国宣战问题上,很快又陷入了对立,最后甚至引发了张勋复辟这样的闹剧。

段祺瑞一心想通过参战扩充自己的实力。而且,段祺瑞判断,已经开打三年多的第一次世界大战行将结束,协约国必将把德国打败,中华民国应当抓住机会,站到协约国一边及时参战,这样战后就可以顺理成章地收回德国在中国攫取的利益,提高中国的国际地位,甚至有可能在世界秩序重构中由弱转强。黎元洪当然清楚段祺瑞扩充实力的用意,故他认为,第一次世界大战只是一场欧洲内部的战争,与中国没有什么关系,中国不应该卷进去。而且,如果万一德国取得了战争的胜利,战后必然对中国变本加厉,中国反而会遭受更大的灾难。

为了实现参战的目的,段祺瑞先是组织"督军团"向黎元洪施压。黎以国会为后盾,没有就范。接下来在国会讨论这一议题时,段又百般干预,引

① 李剑农:《中国近百年政治史》(下),复旦大学出版社 2002 年版,第 188 页。

起国会议员的愤怒,大批国会议员公开表示愤慨。恰好在这个时候,段祺瑞私自向日本借款的事情又遭泄露。黎元洪抓住时机,鼓起勇气,由伍廷芳副署,下令免去段祺瑞的国务总理职务。段在被免当天即发布通电,称该命令未经总理(当时是段祺瑞本人)副署无效,并称由此而发生的后果自己概不负责。

接下来,多省都督纷纷通电反对这一命令,宣布本省独立,并在天津设立军事指挥机构,摆出军事进攻北京的架势。黎元洪无奈,请徐世昌、梁启超等人出面调停,均遭拒绝。黎只得命张勋进京调停,共商国是。张勋于是率辫子军五千人北上,以调停之名,行复辟之实。途经天津时与段祺瑞商议,段许诺只要张勋推倒总统、解散国会,便允其复辟。张勋入京后,依议而行,要求黎元洪从速解散国会,否则各省军队势难约束。此时的黎元洪已经无法约束张勋。张勋终于又上演了一出短暂的复辟闹剧。

张勋复辟后,举国声讨。身在天津的段祺瑞便又兴"正义之师",讨伐张勋,博取"再造共和"之功。张勋复辟事件平息后,黎元洪辞去总统,由副总统冯国璋接替。黎元洪与段祺瑞之间的府院之争宣告落幕。

冯国璋担任大总统后,段祺瑞依然是国务总理。两人同属北洋人物,是袁世凯的左膀右臂,起初合作还算不错,但很快又心生间隔,各有打算,再生府院之争。直至最后各领一军,打响了直皖战争。

## (三)"府院之争"中地方的角色

"府院之争"本为中央行政机关内部的争端,但因其所争绝大多数情况下不是事务性争议,也不是程序性争议,而是各自权力和利益之争,因而往往会涉及地方事务,需要取得地方的支持。故在考察"府院之争"时,还有必要考察地方在其中发挥的作用。

### 1.袁、唐之争中的地方

南北议和后,南京临时参议院选举袁世凯为中华民国临时大总统。3月13日,南京临时参议院又通过了唐绍仪担任国务总理的决定。唐绍仪南下组阁、办理南京临时政府权力交接后回到北京。唐本来就接受过新式教育,在许多方面与同盟会具有相同或相似的观点。加入同盟会以后,更是与同盟会联系紧密,于是唐总理与袁总统这对老朋友之间就难免出现裂痕,府院之争至此似乎已经注定是不可避免的了。

唐绍仪任内阁总理后，按照同盟会设定的方向，在行政权力运行上按内阁制操作，袁世凯则以老大自居，想大权独揽，并设法摆脱一切约束，包括不受内阁的掣肘。就这样，府院双方一开始便较上了劲。而且，双方都自觉不自觉地运用地方力量增加自己的竞争筹码。

在直接导致首届内阁解体的王芝祥问题上也是如此。王芝祥问题关系到都督的任命制度。都督产生于辛亥革命，是当时的省级大员，地方诸侯，兼掌地方军事和民政大权。辛亥革命时期，为了集中人力物力，调动一切可以调动的力量夺取革命的胜利，同盟会实行由都督兼理民政的办法，将地方军政大权集中于都督一人之手。革命成功之后，中华民国临时政府成立之初，军政合一的弊端就已经暴露出来了，但由于当时还不具备解决问题的条件，而且这也不是当时临时政府面临的首要矛盾，便将问题暂且搁置。在当时，临时政府要解决的首要矛盾是南北矛盾，包括统一究竟是南方接收北方，还是北方接收南方，双方都存在截然不同的看法。根据南方议定的《中华民国接收北方各省统治权办法案》，北方各省要废止原有督抚称谓，本诸南方光复各省"都督"官称，统一改置临时都督，待各省咨议局改为临时省议会，再在一个月内召集临时会议选举正式都督。但北方袁世凯则认为，不是南方统一北方，而是他根据清帝逊位诏书，组织政府，接受南方各省，故北方不必事事向南方看齐，而应尊重既有体制。"南北双方在对统一尚怀有不同认知的情形下，基于各自的历史基础，对于省级长官如何产生主张各异：东南各省都督皆由公举，南京参议院据此规定各省都督应由各省公推；西北各省则是在当局调和、诱导后始承认共和，所有都督或因其旧，或另由当局委任，因而当局亦有中央委任都督的命令发布。"[1]

王芝祥本是革命党的大员，掌过军权，袁世凯拒绝到南京就任临时大总统后，南方便安排王任直隶都督，目的就是要在袁的地盘安插一支自己的力量，以便能够看住袁世凯。袁世凯对此十分清楚，所以也想方设法破坏这一人事安排。双方围绕这一问题不仅展开了府院之间的较量，而且都调动了地方的力量，甚至还不只是直隶这一个地方的力量。

革命党人操控直隶地方民意机构公举王芝祥为直隶总督后，便借着民意给袁世凯施压，要求袁按民意任命王芝祥督直。倾向革命党人的直隶各团体纷纷致电袁世凯，要求袁委任王为直隶都督，均被袁以各种理由拒绝。

---

① 陈明、张治江：《民国元年都督选任之争》，载《安徽史学》2014 年第 6 期。

同时,"直隶保安会对袁不认直隶公举王芝祥为都督极为愤懑,联合咨议局公电袁,要求承认"①。

除直隶地方外,顺直咨议局对袁拒绝任命经公举的都督也大加反对,认为既然南北已经归于统一,地方官员产生方式也应统一,南方各省都督由公举产生,符合民主共和精神,北方也不应例外,改直隶总督为都督,也是要与独立各省保持一致,"现各省都督皆由人公举,直隶未便独异,且直省舆论皆推王芝祥督直,请求袁收回前令,仍准王氏为直隶都督","顺直咨议局议长阎凤阁谒见袁世凯,代表全体议员要求由王督直,否则解散咨议局"②。

袁世凯则认为都督是军事领导,武官从来都没有选举产生的先例,而是由上级任命,中外皆然。袁还拿出直隶五路军界反对王芝祥就任都督的通电为自己辩护。就这样,双方都拿地方意见和所谓的民意说话,互不相让。最后,还是袁世凯一意孤行,在这个问题上占据了上风,把王芝祥打发到南方慰军去了,从而也把府院之争推向了顶峰,导致唐绍仪内阁的解体。

### 2.黎、段之争中的地方

黎元洪总统与段祺瑞总理之间的府院之争莫过于围绕第一次世界大战参战与否而展开的较量。在这次府院之争中,从头至尾都伴随着地方督军们的种种活动,都督张勋更是趁乱借机导演了一出复辟闹剧。

为了给黎元洪施加压力,让黎同意参战,段祺瑞一开始就调动各地督军参与其中。不少督军担心要他们出钱出人,减损自己的实力,原本也乐意参战,段跟督军们做工作说,宣战无须中国出兵,只需要派遣劳工去欧洲协助战争即可,督军们这才纷纷表示服从总理的意志。做好了督军们的工作后,段便将这些督军召到北京开会。会上,各省督军一致表示,赞成内阁的决定,而且共同签下了书面声明,迫使黎元洪同意。

黎元洪这里的问题解决了,段又故伎重施,向国会施压。国会原本并不是铁板一块地反对参战,有些知名议员如汤化龙、梁启超等还在议员中活动,说服议员支持参战,但段的手下所作所为惹恼了议员们,反倒帮了倒忙。会议还未开始,便有各地人民团体支持参战的电报不断飞来,后经发现,不少所谓外地团体的电报竟然都是傅良佐派人从北京电报局发出的。

---

① 陈明、张治江:《民国元年都督选任之争》,载《安徽史学》2014 年第 6 期。

② 陈明、张治江:《民国元年都督选任之争》,载《安徽史学》2014 年第 6 期。

两院开始讨论宣战案前,北京城中一些群众"自发"集会,强烈要求对德宣战。有些"群众"还"自发"包围众议院,散发请愿书,甚至闯进议长办公室。目睹这些无理纠缠的混乱状况,议员们气愤无比,纷纷离场罢会,以示抗议。结果弄巧成拙,傅良佐不仅没有能够获得成功,反而使段祺瑞的宣战案告吹。

无奈之下,段祺瑞阵营开始策划解散国会。拥段的督军团又呈请总统解散国会。黎元洪以《临时约法》没有赋予总统解散国会的权力为由,拒绝解散国会。僵持之中,黎元洪以国会为后盾,下令免除段祺瑞的国务总理职务,由伍廷芳代行总理之职。段在被免当天即发布通电,称:"本日总统府秘书厅传出大总统命令:国务总理兼陆军总长段祺瑞,着免去本职,外交总长伍廷芳,着暂行代理国务总理……查共和国责任内阁制,非经总理副署,不发生效力,以上各条,未经段祺瑞副署,将来地方国家发生何等影响,祺瑞概不负责。"[①]

段的通电无异于告诉自己手下的督军们出来闹事。通电发布后,安徽都督倪嗣冲率先通电宣布脱离中央。紧接着,张作霖、张怀芝、李厚基、赵倜、杨善德、陈树藩、曹锟、阎锡山等人纷纷通电宣布独立。不仅如此,他们还在天津设立各省军务协调指挥机构,统一各地行动,扬言军事进攻北京。

情急之下,黎元洪电请徐世昌等出面调停,均遭拒绝。于是令张勋进京共商国是,负责调停。张勋率辫子军5000余人从徐州北上,到京后,提出解散国会作为调停的条件。黎元洪别无他法,只能屈从张勋的要求,但代总理伍廷芳拒绝副署这一非法命令,并辞去总理一职。黎元洪于是命江朝宗代理总理,由江朝宗对解散国会的命令给予副署,国会遭到非法解散。再后来,张勋居然又导演了一出复辟"大戏"。张勋复辟,举国哗然。段祺瑞于是又率督军们誓师讨伐张勋,夺得个"再造共和之功"。

黎、段的府院之争以段祺瑞胜出、黎元洪出局宣告结束。双方争斗的每一个环节和步骤都体现了某些中央势力与地方势力"上下一心",紧密合作。真实展现了那一时期府院之争的独特风景。

---

① 章永乐:《从大妥协到大决裂:重访 1913 年》,载《华东政法大学学报》2013 年第 5 期。

# 三、"府院之争"的历史文化评析

"府院之争"是民国初年的现象,但其原因却有着深刻的文化背景。从民国初期的府院之争来看,争议的原因不是谁当总统,谁当总理。实践已经证明,不论是由谁当总统、谁当总理,府院之争均在所难免。首届内阁总理唐绍仪本是袁世凯的得力助手,深受袁世凯的器重,而且在他的内心,似乎也并不是一定要反对袁世凯。但身为国务总理的他,在任内却无法回避与总统袁世凯之间的矛盾和斗争。张勋复辟事件平息后,冯国璋任总统,段祺瑞任总理,两人本为北洋兄弟,都出身于小站练兵,是袁世凯的左膀右臂,在洪宪帝制、张勋复辟等历史事件中,价值取向也基本一致,但分坐在总统和总理的位子上,矛盾也就出来了,直到最后无法调和,刀兵相向。

由此看来,民国历史上的府院之争,表现上看起来,似乎是人选不当导致人与人之间的矛盾因而无法合作,实际上远远不是、甚至基本不是这方面的原因。稍往深里说,可以认为是《临时约法》政体设计"因人立法"埋下的隐患。往更深层次说,则是中国传统文化下人的思维观念、社会结构、政治行为模式等原因导致的。在传统文化和社会结构背景下,人们的思维和言行自然而然地就会出现派系站队等现象,不知不觉就会站在自己亲近的这一边。由于社会碎片化,又由于大家都想当"老大",谁也不服谁,谁也不愿意永远只当奴才,因此不论是谁与谁之间,高下之争不免,必然是妥协精神缺乏、合作精神不足,即使是表面一团和气,背地里也是各行其是,即使是过去的铁杆兄弟,时势一变也就有可能成为生死冤家。在这种社会文化背景下,类似"府院之争"之类的派系争端可能会是永恒的话题。

## (一)中国历史上的朋党之争

中国历史上,朋党之争由来已久,成为一种连绵不断的文化现象。《尚书·洪范》里就有"无偏无党,王道荡荡;无党无偏,王道平平"之说。《论语·为政》里也有"君子群而不党"之告诫。自古以来,朋党之祸屡见史册,令历代帝王深感恐惧。历史上,不少朝代就是亡于朋党之祸。唐文宗曾说,去河北贼易,去朝廷朋党难。清康熙也曾感叹,朕听政四十余年,观尔诸臣保奏，皆各为其党。以至于"即便朝臣真有朋党结交之形迹，对此恶名也往往唯恐避之不及。更有甚者，朝廷中不同的政治势力常常在无耻的政治攻击中，互指对方为朋党，自命君子，以借助帝王之手打击对方，赢得主动权"①。

朋党一旦结成，就会尾大不掉。由于同党中人，只有立场，没有是非，相互抬爱，相互遮掩，只问其党与不党，不问其才与不才。朋党相争，经常导致内部倾轧，国运衰败，严重时便会危及朝廷的安全。

对于什么是朋党，按《辞海》的解释，朋党原本指一些人为自私的目的而互相勾结，朋比为奸；后来泛指士大夫结党，即结成利益集团。在实践中，朋党之争通常也不是指称普通民众之间为蝇头小利而结成的团团伙伙，而是一个政治场域的术语，指称高官显贵们之间的相互勾连，相互庇护，相互攻讦。这种现象在中国政治传统中普遍存在，与结党之人的人品没有多大关系。参与结党之人并不意味着人品不好，不参与结党之人也不意味着人品就好。正如近代梁启超先生谈到宋朝党争时所说："宋之朋党，无所谓君子小人，纯是士大夫各争意气以相倾轧。"②

在中国的传统政治中，干好事往往需要结党，干坏事往往也需要结党。否则，没有一股子力量，什么事情也干不成。不少历史名人对这一中国传统政治领域广泛存在的现象都曾专门撰文论述。耳熟能详的就有司马光、王禹偁、欧阳修、苏轼等人的《朋党论》。在绝大多数情况下，人们对于朋党都是给予负面的评价，乃至于朋党已经成为一个贬义之词。例外的是，欧阳修的《朋党论》没有对朋党予以简单的负面评价，而是认为应该对朋党区别对待，善加利用。一国之君要做的应当是，退小人之伪朋，用君子之真朋。欧阳修在其《朋党论》一文中，开篇即说道："臣闻朋党之说，自古有之，惟幸人君辨其君子小人而已。大凡君子与君子，以同道为朋，小人与小人，以同利为朋。此自然之理也"，"故为人君者，但当退小人之伪朋，用君子之真朋，则天下治矣"。

朋党现象与中国传统文化息息相关，互为水土。中国传统文化盛产朋党，朋党反过来又对这种传统文化起到了推波助澜的作用。在历史上，中国

---

① 胡夏枫：《浅评中国古代官僚政治现象——以中国古代朋党政治为视角》，西南政法大学 2012 年硕士学位论文，第 17 页。

② 徐怀谦：《张居正三题》，http://www.17xie.com，下载日期：2015 年 8 月 10 日。

民众一向缺少"公共"观念,从官府到民间都不曾致力于公共平台建设和公共意识的养成。反倒是盛行"各人自扫门前雪,休管他人瓦上霜"。于是,缺少公共平台和公共意识的社会,因没有人营造,也没有人维持公共平台,人们对"公"无望,便不得不转而求诸自己,取"自保"之态度,于是乎,"明哲保身","事不关己,高高挂起"之类的处世哲学便逐渐流行开来。因为,你若着眼于公共秩序和公共意识,着手"公共"之营造,或者挺身而出主持公道,便有可能得不偿失,甚至是惹火烧身,这对于大多数注重眼前利益的普通民众而言显然是不可取的,对少数有志于"公"、愿意主持公道、坚持公义的人来说,也可能会招致四面受敌而筋疲力尽甚至耗尽毕生也只能是"心有余而力不足"。于是,久而久之,即使是能够敏锐地发现问题的人、愿意一心奉公的人,也难以有所作为。于是乎,"公"的观念、"公"的意识、"公"的平台就可能在恶性循环中长期缺位。这样一来,不愿意热闹的人便只能明哲保身、多一事不如少一事,以求自身之安宁了;愿意热闹的人便不得不自行抱团,希冀通过自己的小团体来增强自己的力量,同时从中求得安全感。大多数进入社会公共领域的人也只能各为其主,维护小团体利益,从小团体中求得利益和安全感。

缺少公共平台、公共意识的社会一定会是碎片化的社会,各种小团体一定会蓬勃生长,统一的公共秩序一定会缺失。在小团体中,为首者希望权威一统,在下者必须事事尽忠。因为每个小团体面临的局面可能都是"一荣俱荣,一损俱损"。这就给朋党现象提供了深厚的生存土壤。所以,在中国社会,包括中国官场,小团体之多有目共睹。所有这些小团体都各有盘算,各有利益,大家斤斤计较的都是如何维护自己的集团利益。故遇到需要统一行动、协调指挥、集中发挥民智、应用民力的时候往往就会表现得一盘散沙。这种现象反过来又会增加构建统一公共平台的难度,助长大家各行其是,各为其主,通过小团体实现自己的关切。

## (二)朋党文化对这一时期的影响

中国历史上持续存在的朋党现象和朋党文化在辛亥革命后也不可能一夜之间就尽数消失,而是以各种形式顽固存在于各方政治力量及其行动当中。对此,可以随意选取当时的几个事例加以说明。

### 1.朋党文化对国家权力配置的影响

辛亥革命胜利后,革命党人为扩大胜利成果,实现革命理想,建立一个全新的民主共和国家,很快就制定了《中华民国临时政府组织法》,成立了中华民国临时政府。在《中华民国临时政府组织法》中,临时大总统有统治全国之权,行政各部设部长一人为国务员,辅佐临时大总统办理各部事务。在这种权力配置中,大总统不仅掌握全部国家行政权力,而且具有"统治"全国的地位。

但到南北议和之后,由于实力等各方面的原因,革命党人不得不把大总统这一职位拱手相让于袁世凯时,考虑到袁不是革命队伍中人,而是旧官僚出身,出于对袁世凯的戒备心理,革命党人在修改《临时政府组织大纲》、制定《中华民国临时约法》的时候,对国家权力配置大幅调整,对总统权力大加限制,不仅取消了临时大总统统治全国之规定,对总统的行政权也设置诸多限制。在为袁世凯制定的《临时约法》里,一方面大幅扩大参议院权力,压缩总统的权力空间,另一方面还引进了内阁制因素,增设国务总理牵制总统,当总统行使某些权力时,必须得到总理的副署才能生效。

《临时约法》对国家权力重新配置的原因,据孙中山先生的秘书张竞生回忆,先生曾这样说道:"我们对袁世凯,要讲究方法,把他紧紧套住。袁是大官僚,狡猾成性……这是给孙悟空戴上金刚箍,使他不能随便作怪。"[1]在当时,孙中山先生的这种态度也正是不少革命党人的态度。湖南一位参议员就更直截了当,他说:"现在清朝君主专制虽然已经推翻,但是我们把建设的事业委托他们官僚,他们能够厉行我们党的主义,替人民谋幸福吗?这种希望,我不免有些怀疑。尤其是就袁世凯的历史来说,他的政治人格,有好多令人难以相信的地方。"[2]

由此可见,《临时约法》对国家权力重新配置的重要原因就是党争。在国务总理人选问题上,南方革命党人明确提出内阁总理必须是同盟会会员,原因也在于此。同盟会之所以要求必须让自己的会员当总理,无非就是因为总统不是同盟会会员,为了牵制总统,必须让同盟会会员来出任总理。

---

① 张学继:《再论〈临时约法〉的"因人立法"问题》,载《社会科学评论》2006 年第 3 期。
② 张国福:《民国宪法史》,华文出版社 1991 年版,第 55 页。

## 2.朋党文化对"军民分治"的影响

辛亥革命后,南方各省纷纷宣布独立,成立军政府。这些新成立的军政府都是由都督一人独揽大权,都督既是军事长官,又是民政长官,还负责外交,制定官制,任免官员。而且,宣布独立的各省互不隶属,各成一体,就连各省机构与官员称谓也不统一。

在这种情况下,当国家重新归于统一时,推行军民分治,应该是件好事,也很有必要。将军事与民政分开,同时利用这一契机厘定全国统一的官制,有利于把国家管理引向法治轨道,也有利于国家实现正常化。但就是这样一件好事,政治人物也是见缝插针,夹带"私货",趁机削弱别人,充实自己。

南北议和重归统一后,南方多省依然在同盟会会籍的都督手中,由同盟会把控,北洋政府无从插手。为了把权力延伸到南方诸省,袁世凯等人便谋划推行军民分治,将各省军事和民政分开,趁机安插自己的人马。黎元洪揣摩到袁世凯的这一用心,同时也出于自己解决湖北革命党人的需要,提出"废督裁兵",通电倡言"军民分治",并冠冕堂皇地说由湖北率先实行。

事实上,袁世凯和黎元洪都是想利用这个名义和机会削弱革命力量,巩固自己的权力。湖北是黎元洪的大本营,当时军队构成比较复杂,既有黎元洪的嫡系,也有同盟会控制的军队。黎就是要借机解决这个问题。未经审判即诱捕、杀害武昌首义功臣张振武,便是黎与袁合演的双簧。

如果说黎元洪主要是想借机解决湖北的革命党,那么袁世凯则是为了解决都督拥兵自重、割据一方的局面,加强中央对地方的控制,建立自己的集权,起码也可以通过"军民分治"向南方各省派遣民政长官,从而在各省打入自己的"楔子",削弱同盟会都督的权力。"为了加强中央集权,袁世凯及政府一方面主张军民分治,在都督之外另设民政长,削弱都督权力,一方面厘订都督的军事身份,将其完全纳入中央任命范围内。"[1]

为了裁减军队,袁世凯在1912年4月曾专门召开高级军事会议进行研究,计划第一步先把全国90万军队裁减一半,缩为50个师。裁减的目标当然首先是锁定同盟会领导的军队。"关于这一点,陆军总长段祺瑞说得最为露骨,他说,'武昌起义以来,各省相继召募,于是军队林立,较原有者增一倍不止,且率多仓猝成军,未受教育,既难保不为地方之祸,而值此国家经济万

---

① 陈明、张治江:《民国元年都督选任之争》,载《安徽史学》2014 年第 6 期。

分困难之时,饷项亦必不能继'。"①对于那些在袁世凯看来"训练有素"的北洋军阀部队,不仅不需要裁减,反而可以扩充。例如,1912 年 4 月段芝贵就招募了拱卫军 10 个营 3000 余人。稍后,雷震春在河南又招募了豫军 6 个营。

对于同盟会掌握的军队,袁世凯严令遣散或裁减。为了减少工作阻力,他还聪明地利用同盟会自己的军人来做这项工作。临时政府北迁后,在南京设立留守处,命黄兴为留守,既是对黄兴的一个暂时性安置,也有利用黄兴来遣散南方军队之意。袁世凯一方面命黄兴为留守,统率南方军队,另一方面又不核拨经费,迫使黄不得不大量遣散军人。"当时,黄兴等同盟会领导人,大都被袁的裁军宣传所迷惑,天真地以为'铁血精神'已经过去,'建设时期'已经到来,以为用约法、议会、内阁即足以约束袁世凯,没有必要再保留大量的革命武装力量。再加上袁氏停发原来由南京临时政府供饷的部队军饷,只发少量的遣散费,从经济方面紧紧逼迫,使一些部队的伙食都无法维持。所以黄兴不得不'日日以演说革命大义'来动员军队解散。"②再后来,当府院之间因王芝祥的任用问题发生严重争议时,袁世凯竟然把王芝祥派往南方慰军,玩的也是这个把戏。

在军民分治问题上,因为军民分治具有很大的必要性和正当性,起初提出时,反对之声不多,孙中山先生、黄兴先生先后到达北京时,袁世凯与他们谈到军民分治问题,孙、黄也都表示赞同。就连宋教仁也明确表态支持军民分治。这时的军民分治问题似乎还不是南北双方之间的矛盾和争议。起初的争议主要在中央和地方之间,反对声音主要来自不愿放弃地方统治权、惧怕削弱自己权力的地方都督。至于南方革命阵营,则有赞成的,也有反对的。

江西都督李烈钧是一开始就反对军民分治的重要人员之一。他发布通电强烈反对军民分治,认为在当时的情况下,国家尚未稳定,地方乱机四伏,若贸然划分军政民政,二者互不统属,不利于社会安定。他还认为,军民分治的目的在于强化中央集权,提出只有地方合权才能对抗中央集权,才能发挥地方牵制中央的作用,迫使袁世凯遵守临时约法,保障共和革命成果。随后,东北诸省也以类似的理由通电表示,东三省暂不宜设官分治。再后来,

① 李宗一:《袁世凯传》,国际文化出版公司 2006 年版,第 211 页。
② 李宗一:《袁世凯传》,国际文化出版公司 2006 年版,第 231 页。

210

对军民分治持不同意见的人越来越多,特别是地处边境的省份,基本上都是反对军民分治的。

当袁世凯的专制野心越来越暴露在世人面前的时候,他的军民分治也遭到越来越多人的反对。"随着责任内阁制在袁世凯的压力下无法运作,如何限制袁世凯权力,地方(向中央)分权被提出作为同盟会都督反对袁氏集权的手段,并与边省反对分治一起,促使政府在军民分治上的坚决态度发生动摇。"①

至此,军民分治问题从中央与地方的争议转化成了南北双方的争议,成为南北两大政治力量之争,争议的焦点也不再是问题本身正当与否,而是如何扩张自己,削弱对方。于是,只要能够于己有利,不对也对;只要可能于人有利,对也不对。

### 3.朋党文化对"府院之争"的影响

"府院之争"是民国初年朋党文化痕迹明显的领域,袁世凯与唐绍仪之争如此,黎元洪与段祺瑞之争如此,其他总统与总理之争也是如此。

在袁世凯与唐绍仪的府院之争中,一开始就是当时两股最大的政治势力在斗争。袁世凯以他的北洋军人为后盾,唐绍仪身后则是他所在的同盟会。作为这一届府院之争的标志性事件,王芝祥任命问题上尽显南北双方的朋党之争。当南北议和、国家重归统一之时,双方看似握手言和,实质上,在许多深层次问题上仍然是各不相让、各有打算的。最基本的分歧如,统一的基础是什么,发展方向是什么,是北方主导还是南方主导等等,均未形成共识,依然各说各话。于是,在接下来的政权架构、人事安排上必然也是相互争执、各不相让的。内阁制设计是因为这个,总理人选是因为这个,王芝祥问题也是因为这个。唐绍仪南下组阁时,为换取南京方面在组阁等问题上的让步,答应安排革命党人出任直隶、山东、河南三省都督,袁世凯为让同盟会放弃黄兴任陆军总长的坚持,也表示"此事好商量"。但到了真要任命王芝祥为直隶都督的时候,袁却执意不肯,改用其他人。恰好直隶不少士绅对袁任命的人表示反对,同盟会便及时利用这一"民意",推动直隶咨议局"公举"王为直隶都督。袁世凯则一面应付各种民意,一面暗中授意直隶军界通电反对王芝祥督直。当唐绍仪请求袁给王发任命书时,袁拿出直隶军

① 陈明:《集权与分权:民国元年的军民分治之争》,载《学术研究》2011年第9期。

界的反对通电,让唐气愤至极,终致府院双方无法调和。

在黎元洪与段祺瑞的府院之争中,黎元洪的依靠是国民党和南部地方势力,段祺瑞的身后则是研究系、进步党和北洋系的督军。这一届府院之争的标志性事件是对参加第一次世界大战赞同与否。在这一问题上,黎元洪处守势,段祺瑞取攻势。作为攻势一方,段祺瑞从头至尾都在利用其帮派团伙发挥影响。开会讨论这一议题时,忠于段的督军团居然要求参加会议。当有人说这是军人干政时,段的亲信傅良佐却说,军人也是国民的一员,对国事发表意见,怎能说是干政,大总统这么害怕军人,难道是心中有鬼?过了总统这一关之后,段祺瑞趁热打铁,接着利用督军团给国会施压,谁知弄巧成拙,不仅没有成功施压国会,反而导致国会强烈反弹,宣战案流产。再后来,段派势力策划解散国会,黎元洪予以拒绝。最后发展到黎元洪下令免去段祺瑞的总理职务,黎、段之争发展到顶点。段祺瑞被免后,张勋浑水摸鱼,竟然导演了一出复辟闹剧,给历史开了个巨大的玩笑。

## (三)"府院之争"实乃朋党之争

### 1."府院之争"背后是南北政争

"府院之争"是贯穿民国初年政治领域的斗争,由于这一时期的政争,总体上说,就是南北两大政治力量之争,因此,"府院之争"常常与南北政争交织在一起,袁世凯与唐绍仪之争的直接参与方就有同盟会,黎元洪与段祺瑞之争中,黎的后援很大程度上也是由同盟会改组而来的国民党。

孙中山先生在辞去临时大总统的时候,给袁世凯奉送了一部《中华民国临时约法》套在他的头上。袁世凯为实现他的天下大统,也不得不暂且接受南方革命党人的这一"紧箍咒"。

根据《临时约法》及革命党人的用意,临时大总统让给袁世凯来做的时候,国家政体也随之由总统制改为内阁制,并且要由同盟会会员来担任内阁总理,到这里,南北政争的架势已经拉开,府院之争必定是在所难免。

鉴于当时的形势,南北双方都知道总理这一人选的关键作用。尽管《临时约法》引进了内阁制因素,规定"国务员于临时大总统提出法律案、公布法律及发布命令时,须副署之",但只要总理听命于总统,"副署"便不是问题,这样一来,内阁就形同虚设,政体依然会在实践中走向总统制。但如果总理执行同盟会的意志,"副署"便成了总理与总统分庭抗礼的法律依据,加之国家行政实际操纵于国务内阁手中,这样一来,即使临时约法有总统总揽政务的规定,内阁也完全可以把总统架空,政体就会在实践中走向内阁制。

由此可见,决定实际政治运行、甚至决定实际政体性质的,不是法律文本,而是传统政治伦理,也就是说要看总理与总统私人关系的亲密程度,说白了,就是要看总理听谁的。如果总理听南方的,南方就会取胜;如果总理听北方的,北方就会取胜。

故当袁世凯接任临时大总统时,便对内阁总理人选特别在乎。同理,同盟会为约束袁世凯,也坚持内阁总理必须是同盟会会员。双方僵持不下时,还是赵凤昌提出了一个解决问题的办法,他说:"第一任内阁是新旧总统交替的关键,总理人选应当是孙中山先生和袁世凯共同信任的人,最为合适的人选应是唐绍仪,并提议唐绍仪加入同盟会,问题便可迎刃而解。"[1]孙中山先生和黄兴等人对赵凤昌的提议均表示赞同。唐绍仪是袁世凯的老部下,袁对唐有知遇之恩,自然也不可能反对,于是,双方一致同意由唐绍仪出任首届国务内阁总理。

谁知唐绍仪担任国务总理后,"毅然主张内阁制,设国务会议,以为执行职权之枢纽"[2]。唐的如此行为,自然为袁世凯所不容,府院之争由此开启。直至在王芝祥问题上,双方公开决裂,唐绍仪愤然辞职。唐绍仪辞职后,同盟会会籍的内阁成员也尽数辞职,首届国务内阁就这样很快走到了尽头。

### 2.政党之争未能导入政党政治

唐绍仪内阁失败后,同盟会便开始组党。在同盟会看来,唐内阁之所以失败,原因就在于那还是一个混合内阁,阁员构成复杂,内阁矛盾多多,容易导致内阁不稳。如果由自己组织一个内阁,就不会有大的矛盾,当然也就不会失败。于是宋教仁开始专攻这一目标,先是把同盟会改组成国民党,接着又全身心地投入国会大选,希望通过国会议员选举赢得多数党的地位,然后由国会多数党组阁,建立国民党的责任内阁。

1912 年 8 月 25 日,宋教仁改组同盟会,在同盟会的基础上,合并统一共和党、国民共进会、共和实进会和国民公党等政党,建立起国民党,并发表

---

① 刘厚生:《张謇传记》,龙门联合书局 1958 年版,第 196~197 页。
② 白蕉:《袁世凯与中华民国》,载《近代稗海》(第 3 辑),四川人民出版社 1985 年版,第 41 页。

了《国民党宣言》。随后,他便全身心地投入国会议员选举工作。工夫不负有心人,"1913 年 2 月,国会选举结果揭晓,国民党占据全部议席 870 中的 392 席(其中众议院议席在 596 席中占 269 席,参议院议席占 274 席的 123 席)"①。

袁世凯原本对宋教仁等人的活动没有太在意,在他眼里兵权才是决定因素,宋教仁在嘴巴上鼓吹鼓吹构不成多大的威胁。但当国会选举结果揭晓后,宋教仁真要组织责任内阁时,袁世凯开始担心了。因为宋教仁"组织国民党,除了实现他理想的政党内阁外,目的之一就是利用大党的声势以限制袁世凯的独裁"②。而袁世凯最怕的就是这个,袁曾对杨度说:"我现在不怕国民党以暴力夺取政权,就怕他们以合法手段取得政权,把我摆在无权无勇的位子上。"③为此,袁世凯对宋教仁百般拉拢、阻挠,先是许以高官厚禄,继而不惜铤而走险,将宋教仁内阁扼杀在摇篮之中。终于,上海火车站的一声枪响,宋教仁倒在了血泊里。

宋教仁之死充分说明当时南北两大政治力量为了国家不同前途的斗争还远远没有进入政党政治的轨道。如果说斗争一方的国民党在形式上已经是一个政党的话,那么以袁世凯为首的北洋军阀则从形式到内容都可以说得上是彻头彻尾的朋党。

那个时候政治力量之间的斗争还谈不上是政党之争,更多的只是意气之争、权力之争、派系之争。在争端中,各派系之间起维系和决定作用的,不是革命理想和政党理念,而是人情、交情或利益算计。因此,各派系之间的力量也经常出现不稳定。今天支持这一派的,明天就可能支持那一派。今天还表现团结的派系,明天就有可能怒目相向,甚至反目成仇。

即使是由同盟会改组而来的国民党,也还说不上是真正政党政治意义上的政党,而依然带有许多历史上的朋党遗风。那时的国民党党员,相当一部分不是出于政治信仰或政治理念,也不是出于共同的革命理想,不是因为志同道合才从五湖四海走到了一起。许多普通党员都是看到革命成功了,认为加入国民党就可以做官,能够捞到好处,才加入国民党队伍中来。国民

---

① 石柏林:《旧中国宪法五十年——国家权力配置研究》,湖南大学出版社 2008 年版,第 119 页。

② 迟云飞:《宋教仁与中国民主宪政》,湖南师范大学出版社 2008 年版,第 170 页。

③ 陶菊隐:《北洋军阀统治时期史话》(上册),生活·读书·新知三联书店 1983 年版,第 163 页。

党在吸收党员的时候也不加甄别,一股脑地照单全收。而且,革命党人在革命过程中就曾大量利用各地会党的力量,与会党打成一片。所有这些,都不可避免地让国民党内部保留了许多朋党习气。

至于其他小党,离政党政治的要求就更是差之远矣。据统计,从 1911 年 10 月武昌起义到 1914 年 1 月第一届国会解散为止,全国共出现带有政党和政团性质的"会""社""党"组织,多达 312 个。其中,不少所谓的政党就是几个人,甚至只有一个人发起,拉几个有点名头的人,发表一个宣言,就算是政党,开始招收党徒,四处活动。这些政党没有政治信仰,没有稳定的政纲和组织机构,什么国家利益、政治理想全都抛在脑后,满脑子装的都是派系、利益和意气之争,为的就是入党谋官,争权夺利。时人评价曰:"今日之所谓政党……非真如欧美各国之政党以福国利民为主旨者,盖不过一二野心家借政党名目,以为争权夺利之具也。"①

在真正的政党政治中,政府通常是多数党的政府,在国会一般也居于多数党的地位。与此同时,少数党作为在野的反对党,往往对政府起监督作用。在这样一种结构下,因为有相当实力的反对党存在,很难出现多数专制;同时又由于执政党居多数党地位,能够实实在在地掌握政权,反对党要想架空政府亦不可能,更别说凌驾于政府之上了。

反观当时的中国,执政一方依赖的不是政党的力量,而是中国传统的文治武攻和人治手腕,在野一方也很难说是真正意义的政党,其目的不是要监督政府,而是要架空政府。作为当时的最大政党,也是最大的在野党,国民党的所作所为早已超出了监督国家权力运行的限度,而是试图对政府全面控制。换句话说,国民党不是一个对政府进行监督的在野党,而是一个试图凌驾于政府之上,让政府,包括总统臣服的政党。这种思维显然尚未摆脱中国传统文化的影响,与民主法治精神明显不符。

### 3.争端的实质是权争、党争

民初的中国,尽管名义上政党众多,实际上都不是真正意义的政党,更多的像是中国历史上的朋党,彼此之间的争端也够不上政党政治式的竞争,而只能说是党争。时任江苏都督的程德全就曾说过,现在根本说不上有政党,不过是一些沽名钓誉的人在搞,一些没有政治头脑的人在追随,说是政

---

① 张玉法:《民国初年的政党》,岳麓书社 2004 年版,第 40 页。

党,问他有什么政见,根本答不上来。对此,也有学者评论道,"中国之政党有与西洋稍类似者甚少,皆为利害结合,无一定之主义,亦无大政策,不足以言政党也"①。

在当时中国的政治生态里,竞争主角不是政党,而是南北两大政治势力。在这两大政治势力中,南方革命党人让出总统大位、交出国家政权之后,转而采取新的斗争策略,开始组建政党,争取在国会选举中拿下多数席位,进而通过多数党组阁架空袁世凯,把让出去的权力重新拿回来。这与政党政治中的政党明显不符。至于袁世凯的北洋集团,就更像是中国历史上的朋党,而不是一个政党。

对"宋教仁看得比什么都重要的组织强大政党和夺取议会中多数席位这两件大事,袁世凯却并不在乎"②。在袁世凯眼里,看重的不是政党,而是忠于自己的派系力量,特别是他的北洋军。他表面上说要奉行"不党主义",实际上,他的"不党"只是瞧不上国民党和其他政党,背地里,他一直在给自己结党。当国民党人劝说袁世凯入党时,袁说,自己入甲党则乙党不满意,入乙党则丙党不满意,所以最好是什么党都不加入,奉行"不党主义"。在婉拒柏文蔚劝他入党的信函中,袁世凯说道:"因入甲党则乙党为敌,入乙党则丙党为敌,实不敢以一己之便安而起国中之纷扰。"他还说:"昔英国有女王终身不嫁,人问之,则曰,吾以英国为夫。鄙人今日亦曰,以中华民国为党。"③

事实上,从晚清时期起,袁世凯就在暗中编织自己的关系网,为自己结了一个巨大的朋党,并以此作为自己政治的本钱。正因为如此,1909年朝廷将他开缺回家养病时,他一点也不孤单。辛亥革命爆发后,朝廷调派他的新军前往镇压时,不少军中人物都"不知有朝廷,只知有项城"。最后,袁世凯竟把朝廷玩弄于自己的股掌之间。

袁世凯一方面口头上奉行"不党主义",一方面给自己结了一个巨大的朋党。在政治斗争上,他还采取"以党制党,以党杀党"的策略,运用各种手段,拉拢、分化各政党,激化各政党之间的矛盾,为自己所用。所有这些都说明,袁世凯不是"不党",而是朋党。

---

① 鲍明钤:《中国民治论》,商务印书馆2010年版,第75页。

② 金冲及:《辛亥革命的前前后后》,人民出版社、上海辞书出版社2011年版,第250页。

③ 陆纯:《袁大总统书牍汇编》(卷五),文海出版社1967年版,第239页。

那个时代的中国，无论是这党还是那党，无论是袁世凯还是黎元洪，也无论是皖系还是直系、奉系等，都不是政党政治之争，而是派系之争、团伙之争，其实质是中国历史上"朋党之争"的延续。冯国璋与段祺瑞之间的"府院之争"更是清楚地说明了这一点。

第八章

# 司法机关之屈尊从属

中国传统社会是一个高度集权的专制社会，实行一元化统治，无论文化还是权力，都是如此。在这种一元主义权力结构之下，不可能有西方语境中独立的司法权存在。司法一直以来都是寄寓于行政之中的，为行政服务，属于高度一元化的权力组成部分。晚清时期，西方文化逐渐传入中国，打破了中国长期以来由儒家文化一统天下的局面。与此同时，由于西方列强的殖民扩张，中国传统政治、文化、社会陷入全面危机，国内革命也是风起云涌，最后迫使清王室退出了历史舞台，开启了中国社会亘古未有之大变局。

在这个历史大变局之中，中国社会方方面面都迈出了大转型的步伐，最为重要的一点就是，中国的政治体制从传统的专制统治开始转变为近代的民主共和，相应的，过去一元化权力结构也开始向三权分立的权力结构转向。辛亥革命后制定的《中华民国临时政府组织大纲》、《中华民国临时约法》及以后的法律至少从形式上都采用了三权分立的政体设计。当然，由于受传统文化及习惯思维的影响，司法权在这一时期依然处于从属地位，屈居其他权力之后，而没有实现真正的独立。

## 一、《临时约法》及其前后的政体选择

辛亥革命以后，中华民国历届政府的政治体制，总体上来说都是效仿西方国家三权分立的权力架构，彻底抛弃了中国历史上长期实行的专制政体和一元化权力结构。只有袁世凯复辟和张勋复辟期间除外，但这两次复辟都只不过是昙花一现，是历史发展过程中的小小插曲，可以忽略不计。其他

时期,至少在形式上国家政权都采用三权分立的架构,效仿西方民主共和的政治体制。在这种政体之下,国家权力被分成三大部分,分别是立法权、行政权、司法权,这三部分权力又分别交由不同的部门和人员行使,而且互不隶属,相互平等,相互独立。之所以这样做的目的,就是为了预防权力腐败,确保所有权力都受到必要的监督和制约,而不会导致一权独大,更不会导致专制集权。

清政府被推翻之后,我国引进西方近代政治体制,主要原因在于,当时的人们普遍认为中国的落后就是由于腐朽的专制思想和腐败的官僚政治,同时认为,日本之所以能在短时间内由弱变强,一跃成为亚洲甚至世界强国,就是由于明治维新引进了西方近代政治体制,改君主专制为民主法治,所以,我国无论如何也不能再延续过去那种君主专制统治,而必须向西方学习,特别是学习他们的政治思想和法治文明。中国近代这种政治思想有其独特的发展轨迹,体现了当时国人救国救民的思索过程。鸦片战争失败后,国人首先想到的是西方列强的洋枪洋炮,认为我们之所以失败是技不如人,敌不过人家的坚船利炮,所以需要学习西方的制造技术,发展自己的近代工业,于是在国内掀起了一场洋务运动。经过努力,洋务运动取得了明显成效,不仅中国的制造业上了一个大的台阶,国家经济实力也大幅增强,军事力量也非昔日可比,海军北洋舰队在当时的亚洲已经位居第一。但是,在1894年的中日甲午海战中,中国军队大败,此后,1895年北洋舰队更是全军覆没。再往后,在日俄战争中,俄国也败给了日本。现实迫使国人深入思考中国战败的原因和日本取胜之道。经过思考,国人大都认为中国之败不是败在武器方面,而是败在体制和机制方面。故我们必须学习西方的政治思想,引进西方的政治体制。晚清出洋官员马建忠在给李鸿章的《上李伯相言出洋工课书》中曾这样说道:"初到之时,以为欧洲各国富强专在制造之精、兵纪之严。及披其律例,考其文事,而知其讲富者,以护商会为本;求强者,以得民心为要。"[①]如何才能护商会、得民心? 他认为,根本之道在于西方各国三权分立的政治体制。他说:"各国吏治异同,或为君主,或为民主,或为君民共主之国。其定法、执法、审法之权分而任之,不责于一身。权不相侵,故其政事纲举目张,灿然可观。"[②]张謇在给袁世凯的长信中劝他站出来勇

---

①  中国史学会主编:《洋务运动》(一),上海人民出版社 1961 年版,第 428 页。

②  中国史学会主编:《洋务运动》(一),上海人民出版社 1961 年版,第 426 页。

挑重担、敢于担当时,也曾说:"公今揽天下重兵,肩天下重任矣,宜与国家有生死休戚之谊。顾亦知国家之危,非夫甲午庚子所得比乎?不变政体,枝枝节节之补无益也,不及此日俄全局未定之先,求变政体而为揖让救焚之迁图无及也……日俄之胜负,立宪专制之胜负也。今全球完全专制之国谁乎?……一专制当众立宪尚可幸乎?"①时人伦父在总结这一时期的思想发展过程时说:"自甲午以至于戊戌,变法之论虽盛,然尚未有昌言立宪者,政变之后,革新之机,遏绝于上而萌发于下,有志之士,翻译欧美及日本之政治书籍,研究其宪法者渐众。甲辰,日俄战起,论者以此为立宪专制二政体之战争。日胜俄败,俄国人民群起而为立宪之要求,土波诸国,又闻风兴起,吾国之立宪论,乃亦勃发于此时。"②

在这种大背景下,专制统治已经是穷途末路,民主共和已经深入人心,谁再想搞专制集权就是开历史的倒车,必然会被历史淹没。故辛亥革命成功之后,从《中华民国临时政府组织大纲》到《中华民国临时约法》,再到《天坛宪草》、《中华民国约法》(袁记约法)、《中华民国宪法》(曹锟贿选宪法),都是采用三权分立的政体架构,无一例外。不同法律之间的差别只是三种权力之间是否平衡,孰轻孰重,而不是是否采用三权分立的架构。

《中华民国临时政府组织大纲》是辛亥革命胜利后,为组织一个全新的统一政权而制定的。该法在结构上共有四章,第一章为临时大总统,第二章为参议院,第三章行政各部,第四章为附则。在这里,第一章可以看作是行政权,第二章可以看作是立法权,司法权则放到了行政权部分进行规定。在第一章第六条规定,临时大总统得参议院之同意,有设立临时中央审判所之权。《中华民国临时约法》借鉴美国的总统制政体,总体上是一种三权分立的政体架构,只是在这部法律里面,司法权的地位还不像美国宪法中司法权的地位那样,可以跟其他两种权力平起平坐,分庭抗礼。

《中华民国临时约法》由《中华民国临时政府组织大纲》修订而来。由于《中华民国临时政府组织大纲》只是一个政府组织法,缺少关于公民权利的内容,还不能称得上是真正的宪法,又由于南京临时政府成立后,南北双方议和达成,南方孙中山先生即将让位于北方的袁世凯,在孙中山先生辞去临

---

① 卞修全:《近代中国宪法文本的历史解读》,知识产权出版社 2006 年版,第 24 页。
② 伦父:《十年以来中国政治通览·通论》,载《东方杂志》第 9 卷第 7 号(1913 年 1 月 1 日)。

时大总统之前,南方临时参议院通过了《中华民国临时约法》,交袁世凯宣誓遵守。《中华民国临时约法》在法律内容和法律结构上均对《中华民国临时政府组织大纲》作了较大幅度的调整。该法共七章,第一章总纲,第二章人民,第三章参议院,第四章临时大总统副总统,第五章国务员,第六章法院,第七章附则。在《中华民国临时约法》中,三权分立的政体架构更加突出,其中,第三章为立法权,第四、第五两章为行政权,第六章为司法权。在这里,司法权也已经单列一章,比《中华民国临时政府组织大纲》更加完备。

《天坛宪草》是袁世凯就任临时大总统,中华民国临时政府北迁之后,由中华民国第一届国会宪法起草委员会起草完成的。由于该宪法草案在天坛起草完成,又由于该宪法草就后,袁世凯取消国民党党员的国会议员资格,解散国会,该宪法永远无法正式通过生效,故称之为《天坛宪草》。《天坛宪草》起草过程中,国民党籍议员占多数的宪法起草委员会与袁世凯进行过激烈的斗争,双方围绕宪法的内容和目的各不相让,直至最后破局。在法律结构上,《天坛宪草》共十三章,第一章国体,第二章主权,第三章国土,第四章国民,第五章国权,第六章国会,第七章大总统,第八章国务院,第九章法院,第十章法律,第十一章会计,第十二章地方制度,第十三章宪法之修正解释及其效力。从法律结构上看,《天坛宪草》无疑也是采用了三权分立的政体架构,而且,为突出中华民国的民主共和国性质,防止专制复辟,该宪法草案还专门用第一章和第二章对国体和主权进行了规定,这两章分别都只有一条,即第 1 条和第 2 条,第 1 条规定,中华民国永远为统一民主国,第二条规定,中华民国主权属于国民全体。为确保中华民国的民主共和国性质,该宪法草案最后一章第 138 条还特意规定,国体不得为修正之议题。

《中华民国约法》是袁世凯解散国会后,由他炮制出的一个"约法会议"起草制定的,由于该约法主要反映的是袁世凯的个人意志,故也称之为"袁记约法"。袁世凯解散国会后,便着手制定新约法,取《中华民国临时约法》而代之,《中华民国约法》便是袁世凯这种个人意志的产物。该法共十章,68条。第一章国家,第二章人民,第三章大总统,第四章立法,第五章行政,第六章司法,第七章参政院,第八章会计,第九章制定宪法程序,第十章附则。从该法的结构来看,大体上还是体现了三权分立的政体架构。当然,袁世凯心目中的三权分立,只是他一人之下的三权分立,他希望的是自己下面的工作机构之间实行分权,相互制约,而他自己则是所有权力部门的"总统领",享有最高统治权和最后决策权,这个最高权力是不应该受到制约的,更不能容忍被分割行使。这一点，在法律结构上已经有明显的体现，该法在第三章大总统之后，第四、第五、第六三章分别是立法、行政、司法，表明这三种权力都是由总统统领的，居总统之后。这就像《钦定宪法大纲》中规定的那样，"君上有统治国家之大权，凡立法、行政、司法，皆归总览，而以议院协赞立法、以政府辅弼行政，以法院尊律司法"。

1923 年《中华民国宪法》是中国历史上首部以宪法命名的国家根本大法，虽然饱受骂名，但是在形式和内容上有许多可取之处。该宪法是直系军阀曹锟在战场上取得胜利、控制北京政权后制定的，为了实现自己当总统并另立宪法的目的，曹锟一再提高金钱收买国会议员的价格，直至给一般议员每人 5000 元，花费巨额贿赂 1356 万之多，才勉强让自己登上总统宝座，并让宪法得以草率通过。由于该宪法的制定是通过高额贿赂实现的，这部宪法也被称之为"贿选宪法"，那些议员也被人讥骂为"猪仔议员"。1923 年《中华民国宪法》的法律结构基本沿袭了《天坛宪草》，共十三章，一百四十一条。第一章国体，第二章主权，第三章国土，第四章国民，第五章国权，第六章国会，第七章大总统，第八章国务院，第九章法院，第十章法律，第十一章会计，第十二章地方制度，第十三章宪法之修正解释及其效力。在政体选择上，该法也是遵循三权分立的原则，采用三权分立的权力架构，而且，在具体法律条文中对三权分立作了明确的规定。根据该法第 39 条、第 71 条、第 97 条，中华民国之立法权由国会行之，中华民国之行政权由大总统以国务员之赞襄行之，中华民国之司法权由法院行之。

# 二、近代宪法政体架构下的司法权

我国近代宪法是在西方列强倒逼之下开始从西方引进的。宪法引进之初，国人对之期望颇高、评价超好，故在引进西方宪法的过程中，我国宪法的政体架构基本上也采用西方宪法的模式，具体做法或者是效仿某一西方国家的宪法，或者是将不同西方国家的宪法糅合在一起，再或者是将西方国家宪法嫁接到中国传统政治文化之上。故在考察中国近代宪法司法权之前，有必要先对西方国家宪法中的司法权作一简单考察。

## (一)西方三权分立宪法原则下的司法权

近代以来,西方国家宪法大都遵循三权分立原则。在三权分立原则之下,西方国家宪法将国家全部公权力划分为三大部分,即立法权、行政权、司法权,并将这三种权力分别交给三个互不隶属的部门掌握和行使。这三个互不隶属、相互独立的部门相互监督、相互制约,以此确保不至于出现专制和滥权。

三权分立最为典型的就是美国宪法。美国联邦宪法把国家权力分为立法、行政、司法三个部分,分别交由国会、总统、联邦法院独立行使,并设计了一套让这三个部分相互制衡的制度,发明了美国的均衡政制。在美国宪法中,立法权、行政权、司法权各自独立、不分高下,彼此不受另外任何一种权力的干预,但同时,为保证每一种权力不至于能够肆意妄为,宪法又给了每一种权力制衡另外两种权力的手段,确保任何一种权力都不会膨胀,不至于因个人一时冲动而给国家酿成灾难性的后果。美国宪法这种制度设计的人性论基础就是通常人们所说的性本恶,或者西方人所说的理性经济人。关于美国宪法的人性论基础,美国独立宣言起草人、曾任第三届总统的托马斯·杰弗逊曾说过:"信赖,在任何场合都是专制之父。自由的政府,不是以信赖,而是以猜疑为基础的。我们用制约性的宪法约束受托于权力的人们,这不是出自信赖,而是来自猜疑。……因此,在权力问题上,不是倾听对人的信赖,而是需要用宪法之锁加以约束,以防止其行为不端。"①麦迪逊也曾说过:"用这种方法来控制政府的弊病,可能是对人性的一种耻辱。但是政府本身若不是对人性的最大耻辱,又是什么呢?如果人都是天使,就不需要任何政府了。如果是天使统治人,就不需要对政府有任何外来的或内存的控制了。"②考虑到立法权、行政权、司法权之间可能存在天然的不平衡,美国宪法又采取人为措施,在三权之间构筑了精心的平衡。"在共和政体中,立法权必然处于支配地位。补救这个不便的方法是把立法机关分为不同单位,并且用不同的选举方式和不同的行动原则使它们在共同作用的性质以

---

① [日]杉原泰雄著:《宪法的历史——比较宪法学新论》,吕永、渠涛译,社会科学文献出版社 2000 年版,第 23 页。

② [美]汉密尔顿等著:《联邦党人文集》,程逢如等译,商务印书馆 1980 年版,第 264页。

及对社会的共同依赖方面所容许的范围内彼此尽可能少发生联系。"①对于司法权，由于其既无武力、又没有荣誉等资源分配，有的仅仅是判断，而且这个判断还需要交由其他部门来执行，故在三权中最容易受到侵犯，对此，美国宪法采取有力措施，规定法官任职终身、薪俸由法律直接规定，从而保证司法能够经受住其他两种权力的侵犯、威胁与影响，保证司法高度独立。

司法独立是西方三权分立原则的应有之义，也是法治能否成立的关键或者说是决定性因素。在西方人看来，没有司法独立，就不可能有真正的法治。因为当行政权与立法权、中央与地方及社会方方面面各种矛盾出现的时候，都必须由一个独立的第三方来裁断，这个独立的第三方就是司法机关，只有司法机关独立审理，各种纷争才可能被和平理性地解决。如果司法机关没有独立的地位，没有公正裁判的勇气，或者是顾虑某一权力的打击报复，就无法主持公道。不能主持公道，又如何能够担当裁断、化解一切纠纷和矛盾的重任？在人类历史上，曾几何时，由于没有一个无利害关系的独立第三方来裁决重大社会纷争，各种社会矛盾就只能日复一日地积累下来，直至最后在某一临界点上爆发出来，导致社会的巨大动荡。或者在某种高压权力之下矛盾一方暂时屈服而表面得到平息，但这些矛盾都没有真正得到解决，终将酿成严重的后患。而且，在西方人眼里，高压之下的矛盾暂时积压，或者是矛盾在表面上得以解决，依然是权力肆意的结果，必然造成一权独大，与法治所要求的"权在法下"背道而驰。

在近、现代法治中，司法具有独特的作用与价值。司法是专门机关根据法定职权和法定程序，审理和裁决纷争的活动。由专门机关，站在第三方立场，依据实体和程序性法律，独立审理和裁决纠纷，包括与国家公权力有关的纠纷，可以保证纠纷解决的独立、公正，有利于维护社会稳定，实现社会正义。正因为如此，有人把司法称之为社会正义的最后一道防线。在解决纠纷的过程中，司法还能够同时起到约束公权力、保证权力依法运行，和权利救济、社会秩序矫正、服务社会发展等作用。公正、高效、权威的司法价值在现代社会已经日益彰显，并得到普遍的认同，成为绝大多数国家追求的目标。

---

① [美]汉密尔顿等著：《联邦党人文集》，程逢如等译，商务印书馆 1980 年版，第 265 页。

## (二)中国近代宪法中的司法权

公正独立的司法是近现代民主法治的基石和保证，也是评判一个国家和社会是否法治的重要指标。然而，近代中国历史上的宪法，一方面引进了西方国家三权分立的政体架构，另一方面却又没有建立一个独立公正的司法，没有建立起西方那种只忠于法律的司法机构。即便有的法律在形式上、文字上确立了司法的独立地位，如1923年宪法规定，法官在任中，非依法律，不得减俸、停职或转职，但实践中，作为舶来品的三权分立、司法独立等原则还是没有能够深入人心，没有真正建立起来。在传统中国"大一统"思想的影响下，司法还只能在统治者的翼翅下生长，只有仰仗统治者的重视和庇护，才能有所作为。

### 1.《中华民国临时政府组织大纲》中的司法权

在《中华民国临时政府组织大纲》中，司法权的内容少之又少，仅在第一章"临时大总统"中有一条涉及司法权。该法第6条规定，临时大总统得参议院之同意，有设立临时中央审判所之权。从这一条的内容、位置可以看出，在《中华民国临时约法》中，司法权是作为临时大总统的职权出现的，依附于临时大总统的行政权之中。根据这一规定，临时大总统有权提请参议院同意，并经参议院同意，设立司法机关。

《中华民国临时政府组织大纲》的这一规定表明，司法权的命运掌握在行政权手中，司法机关设立与否，取决于临时大总统的意愿，如果临时大总统不想设立司法机关，司法机关便不可能产生。因为，根据上述条款的规定，参议院对中央裁判所的设立只有同意权，临时大总统才具有设立与否的提案权。临时大总统若不提请参议院批准设立司法机关，司法机关便永远不可能出现。《中华民国临时约法》的这种规定，是传统中国司法寓寄于行政的反映和延续。在传统中国，行政权才是真正的国家统治权，其他权力都不是，也不可能是独立的国家统治权形态。中国传统文化不是三权分立的文化，而是高度集权的文化。千百年来，中国的立法权和司法权都是和行政权纠缠在一起的，是行政权的附属，或者说是行政权的一部分。

从历史上看，我国有文字记载的立法活动大概可以认为是从战国和秦朝开始的。迄今为止，在西周和春秋及更早之前的文献中还没有发现专门立法活动的记载。从历史实践来看，我国传统的立法活动大致程序一般都是,朝臣初步研究并上奏、皇帝初步同意并责成臣下深入研究,接受指定的大臣研究,或群臣共同讨论,有时讨论得还相当激烈,有时候皇帝也加入讨论行列之中。成熟完善之后,由皇帝拍板定案,颁旨放行。以秦朝为例,秦孝公开始变法的时候,在商鞅和其他大臣之间就有过激烈的辩论,最后才由皇帝一锤定音。秦始皇统一中国以后,是继续以往的分封建制还是建立全新的治理结构,实行科层制,由中央集权统治? 也有过激烈的辩论,最后,秦始皇采纳了李斯的意见,决定实行中央集权统治。

可见,中国历史上的立法活动是和行政活动分不开的。立法尚且如此,司法就更加可想而知了。漫长的中国封建社会,司法与行政合一,早已成为中华法系的一大鲜明特征。这里的司法与行政合一,实质上就是司法长期依附于行政,寄居于行政之中。

### 2.《中华民国临时约法》中的司法权

《中华民国临时约法》关于司法权的规定,比《中华民国临时政府组织大纲》已有相当程度之完善。临时政府组织大纲关于司法权仅有一条,而且这仅有的一条还是作为大总统的权力内容规定的,置于大总统之下。

《临时约法》在中国历史上破天荒地对司法权作了比较完备的规定。从法律结构上看,该法也不再把司法权置于行政权之中,而是把法院与其他国家机关并列,在立法机关、行政机关之后,专辟一章,即第六章"法院",对司法权进行了比较具体详细的规定。

《临时约法》第六章共有 5 条,对法院之组织、职能、审判活动、法官之任职等内容,均有规定。根据相关条款,"法院之编制及法官之资格,由法律规定;法官之任命,由临时大总统和司法总长分别为之;法院的职能是依法审判民事诉讼及刑事诉讼,行政诉讼及其他特别诉讼,由法律另行规定;法院的审判活动,除有妨害安宁秩序者外,必须公开;法官独立承担审判职责,不受上级官厅之干涉"[1]。

考虑到"欲令法院在实际上亦不为其他机关的势力所左右,则法官之如何任用,与法官身份之如何保障,极为重要"[2],为保证法官能够独立从事审判工作,《临时约法》先是在第 48 条中规定,法官之资格,以法律定之。继而

---

① 《中华民国临时约法》。

② 傅德华:《于右任辛亥文集》,复旦大学出版社 1986 年版,第 219 页。

又在第 51 条、第 52 条中分别规定,法官独立审判,不受上级官厅之干涉;法官在任中,不得减俸或转职,非依法律受刑罚宣告,或应免职之惩戒处分,不得解职。这两条内容之规定,模仿美国宪法,对法官的职务和薪酬给予了有力之保障,能够减轻甚至消除法官的后顾之忧,让法官能够独立自主地依据法律进行审判,无须顾虑其他机关和个人的态度和取向。

当然,《临时约法》关于司法权的规定也还有许多不足之处,难以保证司法机关真正独立进行审判,这一点,从《临时约法》施行过程中,司法机关的表现及面临的困境也可以得到说明。《临时约法》第 48 条规定,法官由临时大总统及司法总长分别任命,难以避免行政和司法长官利用法官任命权左右法官的行动。第 49 条规定,法院依法律审判民事诉讼及刑事诉讼,将行政诉讼及其他特别诉讼排除在法院职能之外,在行政法院、宪法法院等专门机构缺失的情况下,难以保证法院全面实现司法职能,影响司法价值的实现。

由于《临时约法》实施后,各项配套制度没有及时出台,司法机关独立进行审判活动的具体保障措施也没有得到及时的完善,又由于《临时约法》在实施过程中,各方政治力量斗争激烈,连绵不断,没有为司法机关提供一个和平实现司法价值的大环境,这一阶段,司法机关的独立审判权总体上并不理想,在强大的行政权和强势的立法权面前,司法机关往往显得异常孱弱无力。更有甚者,在那个年代,北洋军阀人人拥兵自重,不把文人放在眼里,司法机关也经常遭到武力威胁,甚至生命健康都受到侵害,在健康权和生命权等基本人权都缺乏保障的情况下,法官依法独立审判,只能沦落为一句空话。

在《临时约法》断断续续实施的过程中,司法机关无法独立审判,甚至无法进行审判的情况很多,究其原因,主要当然来自当时的政治和法律大环境,但《临时约法》自身的不足也有一定的责任。虽然比起《中华民国临时政府组织大纲》而言,《临时约法》还是要详细合理得多,但是"约法只注重'立法、行政'两权,对司法的规定甚为简单,其地位不过是行政之一工具,既没有真正意义上的'独立、中立、公正'之精神,也完全起不到司法平衡的效果,由此导致了瘸腿的'三权分立制',司法成为一块明显的短板"①。这一说法,也不无道理。

---

① 金满楼:《门槛上的民国》,新星出版社 2013 年版,第 113 页。

### 3.《天坛宪草》中的司法权

《天坛宪草》是中华民国第一届国会宪法起草委员会起草完成的,在起草过程中,与袁世凯进行了针锋相对的斗争,后因袁世凯恼羞成怒,宪法起草委员会预感到形势不妙,便加快起草进程,抢在袁世凯采取措施之前匆匆通过了草案。

关于司法权,《天坛宪草》是按照三权分立的架构进行设计的,在国会、大总统、国务院之后,也就是在立法权和行政权之后,该宪法草案用第九章对法院进行了集中规定。第九章共有6条,首先即明确规定,中华民国之司法权由法院行使之。这一规定,确定了司法权的归属,排除了其他机关染指司法权的可能。而且,该宪法草案把行政诉讼和其他特别诉讼也纳入了司法机关的职权范围,不再像《临时约法》那样把行政诉讼和其他特别诉讼排除在普通司法管辖之外。根据第99条的规定,法院有权依据法律的规定,受理民事、刑事、行政诉讼,及其他一切诉讼,除非宪法和法律有明确的特别规定。在法官任命方面,《天坛宪草》也没有像《临时约法》那样,把法官的任命权完全授予大总统和司法总长,而是对最高法院负责人的任命作了特别的规定。依据第98条第2款的规定,最高法院院长之任命,须经参议院之同意。这一规定,体现了《天坛宪草》在法官任命方面更加审慎。在司法独立方面,《天坛宪草》不再像《临时约法》那样,仅仅规定"法官独立审判,不受上级官厅之干涉",而是在第101条中规定,"法官独立审判,无论何人,不得干涉之"。很显然,"法官独立审判,无论何人,不得干涉之"要比"法官独立审判,不受上级官厅之干涉"更为全面,更为有力。因为在司法实践中,法官独立审判可能遭遇的侵害远远不只是上级机关和官员,而可能是来自于方方面面。在审判公开方面,《天坛宪草》不再仅仅把"妨害安宁秩序"作为不公开审理的理由,而是在妨害安宁秩序之外,增加了"有伤风化"作为不公开审理的理由。根据第100条之规定,法院审判活动应当公开,但"认为妨害公安或有关风化者",可以秘密审判。

从《天坛宪草》关于司法权的内容看,该宪法草案比《临时约法》要更加完备、更加周密。仅仅在法律条文的数量方面,比《临时约法》就有所增加。在司法机关职权方面,比《临时约法》也有所扩大。在具体内容上,也更加有利于司法机关独立行使职权。尤其难能可贵的是,《天坛宪草》还体现了司法机关对行政机关的监督和制约。根据该草案第87条的规定,大总统宣告免刑、减刑及复权,需经最高法院之同意。《天坛宪草》这一规定,在我们这样一个司法长期依附于行政的国家,不可谓不先进。类似的内容在《临时约法》中,还只是规定,临时大总统得宣告大赦、特赦、减刑、复权,但大赦须经参议院之同意。这也就是说,在《临时约法》中,仅有立法对行政的监督,而在《天坛宪草》中,已经体现了司法对行政的监督。《天坛宪草》的这一规定,赋予司法机关对行政机关说"不"的权力,有利于行政机关转变观念,促使其全面认识司法权的作用与价值,也有利于提高司法机关的地位,扭转司法依从行政的局面。

遗憾的是,《天坛宪草》还只是一部宪法草案,没有生效公布施行。故其对司法权的设计,还只能停留在宪法起草者的理念层面,无法付诸实施。

4.《中华民国约法》中的司法权

《中华民国约法》是袁世凯一手炮制的,该法形式上也把国家权力分成了立法、行政、司法三个部分,但通过其他条文的制度设计,袁世凯又将这三部分权力事实上都统到了自己一个人手中。该法第 14 条首先规定,大总统为国之元首,总揽统治权。通过这一规定,袁世凯便可"依法"总揽国家全部统治权,实现其个人对国家的统治。在总揽之下,袁世凯还直接执掌国家行政权。对立法权和司法权,袁则采用虚置、分解等办法,将之牢牢抓在自己手中。根据《中华民国约法》第 39 条的规定,行政以大总统为首长,置国务卿一人赞襄之。也就是说,总统亲任行政首长,设国务卿一人帮衬之,其他人皆不可染指。但对于立法和司法,该法则控制甚严,且分别设置其他机关分解之。根据约法,在立法院之外,还另设一个参政院,参政院有权同意总统颁布与法律效力相同的教令,这样一来,总统就可以成功的驾驭甚至直接行使立法权,径直发布与法律等效的教令。

关于司法权,《中华民国约法》第 44 条规定,司法以大总统任命之法官组织法院行之。根据这一规定,法官由大总统任命,大总统完全可以通过法官任命权掌控法院,把司法权牢牢抓在自己的手中。即便如此,袁世凯还要给自己上一个保险,在法院之外,另设一个大理院,由大理院承担第 31 条第 9 款之弹劾事件的审判任务。这个大理院,与前面提到的参政院一样,都是一个不伦不类的机构,其目的无非就是担心自己控制不了立法院和法院,当立法院和法院万一不听使唤的时候,袁世凯便可以起用这一套备用装置。

可见,在《中华民国约法》中,司法机关严重依附于总统,完全处于总的掌控之中，在这里，司法独立只是一个可望而不可即的梦。尽管该法第48条也规定，法官在任中不得减俸或转职；非依法律受刑罚之宣告或应免职之惩戒处分，不得解职。但这一规定放在这样一部《中华民国约法》之中，简直是莫大的讽刺，根本就是一块彻头彻尾的遮羞布，只是袁世凯为了给自己赚取一点点可怜的舆论而已。

### 5.1923 年《中华民国宪法》中的司法权

1923 年《中华民国宪法》是在《天坛宪草》基础上制定出来的。这是中国历史上第一部正式出台的宪法，也是中国近代史上第一部比较完善的、借鉴西方三权分立政体的宪法。根据该法第 39 条、第 71 条、第 97 条的规定，中华民国之立法权由国会行之；中华民国之行政权，由大总统以国务员之赞襄行之；中华民国之司法权，由法院行之。同时，该法采行的内阁制也比《中华民国临时约法》要完备许多。《中华民国临时约法》的内阁制在历史上可以说是广遭病诟，内阁制引发的府院之争等矛盾在《临时约法》的框架下也欠缺有效的解决途径。1923 年《中华民国宪法》吸取了《中华民国临时约法》的教训，在第 89 条中规定，大总统于国务员受不信任之决议时，非免国务员之职，即解散众议院。根据这一规定，当内阁与国会发生冲突时，留有缓冲与妥协的余地。国会可以对内阁投不信任票，内阁也可以提请大总统解散国会，给了内阁反制国会的手段，这也是内阁制国家的通例。同时，为慎重起见，避免轻率解散国会，该条款还规定，解散众议院，须经参议院之同意。这一规定又为大总统解散国会设置了一个安全阀，能够有效避免政局动荡，防止临时约法时期随意解散内阁、随意解散国会之类的事情发生。为避免国务员屡遭解职，国会反复解散、国会长期空缺等，第 89 条第 2 款、第 3 款还规定，原国务员在职中或同一会期，不得为第二次之解散。大总统解散众议院时，应即令行选举，于五个月内定期继续开会。所有这些内容都是1923 年《中华民国宪法》比较成熟的表现。

当然，1923 年《中华民国宪法》毕竟还是一部北洋军阀主导下完成的宪法，该宪法在引进西方三权分立原则的同时，还是会对大总统给予格外的"关照"和"厚爱"，让大总统居于三权中的优势地位。例如：依据该法第 88 条之规定，大总统在必要的时候可以下令国会停会，这在法治国家是难以想象的。在民主法治国家，国会是民代机关，具有最好的代表性，其合法性和民主性不容置疑，往往占据国家政权机关的道德和法律高地，总统绝对不可能享有停止国会活动的权力。尽管该法同时规定,每一会期停会不得超过2次;每次停会不得超过10天,但赋予总统停止国会活动的权力,即使不是绝无仅有的,至少也是不可多见。

在司法权方面,1923年《中华民国宪法》总体上是规定得比较完备也比较先进的,在那个时期,这部宪法给予司法机关的地位和保障应该说是最好的。该法第101条规定,法官独立审判,无论何人,不得干涉之。这一规定明确肯定了法官的独立审判权,不受任何干涉。在法官的保障方面,该法第102条规定,法官在任中,非依法律,不得减俸、停职或转职。法官在任中,非受刑法宣告或惩戒处分,不得免职。这一条规定,可以免除法官依法独立裁判的后顾之忧,让法官勇敢地承担职责,担当社会道义,维护法律尊严。在司法权与行政权、立法权的关系方面,该法也没有像以往的宪法文件那样,给总统干预司法留有空间,相反,依据该法第87条的规定,大总统宣告免刑、减刑及复权,需要得到最高法院的同意,这一规定给了司法机关对总统说"不"的机会,可以避免总统干预司法、肆意司法。此外,在法官的任命上,也不是总统个人说了算。根据该法第98条之规定,法院之编制及法官之资格,以法律定之。最高法院院长之任命,须经参议院之同意。这一规定,彻底改变了袁记约法的内容,扭转了袁记约法的价值取向。

令人遗憾的是,在立法和司法的关系方面,1923年的《中华民国宪法》给了立法权较多的优越感。如果立法权不能很好地自我约束的话,要给司法权施加影响还是有很多机会的。该法第九章关于"法院"的内容共有6条,其中,立法机关影响司法的可能内容就有3条,分别是,第98条规定:"法院之编制及法官之资格,以法律定之。最高法院院长之任命,需经参议院同意。"第99条规定:"法院以法律受理民事、刑事、行政及其他一切诉讼;但宪法及法律有特别规定者,不在此限。"第102条规定:"法官在任中,非依法律,不得减俸、停职或转职。法官在任中,非受刑法宣告或惩戒处分,不得免职。但改定法院编制及法官资格时,不在此限。法官之惩戒处分,以法律定之。"以上这些规定,当立法机关能够科学、公正、合理地立法的时候,可以成为宪法对司法机关及法官的保障,但当立法机关存在偏私和杂念的时候,就有可能成为立法干预司法的武器。

# 三、屈尊从属的司法

近现代以后的西方司法,在三权分立思想的影响下,普遍具有很高的独立地位,完全能够独当一面、独当大任,发挥司法对社会发展和稳定的促进作用。但中国近代宪法,尽管名义上也是按照西方三权分立的思路进行架构的,实际上却还是延续了中国传统文化和精神,司法权依然像传统中国社会那样,处于从属屈尊的地位,属于当权者权力的一部分,必须随当权者的意志而转移,为当权者服务,而不可能独当大任、实现司法的独立使命。近代中国司法权从属屈尊、难当大任的突出表现主要有以下几个方面。

## (一)宪法诉讼缺位

宪法诉讼简而言之就是与宪法有关的诉讼,包括公民宪法基本权利受侵害提起的诉讼、宪法权力分配界限模糊导致的诉讼、国家权力机关违反宪法而产生的诉讼等等。宪法诉讼是诸多诉讼种类之一,与行政诉讼、民事诉讼、刑事诉讼一样,也是依据一定程序、由独立第三方依法解决某一领域纷争的活动。宪法诉讼解决的是宪法纷争,维护的是宪法权威,保障的是宪法效力和尊严。通常而言,宪法诉讼具有权力制约的功能、人权保障的功能、宪法实施保障的功能。宪法诉讼是宪法实施的必要形式,在法治社会中具有最高权威和最终效力。一切国家机关、单位和个人都必须以宪法为自己行动的终极依据,包括立法、行政、司法等等,都必须认真履行宪法,只要是与宪法不相吻合的行动,都必须予以纠正,纠正的最后办法就是宪法诉讼。宪法诉讼与违宪审查、司法审查、宪法监督、宪法实施保障等概念既有区别又有联系。

近代以后,宪法诉讼以其特殊的功能和作用受到世人的广泛关注。宪法诉讼能够处理国家机关之间的权力之争,解决国家重大争议,保障公民基本权利。当国家权力机关出现权力纷争、国家重大问题需要澄清、公民认为基本权利受到公权侵犯的时候,都可以提起宪法诉讼,请求依司法程序解决。

正因为宪法诉讼具有如此重要的作用与价值,具备这些职能、能够受理宪法诉讼的司法机关,其权威之高、地位之重、角色之独立,不言而喻,无须多言。反之,不具有宪法诉讼职能的司法机关,其地位和作用都可能大打折扣。

如果司法机关地位不高、权威之不足,不能受理宪法诉讼,当行政与立法两权发生冲突的时候,司法也就无法担负起调停或解决权力纷争的任务。国家机关权力之争不能在法律机制内得到解决,对国家利益是一种损失,会危及国家和平发展,同时,对宪法自身的权威甚至生命也是一种伤害。《中华民国临时约法》断断续续实施期间,经常性地被违反而得不到追究,与宪法诉讼缺失、宪法保障措施不到位也有很大的关系。如果《临时约法》设计出了完备的宪法诉讼或实施保障措施,其命运就可能是另外一种情况,甚至还有可能改写中国近代史。

《临时约法》没有宪法诉讼和宪法实施保障措施,《天坛宪草》也没有。《天坛宪草》倒是有宪法解释的规定,但是把宪法解释权赋予了国会。根据《天坛宪草》第 139 条、第 140 条之规定,宪法疑义由宪法会议解释,宪法会议由国会议员组织之。这样一来,司法机关在宪法纷争面前就只能是望洋兴叹了,既无法运用司法经验,也无法发挥知识专长,不利于司法稳定国家和定分止争的功能实现。当立法与行政发生权力冲突的时候,就缺少一种平衡力量。张东荪在 1916 年《宪法草案修正案商榷书》中就曾指出:"夫宪法问题之起,多因行政与立法两方之争执,若以解释权付之国会,是无异于原告裁判被告。非独不平,且将宪法永无却当之解释。"[1]潘树藩先生也提出:"须知国会乃立法机关,一切寻常法律须经两院出席人数过半数的通过,乃能成立,若现在说国会过半数通过的某种法律与宪法某项相抵触,乃将原案再交同一国会,要得到四分之三大多数的统一,来自行取消其从前已经得过半数议员同意的法律,事实上似难以实现,恐怕到了那个时候,议员们不自甘蒙违宪的羞耻,就此曲解宪法,作为辩护,虽真有与宪法抵触的法律,亦不能取消了。"[2]在指出问题和存在的不足之后,潘树藩先生还进而提出,"应该将宪法解释权赋予司法机关,因为司法机关地位比较超然,而且法官们长年累月专司司法工作,对法律必然有恰当精准的理解,这个群体通常又都属于德高望重之类,道德水准较高,他们完全可以站在独立、公正的立场

---

① 张东荪:《宪法草案修正案商榷书》,上海泰东图书局 1916 年版,第 32 页。

② 潘树藩:《中华民国宪法史》,上海商务印书馆 1935 年版,第 48 页。

来解释宪法,确保宪法正确有效实施"[①]。

到 1923 年的《中华民国宪法》,情况似乎有所好转。1923 年的《中华民国宪法》虽然依然没有将宪法解释权授予司法机关,而是继续延用《天坛宪草》的规定,由国会行使宪法解释权。但是,1923 年的《中华民国宪法》却在我国历史上率先确立了由司法机关裁决国家权力争端制度。根据该宪法第 26 条的规定,遇有法律没有明确列明究竟是国家之权力还是省之权力时,"性质关系国家者,属之国家,关系各省者,属之各省,遇有争议,由最高法院裁决之"。此外,当省法律和国家法律可能发生冲突时,也由最高法院解释。根据该宪法第 28 条的规定,"省法律与国家法律抵触者无效。省法律与国家法律发生抵触之疑义时,由最高法院解释之"。

1923 年《中华民国宪法》的这些规定,虽然还不是完整意义上的宪法诉讼,但是对提高司法机关的地位、确立司法机关的权威,强化司法机关的作用,意义不小。只不过,这部宪法确立的上述制度在实践中还没有来得及实施。

## (二)行政诉讼虚置

行政诉讼俗称"民告官",是通过司法途径解决行政争议,由司法机关对行政行为进行合法性或合理性审查,促进行政机关依法行政,保障公民权利不受行政机关的非法侵害,排除行政行为的肆意和擅断。

行政诉讼是国家法治建设的重要内容和应有之意。现代国家,法治建设的核心要求就是行政机关必须依法行政,司法机关通过行政诉讼对行政行为被动审查,是保证行政行为合法的有力措施。同时,司法机关审查行政行为,也有利于提高司法机关的地位,维护司法机关的权威。在我们这样一个行政本位传统深厚的国家,行政诉讼可以动摇官本位思想,颠覆行政与司法的主从关系,将司法机关从行政机关的阴影中解脱出来,所有这一切,对国家法治建设,既是必须的,也有巨大的积极意义。

辛亥革命的目标是推动中国大转型,带领国家从传统专制统治向近代民主法治前进。革命成功后制定的许多法律,对行政诉讼的意义都有清晰的认识,构建行政诉讼制度的任务也都提上了议事日程,遗憾的是,在中华民国成立后相当长的时间里,行政诉讼都没有很好开展起来,更没有动摇行

---

① 潘树藩:《中华民国宪法史》,上海商务印书馆 1935 年版,第 48 页。

政与司法的主从关系,也没有走进普通百姓的生活,这对提高司法机关的地位,扭转司法机关的从属屈尊局面,推动国家法治建设都极为不利。

湖北军政府颁布的由宋教仁起草的《中华民国鄂州临时约法》是辛亥革命后颁布的第一部宪法性质的法律,在这部法律里,已经有行政诉讼之内容,根据该法第 10 条的规定,对于官吏违法损害人民权利之行为,人民有权陈诉于平政院。此后,在宋教仁起草的《中华民国临时政府组织大纲草案》中也有类似的规定。到《中华民国临时约法》,正式引进了宋教仁先生的这一主张,设置平政院受理人民之陈诉,陈诉范围为官吏违法损害人民权利之行为。根据《中华民国临时约法》的规定,行政诉讼与普通诉讼由不同机构受理,独立于普通诉讼之外,不受普通司法机关管辖。根据该法第 49 条的规定,普通法院审判民事诉讼及刑事诉讼,行政诉讼及其他特别诉讼,由法律另行规定。

《中华民国临时约法》是近代中国国家宪法对行政诉讼的最早规定。但在该法实施之后,受理行政诉讼的机构,也就是平政院却迟迟未能设立,正如有学者指出的那样,"然自约法施行之后,各种机关次弟成立,独平政院直至民国三年始有'编制令'规定其组织,而行政诉讼法亦于是年始行成立"①。直到 1914 年 3 月 31 日,袁世凯以第 39 号教令颁布《平政院编制令》,北洋政府才在北平正式设立平政院。此后,1914 年 4 月 10 日,又颁布了《纠弹条例》。1914 年 5 月 1 日,袁世凯公布《中华民国约法》,取代《中华民国临时约法》。《中华民国约法》关于法院职能的规定与原临时约法基本相同,不同的是将原临时约法中的"陈诉权"改成了"诉愿权"。1914 年 5 月 17 日,袁世凯又公布《行政诉讼条例》和《诉愿条例》,与前面颁布的法律形成了配套。

平政院是中华民国的行政裁判机关,也是中国历史上最早的行政裁判机关,从其开中国民告官之先河的角度来说,平政院之设立意义非同小可,但从另一个角度来说,由于平政院隶属于大总统,负责人也由大总统任免,未能跳出行政权的控制,不能独立审理行政诉讼,设立平政院的意义又会大打折扣。处于这种地位的平政院不可能监督行政权,确保行政机关依法行政,反而有可能沦落成为最高行政长官控制下属的工具。事实上,到 1928

---

① 夏新华等:《近代中国宪政历程:史料荟萃》,中国政法大学出版社 2004 年版,第 161页。

年平政院正式关闭,十几年期间,平政院也的确没有能够发挥好监督行政机关的作用。"虽然尚未有明显证据显示大总统曾经干预过平政院的审判活动,但平政院的这种法律地位对其司法权威的确立是极其不利的。也正因为平政院在法律地位上隶属于大总统,所以许多人在评价平政院时都将其看作是袁世凯实现专制统治的工具。袁世凯死后,平政院最为人诟病的纠弹功能虽已丧失,平政院转变为纯粹的行政裁判机关,但行政诉讼客观上对官吏的监督作用使得作为大总统下属机构的平政院仍可被视为专制统治的工具。"①

与《中华民国临时约法》《中华民国约法》采行的普通诉讼与行政诉讼分属不同裁判机关的"二元"结构不同,《天坛宪草》、1923 年《中华民国宪法》都实行普通诉讼与行政诉讼"一元"结构,由普通法院审理行政诉讼。根据这两部法律文件的规定,法院依法律受理民事、刑事、行政,及其他一切诉讼。当然,由于《天坛宪草》本来就只是一部法律草案,1923 年宪法刚出台就招致一片骂声,普通法院受理行政诉讼均未能实现法律预期。

有趣的是,中华民国刚刚成立不久,临时约法规定的平政院尚未设立之际,民国元年,也就是 1912 年 10 月,我国就发生了号称民国"国民控告官署"第一案的民国大学与工商总长刘揆一的诉讼案。该案"案情其实并不复杂。民国元年,袁世凯接受民国大学的呈请,同意将前清翰林院的房屋拨给大学使用。及至大学接收屋产时,发现其早已被工商部占用。双方交涉均不相让,大学遂将工商部告到京师地方审判厅,当时刘揆一是第一任工商部总长,因此成为被告"②。

京师地方审判厅受理案件后,被告认为司法机关不应受案,拒不出庭参与诉讼。被告认为,在民国大学呈请拨付房屋前,国务院已经将争议房产拨给工商部使用。本案件由行政处分引起,不属于民事纠纷,京师地方审判厅作为普通司法机关,不应受理该案,因而以一纸公函作答。尽管原告据理力争,认为:"当此行政裁判所未立之先,人民据约法当然有诉讼法院受其审判

---

① 赵勇:《民国北京政府行政诉讼制度研究——基于平政院裁决书的分析》,西南政法大学 2012 年博士学位论文。

② 沈大明:《民国初年关于行政诉讼体制的争论及其意义》,载中国法学网,http://www.iolaw.org.cn/showNews.asp? id=1634,下载日期:2014 年 10 月 7 日。

之权,不然即人民无所控诉,岂非约法所载之权利横被剥削?"①但在当时,行政诉讼机关尚未成立,行政诉讼又无章可循的情况下,加之中国传统思维和习惯作用,案件的结果可想而知。原告即使是再有理由,也难免败诉的结局。最后,只有国务院为原告另觅校址,事情就此了结。

## (三)普通诉讼疲软

普通诉讼是司法机关的常见职能,也是日常生活中发生最多的诉讼,包括刑事诉讼、民事诉讼、商事诉讼等。司法机关审理和裁判这些诉讼的状况,可以反映其所处的社会地位和司法价值实现的程度。从普通诉讼中,民众也能够认识司法、感受司法,并对司法形成自己的认知和判断。

辛亥革命胜利后,起初的《中华民国临时政府组织大纲》,在大总统之下,用一个条文规定,临时大总统得参议院之同意,有设立临时中央审判所之权,尽显了司法从属行政的中国传统。后来的《中华民国临时约法》,用一整章,共5条,破天荒地对司法作了比较完备的规定,在宪法法律文件上对司法权给予了高度的重视,确立了司法的独立地位。《中华民国约法》司法权的规定大致延用《临时约法》的内容。《天坛宪草》及后来的1923年《中华民国宪法》对司法权的规定比《临时约法》更加详细、更加完备,并将法院受理的案件从刑事和民事诉讼,扩大到了除宪法及法律特别规定之外的民事、刑事、行政及其他一切诉讼。

应当说,《中华民国临时约法》《中华民国约法》《天坛宪草》、1923年《中华民国宪法》等都对司法权给予了很好的规定,甚至规定得比美国宪法还要细致,特别是《天坛宪草》和1923年《中华民国宪法》,明确规定了法院可以接受民事、刑事、行政及其他一切诉讼。依据这些规定,司法机关本可以大展抱负、大有作为,但事实上,在整个中华民国前期,《临时约法》断断续续实施期间,司法机关不要说在宪法诉讼、行政诉讼上没有重要表现,即使是在普通的民事和刑事诉讼方面,表现得也很不尽如人意,甚至许多地方连普通司法机关都迟迟没有建立起来,正如有人指出的那样,"从清末即推行的'政、审分离'实则果实寥寥,除天津等名埠尚可称之为模范区外,内地的司法状况大多为'有治法,无治人'之状态。直至民国二十年后,各县级法院仍

---

① 张志明:《民国大律师汪有龄》,载杭州民盟,http://www.hzmm.org.cn,下载日期:2014年10月7日。

第八章 司法机关之屈尊从属

237

大半虚置,判官无人则以县知事代行裁判权。"①

即使是在普通诉讼中,司法机关也难有作为,究其原因,大概还是要归咎于传统文化、传统力量的影响。由于传统思维、传统习惯、传统力量等因素的影响,司法机关想有作为也难。特别是传统的人治、武治,使得法官想坚持也不可能,有时,即使是将个人生死置之度外,也几乎没有左右判决结果的可能。那个年代,就有法官不愿意接受其他因素的影响,结果被砍伤一腿,并被警告,再不听话,小命难保,连累家属。最终不得不放弃初衷。

在民国初年的历史上,司法机关"望法兴叹"的例子屡见不鲜。

1911年底,发生在江苏省山阳县的姚荣泽案,通常被称为民国司法第一案。该案基本案情为:首鼠两端、骨子里却还是旧官僚的县知事姚荣泽,不满革命人士周实、阮式的革命行为,暗中怂恿、鼓动当地绅士、无赖等,阴谋勾结,借故捕杀年轻有为的革命人士周实、阮式。革命军光复山阳县之后,要缉拿、审判姚荣泽。围绕是否审判、由谁审判、如何审判等问题,在沪军都督陈其美、江苏都督庄蕴宽、南通民军总司令张察、民国临时政府司法总长伍廷芳等人之间展开了一场广为关注的大争论。

案发后,姚荣泽躲入南通民军总司令张察家中,受张察保护,迟迟无法归案。后因惊动了临时大总统孙中山先生,孙先生分别给江苏都督庄蕴宽、沪军都督陈其美及南通民军总司令张察发电,措词严厉,要求迅速将姚荣泽本人及案件卷宗交沪军都督陈其美讯办,以彰国法,以平公愤。见此情形,张察不敢怠慢,将姚荣泽押解到了苏州,再由陈其美派人将其从苏州押到了上海。

姚荣泽归案后,革命党人群情激愤,恨不能立即将其正法。在革命党人眼里,怎么也不能容忍,一个旧官僚竟然敢于在一天之内屠杀两位革命志士。是可忍,孰不可忍!大多数革命党人当时的态度都是要从速处决姚荣泽,越快越好,需不需要审判、如何审判都无所谓。但作为中华民国临时政府司法总长的伍廷芳不这么想,他认为,民国既立,就应该按照新的法律,依据司法程序对姚进行审判。为此,他还上书孙中山先生,提出自己的审判思路。"廷以为民国方新,对于一切诉讼应采取文明办法,况此案情节重大,尤须审慎周详以示尊重法律之意。拟由廷特派精通中外法律之员呈审,另选通达事理、公正和平、名望素著者三人为陪审员,并准两造聘请辩护律师到

---

① 金满楼:《门槛上的民国》,新星出版社2013年版,第285页。

堂辩护,审讯时任人旁听,如此,则大公无私,庶无失出失入之弊。"①孙中山先生对伍廷芳的主张明确表示支持。

但此时的沪军都督陈其美已经紧锣密鼓地按照自己的方式安排对该案的审判。伍廷芳遂与陈其美交涉,但陈不以为然,两人几乎到了公开闹翻的地步。经过反复的交涉,并在孙中山先生的要求下,陈其美才不得不作出让步。最终,案件以司法总长伍廷芳拟订的审理方案进行审判。1912 年 3 月 23 日,这个民国第一案在上海开庭审理。经过三次开庭,陪审团认定姚荣泽谋杀罪成立,3 月 31 日,法庭判处姚荣泽死刑。同时,也给了姚最后辩护的机会。在姚最后的自行辩护中,姚辩称,杀害周实、阮式乃是地方士绅的意思,是当时的民意,自己也是响应民意,进而要求对自己从轻处理。陪审团认为姚的这一主张有理,予以支持,遂提出呈请大总统恩赦。由于这时的临时大总统已经是北京的袁世凯,袁对旧官僚自然是多了几份同情,对革命党人难免心存不满。接到呈请后,袁便将姚改判为有期徒刑 10 年,并令姚缴款 1 万元,用于对周实、阮式两被害人的抚恤及善后安葬事宜。袁世凯的这一改判,使得这个民国第一案以现代司法审判开始,以传统中国处事方式结束。袁世凯的这个判决,可以说是彻头彻尾的中国传统判决方式,既体现了自己的个人意志,没有超出"人判"的历史范畴,同时又"摆平"了双方当事人,平息了双方当事人的怒气。

当然,这种结果让革命党人大失所望。于是,革命党人将姚荣泽"死而复生"的账算到了伍廷芳身上,认为是伍廷芳坚持的审判方式让姚重获生机,如果不是伍廷芳,姚的人头早已落地,哪来这么多枝节?可怜伍廷芳,一身法律理想,潜心追求司法文明,却招来"滥用职权、实行专制,破坏民国法制与民权"的骂名。

姚荣泽一案,前后历经两位临时大总统,两种不同审判方式,其时虽已进入民国时期,号称民主共和,但犯罪嫌疑人交押、审判方式的取舍,均需临时大总统过问才能确定。案件虽是依现代司法程序进行审讯,但结果却是完完全全的中国传统样式。最终,信仰现代司法文明的人遭弃,按传统习惯方式行事的人心安理得。案件的一切似乎都遵循着中国传统的轨迹,受现代法律的影响甚少。该案的结局,不能不让人对民国司法机关的权威产生怀疑,对民国法律是否能够称之为"法治之法"打一个大大的问号。同时,也

---

① 丁贤俊、俞作风:《伍廷芳集》(下册),中华书局 1993 年版,第 501 页。

不能不让人对传统的力量刮目相看,对民国时期中国传统依然强大的影响力有清醒的认识。

除姚荣泽案外,张振武案、宋教仁案也大致如此。案件的处理方式和结果,似乎都没有跳出传统中国政治的套路。不同的是,张振武案和宋教仁案,名义上虽然也是在法律轨道内、依法进行处理,但事实上,干脆连象样的开庭审理都没有,两案的处理,从头到尾都是中国传统人治之下的套路,是受法律之外的因素左右,司法只是一个名头和说辞,对案件的结果没有也不可能起决定作用。

张振武案、宋教仁案发生在姚荣泽案之后。此时,民国成立已有时日,但司法程序反不如前。姚荣泽案在临时政府司法总长的坚持下,起码审讯程序是按现代司法要求完整进行的,张振武案和宋教仁案,则是彻头彻尾地在北洋军阀的把玩下、按中国方式完成的。

1913 年 3 月 20 日晚,宋教仁在上海火车站遇刺。遇刺之后,在危情之中,宋教仁没有顾虑自己的生命,而是请黄兴代拟了一份致袁世凯的电报,表达了自己临终的心声。电文中说:"今国基未固,民福不增,遽尔撒手,死有余恨。伏冀大总统开诚心,布公道,竭力保障民权,俾国会得确定不拔之宪法,则仁虽死之日,犹生之年,临死哀言,尚祈鉴纳。"①袁世凯得到宋教仁遇刺的消息后,摆出一副愤慨至极的姿态,俨然要为宋教仁主持公道。在指示相关人员的电报中,袁世凯说道:"岂意众目昭彰之地,竟有凶人敢行暗杀,人心险恶,法纪何在?!"②责令"限期破获,按法重惩",并派人前往医院慰问。当得知宋教仁的死信后,袁世凯又责令"迅缉凶犯,穷究主名"。

但当案件侦破进展顺利,不少证据都指向袁世凯的国务总理赵秉钧时,袁又百般为赵秉钧开脱,说道:"如欲凭应、洪往来函电,遽指为主谋暗杀之要犯,实非法理之平。"③再后来,甚至黎元洪也站出来为嫌犯辩护,认为证明犯罪的证据来源非法,不能采信。黎元洪通电说:"刺宋一案,证据不出之于法庭,而出之于军府,加人以犯罪之名,先自居于违法之实。"④这些人表面上口口声声讲法治,私底下却只对别人讲法治,只用法律来衡量和要求别

---

① 韩信夫、姜克夫:《中华民国史·大事记》(第一卷),中华书局 2011 年版,第 433 页。

② 韩信夫、姜克夫:《中华民国史·大事记》(第一卷),中华书局 2011 年版,第 433 页。

③ 韩信夫、姜克夫:《中华民国史·大事记》(第一卷),中华书局 2011 年版,第 447~448 页。

④ 韩信夫、姜克夫:《中华民国史·大事记》(第一卷),中华书局 2011 年版,第 452 页。

人,当别人的证据存在瑕疵时,就指责别人非法,自己则全然不受法律的约束,甚至公然藐视法律、藐视司法。宋教仁案发生后,由租界巡捕房侦查,经会审公堂预审后,移交给了上海地方检察厅。上海地方检察厅也向国务总理赵秉钧、内务部秘书洪述祖发出了传票,并函请北京地方检察厅代传。但赵秉钧接到传票后称病拒绝出庭,洪述祖归案后也没有受到法庭的制裁。事实上,宋案开过一次庭后,就不了了之。直到袁世凯死后,洪述祖因其他原因被捕,才被绳之以法。国民党通过法律途径处理宋案的策略,以失败而告终。

# 四、中国传统司法及其近代影响

## (一)司法隶属皇权的中国传统

中国历史上,从秦汉到晚清,漫长的历史时期内,国家实行的都是君主专制统治。在君主专制统治之下,君主一人独享国家权力,其他国家机构都只是皇帝的办事机构,按皇帝的旨意办事,执行皇帝的个人意志。在这样一种政治体制之下,分权是不可想象的,也是绝不允许的。国家最高立法权、最高行政权和最高司法权无一例外,都掌握在皇帝的手中。国内各种纷争、各种刑狱,最后的审理和裁判权也都由皇帝亲自掌握。这就是中国历史上,奇冤大案往往最后不得不进京告御状的体制和制度根源。

在封建专制统治之下,法律不是统治者必须遵守的行动准则,更不是人民为统治者立下的规矩。法律只是统治者维护自己的统治、驾驭人民大众的手段和工具之一,是所谓"法、术、势"中的一种。当然,统治者除了运用法律来统治民众之外,也需要运用法律来驾驭文武百官,只是在统治者的心目当中,这法律断断不是用来管束自己的。

在传统中国的工具主义法律观之下,法律是统治者的工具,相应的,司法也必然沦落成为统治者的工具。传统司法给人们印象最深的莫过于开庭问案时,手持庭杖分立两旁的打手。这两排打手形象地表明了中国传统司法的性质,完全可以成为传统司法的符号和象征。换句话说,传统司法就像是统治者的打手,是统治者用来整治人的。在这种司法制度之下,成为被告不仅意味着失去人身自由,还意味着饱受皮肉之苦。大概正是因为这个原因,传统中国社会,上至文武百官,下至黎民百姓,都十分惧怕打官司,特别是害怕当被告。不少民众说到司法,遇到吃官司都是胆战心惊,诚惶诚恐的。

其实,在近现代法治社会,司法是正义的守护神,是法律正确实施和实现的场所,人们大可不必畏惧司法,相反,倒是应该乐意面对司法,因为司法机关正是法律公正的最后一道防线,是人们权利的保护神,任何人,只要合法权益受到侵害,都可以从这里获得保护,伸张正义。也就是说,司法机关不是打击人的地方,更不是残害人的地方,而是保护人的地方。越是弱小民众、越是无力依靠自身力量保护自己的弱者,越需要法律的保护,也越能够得到法律的保护。司法机关作为中立的第三方,其存在的价值就是正义的化身,是以公平正义的名义裁判纷争,惩治不法行为。

但是,中国传统社会是个"大一统"社会。这个"大一统"原则渗透到了社会政治经济生活的方方面面,国家结构上是大一统、国家与社会也是高度一元化。"大一统"原则表现在政治上,就是国家全部权力都必须集中掌握,国家意志必须高度统一,于是,便不可能容忍一个独立于皇权之外的司法机关,以公平正义的名义"替天行道"。在传统中国,"替天行道",博取民众赞誉的也只能是皇权,而不可能是其他权力或其他任何机关。这样一来,无论从哪个角度来说,都不可能有一个独立的司法机关存在的空间,司法机关只能是皇帝的一个工作部门,负责执行皇帝的意志,充其量也只能为皇帝独当一面,为实现皇帝的意志作出自己的贡献。

## (二)传统司法及其近代影响

晚清后期,特别是中华民国建立以后,我国引进了西方三权分立的政治体制,力图改变传统的专权统治,打破权力不可分割、由皇帝一人独揽的局面,国家机构不再是皇帝一个人的办事机构,也不再是唯皇帝之命是从。在新的政治体制之下,国家机构依据法律的规定设立,行使法律赋予自己的权力,既不能越权,也不能放弃属于自己的权力。因为公权力既是权力,也是责任,掌握国家公权力同时也意味着要肩负国家管理责任。所有国家机构在共同的法律框架下分别执掌相应部分的国家权力,履行好法律赋予自己的职责。这种由不同机构共同掌握国家政权、对国家政权分而行之的政治体制,在中国历史上是开天辟地的事情,对打破中国传统的专制统治具有巨大的进步意义。

按照近代法治理论,不仅国家机构依法设立、依法运行,国家机关工作人员,特别是国家机关高级工作人员也必须由选举产生,而不再是由皇帝钦命。在近代西方选举制度的影响下,随着西学东渐、清政府预备立宪的展开,1908 年 7 月 22 日,清政府颁行了《咨议局议员选举章程》(以下简称《章程》)。该《章程》开中国选举之先河,对咨议局议员的选举作了比较全面的规定。《章程》颁行后,晚清各省咨议局议员选举随后展开,各省咨议局随之成立。

难能可贵的是,晚清时期的《咨议局议员选举章程》已经有了选举诉讼的规定。该章程第五章即是"选举诉讼",共有 8 条。根据《章程》第 91 条之规定,凡选举诉讼,初选应向府、直隶厅、州衙门呈控;复选应向按察使衙门呈控。其各省已设审判厅者,应分别向地方及高等审判厅呈控。又根据第 93 条之规定,有关议员复选的选举诉讼,当事人若不服一审判决,可向大理院上控。大理院是清政府的最高司法机关,选举诉讼可直接上诉到大理院,可见当时清政府的法律对选举权还是很重视的。同时也说明,在清政府晚期,迫于内外压力,对司法机关及其作用和地位,已经有了全新的认识。那时的清政府,已经认识到通过司法途径解决社会纷争的意义。这对于提高司法机关和司法权的地位,都具有重要的意义。当然,由于那时的中国还没有普遍设立司法机关,选举诉讼大多只能向"该管衙门"呈控,只有"各省已设审判厅者",才"应分别向地方及高等审判厅呈控"。但无论如何,《咨议局议员选举章程》的进步意义都不能否定,特别是该章程关于审理期限和上诉审的规定,有利于保护当事人的选举权利的实现。章程在原则规定"凡选举诉讼,应于各种诉讼事件内提前审判,不得稽延"的同时,还具体规定,"凡呈控,应自选举之日起三十日以内为限"。所有这些规定,都有利于保障选举诉讼的效率,能够帮助当事人实现其选举权利。

当然,晚清及此后的民国时期,是中国历史大转型时期,这一时期的法律及其运行,必然受到中国传统的诸多影响,而不可能做到像西方近代法治那样。以清末《行政裁判院官制草案》为例。该草案是"预备立宪"预备的"官制改革"方案中所附 24 件官制草案之一。"草案共 21 条,第 1 条规定行政裁判院的审判权,第 2～7 条规定行政裁判院的组织与构成,第 8 条规定行政裁判院与地方行政机关的关系,第 9～11 条规定受案范围和起诉程序,第 12～13 条规定审判组织和审判方式,第 14 条规定审判回避制度,第 15

条规定一审终审原则,第16～18条规定审判官独立原则,第19～20条规定审判辅助人员的职责,第21条规定嗣后的《行政裁判院章程》和《行政裁判法》制定与实施程序。"①

从近现代法治和诉讼制度的角度来看,该草案尚有许多不足之处。第一,该草案将组织法和诉讼法揉在一起,必然使得两个方面都不完备,从草案内容来看,不仅有行政裁判院的组织、机构、职能等组织法方面的内容,同时又规定了行政裁判的受案范围和基本程序等诉讼法方面的内容,使得该草案的法律性质不明。第二,尽管该法开了行政诉讼之先河,在中国历史上首次规定了民可以告官,并通过专门的行政诉讼程序进行,但该草案规定的受案范围狭小。草案采取列举的办法规定了受案范围,依据规定:"行政裁判院应行裁判之事件如左:(一)奉特旨饬交裁判之事件;(二)关于征纳租税及各项公费之事件;(三)关于水利及土木之事件;(四)关于区划官民土地之事件;(五)关于准否营业之事件。"②第三,该草案公布后一直未能生效实施,由于辛亥革命滥发,晚清政府直至覆亡也没有设立行政裁判院。

可以说,以上不足之处基本上都是传统文化影响的产物。第一点乃传统"诸法合一"的影响,同时也是因为缺少法治传统导致立法经验不足,要分门别类地立法尚有诸多困难。中国历史上没有实体法和程序法的明显区分,司法过程中追求的也是实体正义而不在乎程序正义,故这一时期的立法自然便将实体与程序合在了一起。第二点受案范围过小显然是因为中国历史上从来就没有行政诉讼,故在行政诉讼制度初创之时,需要把行政裁判的受案范围控制在一定范围之内,让官府有个适应的过程。第三点也与中国缺乏法治传统有关,正是因为缺少法治传统,各种制度建立之后不可能很快实施,甚至草案制订者自身也抱着能拖一天是一天的态度,不去积极创造条件抓紧实施。从1906年草案出台到辛亥革命爆发,其间有五年的时间,如果统治者态度坚决,意志坚定,要公布实施应该说也还是完全可以的。

晚清时期如此,民国时期依然如此。民国司法受传统文化影响的例子也可以说是数不胜数。总的来说,由于中国传统文化的巨大影响,中国近代三权分立的政治体制依然还是举步维艰,处于起步阶段的。其突出表现就是立法权不成熟、司法权不独立。传统文化对近代司法的影响在近代不同

---

① 《大清光绪新法令》(第二十册),商务印书馆1910年版,第115页。
② 《大清光绪新法令》(第二十册),商务印书馆1910年版,第115页。

宪法文件中均有体现,前面论及的宪法诉讼、行政诉讼、普通诉讼三类诉讼欠缺也都是传统影响的产物。

　　具体来说,可以《平政院编制令》为例。《平政院编制令》是袁世凯依据《临时约法》,于 1914 年 3 月 31 日以教令形式公布的,平政院的任务是专门受理行政诉讼。但从该编制令的内容来看,平政院几乎不具备司法机关所必须的独立性,而是完全依附于大总统,受大总统控制。《平政院编制令》第 1 条即规定:"平政院直隶大总统,察理行政官吏之违法不正行为,但以法令属特别机关管辖者,不在此限。平政院审理纠弹事件,不妨及司法官署之行使职权。"从这一规定可以看出,平政院是隶属于大总统的机构,加之该编制令后面规定的,平政院院长、庭长等人选皆由大总统任命,平政院完完全全掌控在大总统的手中,其职能无非就是察理百官,说穿了就是替总统看管百官的机关,类似于以前的御史监察。这样的平政院,其审判工作也必定会以大总统的意志为意志,围绕大总统的工作重心而转移。退一万步讲,即使少数法官不甘于大总统的羁绊,也无法左右涉案行政官吏的政治生命,涉案行政官吏的政治生命还是掌握在大总统的手中。因为根据规定,平政院审理纠弹事件,不影响相关官员继续行使职权,相关官员的最后处置依然要由大总统定夺。

　　可见,《平政院编制令》设计的行政诉讼不是真正的行政诉讼,而是中国历朝历代整肃吏治的近代翻版。该编制令建立的行政诉讼不是近现代法治要求的保证行政机关依法行政的制度装置,也不是司法监督行政的制度装置,而是行政首长监察下属机关及官吏的制度装置。袁世凯之所以愿意落实《临时约法》关于设立平政院的规定,目的不是要把所有行政行为都纳入法治的轨道,接受司法机关的监督和审查,更不是要通过司法机关约束自己的行政权力、规范自己的行政行为,而是寄望于通过平政院为自己的下属机关及行政官吏增加一个监察机关,借此监察和约束下级机关及行政官吏。这一点,可以从《平政院编制令》颁行不久,于同年 4 月 10 日颁布的《纠弹条例》得到更好的说明。

# 第九章

# 人权保障之重在民权

辛亥革命胜利后成立的中华民国临时政府，与此前中国历朝历代的封建王朝政府大相径庭，从此，中国进入了一个全新的大转型时代。革命成功之后制定的《中华民国临时政府组织大纲》和《中华民国临时约法》也创风气之先，宣告国家主权属于人民，并依循国外宪法成例，把人权提到了前所未有的高度。特别是《中华民国临时约法》，更是比较系统地规定了人权及其保障内容。

不过，有一点也必须同时指出，尽管《中华民国临时约法》及此后的诸多宪法文件都不得不迫于时势，对人权作了较为全面的规定，但这些规定大多没有得到切实的保障，也没有着眼于巩固人的主体地位、维护人的尊严。在人权保障方面，当时依然是比较注重保障人的生计，强调爱民、惜民，并没有从根本上走出传统文化的影响，没有摆脱传统思维。

这一时期的宪法人权，依然不是注重构建人的自由、平等，不强调公民主体意识、权利意识、公民意识和公共意识，不注重养成公民精神，其重心依然停留于人的生计、人情冷暖，让人能够安心生活，而不至于流离失所乃至激起民变。正因为如此，经过十几年，乃至几十年的建设，宪法建设的根基和社会土壤依然缺乏，中国的民主法治依然在原地打转。正如陈独秀先生所言："我们中国多数国民口里虽然是不反对共和，脑子里实在装满了帝制时代的旧思想，欧、美社会国家的文明制度，连影儿也没有。所以口一张、手一伸，不知不觉都带君主专制的臭味……袁世凯要做皇帝，也不是妄想。他实在见得多数民意相信帝制，不相信共和，就是反对帝制的人，大半是反对袁世凯做皇帝，不是真心从根本上反对帝制。数年以来，创造共和再造共和的人物，也算不少。说良心话，真心知道共和是什么、脑子里不装着帝制时代旧思想的，能有几人？"①

# 一、《中华民国临时约法》及其前后的人权

## (一)《中华民国临时政府组织大纲》人权缺位

《中华民国临时政府组织大纲》制定时间仓促，该法的制定完全是因为革命党人成立临时政府的需要，故该法的内容比较简单，主要集中于临时政府组织方面，关于宪法保障人权的目的和任务，该法完全没有涉及。这一点，宋教仁先生当时就有论及。在 1911 年 12 月 11 日的《中华民国临时政府组织大纲（草案）》按语中，宋教仁先生就曾写道："此草案不适合者颇多。如人民权利义务毫不规定，行政官厅之分部则反载入，以制限其随时伸缩之便利。又如法律之提案权不明，大总统对于部长以下文官吏之任免权不具，皆失其处也。"②

## (二)《中华民国临时约法》人权及保障内容

《中华民国临时约法》与《中华民国临时政府组织大纲》相比较，在各方面都更为成熟，人权保障也不例外。在人权保障方面，《中华民国临时约法》体现了当时先进的"主权在民"主张，该法第 1 条即旗帜鲜明地规定，中华民国由中华人民组织之，宣告了人民对于国家的主体地位。紧接着，该法第二条又进而规定，中华民国之主权属于全体国民。这两条，为后面对人权的具体保障打下了基础。

在第一章"总纲"之后，该法第二章便是"人民"。在这一章中，临时约法用第 5 条到第 15 条共 11 个条款规定了人民享有的广泛的平等权、自由权、请愿权、声请权、陈诉权、考试权、选举权等各项权利。

依据这一章的规定，中华民国人民不分阶级、种族、宗教信仰如何，一律

---

① 陈独秀：《旧思想与国体问题》，载张忠栋等主编：《民主·宪政·法治》（上），唐山出版社 1999 年版，第 4 页。

② 陈旭麓主编：《宋教仁全集》（上册），中华书局 1981 年版，第 371 页。

平等,享有人身自由、财产自由、营业自由、言论自由、著作自由、刊行自由、集会自由、结社自由、书信自由、迁徙自由、宗教信仰自由等等自由权。这些规定彻底摒弃了封建专制统治下尊卑贵贱的等级观念,体现了近代资产阶级"法律面前人人平等"的主张,反映了当时的先进文明。

除自由权之外,该法还规定,人民享有请愿于议会之权、陈诉于行政官署之权、诉讼于法院之权、应任官考试之权、选举及被选举之权。当人民认为官吏有违法行为损害到自己的权利时,还享有陈诉于平政院之权。这里的陈诉于平政院之权,实际上就是提起行政诉讼的权利,这在当时不能不认为是一种先进的制度设计。若这种机制能够真正得以建立并有序运行,对于改变中国的官文化传统、切实维护人民权益、推进国家法治,都具有非常重大的意义。

当然,我们也必然指出,《中华民国临时约法》虽然对人权内容及其保障作了比较好的文字规定,但是这些规定大多停留在纸面上,而没有得到很好的落实。其中的原因固然很多,有中国社会传统的原因,有北洋军阀"挂羊头、卖狗肉",对《临时约法》阳奉阴违甚至明目张胆践踏的原因,也有《临时约法》自身的原因。从《临时约法》自身来看,该法并没有完全吸收宪法的精神,甚至存在对宪法精神的违反。例如:《中华民国临时约法》的制定目的就与宪法不符。通常而言,宪法目的主要有二:首先是保障公民权利,为了保障公民权利,宪法便不得不有第二个层次的目的,这就是对权力作必要的限制或控制,因而需要合理设计权力架构,防止任何一个权力由专断而走向腐败。而《临时约法》的目的很显然就是限袁、控袁,而不是控权。为了控制和架空袁世凯,《临时约法》设计了一个超级国会,几乎将所有重要的国家权力都纳入了国会手中,事实上也就是纳入了在国会占多数的国民党手中。这样一来就难免出现国会专权,加剧总统与国会的斗争,给《临时约法》埋下了隐患。

## (三)《中华民国临时约法》之后的宪法人权

《中华民国临时约法》施行之后,袁世凯就任临时大总统期间,多次提出增修约法的意见建议,国会均以"宪法正在起草之中"为由,认为无须对《临时约法》进行修改。但国会起草的宪法显然不是袁世凯需要的宪法,于是袁世凯便对宪法起草工作百般破坏,最后甚至悍然解散国会,让宪法草案胎死腹中,这个宪法草案就是《天坛宪草》。《天坛宪草》在第四章"国民"中,对人权作了比《临时约法》更为详细的规定,但由于这部宪法草案未经公布施行,一直没有发生法律效力。

国会解散后,袁世凯另起炉灶,炮制了一部《中华民国约法》,时人称之为"袁记约法"。《中华民国约法》于 1914 年 5 月 1 日公布施行,《临时约法》同时废止。"袁记约法"在政治上尽力迎合袁世凯的需要,扩大总统权力,改《临时约法》的内阁制为总统制,并将总统制推向极致,把总统变成了一个全能的总统,权力几乎无所不包。"袁记约法"暴露了袁世凯的专制野心,该法与大总统选举法一起,几乎把袁世凯变成了一位封建皇帝。但在人权方面,为了给自己一个伪装,袁世凯基本沿用了《临时约法》和《天坛宪草》的内容,仅仅在文字上作了一些小小的变动。"袁记约法"先是同此前的法律一样,宣布"中华民国由中华人民组织之""中华民国之主权,属于国民之全体",继而在第二章"人民"中,大量沿袭《临时约法》的内容,修改仅体现在以下几个小小的方面:一是将"请愿于议会之权"修改为"请愿于立法院之权";二是在各种自由权前面增加了"于法律范围内""依法律所定"等字眼;三是增加规定"本章之规定,与海陆军法令及纪律不相抵触者,军人适用之"。上述三个方面的修改,除第二点对公民权利有明显限制之外,其他两点比原《临时约法》中的人权未有实质性限制。

炮制出"袁记约法"后,袁世凯仍不满足,最后竟然冒天下之大不韪,公然复辟称帝,招致举国共诛之。袁世凯忧愤而死后,北洋军阀群龙无首,中国进入了军阀混战时代。待直系军阀控制大局后,先是打出了恢复法统的旗号,继而召集国会,通过贿选方式把曹锟推上了总统宝座,并炮制了一部《中华民国宪法》,为曹锟的总统就职典礼送上了一份厚礼,这就是 1923 年的《中华民国宪法》。

1923 年《中华民国宪法》是以《天坛宪草》为蓝本,在《天坛宪草》的基础上修订完善而来的,该法距辛亥革命成功已有十余年时间,十余年来,国内宪法学理论研究已有长足进步,实践方面也有反复的探讨,故从立法上看,1923 年《中华民国宪法》立法技术较为成熟,法律内容也较为完备,抛开贿选等其他因素不说,该法是北京政府时期出台的一部具有较高质量的资产阶级民主共和的宪法。"它的颁布无论是在中国制宪史上,还是对当时社会的民主政治生活和秩序的影响等方面,都具有积极意义。"①在人权方面,该

---

① 卞修全:《近代中国宪法文本的历史解读》,知识产权出版社 2006 年版,第 128 页。

法与《天坛宪草》一样,在第四章"国民"中,用第 4 条到第 21 条共 18 个条款对国民的权利和义务作了比较全面系统的规定,宣告了中华民国国民不因种族、阶级、宗教信仰的不同,一律平等,肯定了国民享有选择居住和职业的权利,言论、著作、刊行、集会、结社、通信、宗教信仰等自由权利,享有财产所有权、诉讼、请愿、陈诉、选举、被选举、担任公职等权利,非依法律,不受逮捕、监禁、审问或处罚。

尤其难能可贵的是,1923 年的《中华民国宪法》保留了《天坛宪草》第 14 条的规定,确认中华民国人民之自由权,除本章规定外,凡无背于宪政原则者,皆承认之。这一条的规定,等于是用概括性方法,宣告了中华民国国民享有绝对广泛的自由民主权利,只要是无碍于宪政和法治原则,公民可以自由行使各项权利,不因法律没有明文规定就被视为无权。这恰好体现了现代法治原则中私权"法无禁止即可为"原则,也申明了法律明文规定某些权利并不能视为对未经明文规定的权利的否定,具有很好的积极意义。遗憾的是,这样一部内容上比较完备的宪法,也是中国近代史上第一部正式的宪法,因为通过它的国会的"非正当性",被时人冠之以"贿选宪法"的骂名,一直没有得到正确的对待。而且,由于直系军阀在该宪法颁布近一年之后爆发的第二次直奉战争中失败,失去了对北京政府的控制权,这部宪法也成了直系军阀的陪葬品,未得到真正的实施。

# 二、这一时期人权及其保障的特点

## (一)民权占重要地位

综观《中华民国临时政府组织大纲》《中华民国临时约法》《天坛宪草》《中华民国约法》及 1923 年《中华民国宪法》这几部民国初期的宪法文件,在人权内容方面,《中华民国临时政府组织大纲》尚属空白,另外四部法律在内容和结构编排方面可以分为两类,《中华民国临时约法》和《中华民国约法》在内容和编排上基本一致,《天坛宪草》和 1923 年《中华民国宪法》在内容和编排上基本一致。前者将人权置于法律的第二章,并将各种自由权放在一个条款之中,作为各项自由权列举出来。后者在法律结构上前三章分别为国体、主权、国土，各用一个条款规定，第四章才是国民，用较大的篇幅对人权的内容进行规定，而且将不同种类的自由权分别用不同的条款加以规定，而不像前者那样置于一个条款之中。

上述所有法律文本中，从权利数量和条款数量进行分析，无疑都是公民权和政治权居多，内容涉及公民的平等权、自由权、诉愿权、政治参与权等等，所有这些权利都是中国传统社会的平民百姓不可企盼、不可想象的，是近代开始才从西方世界输入的，体现了革命党人试图建立近代资产阶级民主共和国家的努力和追求，展现了中国社会已经进入从传统封建专制统治到近代民主共和的大转型时代。但细细分析，特别是结合当时的社会实践，便不难发现，上述法律文本中的公民宪法权利对于绝大多数中国国民来说，都只是停留在纸面上供人们看的，是挂在墙上的葫芦，好看不好吃，其更大的作用似乎只是装饰，以此标榜自己的民主共和主张。

当时社会的权利生态是，大多数民众对这些写在纸面上的政治权利无动于衷，也找不到感觉，普遍缺乏了解与热情，抱着"事不关己，高高挂起"的态度。当权者也没有拿这些宪法文字当一回事，在当权者眼里，这些文字都是写给别人看的，是用来做摆设的，不是用来执行的，用不着太在乎。那么一些抽象的宪法原则和宪法条文摆着就让他摆着，摆着还能赚到一些吆喝。他们关心的是宪法关于国家政权的组织部分，是国家权力如何分配，如何行使，这些对他们而言才是实实在在的。所以袁世凯在炮制他的"袁记约法"时，对临时约法中国家机构和国家权力分配部分毫不手软、大动干戈，而对公民权利部分却能够几乎原封不动地予以保留。那个时代，对宪法公民政治权利感兴趣，也热衷于为此奔波操劳的主要还是少数政治投机分子和新知识分子。

实际上，在当时的政治生态和社会实践中，传统文化的影响依然无所不在，挥之不去。表现在人权方面，传统民权依然占据重要的地位。人民对源自西方的公民精神和公民权利依然不甚了解，更别说积极正确的行使与维护了，当权者本就没有打算这些条文能够得到实实在在的执行，当然也不会努力引导公民认识和行使这些权利。正如有的学者所说："中国囿于专制之习既久，人民倚赖性成，舍乡村组织略可睹其有公益之心，欲求参与政事，以国家为己任者，盖亦凤毛麟角不可多得。"[1]

---

① 鲍明钤：《中国民治论》，商务印书馆 2010 年版，第 58 页。

在中国历史上,由仁政和伦理引申而来的民权思想根深蒂固,如众所周知的"老有所养、壮有所用、鳏寡孤独皆有所归",当属此列。这种传统的民权思想也强调以民为本,但传统民本思想深处与近代西方人权中的民主内涵大相径庭。传统民本只是强调民为国本,认为没有民众与民生便没有国家的安宁与稳定,其着眼点不是作为"草民"的公民个人,而是国家稳定,也就是统治的稳定。与此不同,西方近代民主强调人民即国家的主人,是自主自觉的主体,其着眼点即在于独立自主的公民个人,这种内涵在中国传统文化里是不存在的。在辛亥革命胜利后制定的宪法文本里,依然缺少这样一种近代宪法人权精神,在宪法实施的过程中,就更不可能着眼于造就公民品质了。

即使是民主革命的先行者——孙中山先生的三民主义,也含有大量的中国传统文化元素,甚至主要是中国传统文化元素。根据戴季陶所说,"中山先生的思想,完全是中国的正统思想,就是接近尧舜至孔孟而中绝的仁义道德的思想。在这一点,我们可以承认中山先生是二千年以来,中绝的中国道德文化的复活。去年有一个俄国的革命家去广东问孙先生:你的革命思想,基础是什么? 先生答复他说:中国有一个正统的道德思想,自尧、舜、禹、汤、文、武、周公、至孔子而绝,我的思想,就是继承这一个正统的道德思想,来发扬光大的。那人不明白,再又问先生,先生仍又把这一段话来答复"①。蒋介石在说到孙中山先生三民主义的本质时,也说:"所谓三民主义的本质,究竟是什么? 简单地说,就是伦理、民主与科学。"②蒋先生还说:"伦理、民主与科学,与三民主义究竟有着哪样联系,是不是伦理就等于民族、民主就等于民权、科学就等于民生呢? 讲到这一点,我得首先说明的,就是这里所指的伦理、民主与科学,并不是替代三民主义各个的名词,而是说伦理、民主与科学,是三民主义的精神所在,也是达到三民主义必经的途径。换言之,就是三民主义的本质,而且是实行三民主义时,决不能脱离的三个范畴,否则三民主义就会变质,甚至会失之毫厘谬以千里了。"③孙中山先生自己在说到三民主义时,也曾肯定三民主义有来自中国传统文化的成分。他说:"余之谋中国革命,其所持主义,有因袭吾国固有之思想者,有规抚欧洲之学

---

① 周伯达:《中山先生思想与中华道统》,台湾学生书局 1994 年版,第 34 页。
② 周伯达:《中山先生思想与中华道统》,台湾学生书局 1994 年版,第 30 页。
③ 周伯达:《中山先生思想与中华道统》,台湾学生书局 1994 年版,第 30~31 页。

说事绩者,有吾所独见而创获者。"①在这里,孙中山先生将自己三民主义思想的灵感和营养概括为三个方面,即中国传统文化、西方近代文明和自己的推陈出新。

这一时期的宪法人权思想难舍中国传统文化的情怀,不仅体现在法律精神和法律实施的过程中,在法律文本中也有体现。讲到这个时期的宪法人权,大多数人往往都把注意力集中在宪法引进了西方人权方面,津津乐道宪法规定了源自于西方的平等权、自由权、选举权和被选举权等,忽视了《天坛宪草》和 1923 年《中华民国宪法》都在第四章第 12 条有这样的规定:中华民国人民,有尊崇孔子及信仰宗教之自由,非依法律,不受限制。

《天坛宪草》和 1923 年《中华民国宪法》不约而同地规定人民有尊崇孔子的自由,无异于倡导人们尊孔信孔,实质上就是要突出传统文化的独特地位,借助宪法让传统文化得以延续,帮助传统文化得以中兴。在中国传统文化里面,人权就是民权,就是百姓的衣食住行和经济保障。拿过去的话说就是民以食为天。拿今天的话说就是生存权和发展权,是人民群众的低保、医保和社保。

中国传统文化及民权思想在宪法文本中的体现不仅表现在上述尊孔信孔的规定中,在宪法关于人权内容的具体规定上也有体现。如《中华民国临时约法》第 6 条规定,人民有保有财产及营业之自由。再例如 1923 年《中华民国宪法》第 9 条规定,中华民国人民有选择居住及职业之自由,非依法律,不受制限;第 13 条规定,中华民国人民之财产所有权,不受侵犯等等。

近代宪法文本规定人民有财产、营业及择业等自由,既有西方资本主义宪法"私有财产神圣不可侵犯"宪法原则的影响,更有当时民族资本主义的关切和需求。在那个年代,中国经济正经历从传统自给自足的小农经济向近代资本主义经济转型,民族资本主义还处于萌芽和起步阶段,受到封建地主和官僚资本的双重挤压,尤其需要扶持和保护。在民族资本家眼里,营业自由和平等竞争就是他们的生计,是他们的民权,需要在宪法中加以明确规定。带有资产阶级民主革命性质的辛亥革命胜利后制定的宪法理所当然地会对这些加以保护。事实上,这些规定也起到了很好的效果,促进了民族资本的发展。"虽然《临时约法》的效力只持续了很短的时间,但其保障私有财产权和自由资本主义经营方式的规定,使民族资本主义在辛亥革命后进入

---

① 周伯达:《中山先生思想与中华道统》,台湾学生书局 1994 年版,第 33 页。

第九章 人权保障之重在民权

一个十年发展的黄金时期。据不完全统计,1914 年全国资本较大的厂矿公司为 146 家,资本总额为 4100 万元,到 1922 年,厂矿公司增加到 379 家,增长幅度为 15 倍,资本总额增长幅度近 3 倍,达到 16000 万元。"①

辛亥革命爆发前夕发生在四川、波及全国的保路运动,就是民众认真维护民权的很好事例。保路运动起初争的就是民权,没有政治诉求,只是到后来,才发生了转化。当时川人闻知清政府要将铁路收归国有,且不归还修路款项,才集体抗争,要求清政府发回路款。1911 年的一份《西顾报》曾评价当时的保路运动是:"以索还用款为归宿,以反对国有为手段。"②可见当时民众的诉求与宪法关于征收的基本原理不谋而合,国家征收公民财产必须给予合理的补偿,既是宪法的原则要求,也是社会正义的基本内容。清政府要强行将铁路收归国有,又拒不归还民众投入的修路款项,迫使民众起而抗争,导致保路运动愈演愈烈,到后来超出了普通民权的诉求范围,演化成了政治革命。当保路运动组织者在川汉铁路股东大会上散发《自保商榷书》,提出川人"共同自保""共挽时局之危"时,当时的四川总督赵尔丰才认识到了问题的严重性,称商榷书"俨然共和政府之势""逆谋日炽"。直至引发有些地方宣布独立,清政府调湖北新军前往镇压,就又给了湖北武昌起义以可乘之机,让辛亥革命轻易取得胜利。孙中山先生曾说,"若没有四川保路同志会的起义,武昌革命或者要迟一年半载的"③。

## (二)政治权利保障乏力

近代宪法产生以后,人权在宪法上占据极其重要的地位。从宪法学理论看来,国家公权机构的组织设立及其行动目的都必须以人权保障为宗旨。正如当时的学者所说:"自美国独立宣言、法国人权宣言相继颁布后,人民权利义务之规定在各国宪法上遂占一重要地位。此等规定之目的有三:一可为立法者行政者及司法者设立行为之准则;二可以为人民权利谋有效之保障;三可有政治的教育作用。"④

但在中国近代宪法人权中,尽管公民权利和政治权利在宪法文本上均

---

① 《中华民国临时约法评论》,作者和出版时间不详。

② 戴执礼:《四川保路运动史料》,科学出版社 1959 年版,第 223 页。

③ 杨甜子:《四川保路运动:一条铁路搞倒了一个王朝》,载《扬子晚报》2011 年 9 月 16日。

④ 孙增修:《中国宪法问题》(上),商务印书馆 1938 年版,第 69 页。

有比较全面的规定，然而，这部分宪法权利却没有得到有效的保障，甚至被人为地漠视。比较而言，相对受重视也较有保障的还是民生部分，因为，当民生权利受到严重侵犯时，公民可能会奋起抗争，甚至走向极端，迫使政府不得不重视，其他如政治权利受到侵犯的时候，公民则往往会采取听之任之，事不关己高高挂起的放任态度。

关于公民宪法权利保障，在宪法学上通常有直接保障主义和间接保障主义之分。所谓直接保障主义就是在宪法上直接对公民权利限制情形作出规定，包括明文规定其他法律均不得对公民权利设定限制，如美国宪法规定，国会不得制定关于下列事项的法律：(1)确立宗教或禁止信仰自由；(2)剥夺人民言论或出版自由；(3)剥夺人民和平集会及申冤请愿于政府之权。这样做的好处是，不仅可以防止行政机关和司法机关对公民宪法权利的侵犯，立法机关也不能制定限制公民权利的法律，除有宪法依据的限制外，公民权利均受严格保障。所谓间接保障主义就是宪法对限制公民权利的情形不作直接规定，而是留待其他法律去规定，如我国宪法文本常常规定，公民权利"非依法律不得限制"或公民权利得"依法律行使之"等等。这样做的用意在于，限制行政机关和司法机关对公民权利的侵犯，换句话说就是，行政机关和司法机关限制公民权利必须有法律上的依据，但对立法机关而言，这种规定并没有拘束力，立法机关可以根据自己的判断自行制定限制公民权利行使的法律。

比较直接保障主义和间接保障主义，显然是直接保障主义对公民宪法权利保障的力度更大。尤其像我们这样一个缺乏法治传统的国家，难保立法机关不受操控，也难保立法机关有很好的法治自觉。这一点，从当时国会选举乱象可见一斑。以1912年第一届国会选举为例。在整个选举过程中，破坏选举、选举贿赂、虚报选民、重复投票等不法行为随处可见。最常见的首先就是贿选。据《申报》报道，选举之始，每一选券价值两角至五角，最多不过二三十元。至复选阶段，选票水涨船高，"輋金收买初选当选人，或一百元一个，或二百元一个，时期愈促者价愈昂"①。另据《民立报》报道，在江苏丹徒，投票时，"金钱运动肆行无忌，更有人挟资买卖，转售于人"②。以至于"凡当选者无人不出于金钱运动，即大名鼎鼎之汤化龙，亦被初选当选人吴

---

① 《自由谈话会》，载《申报》1913年1月7日。
② 《公电·岂独第三区然哉》，载《民立报》1913年1月10日。

宝璜控揩骗票价不付"①,甚至还有"因耗费已多,而票额仍难如愿,竟在家放声大哭","或悬梁自缢为家中瞥见得免于死者"②。其次是用非法手段公然破坏选举,表现为抢票、毁票、胁迫、斗殴等等。江苏武进众议员初选第一选区投票时,"忽有多数莠民混入投票处",乘人群拥挤之时,藉端滋事,将门窗、桌椅、票匦等捣毁,选民簿、选票也被撕成碎片,管理员亦被人殴伤。除第一选区外,第六选区、第八选区也被一些不法分子捣毁,一时间,"风声鹤唳,人心慌慌"③。英国黑德爵士在向朱尔典报告 1912 年第四季度中国各省选举情况时,曾对湖南选举如是评价:"选举第一天,在许多地区的投票站周围,互相竞争的各派候选人之间发生殴打。投票箱和选票一起常被捣毁;在好几个地方,投票站也遭到破坏。"④再次是冒名顶替,重复投票。如江苏无锡众议员选举之日,因上午投票过程中,"假冒抢替者甚多",引起选民极大的不满,选举监督不得不宣布当日选举无效,次日重新选举。⑤ 山东泰安县举行众议员选举,开票后发现字迹相同的选票非常多,少则数十张,多则百余张。后经查实,是当选人与办理选举人员相互勾结,通同舞弊,从而造成这次选举无效。⑥ 湖南攸县选举结束后,第八区开票时,发现票匦内的选票比实际选民所投之票竟多出 71 张,一些选民随即依法起诉。⑦ 复次,还有一些选举工作人员与他人恶意串通,操纵选举,具体做法主要有三:一是虚报选民数量。如湖北省,在选民统计时,最初全省选民不到 210 万,但经人活动后,本省民政长批准延长选民调查截止时间,使得湖北选民的人数猛然增加到 540 余万人,比原来的统计结果多出了一倍有余。在湖南,筹备选举事务处则对各选区上报的选民人数区别对待。对第四、第五选区上报的选民人数从严把关,对第一选区则任其虚报,竟比其他选区多出近两倍,导致一些选区的选民极为不满。他们认为,这是"省城筹备选举事务处怀私偏

---

① 《鄂省选举新笑史》,载《申报》1913 年 3 月 3 日。

② 《湘省选举新笑史》,载《民立报》1913 年 3 月 31 日。

③ 《常州通信·莠民捣毁投票所》,载《民立报》1912 年 12 月 8 日。

④ 胡滨译:《英国蓝皮书有关辛亥革命资料选译》下册,中华书局 1984 年版,第 645 页。

⑤ 《又是选举怪状》,载《民立报》1912 年 12 月 8 日。

⑥ 《山东都督至筹备国会事务局》,载《政府公报》1913 年 1 月 24 日,第 258 号,第 9 册。

⑦ 《筹备国会事务局致湖南都督电》,载《政府公报》1913 年 2 月 1 日,第 267 号,第 10 册。

祖",听任第一区"任意浮冒,图占议员名额",并向筹备国会事务局陈述了湖南筹备选举事务处的"六条弊窦",指出"第一区谋占数名议员之名额,而敢于剥夺外区数十万国民之公权,物议沸腾,人心愤激,实有湖南筹备处玩法营私,专横舞弊之所致,若不秉公处理,恐伤心解体,大有碍于民国前途"①。二是祖护选举违法事件当事人。广西举行参议员选举时,省议员黄锡康主使王梦麒冒名投票,选民水宝箴等对此提起诉讼。但在审理该案时,复选监督认为,选举已经结束,此事对整个选举影响不大,应该给予从宽处理。再例如湖南新宁选民刘其光等人,不使用选举机关统一制作的选票,而是自制选票,并将其投入票匦之中,知事朱俊烈对此情形不闻不问,有意纵容。三是选举工作人员亲自参与、策划舞弊、违法事件。如醴陵知事罗彦与筹办员张品鑫等人在办理选举事务时,既不颁布选举通告,也不发放选举证,致使许多选民无法投票,丧失选举权,而且罗彦、张品鑫等人私自印刷选票47000余张,开票时,投票匦钥匙处的封印均已被破坏,统计出的票数,也与投票管理员所呈报的数字不符,并有近百张选票为一个人的笔迹。选民刘台圃等表示,对如此蹂躏民权的选举,誓不承认,并依法先后提起诉讼。②再如沅州知事江自任选举舞弊,致使选民投票数量超过选民总人数,一些选民为此提起诉讼,江知事竟阻碍开庭,诬陷选民杨子玉等"妨害选举,妄控长官",并将其拘禁收押。③安化在选举时,选民龙瑿峩得票最多,贺知事却诬陷其选举舞弊,不经审判,将其拘押。辰州投票管理员违反选举法,干涉选举,胁迫选民按其所提供的候选人名字写票、投票,选民陈嵩年拒不受命,知事曾荣栋将其拘禁。④

近代中国的选举乱象,有社会上层的原因,也有社会底层的原因,在上者不努力营造民主法治氛围、引导民众正确行使权利,在下者不知民主法治为何物,又往往为鸡毛蒜皮的蝇头小利而动,上下交映,如何不使得选举演化成鸡鸣狗盗之事?"共和国家以民为主,使人民无宪政技术,不注意公共

① 《筹备国会事务局致湖南都督电》,载《政府公报》1913年1月6日,第240号,第9册。

② 《内务总长致湖南都督电》,载《政府公报》1913年1月23日,第257号,第9册。

③ 《内务总长致湖南都督兼民政长电》,载《政府公报》1913年2月11日,第276号,第10册。

④ 《筹备国会事务局致湖南都督电》,载《政府公报》1913年1月29日,第263号,第9册。

事务,又无参政阅历,则每届大选,各政党党魁,假爱国之美名,窃护宪之面具,而阴行奸险,操纵人民,以图当选高位,乃必然之事;夫使主人而放弃主权,豪奴悍仆,又安得而不乘机拨弄,反主为奴,萃大权于一己,铸武力之专制也哉?"①

那个年代,公民宪法上的政治权利保障不力、行使不畅,不仅表现在选举权和被选举权方面,其他各方面均有表现。

在平等权方面,《临时约法》及后来的宪法均有规定,内容大致都是,中华民国人民没有种族、阶级、信仰方面的差别,一律平等。这些规定,从字面上来看,肯定了公民法律面前人人平等,大致符合形式意义上的宪法平等权,但从规范宪法意义上说,宪法追求的每个公民个体在人格形成和实现过程中的机会平等,则没有很好地体现,而且,临时约法从条文上看也没有肯定男女两性公民之间的平等,故这样的宪法很难保障公民实质意义上平等权的实现。加之当时宪法对公民权利采间接保障主义,立法对公民平等权实现的破坏也就难以避免了。如1912年《众议院议员选举法》第4条规定,凡有中华民国国籍之男子,年满21岁以上,于编制选举人名册以前,在选举区内住居满两年以上,具有下列资格之一者,有选举众议院议员之权:(1)年纳直接税两元以上者;(2)有值500元以上之不动产者(但就蒙、藏、青海得就动产计算之);(3)在小学校以上毕业者;(4)有与小学校以上毕业相当之资格者。第6条规定,凡有下列情事之一者,不得有选举权及被选举权:(1)褫夺公权尚未复权者;(2)受破产之宣告确定后,尚未撤销者;(3)有精神病者;(4)吸食鸦片者;(5)不识文字者。从这些法律规定来看,在平等权方面,不仅妇女无法享受到与男子同样的选举权,即使是男性公民之间,也存在因财产、受教育程度、甚至生活习性方面的差别导致的不平等。而这些财产、文化程度、甚至生活习性方面的不平等,从宪法条文上是推演不出来的,完全可以说是立法机关对公民平等权的不恰当限制。

在自由权方面,《临时约法》第6条规定了公民享有广泛的自由权利,包括人身自由、居住自由、保有财产自由、营业自由、言论自由、著作自由、刊行自由、集会自由、结社自由、书信秘密自由、迁徙自由、宗教信教自由等等。但这些广泛的自由权对于广大公民来说,都是水中月、镜中花,中看不中用,国家也无法为公民提供切实的保障。这里面有观念的原因,也有现实因素

① 鲍明钤:《中国民治论》,商务印书馆2010年版,第58页。

的影响。从观念上看,西方宪法受古典自然法思想影响,个人自由土壤深厚,传播广泛,西方资产阶级革命后制宪行宪,其目的很大程度上就是为公民个人自由提供保障。中国近代则缺乏这样的社会环境,人们对个人自由还普遍陌生,不少当权者甚至对公民自由抱抵触情绪。就连孙中山先生本人对公民个人自由也是另有一番看法的。"据孙中山之意见,我国人民与欧美人民不同,欧美人民因争自由而实行宪政,而我国人民向有充分之自由,故我国宪法规定自由权之基础观念与其他各国宪法之观念有别。我国人民因过于自由等于散沙,因团结不坚而抵抗之力弱,以致迭受外国帝国主义之侵略,政治经济交被压迫,而陷于次殖民地之地位,故为今之计,急宜牺牲个人自由,以求国家之完全自由。人民皆能牺牲自由以造成一强大坚固之团体,则国家庶能解除奴隶之束缚,而恢复自由,斯个人乃有真自由之可言。"[①]从现实因素看,仅有宪法规定,缺少具体法律规范,公民权利界限也难以把握,公权机关在公民权利面前也难以操作。如对于人身自由,公权机关侦查犯罪时如何予以有效保障,至今都是一个难题;对于言论自由、表达自由,公民应该如何把握合理的限度,国家又应该作如何的限制,如何判定言论自由、出版自由可能危及国家安全或对他人造成侵害等;对于财产自由,如何既保障公民财产权,又将公民财产权行使纳入社会公共利益的轨道。所有这些问题,都导致当时公民权利保障乏力。

在受益权方面,《临时约法》第7条、第8条、第9条、第10条,对公民的请愿权、诉愿权、陈诉权、诉讼权均有规定,这些规定涉及公民行政上的受益权、司法上的受益权、教育上的受益权和经济上的受益权等等。受益权与公民的其他宪法权利不同,它不是要求国家不作为的消极权利,而是要求国家积极作为的积极权利,受益权的目的就是要通过国家的积极作为来实现公民利益。但由于当时的经济发展水平低、国家物资供应匮乏,加之政治和司法乱象,公民的受益权保障状况可想而知。

## (三)权利救济途径虚无

民国初期的宪法,除《中华民国临时政府组织大纲》在人权方面尚属空白之外,其余宪法文本对人权和公民权均有较为全面的规定。《中华民国临时约法》在总纲之后,第二章"人民"中对人权作了较为详尽的规定,确认了

---

① 孙增修:《中国宪法问题》(上),商务印书馆1938年版,第80页。

公民享有广泛的权利和自由,遗憾的是,《临时约法》及其之后的宪法人权均没有很好地转化为具体法律上的公民权利,在实践中也没有得到有效的保障,公民权利受到侵犯之时又没有有效的救济途径。故这一时期的宪法人权可以说总体上还是停留在宪法文本上,或者说宪法人权是被虚置了,其表现至少有以下三个方面。

### 1.宪法人权没有具体的法律贯彻落实

《临时约法》及其之后的宪法文本虽然对人权作了许多规定,确认了公民比较广泛的权利,但是由于那个时期还是中国法治建设的起步阶段,法律体系远未形成,故宪法人权规范也无法通过具体的法律贯彻落实,宪法关于公民权利义务的原则性规定无法转化为现实生活中具体的权利义务关系,更不可能变成社会关系各种主体的具体行为。

众所周知,宪法的实施与普通法律有所不同。宪法的实施可以通过立法、执法、司法、守法等各种途径来实现。尤其是立法,是贯彻落实宪法的首要途径。只有通过立法,将宪法关于人权及其保障的原则规定转化为具体的法律规范,通过分门别类的法律规定,保障公民权利的有效行使,才能让宪法人权变成人们日常生活中必须遵守的行为准则。

宪法实施的这一途径,在普通法律是不存在的。从很大程度上,我们可以说,一个国家的全部法律体系,都是对宪法的贯彻落实,是为落实宪法而制定的。由于宪法对许多事情都只能作原则性的规定,故宪法规范往往是抽象的,不可能很具体,宪法的实施,必须通过根据宪法制定的具体法律得以完成。

民国初年,官方和民间更多关注的是如何发展经济、富国强兵,就连制定宪法、实行法治本身也是富国强兵的策略和手段。当时,从晚清延续下来的思维就是,中学为体、西学为用。其集中表现为张之洞的论述。1898年,张之洞在他的《劝学篇》一书中具体阐释了中体西用的含义,该书堪称中体西用学说的代表性著作。在《劝学篇·序》中,张之洞开宗明义地说:"内篇务本,以正人心;外篇务通,以开风气。"这里的"本"即传统的伦理纲常,"通"即发展工商业、倡办学校教育等。在《外篇·会通第十三》中,他认为:"中学为内学,西学为外学,中学治身心,西学应世事。"在《外篇·变法第七》中,他又说:"夫不可变者伦纪也,非法制也;圣道也,非器械也;心术也,非工艺也。"在《内篇·循序第七》中,他又进一步强调:"今欲强中国,存中学,则不得不讲西学。然不先以中学固其根柢，端其识趣，则强者为乱首，弱者为人奴，其祸更烈于不通西学者矣。"①在《劝学篇》中，张之洞还认为，西学之中，西艺非要，西政最要。

在这种思想的影响下，主流意识形态，包括主流民意，并不是要让中国的政治文化脱胎换骨，也不是要对政治体制作根本的改造，以便能够最大限度地保障公民的权利和自由，彰显公民丰富多彩的个人特征。那个时候，自由本身不是目的，而只是手段。主张公民权利的目的是开发民智、调动民力，通过"西政"手段，激发人民的经济创造力，赶超西方，最终实现"强中国、存中学"的目的。

正因为如此，当时的立法，比较注重发展国民经济方面的内容，较多的法律都是关于工商业方面的，包括冶矿业、金融业等都放到了优先的地位，以构建市场规则，维护经济秩序，刺激多方投资，促进经济发展。事实上，一系列经济法律制度的颁行，也确实有力地促进了当时经济的快速发展。

至于保障公民权利行使方面的法律，则不是很多，而且，相关法律往往也不是从保障自由的角度出发的，而是从规范和约束权利行使的角度出发而制定的。例如：《临时约法》规定，人民有言论、著作、刊行及集会、结社之自由。根据这一宪法规定，北洋政府1914年4月2日出台了《报纸条例》，该条例虽然也规定了公民有办报的自由，但是同时又通过保证金制度成功地将绝大多数公民挡在了这一自由之外。根据《报纸条例》第6条的规定，"发行人需要分别按如下标准交纳保押费：一、日刊者，三百五十元；二、不定期刊者，三百元；三、周刊者，二百五十元；四、旬刊者，二百元；五、月刊者，一百五十元；六、年刊者，一百元。在京师及其他都会商埠地方发行者，加倍缴纳保押费。"②又例如：1914年12月4日出台的《出版法》，更是规定了备案审查制。根据《出版法》第4条的规定，"出版之文书图画，应于发行或散布前，禀报该管警察官署。并将出版物以一份送该官署，以一份经由该官署送内务部备案"③。

保证金制度和备案审查制度的实行，有效地压缩了新闻出版自由的范围，客观上剥夺了绝大多数普通公民的新闻出版自由。特别是备案审查制

---

① 苑书义等：《张之洞全集》（第12册），河北人民出版社1998年版，第9724～9725页。

② 刘哲民：《近现代出版新闻法规汇编》，学林出版社1992年版，第34页。

③ 刘哲民：《近现代出版新闻法规汇编》，学林出版社1992年版，第45页。

度,更是将只有极少数人才能消受得了的新闻出版自由强行纳入了官方认可的自由轨道,迫使公民自由只能以官方认可的方式、在官方认可的范围内行使,至少是不能严重逾越官方设定的限度。

### 2.人权减损缺少有效的救济途径

依据《临时约法》第 15 条之规定,《临时约法》第二章所载的人民权利,在"增进公益、维持治安或非常紧急之必要时",可以依法限制。

应当肯定,任何权利都不是绝对的,所有权利都需要有一个合理的限度。换句话说就是,任何权利都有必要的界限,这是中外宪法的通例,也是理论和实践中的必须。《中华民国临时约法》规定,公民权利在公共利益、社会安定及紧急状态下,可依法律作必要的限定,无可非议。在当时的情况下,法律规定出于公共利益需要,可依法对公民权利作适当的限制也是先进的。

不过,在我们这样一个缺少法治传统和宪法实践的国家,几千年来奉行的都是权力本位,而不是崇尚权利至上,没有形成保护公民权利的传统。如何贯彻"增进公益、维持治安或非常紧急之必要时,可依法限制公民权利行使"这一原则规定,很成问题。在实践中,如何判定公共利益、紧急状态,又如何依法限制权利的行使,都有可能歧义丛生。更有甚者,一些别有用心的人甚至可能拿这一规定作为限制公民权利的挡箭牌,随意限制公民的权利。事实上,在当时的社会实践中,行政官僚仅凭自己的喜好,随意命令限制甚至剥夺公民权利的事情时有发生,尤其是在军阀混战、争权夺利的时候。

常言道,无救济即无权利。在我们这样一个人治传统深厚的国家,从传统人治环境中走出来的旧官僚特别容易做出侵犯公民权利的举动,这就特别需要法律为公民提供切实有效的救济渠道,确保当公民权利受到非法侵害时,可以提供必要的帮助,排除权利侵害情形,保障公民权利的实现。遗憾的是,当时的法律和实践都没有能够提供行之有效的救济途径。具体表现为:

(1)救济理念偏差

在西方国家,特别是美国,宪法在架构国家权力机构时,首先考虑的就是要避免任何一个机关出现可能的专权,排除权力专断对公民权利的潜在侵犯。为此,美国宪法遵循三权分立原则,把全部国家权力分为立法、行政、司法三个部分,并在三个部分之间精心构筑平衡,确保任何一个权力拥有制约另外两个权力的手段,同时也使得任何一个权力都必须受到另外两个权力的制约。通过这样一种办法,避免权力的肆意和任性,保证权力在法律设定的轨道内运行,而不至于随意侵犯公民的权利。

《临时约法》虽然表面上看也是遵循三权分立的基本思路,但是在基本理念方面却存在着巨大的偏差。首先,《临时约法》的控权制度设计不是着眼于保障人权,也不是由于保障人权的需要,才对袁世凯的行政权加以控制或约束的。《临时约法》的控权制度设计几乎完全是围绕南北双方权力和路线斗争而进行的。这一点,集中体现在该法的内阁制设计之中,故该法的内阁制设计饱受非议。其次,在人权保障方面,该法的缺陷也是明显的。该法对权利保护未有特别的规定,对权利限制则有具体的规定。"约法在列举了一大堆的'公民自由权'后,后面却加了一个'口袋规定',即特殊时期,公民权利'得依法律限制之'。"①这就有可能在客观上强化这样一种观念,即权利保障可有可无,权利限制则是大有必要,从而为当权者巧立名目限制公民权利大开方便之门。再次,没有引进限制国家权力、保障公民权利应当遵循的原则。在国外,限制公民权利往往需要遵循法律保留原则和比例原则。《临时约法》及后来北洋军阀时期的宪法在这方面基本上都是空白的。由于缺少保护公民权利应当遵循的具体原则规定,也就没有为切实保障公民权利提供法律技术上的支撑,给公民权利保障造成了实践和技术上的困难。复次,在当时,既缺少相关的具体法律规定,又没有形成稳定的社会共识,而且人民自己也没有养成公民的品格,不知道如何维护公共利益、如何保护自己的正当权益,从全社会来看,保障公民权利,为公民提供充分救济的理念都存在不足。

(2)救济机构缺失

《临时约法》全文共7章56条,从结构上看,把人民置于参议院等国家机关之前,体现了人民的主体地位,并在第二章"人民"中规定了诸多人权。然而,纵观约法全部内容,却没有关于约法实施保障方面的规定,更没有设置约法实施保障机构,没有专门的宪法诉讼机关,这样一来,当人民的宪法权利受到侵犯,或者人民要求国家保障其宪法权利的时候,就没有申述诉求的地方,无法主张自己的权利。

由于约法本身的失误,宪法诉讼机构或宪法实施保障机构处于空白状

---

① 金满楼:《门槛上的民国》,新星出版社2013年版,第113页。

态。就连约法明文规定了的行政诉讼机构，也是一拖再拖，直到 1914 年才根据袁世凯的《平政院编制令》成立。平政院是《临时约法》中的行政诉讼机构，受理人民认为官吏违法损害自己权利的陈诉。根据《临时约法》第 10 条的规定，人民对于官吏违法损害权利之行为，有陈诉于平政院之权。《平政院编制令》则进一步规定了平政院受理行政诉讼的范围，包括：中央或地方最高行政官署之违法处分致人民权利损害者；中央或地方行政官署之违法处分致人民权利损害，经诉愿至最高行政官署仍不服其决定者。

从平政院受案范围和行政诉讼的功能来看，平政院是一个不折不扣的公民权利救济机构，应该也必须为公民提供必要的救济。但事实上，"自平政院成立，至 1928 年 12 月闭院止，在其存在的前后 15 年的时间内，据学者统计，它共计审理 407 案件，平均每年受理 28 件左右。另据查阅 1920 年 3 月 17 日第 1469 号的《政府公报》得知，截至 1919 年底，平政院处理的案件有 275 起，已结案的为 237 起"①。这也就是说，即使有了这样一个机构，对于侵犯公民权利司空见惯的当时中国来说，也很难有所作为，这么大一个国家，年均受案 28 件左右，可以说几乎等于形同虚设。

《临时约法》上的平政院，是一个直属于大总统的行政诉讼机构。由于平政院不是一个独立的司法机构，而必须受命于大总统，又由于平政院没有分支机构或下属机构，仅在北京设立一家共三个审判庭，要审理全国各地发生的大量侵犯公民权利的案件显然是不可能的。加上中国传统文化的影响，官官相护，平政院对数量繁多的行政诉讼只能频频以"碍难受理"作答，致使大多数权利受侵害的公民、法人状告无门，无法寻求到救济。行政行为的司法审查及对行政相对人权益的保护，更是无从谈起。

（3）普通法院乏力

在缺少宪法诉讼，行政诉讼又途径不畅的情况下，人们本可以对普通司法机关寄予厚望。如果普通司法机关能够很好地发挥作用，也确实可以在很大程度上弥补宪法诉讼和行政诉讼的不足。然而，当时的普通司法机关表现也是令人失望的。当公民权利受到侵犯，特别是受到来自公权力或社会名流的侵犯时，司法机关根本就没有肩负起为公民权利提供救济的重大使命，无法铁肩担道义。

---

① 李秀清：《从平政院到行政法院——民国时期大陆型行政审判制度探究》，http://www.110.com/ziliao/article-134522.html，下载日期：2015 年 3 月 15 日。

在当时,司法机关既缺强权,又少声望,面对强大的行政机关、特别是具有武装背景的行政机关,往往只能是无可奈何、望法兴叹。当然,这与《临时约法》本身也不无关系。《临时约法》制度设计表面上遵循的是"三权分立"原则,但实质上主要是行政和立法两权的分离与争夺,司法权则处于从属屈尊的地位,属于边缘地带,既无法约束立法,又无法约束行政,根本不可能对另外两个权力形成制约,更别说通过司法途径将另外两个权力纳入法治的轨道。

《临时约法》的这些先天不足,不少人在当时就有觉察。"《临时约法》公布后,从英国学成归来的原革命党人章士钊立即发现了这一问题,他发表文章称:《约法》中说'人民之身体,非依法律不得逮捕、拘禁、审问、处罚'。假如有人不依法律逮捕、拘禁、审问、处罚人,那又该如何处置呢?"① 这些问题,从《临时约法》中找不到答案。《临时约法》断断续续施行的十几年间,也没有找到解决的办法。由于缺少有效的救济渠道,《临时约法》第二章规定的公民诸多权利都可能成为水中月、镜中花,公民依法享有的请愿权、陈诉权、诉讼权等,也都可能沦落成为画中的饼。最后的结果是,公民对法律上的权利失望,不去想,也懒得奢望,进而导致公民对法律失信,至少是对法律漠不关心或心灰意冷,让法治根基遭到破坏,法治土壤进一步流失。

### 3.人权实现的物质基础匮乏

人权及其保障需要有相当的物质基础。追溯历史,近代人权理论,就是伴随着近代工业革命产生和发展的,只有生产力发展到一定程度,人权才有可能成为现实的话题。早期人类社会,人们为了生存而奋斗,主要精力和重点工作就是战胜大自然,从自然界获取必要的生存资料。只有当生产力发展到一定的水平之后,人们才有可能从为生存而奋斗的状态下解放出来,追求更高位阶的精神和自由,包括人的尊严和体面等。

鸦片战争后,中国从世界上处于领先地位的国家,逐渐沦落成为半殖民地半封建社会,国家积贫积弱,人民水深火热。各帝国主义国家依仗其军事实力加紧对中国的掠夺,强迫中国签订了许多丧权辱国的不平等条约,攫取巨额的所谓战争赔款,致中国国民财富大量流失海外,国家民族包袱沉重。

辛亥革命时期,我国面临的首要任务是救亡图存,自强自立。为此,大

---

① 金满楼:《门槛上的民国》,新星出版社 2013 年版,第 113 页。

批仁人志士寄望于发展近代资本主义工商业,实现富国强兵,救国家于危亡,救人民于水火。为此,《临时约法》也把人民的营业自由摆到了重要的地位。

在这样的背景下,要实现《临时约法》中的诸多人权,从物质基础上看,国家显然是力不从心的。而且,从国内阶级构成来看,当时的中国,大地主、大官僚及新兴资产阶级在当时中国社会占据主导地位,他们手中掌握和控制了大量的社会财富,占人口绝大多数的广大农民则处于被压迫被剥削的地位,只能靠出卖自己的劳动力,租种地主的土地或到资本家的工厂劳动,换取最基本的生活资料,勉强度日。

在这种情况下,从国家层面而言,没有为全民提供宪法人权保障的物质基础。从公民个人而言,即便是富裕阶级,一方面,对人权尚没有清晰的认识;另一方面,要维护或实现自己的权利,成本高昂。有时候,一个官司下来,就有可能导致倾家荡产,更遑论什么新闻、出版、结社自由等等。至于平民百姓,能够混个生存就已经很不错了,宪法权利对他们而言几乎是天外之物,遥不可及,连想都不敢想。

# 三、传统民权及其对约法时期的影响

## (一)中国传统民权

民生、民本在中国历史上一直占据着重要的地位。据考证,早在殷商西周时期,民本思想就已经出现。《尚书》里有这样一句话:"皇祖有川,民可近,不可下,民惟邦本,本固邦宁。"①《春秋穀梁传》也有"民者,君之本也"之说。此外还有"水能载舟,亦能覆舟"的千古教诲。据史书记载,鲁哀公曾问教于孔子,孔子答曰:"君者,舟也;庶人者,水也。水则载舟,水则覆舟。"②

在中国传统文化中占统治地位的儒家思想一直以来都很重视民本、民

---

① 《尚书·夏书》。
② 《荀子·哀公》。

生。孔子主张"为政以德"①,"泛爱众,而亲仁"②。这里的为政以德,就是希望统治者要宽以待民、实行仁政、德政,表现在法律上,即为德主刑辅、以刑辅德、以德去刑。孟子则明确提出"民贵君轻",认为民才是国家的基础和根本所在。荀子更是强调爱民、惜民,认为"天之生民,非为君也。天之立君,以为民也"③。

秦汉以后,历代封建王朝的圣君明主都把民本思想奉为治国理政的圭臬。因为民是国之基础,民力决定国力,民生关系到江山稳固、社稷安危,历朝历代官府也都重视民生救济,特别是大灾大难时期,官府都会施以救济,以免民变。

中国古代民本思想的基本内涵,有的学者将它概括为三个方面,分别是"民为国本""政在养民"和"立君为民"④。具体说来:民为国本,就是说民众在国家中处于决定性的本源地位,是国家存在、运行的根本要素,同时也是国家存在的目的,即"天下非一人之天下也,天下人之天下也"⑤,所谓得民心者得天下也是这个意思。政在养民,就是说为政者要注重保民、养民。管子认为:"治国之道,必先富民。"⑥孔子则要求统治者"节用而爱民,使民以时"⑦。孟子主张"制民之产",呼吁为政者要力争让民众财富达到"仰足以事父母,俯足以蓄妻子,乐岁终身饱,凶年免于死亡"⑧的富足状态。立君为民,就是说统治者统治的正当性在于民众的需要,故统治者要谨守为君之道,如果统治者不遵守"君道",甚至残暴不仁,民众就可以起而抗争,甚至将其消灭。孟子就曾经针对"弑君"之说指出,"闻诛一夫纣矣,未闻弑其君也"⑨,以此为暴力推翻残暴统治者作理论辩护。荀子也认为可以"夺然后义,杀然后仁,上下易位然后贞"⑩。

---

① 《论语·为政》。

② 《论语·学而》。

③ 《荀子·大略》。

④ 张分田、张鸿:《中国古代"民本思想"内涵与外延刍议》,载《西北大学学报》(哲学社会科学版)2005 年第 1 期。

⑤ 《吕氏春秋·贵公》。

⑥ 《管子·治国第四十八》。

⑦ 《论语·学而》。

⑧ 《孟子梁惠王上》。

⑨ 《孟子·梁惠王》。

⑩ 《荀子·臣道》。

在中国历史上,由"民本"延伸而来的"民权"这一概念与西方宪法上的"人权"概念的含义相去甚远。

大致说来,传统民权意在役民。在中国传统的民权观念中,虽然也强调爱民、惜民,但是在这种观念中,民是客体,是财产,爱民、惜民的目的是让民能够更好地为自己所用。在这里,爱只是手段,是主人为了实现自身目的的途径。这种民权观念,不仅不利于人的主观能动性的发挥,反而会压抑、泯灭人的个性,制约个人的发展,到头来,也会影响到国家的发展。梁启超就曾把"民权"看作是中国贫弱的原因,他说:"三代以后,君权日益尊,民权日益衰,为中国致弱之根源。"①

在现代人权思想中,人是主体,人本身就是目的,而不是实现其他目的的手段。人作为主体,自己就是自己的主人,有尊严,有地位。在人权思想中,爱是一种文化,一种精神,一种价值追求,或者可以说是一种生活方式,而不是为了让别人能够为自己所用,更不是把别人当作实现自己目的的手段。人权、爱人的目的是要让人们能够在独立自主的基础上得到全面的发展。

## (二)传统观念对约法及其实施的影响

《中华民国临时约法》时期的人权观念,从实定法角度,可以追溯到辛亥革命初期,武昌起义胜利后,先后制订和修改出台的《中华民国鄂军政府暂行条例》《中华民国鄂军政府改定暂行条例》《中华民国临时政府组织大纲》等。上述这些法律文本及其体现出来的人权观念都对《中华民国临时约法》产生了重要的影响。

总体而言,辛亥革命成功后制定出台的这些法律都体现了资产阶级"天赋人权"观,明确规定了公民应当享有的诸多权利,包括自由权、平等权、选举权、参与权等等。至少从法律文本上看是如此。但在仿照西方国家宪法规定公民享有广泛人权的同时,这一时期的法律也没有完全摆脱传统文化的影响,如《天坛宪草》和 1923 年《中华民国宪法》都不约而同地规定:中华民国的人民,有尊崇孔子及信仰宗教之自由,非依法律,不受制限。在这里,法律特别突出地强调公民有尊崇孔子的自由,其中含义,不言自明。正是这些传统思维及对传统文化的不舍情怀,导致西方宪法在传入中国后难以真

---

① 梁启超:《西学书目表后序》,载《饮冰室合集》(第 1 册),中华书局 2011 年版。

正的扎根。由于中西文化的巨大差别,法治土壤在中国严重缺失,民国初期的民主法治建设最后以失败告终。正如有的学者所说:"中国传统的文化其根本特点是强调宗法伦理,属于宗法文化。在宗法文化的基础上构建起来的社会秩序只能是宗法秩序。这与西方的宪政文化与宪法秩序具有质的差异性。而正是这种差异性,导致西方宪法传入我国后被重构,从而致使近现代宪政运动走向失败。"①

不可否认,当时的革命党人和宪政派人士都不赞成继续实行封建专制统治,对公民自由都有严肃认真的探讨。但深入思考之后,他们得出的结论都不是要像西方宪法人权那样,切实保障公民各方面的个人自由,恰恰相反,在他们看来,为了国家统一富强,需要的不是弘扬个人的自由,而是限制个人的自由。

孙中山先生追求的自由就不是个人自由,故其也不强调对公民个人自由的保障。孙中山先生曾认为,中国人的自由是多了,而不是少了,并认为中国是"个人自由,四分五裂,一片散沙"。他说:"人们都说中国人是一片散沙。什么是散沙? 就是个个有自由和人人有自由。人人把自己的自由扩充到很大,所以成了一片散沙。……我们是因为自由太多,没有团体,没有抵抗力,成一片散沙。因为是一片散沙,所以受外国帝国主义的侵略,受列强经济商战的压迫。我们现在便不能抵抗。要将来能够抵抗外国的压迫,就要打破各人的自由,结成坚固的团体,象把水和士敏土参加到散沙里头,结成一块坚固石头一样。党里是这样,军队里是这样,各有各的自由,四分五裂,号令不能统一,所以袁世凯打败了革命党。我们争的是国家的自由和民族的自由,不是个人的自由,学生的自由,军人的自由。"②

梁启超先生深入研究西方宪法人权后,也对在中国引进个人自由表现出了深深的怀疑。"当梁启超对西方思想的认识随着与西方著作接触的增多而不断深化的时候,他对群体凝聚力和国家统一的关注不久便导致他感觉到自由权利学说的危险性,并最终从这种自由主义的思想立场上退却下来。"③梁启超之所以转而放弃自由主义主张,正是因为他有着深厚的传统文化底蕴。由于对传统文化的正面效果认识深刻,对其负面效果认识不足,

① 杨志明:《传统宗法文化与近代中国立宪》,载《法学评论》2011 年第 2 期。

② 孙中山:《民权主义第二讲》,载《三民主义》岳麓书社 2000 年版。

③ 张灏:《梁启超与中国思想的过渡》,江苏人民出版社 1995 年版,第 137 页。

梁启超难舍对传统文化的深深眷恋。加上他主张实行宪政的根本原因本来就不是为了保障公民的个人自由，而是为了实现富国强兵、救亡图存，故当他认为个人自由不仅实现不了富国强兵，反而可能导致各自为政，使国家陷入分裂和无政府状态时，梁启超便毅然放弃了自由主义，主张强化国家权力，控制个人自由。他说："自由云者，团结之自由，而非个人之自由也……文明时代，团结之自由强，而个人之自由减。"①这里所谓的"团结之自由"，实际上就是主张加强国家权力，巩固安定团结，限止个人自由空间，集合众人力量，实现图强目标。换句话说，他强调的是集体主义而不是个人主义。这种思想的实质就是传统的舍小家保大家，是要求每一个人都将自己的聪明才智奉献给集体主义事业，奉献给民族独立和国家富强。

关于民主政治，梁启超也认为当时的中国还不具备条件。在《开明专制论》一文中，梁启超认为："凡国民有可以行议院政治之能力者，即其有可以为共和国民之资格者也。以吾今日之中国而欲行议院政治乎，吾固言之矣，非顽固之老辈，则一知半解之新进也，此非吾敢为轻薄之言，实则平心论之，其程度不过如此也。故今日中国国民，非有可以为共和国民之资格者也；今日中国政治，非可采用共和立宪制者也。"②

可见，这一时期的法律还没有，也不可能完全摆脱传统文化的影响，宪法人权的内容从法律形式上看虽然与近代资本主义宪法相差无几，但是从其反映的思想上看，则依然存在着巨大的差距。这种差距，在法律实施的过程中表现得尤其明显。可以说，在近代宪法实施的过程中，传统文化影响的痕迹比比皆是。

众所周知，法律的实施关键在人。如果执行法律的人能够秉持法律的精神，忠于法律的价值，那么，法律在实施的过程中就可能朝着法律本身的目的前进。反之，如果执行法律的人在思想观念上因循守旧，抱定传统文化信念，那么，再好的法律，无论其多么符合时代特征，都可能在执行中走样。《中华民国临时约法》等法律在执行过程中总是可以看到传统文化的影子，根源就在于此。可想而知，信守传统文化的人，执行近代引进的法律，能够怎么样呢？是把法律执行得像原产地那样，具有近代人文情怀和法治精神？还是把法律执行得像是中国传统文化的改版，或者是用近代法律话语包装

---

① 梁启超：《饮冰室合集专集之四》，中华书局1989年版，第44～45页。
② 梁启超：《开明专制论》，载《饮冰室文集》（第十七册），中华书局1988年重印版。

的中国传统文化实质？结果可想而知。

例如：《中华民国临时约法》第 10 条规定,人民对于官吏违法损害权利之行为,有陈诉于平政院之权。这里的平政院是一个行政诉讼机构,其职责是受理行政机关侵害公民权利的行为,对行政机关的行政行为进行合法性审查,保证行政机关依法行政,维护公民的合法权益。根据这一规定,《中华民国临时约法》生效后,就应该立即组建平政院。但事实上,《临时约法》上的各种机构相继成立之后,唯独平政院迟迟未能成立。究其原因,大概因为对行政行为进行司法审查,在中国历史上是闻所未闻的,作为受理行政诉讼的机构,平政院在官僚统治集团心中肯定会遭到本能的排斥,故能拖一天是一天。直到 1914 年 3 月 31 日,袁世凯才颁布《平政院编制令》,下令成立平政院。但在平政院成立之时,袁世凯又于平政院之外,增设了一个肃政厅,这个肃政厅是彻头彻尾的传统思维,从名字到内容都与西方近代宪法不相吻合。再后来,在袁世凯炮制的《中华民国约法》里,更是在第 43 条中明确赋予肃政厅的宪法地位,规定:国务卿、各部总长有违法行为时,受肃政厅之纠弹及平政院之审理。于是,平政院就变成了一个传统上用于监察官吏的机构,而不是近代以来的行政诉讼那样对行政行为进行司法审查的机构。

## (三)人权保障依然重在民权

在《中华民国临时约法》断断续续实施的十几年间,在公民政治权利行使和保障方面,一直饱受诟病。以选举权为例,一方面,是公民缺乏对选举权的深刻认识,不能够认真对待公民的选举权;另一方面,是政治人物肆无忌惮地操弄选举,以至于把选举搞得乌烟瘴气,连国会议员都被斥之为"猪仔议员"。

这一时期,公民政治权利保障存在的严重问题,与中国传统文化的影响不无关系。传统中国,历来强调思想统一,反对各种不当言论,认为那是扰乱民心。为了控制思想和舆论,秦朝有焚书坑儒,汉朝有罢黜百家、独尊儒术,清朝有文字狱。中国古代,历朝历代几乎都有一个知识分子问题。对知识分子的残酷处理,迫使大量思想丰富的人沉默以对,不敢发声。因为在古代,为了维护专制统治和封建伦理纲常,"必然要求舆论一律,因而加强思想文化方面的统治,以禁锢人们的思想,就成为集权政府势必推行的文化政策"①。统治者如此,部分文人也是如此。一些思想家为了维护统治阶级的统治而绞尽脑汁,千方百计地帮助统治者束缚和限制人们的思想自由。这集中表现在,把"礼"作为思想的藩篱、思维的前提和判断是非的标准。② 如孔子讲的"君子思不出其位",以及"非礼勿视,非礼勿听,非礼勿言,非礼勿动"就具有极强的代表性。辛亥革命后,封建政权虽然被推翻了,形式上也成立了共和政府,但是人们的思想无论如何也不可能一夜之间脱胎换骨。对此,有人戏称人们是身体进入了民国,大脑却还停留在过去。所有这些,都给当时的民主共和建设形成了巨大的障碍。正如有的学者所说的:"辛亥打倒了满清,这是革命唯一的成绩。满清打倒了以后,我们固然扫除了一种民族复兴的障碍,但是等到我们要建设新国家的时候,我们又与民族内在的各种障碍对面了。"③

关于人权保障,这一时期着力较多、用力较深的还是传统民权的内容。结合具体法律条文来看,《临时约法》第 6 条第 3 项规定的"人民享有保有财产及营业之自由"这一规定执行得较为令人满意。由于这一条宣告了公民的经济自由,同时又在政府方面得到较高的保障,当时的民族资产阶级及资本主义生产关系有了较大程度的发展,社会物质财富也有了一定程度的积累。

虽然北洋政府历任总统在政治方面各有图谋、各怀心思,但是对于发展工商业则是共同的。北洋政府对积贫积弱的中国都有切身的认识,加之传统"民本"思想的影响,他们都认识到民富则国强,认为只有广兴实业才能利国富民,因而对于发展工商业都有相当程度的积极性。袁世凯曾说:"现在国体确定,组织新邦,百务所先,莫急于培元气兴实业。"④

1912 年 12 月,为保护实业,当时的工商部拟订公布了《奖励工艺品暂行章程》(以下简称《章程》)。《章程》共 16 条,于次年 2 月起施行。此后,1914 年 1 月,北洋政府还颁布了《公司保息条例》(以下简称《条例》),对工业企业实行保息政策。根据该《条例》的规定,"凡新成立之公司,自开机制造之日起,继续三年为保息期间"。除此之外,北洋政府还陆续制定公布了《公司条例》《公司条例施行细则》《商业通例》《商业通例施行细则》《公司注

①　白钢:《中国政治制度史》(上卷),天津人民出版社 2002 年版,第 38 页。

②　刘泽华:《中国的王权主义》,上海人民出版社 2000 年版,第 125 页。

③　蒋廷黻:《中国近代史》,岳麓书社 1987 年版,第 38 页。

④　李玉:《北洋政府的实业奖励政策》,载《南方都市报》2015 年 2 月 28 日。

册法规》《商业注册法规及施行细则》等一系列保护工商业、规范工商业运营的法律法规,为工商企业发展提供了较为全面的保障。

在民生保障方面,虽然《临时约法》及相关法律对公民社会保障权均缺乏规定,但是受传统文化的影响,辛亥革命后成立的中华民国政府对公民的社会保障还是作出了自己的努力。特别是在大灾大难面前,政府都会作出自己的努力,除调拨粮款赈济之外,还会积极采取措施保障灾民的生计。例如,1920年,华北五省发生特大旱灾时,北洋政府就由政府投资启动了烟潍、德临两条公路的建设项目。在项目建设中,大量雇用当地灾民,并在工资方面给予优厚待遇,基本上一个工人的工资就可以维持一个家庭的生计。

应当说,在中国近代,无论哪一个时期的政府,对公民生存权和民生权利社会保障的重视程度,都远远高于对公民自由、民主等政治权利的保障。难怪后来的民国著名宪法学者张君劢都把社会主义看作是国民党三民主义的思想来源之一。在他看来,国民党是"融合十九世纪以来的民族主义、民主主义、社会主义于一炉,因此有三民主义"①。

---

① 智效民:《宪法学者张君劢》,载《黄炎春秋》2015年第4期。

# 第十章

# 约法存废之武人干政

## 一、《临时约法》的起伏沉浮

《中华民国临时约法》从 1912 年 3 月 11 日公布施行到 1928 年 10 月 3 日国民党中央常务会议颁行《中国国民党训政纲领》，"17 年间，历经风霜，起伏沉浮，仅仅是内阁就更换了 32 届"①，"变更了 47 次"②。

综观《临时约法》几经沉浮的历史可以发现，当统治者实力不济时，便宣称恢复法统，以争取合法性，进而争取各方的支持，当实力派上台，自以为能够凭借手中的武力维护局面时，则不把法律放在眼里，而是为所欲为，有恃无恐，甚至公然解散国会，废除法律。

这些军阀官僚们缺乏对法律的基本敬畏和信仰，根本就不懂得什么是法治之法，只熟知什么是工具之法。法律之存废、对法律的尊重程度，完全取决于他们对法律的需要程度。各路军阀你方唱罢我登场，时而对《临时约法》恭敬有加，时而对《临时约法》弃之如敝屣，无非就是看其是否需要借助《临时约法》来论证自身权力的合法性，是否需要借助《临时约法》来维护自己的统治，说穿了也就是取决于其是否需要《临时约法》这样一个护身符。从这些军阀的内心来说，他们谁都不在乎法律，谁都不是真心拥护法律，而是在乎权势，在乎扩张实力。他们都相信，武力是最高统治手段，而不相信

---

① 张晋藩：《中国百年法制大事纵览》，法律出版社 2001 年版，第 91 页。
② 陈旭麓：《近代中国的新陈代谢》，上海人民出版社 1992 年版，第 362 页。

法律也可以成为高高在上的统治者——"国王"。

法治乃法的统治(rule of law),但《临时约法》不仅没有能够成为统治者,反而沦落成为统治者的玩物,甚至其生死存亡都取决于政治人物的好恶。何其悲哉!所幸,公道自在人心!《中华民国临时约法》尽管命运坎坷,却能够成为民国初期最具权威性、道德性、合法性的宪法文件,虽几经浮沉,却不失其光彩。究其原因,大概就是因为这部法律反映了当时中国社会的主流民意,符合历史发展的潮流。后来的"袁记约法""贿选宪法"等让人不屑一顾,也是因为其违背当时民主共和的基本民意。

"国民之言,主人之言也。主人之言不行,则失其所以为民治国家。"① 当中国已经进入近代社会,举国上下都在致力于建设民主共和国的时候,谁敢逆历史潮流而动,开历史的倒车,必然会被抛进历史的垃圾堆,无论是袁世凯,还是曹锟,抑或是其他任何人,都无一能够例外。

## (一)为达专制,袁世凯阴谋废法

辛亥革命爆发后,袁世凯受命镇压南方起义部队。袁一看机会来了,便首鼠两端。"一方面不让清朝立刻垮台,一方面又防止革命势力立刻取得全胜。他用革命来恐吓清朝:如果清朝不让位给我,那么我袁某也无法收拾这局面;又用清朝来恐吓革命:如果革命不向我袁世凯妥协,那么我就要支持清朝和你打到底。"② 在此期间,袁世凯一方面派代表与南方和谈,另一方面又软硬兼施迫使清帝退位。公开谈判不成后,双方表面上函电交驰,南北攻诘,暗地里却由公开的谈判转入秘密的交易,最后,双方达成一致:袁世凯迫使清帝退位、承认共和,孙中山将临时大总统职位让与袁世凯。

当清帝退位的形势已经明朗,让位几成定局,同盟会领导便开始思谋对策。孙中山提出要定都南京、请袁到南京就职,同盟会作为在野党,负起监督政府之责。宋教仁则主张,趁临时参议院1月28日成立,同盟会员占参议员绝对多数的有利条件,修订《临时政府组织大纲》,同时改组同盟会,组建新的政党,通过在国会大选中取得多数席位,由本党组阁来约束袁世凯,限制总统权力,或在下一次选举中把袁世凯选下去。同盟会给袁世凯设定

---

① 鲍明钤:《中国民治论》,商务印书馆2010年版,第78页。

② 金冲及:《辛亥革命的前前后后》,人民出版社、上海辞书出版社2011年版,第228页。

的三项条件,即:定都南京、袁世凯到南京就职、接受中华民国临时约法,其中前两条被袁世凯运用手腕轻易化解,剩下的只有一部《中华民国临时约法》了。为加速修订《中华民国临时政府组织大纲》,孙中山先生还曾咨文参议院:"查临时政府现已成立,而民国组织之法尚未制定,应请贵院迅为编定颁布,以固民国之基。并据法制局局长宋教仁呈拟《中华民国临时组织法草案》五十五条前来,合并咨送贵院,以资参叙。"①参议院认为:"第一,'组织法'既为组织临时政府之用,便不能包括'人权'等宪法内容,因而主张另订一部法律,取名《中华民国临时约法》;第二,立法如'受命于政府,有损立法独立之尊严',此法应由临时参议院自行起草。于是,参议院将咨文退回,并着手起草《临时约法》。"②

1912 年 3 月 8 日,袁世凯给南京参议院发电表示愿意接受《临时约法》。3 月 10 日,袁世凯在北京宣誓就任临时大总统。3 月 11 日,孙中山先生在南京公布《临时约法》。这是南方革命党人为保护辛亥革命成果,约束袁世凯的政治野心,奉送给他的一个紧箍咒。袁世凯为登上临时大总统的宝座,也只能先违心地表示接受。在宣誓就职时的誓词中,袁说道:"世凯深望竭其能力,发扬共和之精神,涤荡专制之瑕秽,谨守党法,依国民之愿望。"③

但袁世凯就任临时大总统之后,感觉处处受到《临时约法》的掣肘,便想方设法要挣脱《临时约法》这一枷锁。

根据《中华民国临时约法》第 53 条的规定,临时约法施行后,"限十个月内,由临时大总统召集国会"。为配合这一条文实施,参议院于 1912 年 8 月 2 日通过了《中华民国国会组织法》和《参议院议员选举法》,次日又通过了《众议院议员选举法》,并于同月 10 日由临时大总统袁世凯公布施行。此后,举行了全国范围的国会选举。

1913 年 4 月 8 日,中华民国第一届国会正式诞生。国会诞生后,随即着手中华民国宪法的制定工作。据当时的国会议员记载,"其时临时总统袁世凯对于临时约法束缚,极感不便,思于宪法根本纠正之。国民党以国基初奠,袁世凯野心跃跃,亦思于宪法严厉预防之"④。不过,虽然双方都希望制

---

① 《南京临时政府公报》(第三号,元月三十一日)。
② 范福潮:《〈临时约法〉为何成废纸?》,载《南方周末》2011 年 10 月 27 日。
③ 《民立报》(第 505 号),1912 年 3 月 12 日。
④ 吴宗慈:《中华民国宪法史前编》,北京大东书局 1924 年版,第 17 页。

定一部正式的宪法,但是在宪法的内容和目的方面,双方却相去甚远。由此,日后宪法的破局便在预料之中。

1913 年 7 月,由参、众两院各选出 30 名委员组成了"宪法起草委员会"。21 日,宪法起草委员会召开第一次会议商讨宪法起草方案,22 日开始起草大纲。至 9 月 20 日,开始根据大纲起草宪法。

此间,袁世凯为摘去大总统前面的"临时"二字,使自己成为名正言顺的合法总统,还对国会施加压力,迫使国会通过了先选举总统后制定宪法的规定。10 月 4 日,国会参众两院联席会议通过《大总统选举法》。10 月 6 日,正式进行总统选举。是日,对袁世凯用意心领神会的"公民团"使出各种手段,对选举百般施压,横加干扰,甚至高呼,不选出让我们公民满意的大总统便不得散会。选举前后经过三次投票,从早上 8 点一直持续到晚上 10 点,直到最后一轮投票结束,袁世凯才以微弱多数胜出,当选为中华民国第一位正式大总统。

当选大总统之后,袁世凯便着手实施其召集国会的第二个目标,即施压国会,让国会制定一部自己满意的宪法。由于宪法制定工作颇费时日,袁世凯为早日摆脱临时约法的羁绊,便咨文国会,要求先行修改《中华民国临时约法》。袁世凯提出:"《中华民国临时约法》只适用于临时大总统,对正式大总统已不合时宜,应立即修改并加入下列内容:(一)大总统制定官制官规,不须经过国会议决;(二)大总统任免文武职员,不必取得国会同意;(三)大总统无须国会同意即可宣战、媾和及缔结条约;(四)大总统享有紧急命令权及财政紧急处置权;(五)大总统为保持公安、防御灾害,于国会闭会时,得制定与法律同等效力之教令。"[①]对于袁世凯要求修订临时约法的咨文,国会以"宪法正在草拟之中,宪法一旦制定,临时约法自然废止"[②]而婉拒。

修订《临时约法》的要求遭拒后,袁世凯又派人向宪法起草委员会陈述自己关于宪法草案的意见。10 月 22 日,袁世凯咨文宪法会议,派施愚、顾鳌、饶孟任等八人代陈对于宪法之意见。

施愚等人来到国会之时,宪法起草委员会正在开会,见这八人突然闯入,不觉愕然。来人便将咨文交给议长。在这个咨文中,袁世凯除了重复前

---

① 夏新华等:《近代中国宪政历程:史料荟萃》,中国政法大学出版社 2004 年版,第 467～468 页。

② 夏新华等:《近代中国宪政历程:史料荟萃》,中国政法大学出版社 2004 年版,第 469 页。

一个咨文的内容外,又提出以后宪法起草委员会开会时应该及时通知国务院,以便能够派人前来出席并陈述意见。不过,这些起草委员会的议员们却回答说,我们正在开会,依法只有国会议员才能列席旁听,诸位本就不该前来,至于大总统的咨文,更是于法不符,诸位还是请回。说罢,议员们竟撇下八人,只管自己继续开会。

八人碰了一鼻子灰,自是心情不爽,便添油加醋地回禀袁世凯。袁世凯听后表面不动声色,心里却是恼羞成怒,便发了几通密电,暗授机宜。数天后,各省都督、民政长与北洋将领的电报雪花般的飘向北京,一个个都是义正词严地支持袁世凯的"合理要求",指责"国会专制"。还有几个袁世凯的心腹,在电报中甚至提出要撤销宪法起草委员会、解散国民党、解散国会。

见到这些电文,袁世凯喜不自胜,以为宪法起草委员会会就此屈服。不料此时的宪法起草委员会眼看袁世凯要采取行动,却顶着压力,在10月31日匆匆完成了宪法草案的三读程序,11月3日交国会两院宪法会议审议,意欲争取时间形成既成事实。由于这次的宪法起草工作是在天坛祈年殿起草完成的,故后人将这一宪法草案称为《天坛宪草》。

《天坛宪草》在起草过程中一直遭到袁世凯的干扰。"1913年7月23日,袁世凯逮捕宪法起草委员会委员长汤漪等8人;8月1日,袁世凯逮捕起草要其退位的建议案的国民党籍议员伍持汉,19日将其枪决;8月15日逮捕众议员、宪法起草委员会委员徐秀钧,9月1日将其杀害;8月27日,丁象谦、褚辅成、张我华等8名众议员被捕;10月16日,袁世凯咨请国会提出增修约法案,示意对国会制宪内容的主张;18日,袁世凯提出公布宪法应由大总统行之。"①

这一次,眼看宪法就要公布,袁世凯再也按捺不住了,便狗急跳墙,决定来个釜底抽薪,取消国民党议员的资格,停止国会活动。于是袁世凯借口国民党议员与"乱党"勾结,取消了国民党议员的资格,收缴其议员证。这样一来,剩下的议员不足开会的法定人数,便不能举行会议。11月13日,两院议长发出通告,宣布国会停止议事。1914年1月10日,袁世凯发布《布告解散国会原因文》、《停止两院议员职务令》,下令停止参众两院议员职务,遣回原籍。第一届国会宣告解散。《天坛宪草》自然也就胎死腹中,成了永远的草案。

---

① 徐祥民:《中国宪政史》,青岛海洋大学出版社2002年版,第124～126页。

## (二)袁氏崩败,《临时约法》死而复生

《天坛宪草》在起草的过程中,与袁世凯的矛盾激化,最终导致袁世凯采取极端手段,以武力解散国会,这部宪草也便永远胎死腹中。

取消国民党籍议员资格,解散国会后,袁世凯便组织了一个"政治会议",用"政治会议"取代国会。随后,袁世凯又向政治会议提出《约法增修咨询案》,把《中华民国临时约法》说成是造成政治动荡、民生困苦的罪魁祸首,要求政治会议对之修改。但政治会议认为兹事体大,提请另外组织专门机关来修订约法。于是,经袁世凯同意,由"政治会议"议决通过了《约法会议组织条例》,组织了一个"约法会议"。"约法会议"的任务就是根据袁世凯的授意,对《临时约法》进行修改,制定一部新的约法。

约法会议成立后,袁世凯于 1914 年 3 月 20 日向约法会议提交了《增修约法大纲案》,其内容主要包括 7 个方面:"(一)外交大权归诸总统,总统对外宣战媾和、缔结条约,无须国会之同意;(二)大总统制定官制官规及任命国务员、外交大使、公使,无须国会同意;(三)政体应设计为总统制,不设国务总理,各部部长均称国务员,隶属总统;(四)正式宪法应由国会之外的国民会议制定、大总统公布,正式宪法之起草权归大总统及参政院、修正权归大总统及立法院;(五)关于人民公权之褫夺及回复,大总统得自由行之;(六)大总统有紧急命令权,但次期国会开会时,须于 10 日内提出于国会,得其承认;(七)大总统有紧急财政处分权,但次期国会开会时须得其承认。"[①]

约法会议收到袁世凯的增修约法大纲案后,便开始讨论,着手新约法起草工作。1914 年 5 月 1 日,新修订的约法正式公布,取名《中华民国约法》。《中华民国临时约法》同时废止。

《中华民国约法》因根据袁世凯的授意而为,比较充分地体现了袁世凯的意志,故又称"袁记约法"。该法有国家、人民、大总统、立法、行政、司法、参政院、会计、制定宪法程序、附则共 10 章计 68 条。与《天坛宪草》的制度设计相反,《中华民国约法》从一个极端走向了另一个极端,该法使总统权力得到大幅扩张,国会权力则被削弱了不少。更有甚者,该法将国会的名义都取消了,取而代之的是立法院和参政院。而且,立法院的立法权还要受制于总统。根据该法,总统对立法院议决的法律有否决权,如立法院出席议员

---

① 吴宗慈:《中华民国宪法史前编》,北京大东书局 1924 年版,第 23 页。

2/3 以上仍执前议,而大总统认为于内治外交有重大危害,或执行有重大障碍时,经参政院之同意,得不公布之。这就是说,立法院仅有的一点立法权,在总统面前也会被消解稀释。事实上,即使是这样一个立法院,也一直没有成立起来。

根据《中华民国约法》第 67 条的规定,立法院未成立以前,以参政院代行其职权。从这一规定来看,似乎参政院是立法机关或者准立法机关。但实际上,参政院只是一个受制于总统的咨询机关而已,甚至可以说是总统的一个附庸。参政院成立后的第一项立法活动,就是建议袁世凯咨文约法会议,修改《大总统选举法》。修改后的大总统选举法于 1914 年 12 月 28 日通过,次日由袁世凯公布施行。新修正的大总统选举法将总统任期由 5 年改成了 10 年,而且可以连选连任,而且,大总统的继任人由现任大总统推荐。这种修改不仅让总统变成了终身制,而且让总统变得可以世袭。可见,此时的法律和参政院都成了袁世凯的御用工具。

炮制出《中华民国约法》和《修正大总统选举法后》,袁世凯已然成为一个事实上的皇帝,或者说是一个叫做总统的皇帝,但袁世凯还不满足,念念不忘黄袍加身的皇帝美梦。只可惜,时代已经使得偌大的一个中国容不下一个皇帝之身。在做了 83 天皇帝梦后,1916 年 6 月 6 日,袁世凯在内忧外患中离开了人世,羞愤而去。

袁世凯去世后,副总统黎元洪依法继任大总统。不过,关于黎继任大总统的法律依据,究竟是依"袁记约法"继任,还是依原《中华民国临时约法》继任,却颇有一番争执。当时的北洋军阀实力派人物段祺瑞表面上通电拥护黎元洪"代行中华民国大总统之职务",心里却有另外一番盘算。根据"袁记约法"第 29 条和《修正大总统选举法》第 11 条的规定,副总统代行大总统职权后,三日内召开大总统临时选举会进行选举,不能久任。段的用意在于,先"依法"把黎元洪捧上总统宝座,后在三日内通过"选举"将其赶下台,由自己接替,实现其总统大梦。

段的上述用心当然会招致各方的反对。有人主张,"袁记约法""全由袁氏一人私意忘自窜乱而成,一切增修程序既与临时约法所载相违背……不发生国法上之效力。民国开基之临时约法,固至今无恙也。现在黎大总统继任,实根据民国二年十月国会所制定大总统选举法第五条之规定,应承继本任总统袁世凯之任期至民国七年十月止。袁世凯遗命及段祺瑞通告,所称依约法第二十九条由副总统代理之说,系依据袁世凯三年私造之约法,万难承认"①。与此同时,孙中山先生也发表《规复约法宣言》,宣称:"袁氏凡百罪孽,皆由其以天下为私一念而来。残暴专制,既无不为,而又以金钱诈术济之,以至于败。今求治无他,一言蔽之曰:反其道而已。庶事改良,或难骤举,至于规复约法,尊重民意机关,则惟一无二之方。"②孙中山先生在公开发表《规复约法宣言》的同时,还致电黎元洪说:"今闻于阳日依法就职,良为国庆,中邦专制,历数千年,共和方新,忽被摧挫,去乱图治,愿力反前人所为,有如规复约法,尊重国会,尤不容缓。民国总统,职曰公仆,一切僭制妄作,宜即摒除,庶几气象一变。目前纷纠若定,前途希望无穷。尤企公本高尚之旨趣,宏大之规模,勇毅之精神,精密之条理,与国民从事建设,天下幸甚。"③

此外,西南独立各省也与孙中山先生遥相呼应,通电恢复《临时约法》,重开国会。如唐继尧通电要求:"(一)请黎大总统即日宣言国家根本法,当以国会解散以前所公布者为准;(二)请召集以前参众两院议员,速在天津开会,按法补选副总统,及要求同意任命国务员,组织正式国务院;(三)请撤退抵御护国军所派遣之北军;(四)请下令召集军事特别会议,由各省都督或将军,各派代表在沪开会,议决一切善后军事问题。"唐继尧的通电后来成为西南各省的共同主张。

对于上述各项主张,黎元洪表示完全赞成,段祺瑞当然不能接受。但当时的形势,已经使得段祺瑞无法再坚持"袁记约法",袁世凯的前车之鉴,对段祺瑞来说是不能不察的。

于是,1916 年 6 月 29 日,经段祺瑞副署,黎元洪发布了一道命令,宣称:"共和国体,首重民意。民意所寄,厥惟宪法。宪法之成,专待国会。我中华民国国会,自三年一月十日停止以后,时越两载,迄未召复,以致开国五年,宪法未定。大本不立,庶政无由进行,亟应召集国会,速定宪法,以协民志,而固国本。宪法未定之前,仍遵行中华民国元年三月十一日公布之临时约法。"④同日,黎元洪又发布命令:"兹依临时约法第五十三条,续行召集国会,定于本年八月一日起继续开会。"⑤

① 李剑农:《中国近百年政治史》,武汉大学出版社 2006 年版,第 424 页。

② 《孙中山全集》(第 3 卷),中华书局 1984 年版,第 305 页。

③ 《孙中山全集》(第 3 卷),中华书局 1984 年版,第 306 页。

④ 《宪法公言》,1916 年 10 月 10 日。

⑤ 《宪法公言》,1916 年 10 月 10 日。

　　至此,临时约法和国会均得以恢复重生。国会复会后,吴宗慈等人提案请定期继续议宪。9 月 5 日,宪法会议续开,当日议事日程为《中华民国宪法案》(即《天坛宪草》)初读,议程编号为 11 号。因为此前民国二年(1913 年)大总统选举法之宪法会议议程编号为 10 号,为显示此次会议为上次会议之继续,遂将编号定为 11 号。

### (三)国会二度解散,《临时约法》陪葬

　　国会复会后,继续以《天坛宪草》为蓝本,延续宪法审议工作。1916 年 9 月 5 日、8 日及 13 日进行初读。根据《宪法会议规则》第 9 条的规定,"开第一读会时,应由起草委员长或委员先说明全部主旨,再逐条说明之"。于是由委员长汤漪作总说明,委员蒋举清、易宗夔、王用宾等分别就不取行政裁判制之理由;主张两院制之理由;大总统及副总统等内容作说明。1916 年 9 月 22 日至 1917 年 1 月 10 日,共召开 24 次审议会,先就原案中重大问题进行讨论,后就草案中未有之紧要问题进行讨论。1917 年 1 月 26 日召开二读会,至 4 月 20 日,原草案 113 条已经全部讨论了一遍。

　　在宪法讨论制定的过程中,各派力量纷争不断,其中最为主要的是拥护段祺瑞的宪法研究会和反对段祺瑞的宪法商榷会之间的斗争。与此同时,黎元洪与段祺瑞之间的府院之争也愈演愈烈。1917 年 3 月 3 日,段祺瑞内阁通过了对德绝交案,次日,黎元洪以国会没有通过为由,拒绝签署。段祺瑞负气出走天津。后经冯国璋调停,段祺瑞回到北京,黎元洪接受对德绝交案。此后,5 月 7 日,段祺瑞进而向国会提出对德宣战,并使出过去袁世凯的惯用手段,授意各方人员通电,组织各色请愿团等。5 月 10 日,在国会议决对德宣战案时,段系军阀策动所谓请愿团包围国会,甚至演化出殴打议员的事情。国会受此奇辱,遂于 19 日议决搁置对德宣战案。同时,海军总长程璧光、外交总长伍廷芳、农商总长谷钟秀、司法总长张耀曾联袂辞职,导致段祺瑞内阁发生动摇。

　　在这种情况下,段派势力汤化龙、徐树铮等人开始策划解散国会。于是,拥段的督军团以宪法会议议决的内容不符合中国国情为由,呈请总统黎元洪解散国会。黎元洪则以《临时约法》没有赋予总统解散国会之权为由,拒绝解散国会,并认为解决困局的办法只有请段祺瑞辞职。继而,黎于 5 月 23 日由伍廷芳副署,下令免去段祺瑞国务总理职务,由伍廷芳代行总理之职。段在被免当天即发布通电,宣称该命令未经总理副署无效,并称由此而

发生的后果自己概不负责,通电称:"本日总统府秘书厅传出大总统命令:国务总理兼陆军总长段祺瑞,着免去本职,外交总长伍廷芳,着暂行代理国务总理……查共和国责任内阁制,非经总理副署,不发生效力,以上各条,未经段祺瑞副署,将来地方国家发生何等影响,祺瑞概不负责。"①段的这一通电不仅表达了自己的不满,还暗含鼓动下属闹事之意。5月29日,安徽都督倪嗣冲率先通电宣布脱离中央。紧接着,张作霖、张怀芝、李厚基、赵倜、杨善德、陈树藩、曹锟、阎锡山等人纷纷通电宣布独立,并在天津设立各省军务总参谋处,摆出军事进攻北京的态势。黎元洪无以为对,只得电请徐世昌、梁启超调停,均遭谢绝。后闻知张勋愿任调停之责,即下令张勋进京调停,共商国是。6月7日,张勋率辫子军五千人从徐州北上,8日抵达天津。在天津,张勋与段祺瑞达成交易,只要张勋推倒总统、解散国会,段便允诺其复辟帝制。于是张勋入京后,便要求黎元洪从速解散国会,否则"各省军队自由行动,势难约束"。此时的黎元洪已经没有其他办法,只得屈从张勋的要求,但代总理伍廷芳拒绝副署解散国会的命令。10日,伍廷芳辞职。黎元洪任命江朝宗接替代理总理职务。12日,由江朝宗副署,黎元洪发布了解散国会的命令。中华民国国会再次被非法解散。

但张勋的目的不只是解散国会。当其迫使黎元洪解散国会的目的实现后,张勋便积极与清室遗老密谋复辟,进而逼迫黎元洪将"大政"奉还清廷。7月1日,张勋率人入宫奏请溥仪准许黎元洪奉还大政,随即让溥仪发布复辟上谕,重登大宝,恢复帝位。

《临时约法》在这出仅仅上演了12天的复辟闹剧中,也成了国会的陪葬品,再度被宣判了死刑。

## (四)炮制"安福国会",段祺瑞另起炉灶

张勋复辟的消息一出,国人大哗,纷纷起而反之。孙中山先生发表宣言,号召起兵讨伐。黎元洪也通电各省出师讨贼。见此情形,段祺瑞盘算着时机已到,借张勋之手解散国会、逼走黎元洪的目的也已经实现,于是积极组织"讨逆军",亲任总司令,誓师讨伐。1917年7月12日,"讨逆军"收复京师,溥仪再度宣布退位,段祺瑞迅速掌控了北京的局势,重新夺回了大权。

按常理,肃清张勋复辟后,被张勋赶下台的黎元洪应该官复原职,被复

---

① 《中华新报》,1917年5月24日。

辟宣判死刑的《临时约法》也应该获得重生,被迫解散的国会也应该复会。但以段祺瑞为首的皖系军阀对这些早已深恶痛绝,他们控制北京后,随即安排冯国璋代理总统一职,并采纳汤化龙等人的建议,决定重组国会。

段祺瑞掌权后,很快根据《中华民国临时约法》的内阁制组织了自己的内阁,但在恢复国会和《临时约法》方面,则坚决拒绝,其理由是:"中华民国已为张勋复辟灭之,今国家新造,应依照第一次革命先例,召集临时参议院,重定国会组织法及选举法后,再行召集新国会。"①在这种荒唐的理由之下,段祺瑞假意通电各省征求对召集临时参议院的意见,其结果当然是获得除西南诸省外的多数赞成。1917 年 11 月 10 日,由各省选派 5 名参议员组成的临时参议院在北京开会。1918 年 2 月 17 日,临时参议院通过了新的《国会组织法》和《议员选举法》。

两法通过后,段内阁随即指示内务部筹备选举。为了组织起一个忠实于自己的国会,使国会成为自己的"橡皮图章",段祺瑞不惜从日本借款中拨出巨资,供其亲信徐树铮等人组织机构,操纵选举,该机构位于北京安福胡同,称作"安福俱乐部","安福俱乐部"的成员均是段的部下或被段氏皖系军阀收买的议员、政客,统称为"安福系"。

为了保证让安福系在选举中大获全胜,段祺瑞密令各省皖系军阀支持安福系。在选举的过程中,又威胁利诱、软硬兼施,还使出重复投票、以废票充数等手段,增加安福系的得票率。选举结果,安福系议员"达三百三十余人,在新国会中为绝对的多数党"。正因为如此,人们将这个非法选举产生的国会称之为"安福国会"。

"安福国会"成立后,段祺瑞马上放弃了冯国璋,操控国会改选北洋元老徐世昌为民国大总统。因徐手无兵权,比起手握重兵,又个性鲜明的"冯蛮子"来说,要容易控制得多,这样一来,段祺瑞就更能够集权专制了。接下来,其任务就是要仿照袁世凯,炮制一个为自己服务的所谓宪法。

1918 年 12 月,"安福国会"两院各选出 30 人,组成了一个"宪法起草委员会"。1919 年 8 月 12 日,"宪法起草委员会"完成了一个宪法草案。次年 7 月,直皖战争爆发,直系联合奉系打败皖系。8 月,"安福国会"随段祺瑞下台而解散,"安福国会"的制宪活动也宣告结束。

---

① 张学仁、陈宁生:《二十世纪之中国宪政》,武汉大学出版社 2002 年版,第 103~104 页。

## (五)直系"恢复法统",《临时约法》再次起伏

直皖战争结束后,直奉之间又爆发了一场战争。两场战争下来,以曹锟、吴佩孚为首的直系军阀逐渐控制了北京政权。但此时的中国,南北分裂,双方行政机构和立法机构都分庭抗礼,护法战争正如火如荼,"联省自治"的主张在各省都督之间也很有市场。为了消除对立,统一号令,确立自己的统治地位,直系军阀迫切需要为自己争取到合法的地位。经过盘算,他们认为把自己装扮成民国初年"法统"的继承者和维护者最为有利,于是便玩起了"恢复法统"的把戏。在直系军阀眼里,承认《临时约法》、恢复旧国会,也就是他们所说的"恢复法统",至少有以下几点好处:一是可以釜底抽薪,让南方护法政府失去存在的依据和理由,起到不战而屈人之兵的效果;二是遏制"联省自治"的风潮,重新统一全国,重建中央权威;三是否定由皖系军阀背弃《临时约法》建立的"安福国会";四是驱赶由"安福国会"选举产生的徐世昌大总统,为自己争取到操控局势和选举的空间。

1922年5月10日,直系军阀在保定开会商议下一步方案,经过反复斟酌,达成了先行"恢复法统"的基本策略,决定在"恢复法统"的名义下先行统一全国,恢复召开民初国会。待国会复会后,再通过操控国会选举,把曹锟推上中华民国大总统的宝座。不过,这一决策作出后,老奸巨猾的曹锟、吴佩孚等人并没有急于付诸实施,而是先玩弄起尊重民意的伎俩,制造、调动所谓的民意。1922年5月14日,吴佩孚通电各省,征求对恢复旧国会的意见。15日,孙传芳率先通电附和。在电文中,孙传芳说道:"南北统一之破裂,既以法律问题为厉阶,统一之归来,即当以恢复法统为捷径,应请黎黄陂(即黎元洪,笔者注)复位,召集六年旧国会,速制宪法,共选副座。非常政府,应由护法而兴,法统既复,异帜可销。倘有扰乱之徒,即在共弃之列。"[①]28日,孙传芳再次发布通电,要求当时的南、北两位总统同时退位。孙传芳认为,由"安福国会"选举产生的大总统徐世昌和在南方领导第二次护法战争的孙中山先生都没有继续存在的法理依据。孙在电文中说:"自法统破裂,政局分离,南则集合旧国会议员选举孙大总统,组织广东政府,以资号召。北则改选新国会议员选举徐大总统,依据北京政府,以为抵抗。谁为合法,谁为违法,天下后世自有公论,惟从此南北背驰,各走极端,连年内讧,视

---

① 张学仁、陈宁生:《二十世纪之中国宪政》,武汉大学出版社2002年版,第105页。

同敌国,阋墙煮豆,祸乱相寻,民生凋敝,国本动摇,颠覆危亡,迫在眉睫,推原祸始,何莫非解散国会,破坏法律阶之厉也。……广东孙大总统原于护法,法统既复,责任已终,功成身退,有何留连。北京徐大总统,新会选出,旧会召集,新会无凭,连带问题,同时失效。所望我两先生,体天之德,视民如伤,敝屣尊荣,及时引退,适可而止。"①

从电文内容可以看出,孙电对于曹锟和吴佩孚的意思已经领会得相当到位,其他直系将领当然也是对此心领神会,一时间处处都是赞成之声,仿佛已是民意沸腾。这时,曹、吴二人又来了一个"从善如流",于 28 日通电赞成恢复旧国会。

1922 年 6 月 1 日,"第一届国会继续开会筹备处"召开第二次会议,会议根据直系军阀的授意,发表了驱徐排孙的通电。6 月 2 日,徐世昌被迫辞职。6 月 11 日,黎元洪复任总统。6 月 16 日,陈炯明被直系军阀收买,在广州炮轰总统府,逼走孙中山。至此,直系军阀专制的障碍基本排除。1922年 8 月 1 日,曾于 1917 年被解散的国会再度复会,这就是后来人们常说的"民六"国会。

当然,曹锟"恢复法统"的目的显然不是实现真正的宪政和法治,而是以恢复法统的名义为自己赚取名声,进而为自己登上总统宝座争取空间。曹锟本来就是一个工于算计的人,善于钻营渔利,早在直系军阀势力达到顶峰的时候,就萌生了当总统的念头。在清末时期,曹锟即聚敛了不少钱财,为日后贿选打下了厚实的财政基础,待到直奉战争结束,曹锟有了军事力量作后盾,想当总统的资本更加雄厚,便积极筹划通过"恢复法统"的名义实现其总统大梦。

恢复法统、黎元洪复职后,曹锟面临的任务就是琢磨如何将黎赶下台,为自己腾出宝座。这时,摆在曹锟面前的问题主要有两个:第一个是黎元洪复职后如何计算他的任期问题,也就是黎的任期什么时候届满;第二个是国会复会后,究竟是不是应该专心制定宪法,还是要进行总统选举,是先制定宪法还是先选举总统。围绕这两个问题,在国会议员中都形成了两种不同的意见。关于第一个问题,亲近直系的议员们主张黎元洪的任期只能补足洪宪改元到袁世凯死亡时止,也就是为期不到半年的时间。不同意见则认为黎元洪的任期应该从袁世凯修改《临时约法》算起,要到 1925 年 9 月才任

---

① 吴宗慈:《中华民国宪法史后编》,北京大东书局 1924 年版,第 5 页。

期届满。

为了逼迫黎元洪下台,直系军阀使出了倒阁、挑起府院之争等各种阴谋手段,均未达到目的。此后,他们索性使出了军阀惯用的流氓手段,威逼恐吓,最后甚至截断黎元洪的电话和生活用水、用电等。这时的黎元洪已经无法坚持,只能出走天津。直到他交出信印和国玺,并签署"向国会辞职,由国务院摄行总统职"的电文后,才免去了各种骚扰。

直系以武力逼走黎元洪后,为了如愿召开国会,保证总统大选顺利进行,一方面加紧镇压反对势力,另一方面高价收买、诱使议员留京或回京。直到1923年10月1日,眼看出席会议的人数仍然达不到总统选举的最低法定限度,直系军阀曹锟只好提高收买价格,改变贿赂策略,许诺给一般议员每人5000元,对议员头目、政团首领等给予特别酬劳,多的达十几万、甚至数十万元。至10月4日,出席人数超过法定人数。议长吴景濂随即发出通告,定于次日举行总统大选。

1923年10月5日,总统选举会正式召开。曹锟派出大批军警严密警戒监视选举,并命令京城内外大小商铺挂出彩旗以示庆贺。在软硬兼施、威逼利诱之下,曹锟终于如愿当选中华民国大总统。为了这次选举,直系军阀曹锟总共花掉贿赂款项1356万元之多。

为了给自己当选总统披上一件合法的外衣,也为了给自己就职典礼送上一份厚礼,曹锟在贿选的同时,要求加快制宪进程。于是,这些"猪仔议员"们将久拖不决的宪法争议草草处理,避重就轻,将尚未议定的生计、教育等章节删去。从10月4日到10月8日,在不到一周的时间里便匆匆三读通过宪法草案全文,为曹锟就职典礼送上了一份厚礼。这就是1923年《中华民国宪法》,史称"贿选宪法"。

1923年10月10日,曹锟在北京举行总统就职典礼。同日,颁布《中华民国宪法》。

1923年《中华民国宪法》是中国历史上第一部正式以宪法名称命名的宪法文件。该宪法的制定和出台,从《天坛宪草》算来,历时十年,期间,国会两次被解散,又两次被恢复。该宪法虽遭不少病诉,诸如"猪仔议员""贿选宪法"等,说的都是该次国会及议员,但1923年《中华民国宪法》毕竟是中国近代资产阶级民主派和立宪人士长期努力的结果,其中也确有不少值得称道之处。

### (六)"贿选宪法"遭弃,段氏再造宪法

曹锟贿选,武力挟持国会,招致全国范围的反对。1923年《中华民国宪法》颁行近一年,第二次直奉战争爆发。1924年10月22日,直系将领冯玉祥发动政变,囚禁曹锟,控制了北京政权。曹锟、吴佩孚倒台,该宪法也被宣判死刑。

曹锟倒台后,各方主张废除"法统",另创新法,但关于未来政府的体制和组织,各方则意见不一。后由段祺瑞任临时执政,组织临时政府。正是由于段祺瑞此时已不再有武力干政的能力,各路军阀不再担心他的专权,故由段祺瑞来组织临时政府能够得到多方的同意。

段祺瑞临时政府成立后,1925年4月24日,中华民国第一届国会再次遭段解散。国会解散后,段又组织了一个临时参政院。1925年7月30日,临时参政院在北京开会。由于段已经失去了依靠武力实现其权力野心的资本,故此时的他便挖空心思在制宪上做文章,希望能够凭借宪法来稳定当时的政局,让自己长期执掌权力。在段的多方努力下,8月30日,国宪起草委员会在北京成立。经过4个月的起草工作,国宪起草委员会草拟了一个《中华民国宪法草案》,该草案于1925年12月11日三读通过。由于宪法草案生效尚需临时执政提交国民代表大会议决,又由于各路军阀之间的妥协和平局面难以为继,战事重开,国民代表大会的选举与开会已无可能,这部宪法草案也就没有了生效颁行的机会。

至此,北洋军阀的制宪活动便画上了句号。

### (七)"训政纲领"出台,《临时约法》寿终正寝

1926年7月,国共合作发动北伐战争,北伐军一路北上、势如破竹,北洋军阀在战场上一溃千里,到1927年初,北洋军阀逐渐丧失了对全国大局的控制。在这个大好背景下,蒋介石和汪精卫先后阴谋发动"四·一二"和"七·一五"反革命政变,并在南京和武汉分别建立政治中心。随后,宁汉合流,开始第二次北伐。1928年6月8日,北伐军进入北京,15日,南京国民政府宣告全国统一大业完成。7月,宣告"军政时期"结束,国家进入"训政时期"。

以蒋介石为首的南京国民政府在实现了全国统一后,放弃了孙中山先生领导的"护法运动"的护法主张,放弃《临时约法》,转而根据孙中山先生的

建国大纲,认为军政时期结束之后便是进入训政阶段,于 1928 年 10 月 3 日由国民党中央常务会议通过并颁行了《中国国民党训政纲领》(以下简称《训政纲领》)。依据《训政纲领》第 1 条和第 2 条的规定,中华民国于训政时期,由中国国民党全国代表大会代表国民大会领导人民行使政权。中国国民党全国代表大会闭会时,以政权托付中国国民党中央执行委员会执行之。

《中国国民党训政纲领》的颁行,标志着国民党已经正式放弃了自己早前的《中华民国临时约法》,同时,也标志着国民党一党专政的开始。从此,中国的历史进入了一个新的阶段。

# 二、《临时约法》生生死死的武力因素

《临时约法》从 1912 年公布施行到 1928 年由国民党自己的《训政纲领》取而代之,16 年多的时间里,几度生死,几番沉浮,无论是被宣告死刑,还是起死回生,每次存废都可以看到武力因素的影子。

《临时约法》诞生本身就是辛亥革命的产物。由于辛亥革命取得胜利,革命党人控制了祖国南方的半壁江山,组织了中华民国临时政府,才有了《临时约法》,袁世凯也才有可能软硬兼施,连哄带骗地让清帝发布逊位诏书,宣告退位,并授权袁世凯与南方民军谈判,全权组织临时共和政府。南方革命力量在孙中山先生让出总统大位的同时,因为对袁世凯这个北洋军阀的核心人物心存疑虑,才决定奉送这样一部《临时约法》给袁世凯,希望以此约束袁世凯,让他走在民主共和的轨道上。但袁世凯就任临时大总统之后,便不愿受《临时约法》的约束,对《临时约法》的不满日益明显,特别是在其当选为正式大总统之后,更是很快便对《临时约法》出手,要求国会增修《临时约法》。当国会以正在起草宪法为由,拒绝修改《临时约法》时,袁世凯便百般阻挠国会制宪,阴谋逮捕、杀害宪法起草委员会委员,最后甚至强行取消国民党议员的议员资格,停止国会活动,致使宪法草案胎死腹中,成为永远的《天坛宪草》。

在以武力为后盾,破坏宪法制定、迫使国会停会后,袁世凯成功炮制出了自己的《大总统选举法》和"袁记约法",把自己变成了事实上的皇帝,甚至连皇帝的继位人也需要由袁世凯来指定。但他还不满足。此时的袁世凯似乎是事事如愿,心想事成。加之"二次革命"失败后,南方革命力量处于低潮、势力范围大大削减,袁世凯更是有恃无恐、忘乎所以。此时的他,依仗北洋军事集团,自以为已经没有力量能够制约得了他,于是乎利令智昏、竟然"半推半就"地走向了复辟道路,当起洪宪皇帝来了,结果是举国哗然、中外哗然,不仅皇帝没做几天,就连性命也在席卷全国的"护国运动"声中黯然结束。一代枭雄就这样身败名裂、遗臭后世,不能不令人扼腕叹息! 所有这些,都不能不说是手中武力惹的祸。假如袁世凯手中没有强大的北洋军队,或者没有依仗北洋军队而为所欲为,他还敢于作出这样冒天下之大不韪的事情吗? 假如袁世凯真心向往共和,在势如中天的时候,还能像在晚清为臣时期那样,积极主张共和法治,那么,中国的近现代进程将完全改写,中华民族的伟大复兴也早已经不是问题了。当然,如果真是这样,他自己也必然会名垂青史、成为中华民族永远的敬仰对象。

然而,历史没有如果。事实是,不仅袁世凯没能跳出武力决定论的怪圈,在他身后,一出又一出的"武力支配政治""有枪便是草头王"的大戏依然相继上演。各路军阀"你方唱罢我登场",无一例外地凭恃手中的军队,依循武力干政的路子,纷纷登台,又黯然下台,各领风骚若干天而已。在那个时期的军阀里面,竟然就没有一个人能够在目睹前人失败的情况下,猛然醒悟,放弃武力干政,做个大彻大悟的明白人,用手中的武力、用自己的聪明才智,服务于国家和民族的民主法治事业。所有军阀在武装力量达到一定程度之后,都是绞尽脑汁地妄图依靠武装力量的支持上台,为自己攫取权力,服务于一己之私,实在是可悲可叹! 怪不得"护法运动"失败后,孙中山先生在辞去大元帅之职的通电中,愤然感叹道:"顾吾国之大患,莫大于武人之争雄,南与北如一丘之貉。虽号称护法之省,亦莫肯俯首法律及民意之下。"①

综观《临时约法》断断续续实施的十几年时间,可以得出这样一个结论:《临时约法》的生命取决于当权者手中武装力量的强弱。当在位者实力不济时,便宣称恢复法统,遵守《临时约法》,以博取合法性和正统性,并以此骗取各方的支持,稳定自己的统治地位;当实力派上台时,则有恃无恐,凭借手中的武装力量,不把《临时约法》放在眼里,对该法百般玩弄,或者干脆废除该法,另行炮制法律取而代之。这样的例子,在那个年代比比皆是。

清帝逊位后,革命党人履行南北议和时达成的承诺,由南京临时参议院

---

① 《孙中山全集》(第四卷),中华书局 1985 年版,第 471 页。

选举袁世凯为临时大总统。1912年3月8日,袁世凯也致电南京临时参议院,表示愿意接受临时大总统之职。在电文中,袁世凯誓言坚持共和、放弃专制、遵守《临时约法》。他说:"世凯深望竭其能力,发扬共和之精神,涤荡专制之瑕秽,谨守党法,依国民之愿望。"①然而,时隔不久,他的电文和就职宣誓言犹在耳,便又为了巩固专权而使出封建官僚的惯用手段,软硬兼施,一方面邀请孙中山、黄兴等人赴北京共商国是,在孙、黄到达北京后,给予高规格接待,殷勤热情,连日促膝长谈,骗取孙、黄的信任。另一方面,当国民党在首届国会选举中获胜,宋教仁准备北上组阁时,便又使出卑鄙手段,暗杀宋教仁于上海火车站。

在宋案发生以前,孙中山和黄兴对自己北上之行的结果都表示满意,对袁世凯当面考察过后也表示认同。在一次与人谈话中,孙中山就曾说过:"袁总统可以为善,绝无不忠民国之意。"②在另一次回答记者提问时,孙中山先生也曾说到,袁世凯"是很有肩膀的,很喜欢办事的,民国现在很难得这么一个人"③。黄兴也曾说过,"自从进京会见袁世凯之后,黄兴真正感到宽心了","袁世凯是一个可靠人物,革命事业终于完成了"。④

然而,1913年3月20日晚,宋教仁在上海火车站遇刺。宋教仁遇刺,举国震惊。孙中山与黄兴等人也猛然醒悟,认清了袁世凯的专制本质。于是,孙中山先生力主武装讨伐袁世凯,发动"二次革命"。由于南方革命力量内部意见不统一,军事准备又不充分,"二次革命"很快便以失败告终。

镇压"二次革命"后,袁世凯加紧了专制集权的步伐,急于挣脱《临时约法》的束缚。先是提出"增修约法案",要求国会对《临时约法》进行增修。要求增修不成,便百般干扰制宪。据有的学者粗略统计,袁世凯武力干预制宪的活动就有以下一些:"1913年7月23日,袁世凯逮捕宪法起草委员会委员长汤漪等8人;8月1日,袁世凯逮捕起草要其退位的建议案的国民党籍议员伍持汉,19日将其枪决;8月15日,逮捕众议员、宪法起草委员会委员徐秀钧,9月1日将其杀害;8月27日,丁象谦、褚辅成、张我华等8名众议员被捕。"⑤

---

① 《民立报》(第505号),1912年3月12日。
② 《孙中山全集》(第二卷),中华书局1982年版,第412页。
③ 《孙中山全集》(第二卷),中华书局1982年版,第445页。
④ 迟云飞:《宋教仁与中国民主宪政》,湖南师范大学出版社2008年版,第169页。
⑤ 徐祥民:《中国宪政史》,青岛海洋大学出版社2002年版,第124~125页。

强行干预制宪未果，袁世凯干脆于 1914 年 1 月 10 日下令解散国会。然后炮制自己的《中华民国约法》，于 1914 年 5 月 1 日正式公布施行，同时废止了《中华民国临时约法》。

袁世凯是这样，其他军阀也不例外。20 世纪初期的中国，基本上都是处于各路军阀拥兵自重、相互之间争权夺利的历史大环境之下。在这样的环境下，政治的基础就是武力，谁掌握武力、谁手中的武力强大，谁就会想方设法干预政治，左右政局，把国家的统治权操控于自己手中。段祺瑞的"安福国会"是这样的，曹锟的"贿选宪法"也是这样的。

段祺瑞在平定张勋复辟之后，较之以前更加居功自傲，权欲膨胀，以再造共和自居。其心腹干将徐树铮更是飞扬跋扈，把谁都不放在眼里。此时的他们，一方面主张武力镇压南方的护法运动、统一全国，另一方面开始筹组服务于自己的国会。因设在安福胡同，人称"安福国会"，又因议员人数为800 人，史称"八百罗汉"。从"安福国会"筹组前后及其活动来看，几乎完全被皖系军阀段祺瑞等人操控。可见，段祺瑞的封建军阀本质不改。结合此前段祺瑞与张勋的密谋，就更能说明问题。有资料证明，张勋的"辫子军"复辟前，曾经得到"督军团"的认可，张勋在北上途中也曾在天津停留，并与段祺瑞商议过。谁知，张勋上了大当。当他的"辫子军"进入北京，让清帝复辟之后，不仅"督军团"出尔反尔，段祺瑞更是誓师讨伐，充当平定复辟闹剧的急先锋。难怪复辟失败后，张勋难平内心怒火，在写给段祺瑞的一封信中，张曾这样说道："方拥戴冲入，辄即反对复辟……逐鹿中原，不为大局绸缪，纯为权力起见，徒说伸张大义，岂为好汉英雄。"①

皖系是这样，直系也好不到哪里去。当直系军阀在战场上取胜，逐渐控制北京政权后，便寻思着选举总统、制定自己的宪法。于是在"恢复法统"的名义下，张罗首届国会复会。由于此时南北分裂，北京很难凑齐国会开会的法定有效人数，直到 1923 年 10 月 1 日，在北京的合法国会议员人数还不能达到选举总统的最低法定限度要求。直系军阀便使出各种手段，威胁利诱、软硬兼施，眼见还是达不到效果，便进一步提高贿赂收买的价格，给每位到北京出席会议的议员 5000 大洋，各色头目、政党首领则视情况增加，议长吴景濂更是高达 40 万元之多。此外，还有选举出席费，带病出席会议的还可以另外再增加医药费等等。10 月 5 日是总统选举的日子，是日，直系军阀

---

① 冯学荣：《亲历北洋》，中国工人出版社 2014 年版，第 179 页。

派出大批军警严密监视选举,直到选举结果满意为止。在选举总统的同时,国会的制宪工作也紧锣密鼓地进行着。从 10 月 4 日到 10 月 8 日,不到一周的时间里,就匆匆制定出了一部《中华民国宪法》,史称"贿选宪法"。10 月 10 日,直系军阀曹锟如愿以偿地就任总统,同时颁布《中华民国宪法》,实现了其制宪和就任总统的双重美梦。

从以上各路军阀的种种表现来看,他们谁也没有真正把法律当一回事,在他们心里,法律就是一块遮羞布,赚的只是一个名头。只要掌握了武装力量,法律就必须听命于他们,《临时约法》是生是死,也必须由他们说了算。所以,他们关注的重点都是如何扩充实力,如何攫取权势。待实力充裕,权位到手之后,再用心琢磨如何摆布法律而已。

# 三、文治武攻的中国传统及其影响

## (一)中国历史上的文治与武攻

中国历史上的治国理政,总体上是文武兼备,和平时期注重文治,动荡时期倚重武攻。在平时,统治者奉行儒家的治国理念,信奉为政以礼,注重道德教化,整个国家被纳入一种亲亲尊尊、君君臣臣的等级秩序之中。统治者选人用人的办法也是察举、科举等,标准便是封建礼教、儒家经典。由于统治者罢黜百家、独尊儒术,提倡学而优则仕,中国呈现在世人面前的形象是一个文人治国的礼仪之邦。尚武、崇武、甚至穷兵黩武,不是中国历史发展的常态,也不是中国的国民性格。

秦朝统一中国之后,迄至汉唐,统治者大体上都是奉行文武并重的治国理念的,文治与武功并行。正如大儒至圣孔子所说:"有文事者必有武备,有武事者必有文备。"[①]"唐太宗亲著的《帝范》,系统地反映了其治国思想,其中'阅武第十一'与'崇文第十二'两篇,概括了文武关系及其各自的意义……即战时军事手段和武将发挥重要作用,平时文治建设与文臣则居于主导地位,两者互相配合,不可偏废。"[②]

---

① 司马迁:《史记》(卷四十七),中华书局 1959 年版,第 1915 页。

② 陈峰:《中国古代治国理念及其转变》,载《文史哲》2013 年第 3 期。

当然,我们也必须承认,历朝历代,武力始终是统治者赖以依存的最后手段和坚强后盾。表现为一方面,积极建立自己的强大武装,以备不时之需;另一方面,对他人的武装实力心存疑虑,百般削弱,必要时甚至动用武力剿灭,以削除潜在的威胁。

早在夏商周时期,王朝的中央政权就保持着强大的武装力量,以应对周边的异族势力。

到春秋战国,更是群雄逐鹿。秦国推行商鞅变法,奖励军功,实行二十级军功爵位制,大大刺激了军事实力增长,一举扫灭六国,统一了中国。

此后,成者王侯败者寇、打天下坐天下的现象相当普遍,甚至是深入人心。而所有这一切,都是要以武力作后盾的。乃至于宋人说:"大抵五代之所以取天下者,皆以兵。兵权所在,则随以兴;兵权所去,则随以亡。"①

在中国历史上,不仅改朝换代基本上都是武装因素起决定性作用,甚至在朝堂之上,手握兵权的重臣说话的底气和分量都与其他人大不一样。

## (二)武攻传统的近代变种——武人干政

鸦片战争以后,中国陷入被列强瓜分的危险境地。中国这个东方"秀才"遇上了西方列强这些"大兵",不得不跟随他们起舞,暂时收起谦谦君子的一贯风度,被迫追求短期目标,把富国强兵作为自己的首要任务,以期能够救亡图存。于是儒家治道不行了,传统的科举取士也消失了,武装建设的紧迫性和重要性则大大提高,由是增加了武人的发言权,进而触发了一股武人参政、武人干政之风。

当时的北洋政府,是彻彻底底的军人政权,谁的枪多,谁在战场上取得胜利,谁就占据大总统职位。至于国会选举,在军阀眼里,只不过是一个走过场的游戏罢了,他们完全"有能力掌控",顶多就是选举时派些人把会场包围起来而已。事实也证明,在金钱加枪杆子面前,大多数议员还是可以掌控的。这一点,军阀们可以说是屡试不爽。"国会中的一些政党为了从军阀政权中分得一部分权力,或为了从军阀政权中获取一些利益,常常联合甚至投靠军阀,与军阀同流合污。更有甚者,少数政党为了改变自己在国会中的劣势地位,竟然勾结军阀,里应外合,共同向国会进攻,欲将其搞垮后成立一个

---

① 范浚:《香溪集》(第八卷)《五代论》,影印文渊阁《四库全书》,第 1140 册,第 71 页。

能完全为自己所控制的新国会。"①

就连司法问题,在军阀们眼里都可以通过这样的途径来解决。张振武案发生后,国会议员特别是国民党议员群情激愤,要求追查责任人,直至最后,黎元洪不得不假意辞职。当黎元洪自请辞职的消息传出之后,湖北方面的所谓"全体士民"可以说是嚣张至极,对国会议员辱骂威胁。有些武夫甚至公开叫嚣:"贵议员如必欲弹劾……刀锯斧钺亦必当有受之者。如果议员们非要无理取闹,借端复仇,到时可别怪'同人严重对待也'。"②诸如此类,不胜枚举。最后,搞得张振武案是不了了之。

中央是这样,地方也是这样。仅以都督一职为例。据有的学者统计,"1914年,全国22个行省的都督职位,有15个被军阀占据,以'士绅'身份登进者仅有5人;1917年全国各省的民政长官省长,也大都由军阀出身的督军兼任。"③

在那个混乱的年代,人人都希望拥兵自保、拥兵自重,于是拉一帮人马,弄百十来条枪,就敢自封为司令,拉夫征税、升堂问案、无所不为,俨然独立王国,真正的"有枪便是草头王"。还有一些人借乱生事,趁乱发财。领兵的搞兵变,为匪的当街抢,从警的顺手牵羊。据《北洋军阀统治时期的兵变》统计,仅1912年,北京、天津、成都、长沙、兰州、巩昌、阳高、苏州、奉天省城、奉天安东、洛阳、西安、烟台等地就相继发生过兵变。以至于临时大总统袁世凯不得不发布《告各军书》,书中语重心长地说道:"军人者亦国民之一分子也,入伍则为兵,离伍是为民,兵与民本属一体;民出饷以养兵,兵食饷以维民,兵与民更同休戚,故爱民保民乃军人唯一天职。"④更有甚者,有的刁民,趁火打劫,强抢民女。成都"当时有个刘裁缝,与邻居某姑娘相爱,因各种因素不能成婚,大乱之时,刘裁缝一下把姑娘背回了家,又打了两斤水酒,买了两斤花生,请左邻右舍喝了几杯,算是完婚——外面兵荒马乱,我自洞房花烛"⑤!

对于军人干政的危害和苦衷,黎元洪也是深有体会的。黎虽贵为副大

---

　　①　谷丽娟、袁香甫:《中华民国国会史》(下),中华书局2012年版,第1748页。

　　②　金满楼:《门槛上的民国》,新星出版社2013年版,第167页。

　　③　杨天宏:《历史发展的"正—反—合"逻辑——中国传统政治中的文武关系及其近代变化》,载《重庆师范大学学报》2010年第4期。

　　④　金满楼:《门槛上的民国》,新星出版社2013年版,第74页。

　　⑤　金满楼:《门槛上的民国》,新星出版社2013年版,第71页。

总统,并兼鄂军都督,但他手中的武力在国家层面毕竟还是左右不了局势,甚至是微不足道的,根本不足以抗衡其他军政大员,以至于他在位时终日战战兢兢、如履薄冰。为解决自己的心头之痛,也为了根除当时的时弊,黎元洪公开发布了一份《上大总统并致京外各机关》电,电文中直陈军人当政的危害,提出军民分治主张。针对军人各霸一方、各自为政、军纪废弛、为祸百姓的现象,他在电文中痛陈军人当政的"十害三无",并说:"莽莽神州,不亡于满清之亲贵,而亡于民国之英雄,不亡于专制之淫威,而亡于共和之初政。"①袁世凯看到黎元洪的电文,深有感触,同时也觉得黎的这个电文切中时弊,军民分治既有利于稳定时局,也有利于削弱地方都督,巩固他自己的中央权威。于是,袁下达了军人不得干政的指令,开始着手推行军民分治,把都督和省长两个职务分开。这一举措因为会削弱都督对地方的统治权,也遭到了不少地方实力派的反对和抵制,其中以江西都督李烈钧最为突出。

按理,进入近代民主共和之后,就应该彻底摒弃军人干政,抛弃"打天下坐天下"的封建思想。法治建设,就是要奉行法的统治,这是西方法治传统长期积累下来的经验。在西方,流行"法治即法的统治"的观念。早在古希腊时期,亚里士多德就认为,法治要求法律必须得到普遍都遵守,任何人都不能例外。近代英国宪法学家戴雪也曾说,英吉利人民受法律治理,唯独受法律治理。西方法谚还有这么一句:在专制国家,国王就是法律;在法治国家,法律就是国王。说的都是这个道理。因为,"任何形式的民主都是排斥军人秉政和干政的。军队不得介入国内政争。现役军人非退役若干时间不得被选为政府首脑。这些都是民主政治应遵循的最基本的原则"②。

然而,中国却没有这样的法治传统。在中国历史上,法律的至高无上地位从来就没有确立起来。在中国封建统治者眼里,法律只是他们统驭民众的手段之一,是法、术、势等统治艺术的一部分。这样的法律是可以随统治者的意志而转移的,绝对不可以成为统治统治者的东西。在中国传统的统治者那里,偶尔信守法律,坚持依法办事,更多的也不是出于对法律的敬畏,而是想要赢得民众的支持和信任,想要在民众面前展现自己坚持操守、具有政治德行,从而提高自己的声望,树立自己的威信。

辛亥革命以后,中华民国的军阀们偶尔信守法律,拿法律说事,只是因

---

① 金满楼:《门槛上的民国》,新星出版社 2013 年版,第 83 页。

② 谷丽娟、袁香甫:《中华民国国会史》(下),中华书局 2012 年版,第 1748 页。

为他们需要一件维护自己统治的合法外衣,或者也是为了欺骗舆论而已。总体而言,民国早期,北洋政府统治期间,是一个彻头彻尾的武人干政、武人当政时期。那段时间内,武人当政、武人干政在中国是尽人皆知的普遍现象。

## (三)武人干政对《临时约法》的影响

### 1.《临时约法》的生死存亡取决于当权者的军事实力

在中国近代史上,从辛亥革命开始,就不仅没有排除军人参政,反而是由军人主政。军人主政现象贯穿于辛亥革命以后的中国近代史。革命党人要推翻当权者的统治,拿军事实力说话是必然的。辛亥革命胜利后,革命党人又把政权拱手让给了北洋军阀的领军人物袁世凯。当时的国人相信袁世凯的能力,也寄希望于他能用手中掌握的实力让中华民国走向繁荣和稳定。为确保袁世凯不走向反面,革命党人在让出政权的同时还赶制了一部《中华民国临时约法》戴在袁的头上,希望能够用法律约束袁世凯。然而,袁世凯何许人也? 岂会在法律面前俯首称臣? 正是由于袁世凯手中掌握了强大的北洋集团,他才有恃无恐,变本加厉地扩张权力,推行专制统治。袁世凯先是要求国会对《临时约法》按自己的意愿进行修改,在修改的意愿没有实现后,干脆另起炉灶,把国会解散,把《临时约法》也给废了! 炮制出一部自己的《中华民国约法》。即便如此,他还不满足,直至最后利令智昏,公然走向复辟,登基称帝。

显然,袁世凯解散国会、废除《临时约法》、复辟称帝,倚仗的是军事实力。当然,与他头脑中的封建残余也有相当程度的关联。"袁世凯前脚跨进新时代后脚还留在旧时代,他的骨子里流着专制的血液,并不是剪掉头上的辫子就迈进了新时代,迈进了民国。民国初年的形势很复杂,在帝制的思想和帝制的余毒没有完全肃清的情况下其实需要一个皇帝,鲁迅的《阿Q正传》就说得很清楚。袁世凯觉得天下一片混乱,都不听招呼,只有专制好使。"①

---

① 王龙:《袁世凯有公德确实为国家考虑》,http://news.ifeng.com/history/zhongguo-jindaishi/special/wanglong/detail_2012_10/04/18052010_0.shtml,下载日期:2012年10月5日。

必须指出的是,在当时,不仅袁世凯思想中存在严重的封建残余,就是革命党人的思维,也有许多与法治要求严重不相符的地方。革命党人在交出政权的同时,根据自己的喜好,制定了一部《临时约法》,希望以此来约束袁世凯,在袁世凯头上套上一个紧箍咒,根本就是不切实际的幻想,甚至可以说是一种幼稚。那个时代的袁世凯手握重兵、权倾一时,怎么可能会对一部法律俯首称臣呢?更何况这部法律还是别人强加在自己头上的,从民主立法、科学立法的角度来看也存在严重的缺陷。革命党人在战场上赢不到的东西,希望能够通过一部法律来取得,在中国近代,不是幻想还能是什么?在这方面,最能说明问题的就是书生意气的宋教仁。宋教仁当时的思路是,孙中山先生辞去临时大总统职务后,南方革命党人依据《临时约法》的内阁制,争取赢得国会大选,然后组织自己的责任内阁,把控行政权,架空袁世凯,甚至在总统选举的过程中,把袁世凯选下来。遵循这样的思路,《临时约法》制定后,宋教仁花大量精力改组同盟会,组建国民党,全身心地投入国会议员选举工作中,试图凭借在国会的多数党地位,通过制度内斗争,迫使北洋集团在国民党人预设的轨道内运行,实现政党政治。经过努力,国民党赢得了首届国会的选举,获得多数席位。按照这种逻辑继续下去,国民党便可以组织自己的责任内阁,实行政党政治,宋教仁便是这个责任内阁的总理,可以大展拳脚,将自己的思想付诸实施。然而,这只是国民党人的一厢情愿。残酷的事实是,1913年3月20日晚上,当宋教仁在众多国民党大员的簇拥下,意气风发地北上,满怀信心地要将理想付诸实践时,在上海火车站检票口,遭遇不明身份人员的枪击,自己没能北上任职,却含恨倒在了血泊之中。

脱胎于旧中国的北洋政府不可能实现西方的政党政治,北洋集团也没有把《临时约法》及其责任内阁真正放在心上,而是着力于制度外的手段,通过自己的实力解决问题。当无法掩饰其虚伪承诺的时候,通过威胁利诱、请客送礼,甚至暗杀等手段也要设法实现其政治斗争的目的。

其实,这种情况不仅在北洋军阀中存在,在革命党人的实践中也同样发生过。当时,南京临时参议院以20票对5票的投票结果否决了孙中山先生定都南京的意见后,黄兴也曾威胁要带兵抓人,将所有不按要求投票的同盟会议员统统绑起来,迫使临时参议院重新投票。在孙中山和黄兴的强硬坚持下,加上一些人从中周旋,才又以19票对17票的结果,勉强通过了把南京作为中华民国临时政府所在地的决议,并决定派使团北上,迎接袁世凯到南京就任临时大总统。

中国有"打天下坐天下"的传统。在中国的历史上,政治的胜负往往取决于武装斗争的成败。在中国传统统治者的心目中,没有对法律的信仰,也没有对法律的敬和畏。在统治者看来,武装实力才是政治成败的根本和保障,谁掌握了强有力的武装,谁就可以左右一切。至于法律,只不过是可以由他们左右的统治工具而已。他们可以应用法律驾驭下属和民众,而他们自己则不需要受制于法律。历朝历代的统治者都是这样的,袁世凯是这样的,后来的军阀也是这样的。就连张勋的复辟闹剧,也是通过军事行动进行的。

综观《临时约法》断断续续实施的十几年,可以发现这样一条规律:当统治者军事实力雄厚,足以控制局势时,便开始把玩法律,炮制自己的法律对《临时约法》取而代之;当统治者不能掌控军事力量,缺少武装力量这一后盾时,便宣称恢复法统,奉行《临时约法》,以此博取自己的合法性。总之,决定《临时约法》生死存亡的不是法律本身的力量,也不是政治的道德,而是军事实力。

### 2.《临时约法》如何实施取决于当政者个人好恶

关于《临时约法》的制度设计,最为引人注目的就是三权分立、责任内阁。特别是将原《临时政府组织大纲》的总统制,改为《临时约法》的内阁制,是变动最大也最引起争议的地方。《临时约法》的责任内阁制之争,不仅在制度设计方面,更体现在制度运行过程之中。可以说,责任内阁制引起的"府院之争",贯穿于《临时约法》实施的全过程,尤其是袁世凯任大总统和段祺瑞任国务总理期间。

袁世凯任大总统期间,国民党要想搞责任内阁,通过责任内阁制约或架空袁世凯,招致袁的极大反对,以至于首届责任内阁成立不久便夭折了,此后的责任内阁,要么是有名无实,要么干脆就被废弃了。袁世凯为绕开《临时约法》的内阁制,搞了个自己的行政会议,后改为政治会议。袁世凯之所以能够或敢于这么做,就是因为他自恃有北洋军队在手,可以把控局势。

袁世凯时期是总统强势,内阁虚置。袁世凯去世后,黎元洪任总统、段祺瑞任国务总理期间,则是总统弱势,内阁强势,以至于黎、段之间的矛盾不断加深,后在对德宣战问题上公开闹翻。黎元洪忍无可忍、一气之下解除段祺瑞内阁总理之职后,便生出了张勋带辫子军进京复辟的闹剧,黎不得不恢复段祺瑞的国务总理之职，命其讨伐张勋。待段祺瑞誓师讨伐，平定张勋后，身居"再造共和"之功，更是声势大增，此时的黎元洪连大总统的职务都保不住了。很显然，段祺瑞作为国务总理，之所以能在与黎元洪的政治斗争中，任凭风浪起，稳坐钓鱼台，就是因为他手中掌握着强大的皖系军阀集团。

可见，《临时约法》的内阁制在实践中能否实行、如何实行，关键就看总统和总理谁掌握的枪杆子更多，谁背后的实力更大。

不仅内阁制如此。《临时约法》设计的一系列制度的实施情况都是大致如此。在民国初期的十几年间，频繁变换的当政者对《临时约法》的制度设计都是选择性实施、选择性遗忘的，即使是实施，也是根据个人的理解和需要，按照自己的意愿去进行所谓的贯彻实施。民国初期的当政者不大可能按照立法的本意、遵循法律精神去对法律贯彻落实。这方面的例子很多，下面仅以《临时约法》上的平政院为例作简要说明。

《中华民国临时约法》第 10 条规定，人民对于官吏违法损害权利之行为，有陈诉于平政院之权。根据这一条，《临时约法》设计平政院受理官吏侵害人民权利之诉。这里的平政院相当于我们今天所说的行政法院，受理的诉讼就是我们今天所说的行政诉讼。尽管当时也有一些人对这种制度设计存在异议，如章士钊先生就认为，设立平政院受理人民陈诉的效果不大，并且可能会侵犯到司法权，他说："平政院者，即行政裁判所之别词也。凡有平政院之国，出庭状之效力必不大，何也？人民与行政官有交涉者，乃不能托庇于普通法庭也……使行政权侵入司法权，则约法所予吾人之自由者，所殆谓猫口之鼠之自由矣。"[1]但总体上说，行政法院和行政诉讼是法治状态下普遍存在的一种诉讼类型，设立专门的行政法院受理行政诉讼，有利于行政系统内部自我纠错、自我监督，有利于维护广大人民群众的合法权益，也有利于减轻司法机关的压力。

然而，《临时约法》实施后，当政者在相当长一段时间内并没有着手组建平政院，没有给人民建立一个畅通有效的救济渠道。对此，有人曾经感叹道："自约法施行以来，已一年于今。各种行政司法机关，莫不次弟设立，独平政院则寂寞无闻焉。"[2]

---

① 章士钊：《临时约法与人民自由权》，载《章士钊全集》（第 2 卷），文汇出版社 2000 年版。

② 王宠惠：《中华民国宪法刍议》，载胡春惠：《中国现代史史料选辑：民主宪政运动》，正中书局 1978 年版。

直到 1914 年 3 月 31 日,袁世凯宣誓就职临时大总统两年多以后,才颁布了《平政院编制令》。根据《平政院编制令》第 1 条的规定,平政院直隶于大总统,察理行政官吏的违法不正行为。另据编制令,平政院除受理我们今天所说的行政诉讼之外,还设置肃政厅,依《纠弹条例》纠弹官吏之违法、行贿受贿、滥用职权、玩视民瘼等诉愿。广大人民群众若发现任何官员有上述行为,可以向肃政厅请求予以纠弹。"这其实是以御史监察制度监察官吏的'民告官'传统在民国初年的遗存。"①

袁世凯借平政院设立之机,顺势设立了一个肃政厅,把平政院变成了一个既受理行政诉讼,又监察各级官吏的机构。这个机构掌握在自己的手中,其主要目的与其说是对行政行为进行合法性审查、确保行政机关依法行政,还不如说是对各级各类官员实行监督管理。换句话说,袁世凯通过自己的《平政院编制令》,成功地把《临时约法》里的行政诉讼制度设计,置换成了他个人监督下级官吏的工具,延续了中国历史上朝廷监察官员的御史监察制度。

---

① 方辉:《北洋政府初期肃政厅研究》,河南大学 2009 年硕士论文。

# 结束语

# 法治的文化基因

辛亥革命成功了,但辛亥革命追求的共和宪政却不能说是成功的。革命成功之后制定的《中华民国临时约法》,原本是要巩固辛亥革命的胜利成果,引领中国社会实现根本转型,将国家政治生活纳入宪法和法治轨道的。然而,结果却事与愿违。《中华民国临时约法》的制定和实施不仅没有将中国带上近代民主法治的道路,反而引发了围绕该法的一系列激烈政治斗争,甚至上演了袁世凯复辟称帝的闹剧,致使中国错过了迈入近代法治的一次大好历史机遇。

毛泽东同志曾说,辛亥革命"有它胜利的地方,也有它失败的地方。你们看,辛亥革命把皇帝赶跑,这不是胜利了吗?说它失败,是说辛亥革命只把一个皇帝赶跑,中国仍旧在帝国主义和封建主义的压迫之下,反帝反封建的革命任务并没有完成"[①]。在这里,毛泽东同志认为,辛亥革命除赶跑封建皇帝之外,甚至连封建主义都没有能够推翻。既然连封建主义都没有能够推翻,还谈什么近代民主和法治的成功?

那么,肩负巩固辛亥革命胜利成果的《中华民国临时约法》为什么没有能够实现预期的目的?没有将中国引向民主法治的道路?其失败的原因是什么?

应当说,《中华民国临时约法》失败的原因是多方面的,但从本书来看,首要原因就是中国传统文化的影响。因为中国传统文化之下的国家治理与源自于西方的法治是两种完全不同的治理方式,二者在基本理念、指导思想、贯彻途径及社会基础等方面都是大相径庭,差之远矣的。而革命党人急于求成,革命成功之后便指望着通过一部模仿于西方的《临时约法》约束袁

---

[①] 《毛泽东选集》(第二卷),人民出版社1967年版,第528页。

世凯及其北洋集团,然而,连政权都不得不拱手相让袁世凯的革命党人,如何能够让一部法律实现其在战场上都不能实现的目的?更何况这部由革命党人单方面制定的法律本身也包含了不少中国传统文化的治理元素,让北洋集团有了不少破坏和攻击该法的借口。

假如革命党人不是急于求成,幻想通过一部单方面制定的《临时约法》迫使袁世凯走上法治的轨道,而是在法治精神的指导下,通过一系列的基础工程,为法治打下经济、社会、文化基础,同时在法律制定和实施方面循序渐进,不是根据自己的一厢情愿来制定法律,而是兼顾对方的意见和关切,那么,袁世凯也可能不会对《临时约法》过于反感,该法的命运就有可能是另外一种情况。

民国时期,张君劢曾说:"宪法本身所以能保存在,并不是一张纸片的文字就够了的,而是要靠国民时刻不断的注意,然后宪法的习惯方能养成;然后宪法的基础方能确立。"①张在其《吾国宪政何以至今没有确立》一文中还说,民国以来,"所谓约法,所谓宪法已颁布多次,何以条文自条文,政治自政治,好像有了宪法,也不过是一种具文"②。在该文中,张将宪法停留于条文、沦落成具文的原因归结为七个方面,即:帝制自为、割据一方、越轨为能、舞文弄法、治乱循环、人民愚昧和革命事业的领导人举棋不定。

其实,除了这七种原因之外,可能还有一个很重要的原因就是,亲情、宗法社会导致的小圈子文化。这种小圈子文化,进一步导致公民视野短小、缺乏大局意识和责任担当。亲情太甚,宗法太甚,必致私心。何以能够老吾老及人之老,幼吾幼及人之幼?亲情、宗法观念盛行,久而久之潜移默化,必然使公民的思维和视野受小圈子所限,下意识地把小圈子放在优先地位甚至中心地位,对更大范围的公平正义视而不见,失去大的担当!中国有个词叫"大义灭亲",大概也是针对此种情况而言的。若没有因私废公,何需强调大义灭亲?在中国历史上,宁做鸡头,不做凤尾,割据一方,自娱自乐,不愿妥协,不顾大局,缺乏对大局担当等情况可以说是屡见不鲜。孙中山先生针对辛亥革命后民国初期的乱象,也曾说过:"失去一满清之专制,转生出无数强盗之专制,其为毒之烈,较前尤甚。"③

---

① 张君劢:《中华民国民主宪法十讲》,商务印书馆 2014 年版,第 8 页。
② 张君劢:《中华民国民主宪法十讲》,商务印书馆 2014 年版,第 11 页。
③ 孙中山:《建国方略》,生活·读书·新知三联书店 2014 年版,第 3 页。

在社会基础和治理文化依然故我的情况下，法律如何能够深入人心，变成人们的行动自觉？如何能够让人们不会依循长期以来形成的习惯办事，而是按法律精神、依法律规定办事？换句话说，如何在中国传统文化的基础上嫁接源自于西方的宪法和法治？首先需要文化上的思考，尤其是需要对传统治术作一番认真的评判与考量。"在亚洲，立宪主义实践获得初步成功的国家通常都比较合理地处理了传统文化与立宪主义的相互关系，在立宪主义体系中尽可能保留了世代相传的、对社会发展有促进作用的文化传统。"①

中国近代历史上这一时期的混乱状态，就与当时没有进行充分的文化思考，没有从文化、社会等方面作一个适当的安排有很大的关系。正如有的学者所说："新的东西不行，旧的东西已垮掉，愚昧和欺诈激撞，整个社会像泥淖一样浮动混乱，仅剩下几个伟大的字眼——'自由民主'，像上帝叹气的声音一样在深渊掠过。民初政治的混乱与之后的失败证明，简单地移植西方制度往往导致水土不服，中国的问题还需要从自己的根本和传统上着手。"②

如是，则要建设法治，就必须改造我们的文化，特别是要对千百年来形成的传统治术思维进行改造，培养法治思维，养成法治习性。否则，传统文化中的治术思维就会时不时地冒出来，悄无声息地左右人们的行为，扭曲法律精神、扼杀法律生命，使得法律形同虚设，沦落成具文。为养成法治思维，还需要从社会基础方面做起，改变社会结构，改进生活方式和工作方式，为法治思维打好社会基础。否则，法治就没有生存的土壤，法律也会成为无本之木。

当然，改造我们的传统文化，并不是要对之全盘否定，事实上也不可能全盘否定，除非要让我们这个民族消灭。"如果想否定传统，可能就等于否定这个民族；要让这个民族消亡，至少让这个民族的文化消亡。历史上不是没有这样的事实的。好多古老民族的文化化为乌有，慢慢地那个民族也就没有了。我们不想让中华民族没有了，就不能提彻底否定中国的传统文化。"③"中国的传统文化确实对宪政文化在中国的传播、培育构成了阻碍作

①　韩大元：《传统文化与亚洲立宪主义的产生》，载《比较法研究》1997 年第 1 期。
②　金满楼：《门槛上的民国》，新星出版社 2013 年版，第 286 页。
③　庞朴：《文化的民族性与时代性》，中国和平出版社 1988 年版，第 130 页。

用,但这并不能因此就说中国的传统文化就没有任何价值,必须全盘抛弃。毕竟中国的传统文化在历史上也曾泽被过众多异邦民族,中华文明还被美国文化学家亨廷顿在《文明的冲突》一书中认为是世界文化圈中的重要一极。只是到了近现代,中华文明在与西方文明的冲突中才逐渐失去了自己的影响力。"①

中西文明是各自历史发展的产物,之所以能够长期存在,必然有其存在的道理,二者没有绝对的好与坏,只是在立意和内容方面存在着巨大的差距。或许,中国文化立意过于深远,目标过于远大。或许,西方文化是人类历史上一定时期的必须阶段,就如同其市场经济和法治。如何架起中西文化的桥梁,让二者互融互通、取长补短,兼顾当下和长远,是全人类需要认真考虑的问题,也是中国法治建设需要认真考虑的问题! 如若不然,人类社会难以持续和谐发展,中国法治建设也难有长足的实质进步。

无论法治是人类历史上一个必经的阶段,还是人类的长期目标,要建设法治就必须遵循法治的规律,培养法治的根基。对于从中国传统文化背景中走出来的人而言,法治建设尤其需要警惕传统治术的影响,抛弃传统人治中崇尚的治术,注重法治思维的养成。否则,一不留神,传统治术就有可能悄然抬头,对法治产生负面的影响,甚至对法治建设釜底抽薪,断送法治的大好前程。

① 杨志明:《传统宗法文化与近代中国立宪》,载《法学评论》2011 年第 2 期。

# 参考文献

## 一、史料

1.《清末筹备立宪档案史料》，中华书局 1979 年版。

2.《大清光绪新法令》（第二十册），商务印书馆 1910 年版。

3.《孙中山全集》（第 2 卷），中华书局 1982 年版。

4.《孙中山全集》（第 3 卷），中华书局 1984 年版。

5.《孙中山全集》（第 4 卷），中华书局 1984 年版。

6.《孙中山全集》（第 7 卷），中华书局 1984 年版。

7.《孙中山选集》（中册），人民出版社 1981 年版。

8.孙中山:《建国方略》，生活·读书·新知三联书店 2014 年版。

9.《黎副总统致书》（第 2 卷），上海古今图书局 1915 年排印本。

10.《康有为往来书信集》，中国人民大学出版社 2012 年版。

11.《康有为政论集》（上册），中华书局 1981 年版。

12.《康有为政论集》（下册），中华书局 1981 年版。

13.《饮冰室文集》（第十七册），中华书局 1988 年版。

14.《梁启超文集》，天津古籍出版社 1996 年版。

15.《梁启超全集》（第四册），北京出版社 1999 年版。

16.《张之洞全集》（第 12 册），河北人民出版社 1998 年版。

17.《陈独秀文章选编》（上册），生活·读书·新知三联书店 1984 年版。

18.《章士钊全集》（第 2 卷），文汇出版社 2000 年版。

19.《蔡元培全集》（第 2 卷），中华书局 1984 年版。

20.陈旭麓:《宋教仁集》（上册），中华书局 1981 年版。

21.陈旭麓:《宋教仁集》（下册），中华书局 1981 年版。

22.顾廷龙、戴逸:《李鸿章全集》，安徽教育出版社 2007 年版。

23.丁贤俊、俞作风:《伍廷芳集》（下册），中华书局 1993 年版。

24.中国国民党中央委员会党史委员会编:《胡汉民先生文集》（第 2 册），台湾"中央"文物供应社 1978 年版。

25.中国社会科学院近代史研究所译:《顾维钧回忆录》（第 1 册），中华书局 1983 年版。

26.傅德华:《于右任辛亥文集》，复旦大学出版社 1986 年版。

27.马勇:《章太炎书信集》,河北人民出版社 2003 年版。

28.中国第二历史档案馆:《中华民国史档案资料汇编》(第一辑),凤凰出版社 1991 年版。

29.中国第二历史档案馆:《中华民国史档案资料汇编》(第二辑),凤凰出版社 1991 年版。

30.中国人民政治协商会议湖北省委员会:《辛亥首义回忆录》(第一辑),湖北人民出版社 1979 年版。

31.中国史学会:《辛亥革命》(第八册),上海人民出版社 2000 年版。

32.中国史学会:《戊戌变法》,上海人民出版社 1953 年版。

33.中国史学会:《洋务运动》(一),上海人民出版社 1961 年版。

34.全国政协文史资料研究委员会:《辛亥革命回忆录》,中华书局 1963 年版。

35.全国政协文史资料研究委员会:《辛亥革命回忆录》(第八集),文史资料出版社 1982 年版。

36.全国政协文史资料研究委员会:《回忆辛亥革命》,文史资料出版社 1981 年版。

37.张枬、王忍之:《辛亥革命前十年间时论选集》(第二卷),生活·读书·新知三联书店 1977 年版。

38.韩信夫、姜克夫:《中华民国史·大事记》(第一卷),中华书局 2011 年版。

39.徐有鹏:《袁大总统书牍汇编》,上海广益书局 1914 年版。

40.胡春惠:《中国现代史史料选辑:民主宪政运动》,正中书局 1978 年版。

41.胡滨译:《英国蓝皮书有关辛亥革命资料选译》(下册),中华书局 1984 年版。

42.刘哲民:《近现代出版新闻法规汇编》,学林出版社 1992 年版。

43.《政府公报》,1913 年 1 月 6 日,第 240 号,第 9 册。

44.《政府公报》,1913 年 1 月 23 日,第 257 号,第 9 册。

45.《政府公报》,1913 年 1 月 24 日,第 258 号,第 9 册。

46.《政府公报》,1913 年 1 月 29 日,第 263 号,第 9 册。

47.《政府公报》,1913 年 2 月 1 日,第 267 号,第 10 册。

48.《政府公报》,1913 年 2 月 11 日,第 276 号,第 10 册。

49.《南京临时政府公报》,(第三号,元月三十一日)。

50.《宪法公言》,1916 年 10 月 10 日。

51.大共和日报编辑部:《临时约法商榷书》作者及出版商不详。

52.吴景濂编:《组织临时政府各省代表会纪事》,1913 年铅印本。

53.筹备国会事务局编:《筹备第一次国会报告书》。

54.《参议院议事录》(南京),中华民国元年一月迄四月(1912 年 1 月～4 月)。

55.《〈中华民国临时约法〉评论》,作者、出版年月等不详。

## 二、专著

1.张之洞:《劝学篇》,吉林出版集团有限责任公司 2010 年版。

2.梁漱溟:《中国文化要义》,学林出版社 1987 年版。

3.钱穆:《中华文化十二讲》,九州出版社 2012 年版。

4.吕思勉:《先秦学术概论》(下编),世界书局 1933 年版。

5.吕思勉:《中国文化史》,北京大学出版社 2010 年版。

6.衣俊卿:《文化哲学十五讲》,北京大学出版社 2004 年版。

7.周伯达:《中山先生思想与中华道统》,台湾学生书局 1999 年版。

8.鲍明钤:《中国民治论》,商务印书馆 2010 年版。

9.彭剑:《清季宪政大辩论》,华中师范大学出版社 2011 年版。

10.高全喜:《立宪时刻——论〈清帝逊位诏书〉》,广西师范大学出版社 2011 年版。

11.张东荪:《宪法草案修正案商榷书》,上海泰东图书局 1916 年版。

12.张耀曾、岑德彰:《中华民国宪法史料》,国民大学出版社 1925 年版。

13.吴宗慈:《中华民国宪法史前编》,北京大东书局 1924 年版。

14.吴宗慈:《中华民国宪法史》,北京东方时报馆 1924 年版。

15.潘树藩:《中华民国宪法史》,商务印书馆 1935 年版。

16.孙增修:《中国宪法问题》(上),商务印书馆 1938 年版。

17.张君劢:《中华民国民主宪法十讲》,商务印书馆 2014 年版。

18.钱端升等:《民国政制史》(上册),上海人民出版社 2008 年版。

19.张晋藩:《中国百年法制大事纵览》,法律出版社 2001 年版。

20.张晋藩、曾宪义:《中国宪法史略》,北京出版社 1979 年版。

21.谷钟秀:《中华民国开国史》,文海出版社 1971 年版。

22.章开沅等:《辛亥革命史》,人民出版社 1981 年版。

23.谷丽娟、袁香甫:《中华民国国会史》(上),中华书局 2012 年版。

24.谷丽娟、袁香甫:《中华民国国会史》(中),中华书局 2012 年版。

25.蒋廷黻:《中国近代史》,岳麓书社 1987 年版。

26.邱远猷、张希波:《中华民国开国法制史》,首都师范大学出版社 1997 年版。

27.叶孝信:《中国法制史》,北京大学出版社 1996 年版。

28.钱大群:《中国法制史教程》,南京大学出版社 1991 年版。

29.朱勇:《中国法制通史》(第 9 卷),北京大学出版社 1996 年版。

30.张国福:《民国宪法史》,华文出版社 1991 年版。

31.卞修全:《近代中国宪法文本的历史解读》,知识产权出版社 2006 年版。

32.徐祥民:《中国宪政史》,青岛海洋大学出版社 2002 年版。

33.徐祥民等:《政体学说史》,北京大学出版社 2002 年版。

34.付春杨:《民国时期政体研究》,法律出版社 2007 年版。

35.石柏林:《旧中国宪法五十年——国家权力配置研究》,湖南大学出版社 2008 年版。

36.李剑农:《中国近百年政治史》,复旦大学出版社 2002 年版。

37.陈旭麓:《近代中国的新陈代谢》,上海人民出版社 1992 年版。

38.刘惠恕:《中国政治哲学发展史》,上海社会科学院出版社 2002 年版。

39.白钢:《中国政治制度史》(上卷),天津人民出版社 2002 年版。

40.刘厚生:《张謇传记》,龙门联合书局 1958 年版。

41.张忠栋等:《民主·宪政·法治》(上),唐山出版社 2001 年版。

42.夏新华等:《近代中国宪政历程:史料荟萃》,中国政法大学出版社 2004 年版。

43.张国福:《法律史料考释——组织临时政府各省代表会纪事考证》,社会科学文献出版社 2007 年版。

44.袁伟时:《昨天的中国》,浙江大学出版社 2012 年版。

45.金冲及:《辛亥革命的前前后后》,人民出版社、上海辞书出版社 2011 年版。

46.朱宗震、杨光辉:《民初政争与二次革命》(上),上海人民出版社 1983 年版。

47.迟云飞:《宋教仁与中国民主宪政》,湖南师范大学出版社 2008 年版。

48.李学智:《民国初年的法治思潮与法制建设》,中国社会科学出版社 2004 年版。

49.黎澍:《辛亥革命前后的中国政治》,香港生活书店 1954 年版。

50.胡绳武:《清末民初历史与社会》,上海人民出版社 2002 年版。

51.章永乐:《旧邦新造》(1911—1917),北京大学出版社 2011 年版。

52.唐德刚:《唐德刚作品集》,广西师范大学出版社 2015 年版。

53.姜平:《中国百年民主宪政运动》,甘肃人民出版社 1998 年版。

54.邓丽兰:《西方思潮与民国宪政运动的演进》,南开大学出版社 2010 年版。

55.白蕉:《袁世凯与中华民国》,中华书局 2007 年扫描版。

56.严泉:《失败的遗产——中华首届国会制宪》,广西师范大学出版社 2007 年版。

57.金满楼:《门槛上的民国》,新星出版社 2013 年版。

58.冯学荣:《亲历北洋》,中国工人出版社 2014 年版。

59.张学仁、陈宁生:《二十世纪之中国宪政》,武汉大学出版社 2002 年版。

60.张灏:《梁启超与中国思想的过渡》,江苏人民出版社 1995 年版。

61.罗志渊:《近代中国法制演变研究》,正中书局 1966 年版。

62.陈晓枫:《中国法律文化研究》,河南人民出版社 1993 年版。

63.刘永佶:《官文化批判——中国文化变革的首要任务》,中国经济出版社 2011 年版。

64.戴执礼:《四川保路运动史料》,科学出版社 1959 年版。

65.韩大元:《外国宪法》,中国人民大学出版社 2009 年版。

66.刘泽华:《中国的王权主义》,上海人民出版社 2000 年版。

67.庞朴:《文化的民族性与时代性》,中国和平出版社 1988 年版。

68.储建国:《调和与制衡——西方混合政体思想的演变》,武汉大学出版社 2006 年版。

69.曹全来:《国际化与本土化——中国近代法律体系的形成》,北京大学出版社 2005 年版。

# 三、译著

1.[古希腊]柏拉图著:《理想国》,郭斌和、张竹明译,商务印书馆 1986 年版。

2.[古希腊]亚里士多德著:《政治学》,吴寿彭译,商务印书馆 1985 年版。

3.[法]孟德斯鸠著:《论法的精神》,张雁深译,商务印书馆 1961 年版。

4.[法]卢梭著:《社会契约论》,何兆武译,商务印书馆 2003 年版。

5.[美]汉密尔顿等著:《联邦党人文集》,程逢如等译,商务印书馆 1980 年版。

6.[美]潘恩著:《潘恩选集》,马清槐等译,商务印书馆 1982 年版。

7.[美]C.H.麦基文著:《宪政古今》,翟小波译,贵州人民出版社 2004 年版。

8.[美]博登海默著:《法理学——法律哲学与法律方法》,邓正来译,中国政法大学出版社 2004 年版。

9.[日]杉原泰雄著:《宪法的历史——比较宪法学新论》,吕永、渠涛译,社会科学文献出版社 2000 年版。

## 四、学位论文

1.赵勇:《民国北京政府行政诉讼制度研究——基于平政院裁决书的分析》,西南政法大学 2012 年博士学位论文。

2.方辉:《北洋政府初期肃政厅研究》,河南大学 2009 年硕士论文。

## 五、报刊论文

1.伧父:《十年以来中国政治通览·通论》,载《东方杂志》第 9 卷第 7 号 1913 年 1 月 1 日。

2.张东荪:《中国政制问题》,载《东方杂志》第 21 卷第 1 号,1924 年 1 月 10 日。

3.朱务善:《本校二十五周年纪念日之"民意测验"》,载《北京大学日刊》1924 年 3 月 4 日—7 日。

4.谢晖:《法律工具主义评析》,载《中国法学》1994 年第 1 期。

5.朱勇:《论民国初期议会政治失败的原因》,载《中国法学》2000 年第 3 期。

6.王书成:《立宪共和之民初启蒙及反思》,载《法学研究》2011 年第 5 期。

7.王书成:《立宪共和之民初启蒙及反思》,载《宪法研究》(第十三卷),社会科学文献出版社 2012 年版。

8.刘笃才:《〈临时约法〉"因人立法"说辨正》,载《法学研究》2002 年第 5 期。

9.韩大元:《传统文化与亚洲立宪主义的产生》,载《比较法研究》1997 年第 1 期。

10.韩大元:《日本近代立宪主义产生的源流》,载《比较法研究》1992 年第 2、3 号合刊。

11.程京生:《文化研究与哲学研究——杨宪邦先生答问录》,载《东南文化》1990 年第 1 期。

12.赵明:《康有为与中国法文化的近代化》,载《现代法学》1996 年第 5 期。

13.刘旺洪:《〈中华民国临时约法〉的文化透视》,载《江苏社会科学》1991 年第 4 期。

14.陈少明:《经典解释与哲学研究》,载《学术月刊》2007 年第 1 期。

15.陈峰:《中国古代治国理念及其转变》,载《文史哲》2013年第3期。

16.张永:《数据分析1912年民国国会选举:混乱与缺席》,载《史学月刊》2009年第4期。

17.张永:《民初第一次国会选举竞选活动研究》,载《安徽史学》2007年第4期。

18.占美柏:《在文本与现实之间:关于"五四宪法"的回顾与反思》,载《法商研究》2004年第1期。

19.贾红莲:《中国传统政治伦理思想的架构及其现代价值》,载《中国哲学史》2004年第2期。

20.杨天宏:《论〈临时约法〉对民国政体的设计规划》,载《近代史研究》1998年第1期。

21.杨天宏:《历史发展的"正—反—合"逻辑——中国传统政治中的文武关系及其近代变化》,载《重庆师范大学学报》2010年第4期。

22.张学继:《再论〈临时约法〉的"因人立法"问题》,载《社会科学评论》2006年第3期。

23.章永乐:《"大妥协":清王朝与中华民国的主权连续性》,载《环球法律评论》2011年第5期。

24.杨志明:《传统宗法文化与近代中国立宪》,载《法学评论》2011年第2期。

25.智效民:《宪法学者张君劢》,载《黄炎春秋》2015年第4期。

26.高全喜、田飞龙:《辛亥革命与现代中国》,载《南方论丛》2011年第4期。

27.张分田、张鸿:《中国古代"民本思想"内涵与外延刍议》,载《西北大学学报》(哲学社会科学版)2005年第1期。

28.李云霖、邱亿成:《一元权力观:宪制抉择的文化制导——以〈天坛宪草〉为中心》,载《湖南工业大学学报》第15卷第5期。

29.张华腾:《袁世凯与〈临时约法〉》,载《安阳师专学报》1999年第1期。

30.《自由谈话会》,载《申报》1913年1月7日。

31.《公电·岂独第三区然哉》,载《民立报》1913年1月10日。

32.《鄂省选举新笑史》,载《申报》1913年3月3日。

33.《湘省选举新笑史》,载《民立报》1913年3月31日。

34.《常州通信·莠民捣毁投票所》,载《民立报》1912年12月8日。

35.《又是选举怪状》,载《民立报》1912年12月8日。

36.张千帆:《美国立宪启示》,载《经济观察报》2013年8月16日。

37.屈菡:《清王朝最后的喘息——从史料还原袁世凯逼清帝退位之细节》,载《中国文化报》2011年10月2日。

38.郑成良:《法律工具主义很危险》,载《文摘报》2010年6月10日。

39.杨甜子:《四川保路运动:一条铁路搞倒了一个王朝》,载《扬子晚报》2011年9月16日。

40.李玉:《北洋政府的实业奖励政策》,载《南方都市报》2015年2月28日。

41.范福潮:《〈临时约法〉为何成废纸?》,载《南方周末》2011年10月27日。

42.李宗陶:《告诉你一个真实的袁世凯》,载《南方周末》2009年11月4日。

## 六、网络资料

1.王龙:《袁世凯有公德确实为国家考虑》,载凤凰网,http://news.ifeng.com/history/zhongguojindaishi/special/wanglong/detail。

2.张千帆:《美国立宪启示之二——国家是谈出来的》,载北大公法网,http://www.publiclaw.cn/article/Details.asp? NewsId＝4489&Classid＝7&ClassName。

3.潇凝:《台媒体解密蒋介石档案:穿西装的镜头只有三次》,载中国台湾网,http://news.sohu.com/20050406/n225048792.shtml。

4.沈大明:《民国初年关于行政诉讼体制的争论及其意义》,载中国法学网,http://www.iolaw.org.cn/showNews.asp? id＝1634。

5.张志明:《民国大律师汪有龄》,载杭州民盟网,http://：www.hzmm.org.cn.

6.李秀清:《从平政院到行政法院——民国时期大陆型行政审判制度探究》,载110法律咨询网,http://www.110.com/ziliao/article－134522.html。

7.徐海:《黎元洪》,载电子书籍下载网,http://book.knowsky.com。

## 七、法律文件

1.《钦定宪法大纲》。

2.《宪法重大信条十九条》。

3.《中华民国鄂州临时约法》。

4.《中华民国临时政府组织大纲》。

5.《中华民国临时约法》。

6.《天坛宪草》。

7.《中华民国约法》。

8.1923年《中华民国宪法》。

9.《众议院议员选举法》。

10.《咨政院院章》。

11.《咨议局议员选举章程》。

12.《平政院编制令》。

13.《纠弹条例》。

# 后　　记

摆在面前的这本书是在笔者主持的国家社会科学基金项目"《中华民国临时约法》之传统文化元素"(项目编号:12BFX017)研究成果的基础上修改而成的。

这个课题初看起来似乎是一个法史学的课题,但课题组的用意却不是从史学的角度去进行研究,而是有着属于自己的独特视角。当然,《中华民国临时约法》及其制定、实施,包括所伴随的一切均已成为历史,是历史的事实,本课题研究无论如何都不应也不能离开这些事实,从这个角度来说,本课题的研究似乎也可以说是法史学的研究。

本课题与普通法史学研究的区别在于,研究工作不是要进行"史"的考证,不去尝试挖掘历史事实,主观上也不追求对历史事实的"辨正",而是以史学研究的成果为基础,在史学研究的基础上,从传统文化的角度对历史事实进行分析,挖掘《中华民国临时约法》制定、实施,包括各种政治力量围绕该法进行的斗争中,蕴含的传统文化元素,勾勒出传统文化对《中华民国临时约法》的影响,特别是传统文化对该法追求的民主法治建设的影响,进而分析中国引进西方宪法文化、进行民主法治建设所必然面临的境遇,及东西文化碰撞在民主法治建设上的反应等等。

《中华民国临时约法》是中国从传统走向近代的一部标志性法律。研究这样一部法律蕴含的传统文化元素及其影响,难度可想而知。首先,文化本身就是一个歧义丛生的概念;其次,这里要研究的文化边界能否确定,是包罗万象的文化还是法律文化,如果着眼于无边的文化是否太泛,又是否可能;再次,中国传统法律文化在历史上从来没有占据文化的中心地位,而是散见于各种经典和政治活动之中,要系统地研究一部近代法律文本中包含的传统文化元素,可能性怎样。

凡此种种,致使课题研究工作很长时间无从下笔。思来想去,最终决定把研究思路确定为,考察《中华民国临时约法》中明显蕴含的若干传统文化元素。之所以如此考虑,最大的原因就是"避难就易",先根据要求把课题结了再说,剩下的问题留待日后去慢慢琢磨。

中华传统法律文化在世界上独树一帜、自成一体。这种法律文化与西方法律文化大相径庭、大异其趣。由于中西文明的总体差异,十九世纪以降,中国这个秀才碰到了西方列强大兵,在中西文明强烈碰撞中,东方"秀才"一步步败落下来,被迫跟随西方"大兵"发展技物之术,再接着,制度和文化也被迫依次转向,以适应物质文明发展之需要。于是,传统中国"用心而治"的政治法律心机,也开始向西方"依法而治"的简单直白转向。"清朝帝制的陨落也正式宣告了中华法系生命的终结。"①

然而,文化的惯性和顽强生命力并不会随一个朝代的终结而戛然而止。近代以后,中国传统文化,包括传统法律文化依然在各个领域悄无声息地发挥影响,潜移默化地左右人们的行为。而且,这种民族文化的"基因"也许永远都不会消失。或许正因为如此,历史法学派人物梅因才着力到古代法中去寻找英国法律的渊源。萨维尼也认为,"在人类信史展开的最为古老的时代,可以看出,法律已然秉有自身的特性,其为一定民族所特有,如同其语言、行为方式和基本的社会组织特征"②。

从近现代法治文明的角度来看,《中华民国临时约法》最终是失败了,而且,失败的原因正是该法蕴含的中国传统文化。因为,在中国文化传统里,法律只是治术和治理手段之一,其功效和地位要视统

---

① 张晋藩:《中国注释法学文库总序》,载张君劢:《中华民国民主宪法十讲》,商务印书馆 2014 年版。

② [德]萨维尼:《论立法与法学的当代使命》,许章润译,中国法制出版社 2001 年版,第 7 页。

治者的需要与好恶而定。至于西方法治文化中那种"王在法下"的法律，在中国历史上，无论是观念还是制度、实践，都极度匮乏。当西方法律文本遇上中国法律文化，其失败几乎可以说是历史的必然。由于中西文化基本理路的差别，中国法律文化对西方法治的消极作用是致命的或釜底抽薪的。关于这一点，在课题写作的过程中，有过努力阐释，只是由于功底所限，未必能够说得透彻明白。

由于时间仓促，加之文化功力不足，短短两三年内不可能对该法中蕴含的传统文化元素展开全面的研究，只能先选取几个角度作初步的分析，姑且先行成文。

笔者深知，摆在面前的这本书，错漏之处在所难免，谨望能够得到读者诸君的多多指正，多多原谅！

在课题研究的过程中，参考借鉴了不少专家学者的已有成果，得到了不少学界同仁的帮助和指导。在资料收集和整理方面，当时在校的研究生杨昊、沈图靖、王熙莹、芦俊杰、邹章、刘菲等人投入了大量的时间和精力，在此一并表示感谢！另外，还要感谢厦门大学出版社和邓臻、韩轲轲、甘世恒几位编辑辛勤工作，没有出版社和编辑们的大力帮助和精心劳作，本书不可能面世。在此再道一声：谢谢！

沈桥林

2018 年 10 月 17 日于南昌